W9-BBA-056

故宫角楼(宋祥瑞摄)

白云观牌楼

赵州桥

白塔

六和塔

大雁塔

九龙壁

宋陵神路石人石兽(宋祥瑞摄)

PROPERTY OF
CONFUCIUS INSTITUTE
12610 QUIVIRA
OVERLAND PARK, KS
913 897-8613

客家土楼(宋祥瑞摄)

普陀山寺庙的大雄宝殿(宋祥瑞摄)

安海镇安平桥(陈劲松摄)

北京四合院

五代妇女服饰

敦煌彩塑菩萨像

泉州开元寺冰天乐妓

左图福建惠安女青年服饰

右图赛龙舟

司马炎像

抬花轿(宋祥瑞摄)

中国风俗概观

杨存田

北京大学出版社

中国国家汉办赠送
Donated by NOCFL, Cl

图书在版编目(CIP)数据

中国风俗概观/杨存田著.-北京:北京大学出版社,1994.5

ISBN 7-301-02317-0

Ⅰ.中…

Ⅱ.杨…

Ⅲ.①风俗习惯-中国-留学生教育-教材 ②礼仪-中国-留学生教育-教材

Ⅳ.K892-43

书　　名:**中国风俗概观**

责 任 者:杨存田

标准书号:ISBN 7-301-02317-0/K・0167

出 版 者:北京大学出版社

地　　址:北京大学校内

邮政编码:100871

排 印 者:北京大学印刷厂

发 行 者:北京大学出版社

经 销 者:新华书店

版本记录:850×1168 毫米 32 开本 11.25 印张 300 千字

1994 年 5 月第一版 **2003年5月第三次印刷**

定　　价:**21.00元**

目　录

前　言

这是一部为具有中等和中等以上汉语水平的外国朋友和留学生编写的选修课教材。

外国朋友和留学生学习汉语，尤其是在中国学习，首先遇到的是中外风俗习惯上的差异。比如，中国人热情好客，喜欢聊天，常把询问对方的年龄、婚姻、工资、工作等作为话题。这些在中国司空见惯、习以为常的家常话，在一些国家是忌讳向陌生人提问的。外国朋友到中国人家里作客，桌子上摆满了丰盛的菜肴，主人却诚恳地说："没什么好吃的，请随便用吧！"这使外国朋友大惑不解，"这么多好吃的，为什么说'没有'"？中国客人来访，外国朋友问"你想喝点什么"时，得到的回答是"随便"，这在中国是一句很礼貌的话，客随主便，而外国朋友却感到为难，不知所措……可见，帮助外国朋友和留学生了解中国传统的风俗习惯，及其形成的原因，是极其重要的，这正是本书的目的。

中国历史悠久，地域辽阔，各地有各地的风俗，常言道"十里不同风，百里不同俗。"由于受篇幅所限，只能撷取其中最有代表性的、最有特色的习俗予以介绍。在描述这些习俗时，着重展示民间习俗的形成、演变以及与社会生活之间的联系，尽量拓宽这一课题的研究领域；并注意将中华民族特有的习俗与其他国家各民族的习俗进行剖析和比较，探寻各自不同的审美追求和理想情趣，从而使外国朋友和留学生对中华民族的风俗习惯有一个深层的而不是肤浅的、本质的而不是表面的、详细的而不是简单化的了解。在材料的选择上注重知识性和趣味性的统一，行文力求生动活泼，通俗易懂，结合内容，配备了各种图片，做到图文并茂。

本书出版前曾在中国人民大学对外汉语中心对具有中高级汉语水平的外国留学生讲授过多遍，适合他们的口味，很受欢迎。外国留学生一致称赞这门课内容新颖，很有意思，听了对中国哪个方面都感兴趣，例如，欧美学生听了中国家庭和家族的介绍，赞扬中国“尊老爱幼”的好传统。日本女学生普遍羡慕中国当代家庭的男女平等。几乎所有听过这门课的留学生都推崇中国的建筑文化，还特别喜欢北京的四合院，甚至有人说“如果允许的话，愿意买一座，在四合院体会体会中国特有的风情。”对于中国饮食风俗的兴趣尤为浓厚，无论来自东方还是西方的留学生，都诚恳地希望中国今后能保存自己的特色。他们的肺腑之言一直激励着我，使我下决心将此教材付梓，让更多的外国朋友了解中国。

众所周知，中国是个多民族的国家，各个民族都有各自独特的民风民俗，这部书里描述的主要是汉民族的风俗概况，至于少数民族的饮食服饰、建筑居住、交通贸易、婚姻家庭等诸方面的民俗俟以后予以补充和丰富。

这部书的出版得到了国家对外汉语教学领导小组的支持和北京大学出版社的厚爱，责任编辑宋祥瑞同志提出了不少宝贵的意见，对他们的支持和帮助，我深表谢忱！

书中的错误或欠妥之处，恳请读者匡正。

作者

1992.10.30.

第一章 交际礼俗篇

世界上不同的民族、不同的国家有不同的交际礼仪和风俗习惯，礼仪和风俗往往反映一个国家或民族的外在特色。如果到一个国家或民族居住区去，就要首先了解那里的交际礼俗，并注意遵守。中国有句老话叫“入乡随俗”，就是这个意思。这虽然不是交际中最重要的事情，但也是人际交往中首先要注意的。待人以谦恭礼貌，尊重对方的风俗习惯，就会使对方感到亲切，缩短双方的心理距离，产生感情交流，容易被接受，否则就会拉大双方的心理距离，产生心理障碍，发生误会，被拒之门外，甚至出现更严重的事情。俗话说“礼多人不怪”，在一定程度上反映了尊重民族风俗，注意人际交往礼仪的重要意义。

中国是个文明古国，历来以高度的精神文明著称于世，被誉为“礼仪之邦”。中国也是个大国，地域辽阔，民族众多，各地区和民族风俗礼仪千差万别，这里着重谈谈大多数地区比较通行的风俗礼仪。

一、打 招 呼

无论在哪个国家，见面打招呼是常见的礼节之一。在中国，相识的人擦肩而过，视若不见，连个招呼也不打，对方会认为你摆架子，看不起人；在场的第三者会以为这两个人有矛盾，互相都不说话了。如果某人经常这样“旁若无人”，见到谁都不打招呼，大家便认为他(她)是一个极不懂礼貌的人。他就会成为一个不受欢迎的人,别人也不愿与他交往。

路上遇见长辈,晚辈要主动打招呼,这是对长辈尊敬的表现;同辈相遇,打招呼不分先后,谁先招呼都可以。无论相识与否,打招呼前先要用敬语称呼对方,然后再说招呼语。如果一开口就喊"喂"或"欸",是很不礼貌的,要是问路,人家就不予理睬,或明明知道却说不知道。

打招呼在熟人和相识的人之间用的最多,特别是同事、邻居、同学和自己家里人,彼此朝夕相处,一天内见几次面,每次见面都必须打招呼。但时间、场合不同,打招呼的方式、用语也不同。

首先是不同时间打招呼的用语有别。早晨,在中国古代,晚辈起床要先到爷爷、奶奶和父母房里请安,现在大家通行的问候语:"您早起来了",路上遇见长辈或同辈人,除了通行的招呼"您早"、"早上好"等问候语外,还可以结合对方的职业、已经做过、正在做和将要做的事情问候。比如"您吃了吗","您早吃过啦","您上班去","您在扫地","您在散步","您在锻炼"等等。中午、晚上见面通行的问候语"您好",其余的问候语也多结合对方的职业、行走方向以及已经完成、正在做或将要做的事情问候。比如"您下班啦","您刚回来","您进城"等等。当然如果与晚辈打招呼,要把"您"换成"你",与同辈打招呼,可以用"您"也可用"你",因为在汉语里"您"是敬称,也含有客气的味道,而"你"有亲切感,比较熟悉的人或好朋友,多用"你"而不用"您"。对招呼的回答,一般也是用招呼语,比如接着对方的问候向对方问"您好",或者在回答对方问候的同时也问候对方,比如对方问"吃了没有","吃过了",先回答"吃了"、"没呢",后问"您(你)吃了吗"。如对方问"上班去",回答"欸",接着根据他(她)正在做的事情问"您也上班去"等等。有些招呼或问候语西方人觉得不习惯,不理解,比如"您干什么去","您到哪儿去"等,觉得我干什么与你没关系,为什么管我的私事?其实这样问中国人觉得亲切，表示关心对方。听话人笼统地回答“出去一趟”，“去办点事”或说“去上班”，“去商店”等即可。如果双方相距较远，或相距虽近，对方看到了自己，但正和别人说话，一般只举一下右手、或向对方点一下头示意，也算是打了招呼。

其次场合不同，招呼的用语也不同。在公共电(汽)车上，遇见相识的人一般问“您去哪儿”，或“您干什么去”。在商店里，要问“您也来啦”，“您买点什么”。在电影院、公园，招呼说：“您也来看(玩)看(玩)”。如果两人有一段时间没见面了，一般说：“好久不见了，您去哪儿了”，或“您近来好吗”。对这些带有关心意味的招呼，听话人多回答：“还可以，您呢”，或说“老样子，您呢”。

和不相识的人接触时，也要主动和对方打招呼，至于用什么方式和语言则根据当时的场合情况而定。

在商店，要用和蔼的口气和售货员打招呼：“师傅(小姐或售货员)，请您给我拿×××(看看)，可以吗？”“请您给我称×斤。”“请您给我换一个。”发现售货员找错了钱时，应说：“师傅(小姐或售货员)，刚才您多(少)找了钱。”所买的东西需要包装时，就招呼说：“师傅(小姐或售货员)，麻烦您给包一下。”

在邮局，招呼服务员：“师傅，请给我发个电报。”“师傅，我要寄(取)钱(包裹)。”等等。遇到包裹单、汇款单、电报单不会填写，应说：“师傅，请您告诉我怎么填写。”

在公共电(汽)车上买票时，招呼说：“师傅，我买×张到×××的车票。”不知道在哪站下车或换车时，应问：“师傅，请问到××在哪站下(换)车？”车厢里人多拥挤时，不小心踩了别人的脚，要对人家表示歉意，诚恳的说：“真对不起！”“请原谅，我没注意。”

在电影院、剧院或比赛场所，看节目(比赛)迟到时，要低头弯腰找座位，询问排号要小声：“对不起，请问您这是多少排多少号？”穿过别人座位时，应说：“劳驾，麻烦您让我过一下。”向邻座的观众打听已经演(赛)过的剧情(情况)时，应先打招呼：“对不起，打扰一下,请您告诉我刚才演了什么”,或“刚才比赛的情况怎么样”。

去医院看病,在挂号室应说:“大夫,请挂个号。”不知挂什么科,就说:“大夫,我要看××病,挂什么号?”进了诊室,和医生见面,先说:“大夫,您好!”再根据医生的要求述说自己的病情。医生开完药方,应说:“好的,谢谢大夫,再见!”

在饭店要房间住宿,招呼服务员说:“小姐(先生),我要一个房间。”在餐厅买饭,要说:“请给我×个××菜。”

在路上要坐出租汽车时,见车招手即可,车停下要招呼说:“司机师傅,我要去××,行吗?”

在旅途中,向不认识的人问路时,要用请求的语气和适当的称呼:“请问,去×××怎么走?”不管对方的回答自己满意不满意,都应诚恳地说一声:“谢谢!”若自己是被问者,应该热情认真地告诉路线,如果不知道,应表示歉意:“对不起(或真抱歉),我也不知道,请您再问问别人吧!”当请求不认识的人帮助自己做某件事情时,应说:“对不起,打扰您一下,请您给我帮个忙,可以吗?”别人帮助后,要立即向人家道谢说声“谢谢”,“十分感谢”,“太感谢了”。被感谢的人应说:“不用谢”,“没什么,请不必客气”等。当别人主动提出帮助,而自己并不需要时,应说:“谢谢,不用啦!”如确实需要对方的帮助时,应说:“谢谢!那我就不客气啦。”但千万不要说:“谢谢您的好意”,因为这句话意味着讨厌对方。如打扰或影响别人休息、工作、谈话时,应说:“对不起,打扰啦!”

二、拜　访

在西方,无论拜访谁,一般都要预先约好,没有预约的拜访比较少。这与中国的传统拜访礼俗不同。在中国,一般预先不通知主人,如果预先通知,主人要为招待客人准备食品饮料或饭菜,给主人造成了负担,带来了麻烦,这是客人所不愿意的。所以无论城市还是农村，不速之客多于预约的拜访。就是电话相当普及的今天，客人突然来访也是常有的事。在城市，为了商议事情、解决问题的事务性拜访，一般事先约好；但熟人、相识的人之间联络感情、密切关系的礼节性拜访事先多不打招呼，除非拜访有地位、有身分的人，为了能在他（她）们方便的时间前往，要事先约好；或因担心主人不在，自己白跑一趟而预约。对于中国朋友的突然来访，外国朋友感到不理解，甚至产生误解，这就是中西方拜访礼俗的差异。

到家中拜访相识的人，门若关着，就应该轻轻敲门，说："×××在家吗？"门若开着，就问："家里有人吗？"得到主人允许后方可进入。要拜访的人不在家时，就说："对不起，那我换个时间再来吧！"或告诉其家人自己的姓名、单位和要说的事情，请代为转达。当然写个留言条也可以。拜访不相识的人，见面时应先问好，再介绍自己和来访的原因。

在中国，不管城市还是农村，有客厅的家庭不多。比如北京农村，一般长辈的卧室兼客厅。这是因为长辈的卧室是全家最好最大的房间。南方农村则不同，房子中间有个堂屋，是全家人吃饭会客的地方。家里来了客人，不管是家中谁的客人，都先请到会客的堂屋落座，并端上茶水。现在不少家庭条件好了，不仅备有茶水，而且还备有饮料。当主人问客人想喝点什么时，客人一般回答："随便，什么都行。"外国朋友对中国客人不直接回答喜欢什么不理解，因而感到为难，不知给中国客人拿什么好。中国客人的想法是：我是客人，不应该向主人提什么要求，主人认为怎么方便就怎么做，如果我说的主人没有，会让主人为难，那多不好。这就是中国"客随主便"的作客习惯。

拜访他人要注意时间的选择。除工作时间不宜外，吃饭、睡觉时间也要尽量避开。自古中国人就有早睡早起的习惯，特别是晚上，比西方国家的人睡得要早得多，一般家庭十点左右就有人休息了。中午不少人还有午睡习惯。星期天、节假日常是亲戚朋友聚会的日子，也不便打扰。

事务性拜访，商谈完事情应该主动告辞，不要过多耽误主人的时间。主人事先没有邀请客人来吃饭，客人和主人的关系又不是特别密切，谈话谈到了吃饭时间，出于礼貌，主人往往请客人留下一起用餐，这时客人最好客气地辞谢："谢谢，对不起，我还有别的事。"因为主人事先没准备招待客人吃饭，留下来会给主人添麻烦。离开时，客人要向主人表示歉意："真对不起，打扰了您的工作（或"休息"）！"然后向主人及其家人道别。

三、迎　送

迎来送往是日常生活与工作中必不可少的活动。对远道而来的贵客和重要的客人，尽可能到汽车（火车）站或机场迎接，限于条件或遇特殊情况不能远迎，也应到路口或村头恭候。见面要说："一路辛苦啦！"客人手中有行李时，要立即接过客人手中的行李。常客不必远迎，但在家门口迎接也是必要的。客人到来，主人一般都说："对不起（或"很抱歉"），有失远迎！"然后抢先一步为客人开门或撩门帘，客人坐定，端上茶水、糖果，对会吸烟的客人有敬烟点烟的习惯。若是夏天天热，还要递上扇子或打开电风扇，送上冷饮。给客人斟茶还有讲究：在北京，用茶壶沏茶，倒茶时壶嘴不能对着客人，茶杯无论大小都不得倒满，这叫"浅茶"，斟茶后要双手端着茶杯送到客人手里，单手端茶或把茶杯直接搁在客人面前都是不礼貌的。

客人突然来访，家里比较零乱，要请客人稍等一下，尽快整理后，开门迎客，并向客人表示歉意："对不起，请进！"对于初次来访的客人，无论找谁，一般全家人都出来相见，并简单地逐个作一下介绍，以示欢迎。相见后，当事人留下陪客，其他人都要告退。北京的老习惯更讲究，凡有客人进门，不管谁在做什么事，都要停下来和客人打招呼："您来啦，请坐，今天冷不冷（或热不热）？""走累了吧!”还要陪坐一会儿,然后对客人说:“您坐着(或你们谈吧),我还有点事,失陪了。”如果除当事人外,家中其他人都不理睬客人,这是对客人不欢迎的表示。

当客人告辞时,主人多表示挽留:“再坐会儿吧!时间还早呢!”见客人起身要走,主人仍要抢先一步开门,并为之送行。对于同事同学等常客送到门外即可,对于贵客或初次来访的客人,往往全家人都陪送到门外,甚至更远些。对于上了年纪的长辈,要照料到上路或上车后,才算是尽了主人应尽的情谊。分别时主人应说:“请慢走”,“请走好”,“不远送啦”,“以后有时间来”之类的客气话。客人应说:“请留步”,“不要送了”、“快请回吧”等。

欢迎远道而来或久别重逢的亲友,多要设酒宴盛情款待,这叫“接风洗尘”,为即将出远门或将长时间分别的亲友也要设酒食送行,这叫“饯行”。古代饯行酒宴有的设在酒馆里,有的安排在家里,但更多的在大路旁的驿(yì)亭或郊外别馆中举行。酒宴结束,客人由此上路,故称为“长亭饯行”。除饯行外,还有折柳枝送行的习俗。其含义有三:第一,用“柳”与“留”的谐音,表示主人不愿与客人离别,挽留客人,故而有将一枝柳条折为两截,一截赠客人,余下的一截留下来,迎接客人早日归来。第二,用柳枝飘悠的样子表示主人对客人的惜别依恋之情。第三,借柳树生命力强,栽种在哪儿都容易成活的特性,祝愿客人随遇而安。今天折柳送客和长亭饯行已不复存在了,但举办酒宴为亲友饯行或接风还是相当普遍的。这是因为迎送亲友的酒宴能给人们留下深刻的印象,使人永远难以忘怀,加深了双方的情谊。“重欢聚”和“重离别”都是中华民族重感情、重友谊传统美德的具体表现。

四、见　面

熟人见面互相打个招呼就行了。不相识的人见面时,应该先作自我介绍，告诉对方自己的姓名、学习或工作的单位。除非需要，一般地位较高的人不介绍自己的职务，或只说我负责××工作，否则会给人不太谦虚的感觉。介绍完自己后，可以有礼貌地询问对方："您贵姓"，或"您怎么称呼"，"您是哪位"。现在一般与外单位打交道多的人都随身携带介绍自己姓名、单位、职务、住址、电话等内容的名片，生人见面，打过招呼，递上一张名片，也算是自我介绍了。接名片时，应用双手去接，并说："谢谢！"自己有名片时，也应将自己的名片双手送上。

客人来访，主人身旁有对方不认识的人，或和同事、朋友外出，遇到自己相识的人时，要主动为双方作介绍，介绍的顺序应该是依次的，一般应先介绍年纪大、身分地位比较高的长者，然后介绍年岁小、身分地位比前者低的，这样才不失礼貌。被介绍的双方应主动互相问个"您好"，或点头微笑致意，或互相握手。假如一方的知名度很高（水平或地位很高），另一方应该说"久仰，久仰"，或"久闻您的大名，今日幸会，幸会"等。

中国人热情豪爽，和相识的人一起外出，无论公费自费，坐公共电（汽）车时，都要争着为同行的人买票；如果在车上偶然与相识的人见面，也要抢着替对方买票。在饭馆里也一样，不仅同行的人争着买菜买饭；偶然遇见相识的人，得知对方还没买饭时，也要主动为对方买；如对方已买完，一般要说"我再添点酒菜，咱们一起吃吧"。这和西方一起外出的人，各买各的车票和饭菜，甚至主动邀请别人到饭馆（或咖啡馆）去，也要各自付款的习惯是完全不同的。如果有哪个中国人那样做，一定会被别人斥责为小气，以后人们不愿再和这种人来往。不过，现在也有少数"开放型"的青年人，仿照西方的做法，与朋友聚餐后各自付款。

和生人见面，中国人喜欢做"小字辈"（辈分小、资历浅），既有表示自己谦虚，又有尊敬对方、请求对方原谅和照顾之意，因为中国有"大人不计小人过"、"宰相肚里能撑船"的美谈和传统。假如双方年龄相近、爱好相同、性格相投就会一见如故，一见面就成了无话不说的好朋友。

见面礼节，现在中国城市常用的是握手礼。这种礼节常用于初次见面、久别重逢以及为亲朋送行等较为庄重的场合。这是几十年前从外国“学来的”。在古代，见面时要行跪拜礼。那时人们席地而坐，行跪拜礼很方便，只须双手垂地，对受礼者既表示尊敬，又对其人身安全起到保护作用，因此成为中国封建社会中使用年代最长、最频繁的一种基本礼节。然而，不同等级、不同身分的人以及在各种不同的场合，所使用的跪拜礼也是不同的，分为稽首、顿首等多种。后来又有两手在胸前相抱的拱手礼，两腿站直、双手下垂的垂手礼，两手伸直、掌心相对在胸前的合掌礼，一手握拳、另一手抱着拳头、合拢在胸前的抱拳礼等多种表示致敬、祝贺的见面礼节。1911 年辛亥革命后，正式宣布取消跪拜礼，实行点头鞠躬礼。后又规定男子为脱帽鞠躬，平时相见只用脱帽礼，女子不脱帽，专行鞠躬礼。这种礼节现在只用于对偶像、亡灵的礼拜，而不再用于日常的往来了。中国的鞠躬礼与日本深深地鞠躬略为不同，只是点一下头而已。西方人见面常用的拥抱、亲脸、贴面颊等礼节，在中国只有国家领导人会见外宾时才使用，那是特殊的外交场合的礼仪，民间是不用的。

五、谈　　话

谈话是社会生活中人们相互交往的重要方面。和他人谈话，要让人感到愉悦、舒服，就要力求出言吐语适当，切忌谈论那些容易引起对方不愉快的话题。应避免谈论哪些话题，各国也不尽相同，像大多数国家非常忌讳谈的工资收入、年龄、婚姻等问题，中国人却比较开放，什么都可以谈，即使双方刚认识，谈谈也无妨。在中国的马路边、公园里、汽车和火车上，常常可以看到这种情况，两个刚结识的人坐在一起，谈得十分亲热。他(她)们相互介绍自己，拉家常，谈谈国内外新闻、大事。来到中国的外国朋友，也常常遇到刚刚认识的中国人就毫不客气地问这问那，什么工资收入、市场价格、生活习惯，还会问及个人的年龄、婚姻、有没有孩子和家庭情况等等。有些外国朋友对这些问题既感到奇怪又感到为难，以为中国人只向外国人提这些问题，其实这是不了解中国人谈话的习惯。在中国，外国朋友就是问一个不认识的中国姑娘的年龄，她也会爽快地告诉你。这使一位来自阿拉伯的朋友大吃一惊，他说，在阿拉伯，“姑娘永无年龄”。而在中国初次在北京遇见的一位姑娘，竟大方地告诉她自己 21 岁。如果是两个相识的中国人之间，谈话的内容就更广泛了，个人的身体、工作、学习、孩子、家庭琐事，甚至夫妻间发生的口角等，简直是无话不说。

当然，中国人也有忌讳谈论的话题，那就是俗话说的不要“当着矮人说短话”、“哪壶不开提哪壶”。凡别人的短处、痛处，决不要涉及，否则会引起对方的不快。

谈话也要注意场合、对象。在学校和老师谈话时，要主动给老师让座，若老师不坐，学生最好站着和老师交谈。在家里，和长辈谈话，要注意听取他们的意见，顶撞长辈是不礼貌的。无论何时，与辈分高、年岁大的人谈话，都要注意使用“您”、“请”等敬语，不要随便跟他们开玩笑。男女之间相处，说话办事都要讲究分寸，才显得礼貌和庄重。

谈话要注意姿势，站着谈话要面对面，眼睛看着对方的脸。东张西望是不愿意谈话的表示；仰着头，会被认为看不起对方。坐着谈话时，身体要坐正，不能东倒西歪，更不能翘个二郎腿或摇脚。在教室、办公室及公共场所不能穿着背心、裤衩、拖鞋，仪表要整洁，举止要文明。上课时，不能坐在桌子上，更不能吃东西和随便说笑，那些都是不礼貌的行为。听对方说话，要不时有所反应，或点头、或说“嗯”、“是吗？”等等，表示在注意听着呢；同意对方的话应说：“好的"、"是的"等。当受到对方夸奖时，应说"哪里，哪里"，或"不敢当"、"过奖了"，等等。

六、宴 请

在西方，一般先用电话邀请，然后寄上一张漂亮的请帖。在中国，除政府、单位的正式宴会发请帖外，一般宴请或私人家宴多用电话或口头通知。但是不管哪种邀请，最晚应在宴请前一、二天发出，当天"叫"是不礼貌的。

出席宴会，西方人讲究穿礼服，从参加者的服饰可以看出宴会的等级和隆重程度。在中国则不同，人们不太讲究服饰，而且一般人不备有宴会穿的礼服，只是比平时穿得稍好一点儿。

宴会无论大小都有酒和饮料，喝什么由客人自己决定。宴会开始时一般要干杯(详见《饮食篇》)，有时宴会结束时还要干杯一次。席间，喝多少随意。同桌人无论相识与否，有互相夹菜敬酒的习惯，意思是希望对方吃饱吃好。如果只顾自己吃，不管别人，会被认为是不懂礼貌。会吸烟的人还往往互相敬烟，以示亲热。宴会结束时，如果有谁把桌子上剩余的食品、酒、饮料带走，是会被别人看不起的，不过此俗近几年稍有变化。

在家里设宴招待亲朋好友叫摆家宴，家宴不仅费用低，而且别有一番情趣(详见《饮食篇》)，所以今天人们多喜欢在家里招待客人。

中国人有好客的传统，就是初次相识的人也有被邀请到家里吃饭的。各地请客人到家里吃饭的说法不一，北京人常委婉地说："×日到我家来玩吧！"而豪爽的东北人则说："到我家喝酒去！"

请客人到家里吃饭，都说是"吃顿家常便饭"，但事实上除了非常熟悉、密切而又常来的亲友外，主人一定要尽力把饭菜安排得丰盛一些，拿出家里最好的酒和菜招待客人。有些外国朋友对此不理解:“这哪里是家常便饭,我就不相信他们家每天吃得这么好。”这个不理解正好反映了中西方待客观念的不同。中国人的想法是饭菜少,客人不敢吃,也就吃不饱;质量差,表示主人没有诚意,只有饭菜质好量多,让客人吃个酒足饭饱,才能表示出主人的热情和真心实意。宴请宾客时,忌讳把盘子里的菜吃光,因为吃光了,表示菜做少了,显得主人吝啬不大方,所以主人特别重视宴请客人时菜肴的“质”和“量”。

吃饭时,好客的主人怕客人不好意思吃,往往主动给客人夹菜,一边夹,一边说:“今天没什么好吃的。”或说:“今天没什么菜,请不要客气,随便吃吧!”这些话使有些外国朋友觉得奇怪:桌子上那么多菜,为什么说没什么菜?饭菜很好吃,为什么说不好吃?实际上这是中国人谦虚的说法。主人给客人夹菜,客人应立即递上碟子接菜,并说“谢谢,我自己来吧!”主人夹的菜,即使自己不喜欢吃也不能拒绝,可以少吃一点。自己夹菜时,到别人面前盘内夹菜和翻找盘中自己喜欢吃的,都是不礼貌的。看到客人碗里的饭快吃完了,主人要说:“再吃(添)一碗吧!”忌讳说:“还要不要饭?”因为“要饭”是乞丐的事,对客人说是极不礼貌的。客人吃得多,喝得多,主人最高兴,说明饭菜好吃,酒好喝。所以主人往往劝客人“再吃(喝)一点”或“多吃(喝)点”。但作为客人,自己能喝多少酒要心中有数儿,适可而止,千万不可贪杯,因为在别人家里喝醉是有失身分的。

和客人一起吃饭,主人往往吃得较慢,目的是陪客人吃。客人没吃完,主人先吃完不礼貌;客人吃完,主人还没吃完也不雅观,以主人和客人同时吃完最好。客人吃完时应对同桌没吃完的人说:“对不起,我吃好了,你们慢慢吃。”在某些农村,如果家中没有能陪客人吃饭喝酒的人,就特意请来村中与客人身分、地位相当的人作陪,若是客人很能喝酒,就要请一个能喝酒的人作陪客。客人若是贵客、稀客,家中长辈作陪客,其他人(尤其是妇女儿童)不许上桌子。其含意不全是男女不平等，而是旧时不许女人喝酒，女人喝酒会被人看不起，而孩子吃饭吵闹，不懂礼貌，怕影响客人情绪。

七、礼尚往来

在人与人交往中，免不了要赠送礼物和收受礼物。当收受了别人的礼物之后，一般都要另找机会回赠，“礼尚往来”，人之常情，“来而不往，非礼也”。但是什么时候送礼，送什么礼物，以及怎样赠送和收受礼物等，各国各民族有不同的习惯。外国朋友不了解中国的习惯也会影响与中国朋友的交往。

1. 赠送礼物

在中国，三天两头常去的人家，或事务性的拜访同事同学等，无须带什么礼物。如果比较长的一段时间未见过面，或受邀请去吃饭，以及适逢节日，一般带些礼物。当然参加婚礼、生日宴、丧葬礼或看望病人，都要带上礼物。

选什么作礼物好呢？现在一般礼节性的拜访、赴家宴、看望亲友等，人们常常带些水果、点心、儿童玩具，或去外地出差带回的土特产。如果是外国朋友，送点本国的小纪念品、小工艺品，对方一定很高兴。看望病人大都送些水果、点心及蜂王浆等营养品，也有学习西方给病人送鲜花表示慰问和祝福的。若是参加婚礼，一般都送些日用品，比如被面、床单、窗帘、台灯及锅碗勺盘炊具等，目的是减轻一下新郎新娘的经济负担。但不少地方忌讳送钟，因为“钟”谐音“终”，“送终”是送死的意思，很不吉利。送生日礼物要看对象。小孩过生日，一般送蛋糕、点心或玩具等。青少年过生日，他们之间多送生日贺卡、学习用品、小工艺品等。老人过生日，亲朋多前往祝寿，传统礼物是象征长寿的桃和面条等，现在城市也时兴送生日蛋糕，若老人是知识分子，送寓有祝长寿之意的字画、花篮等高雅礼品的也较流行。

送礼物时，没有打开包装向主人介绍礼物的习惯，特别是食品之类的礼物就更不宜打开了。不过，礼物若是花瓶、字画、墨宝之类往往打开请主人过目。

送礼物一般不追求数量多、价格贵，只是略表心意而已。俗话说："千里送鹅毛，礼轻人情重。"比如同事结婚，送一二十元钱的礼物居多。当然，也有少数因双方关系极为密切、或有特别考虑而送贵重礼物的。

2. 收受礼物

当别人送来礼物时，心里总觉得过意不去，常推让说："留着你自己用（吃）吧！"甚至还说："我有，你带回去吧！"这些推让的话并没有看不起礼物的意思。送礼者一般回答："我还有呢，一点小意思，请不要客气，收下吧！"甚至有人会说："你是不是嫌东西少了？"主人急忙回答："不是这个意思！"话说到这种程度，主人再不收，客人就会不高兴了，只好说："那我就不客气了。"并说："让你花费了，真不好意思。"礼物没有包装，主人看见后多夸赞礼物贵重；如果有包装，主人也是不能当着客人的面打开的，应等客人走后再打开观赏。礼物若是食品，主人不能马上拿给客人吃，否则让"来人吃来物"，也是很不礼貌的。

在广大农村，操办红白喜事收到礼品后，都要立即把写有赠送者姓名的红纸（喜事）或白纸（丧事）贴在礼物上，再把礼物挂起来或摆放在桌子上，让客人和村里人观赏。有的地方还专门设立帐房收礼，帐房先生把客人的姓名、礼物的名称和数目一一登记在特意准备的账本上，名曰"礼簿"。这样，既减少了主人直接收受钱物的麻烦，又为日后"回赠"留下了依据。所送礼金或礼品多少不限，一般视平时交往的亲密程度而定。在浙江一些农村，无论红喜事还是白喜事，都要把礼物、嫁妆或棺材一起抬着走，让沿途各村的人观看。虽各地方法不同，但目的只有一个，用主人得到礼物的多少表示主人在村中人缘之好坏，地位之尊卑。

八、电话与书信

电话和书信也是人们相互交往的重要方式。人处两地，遇事主要靠书信、电话、电报、传真等帮忙，在通讯事业日益发展的中国，电话在人们交往中的地位越来越重要。

中国人拨电话或接电话时第一句话是“喂”，拨电话的人接着会说：“请问您是××单位（家）吗？”也有的直接说：“请找×××听电话。”这与日本等国拨电话的人先说自己的姓名是不同的。接电话的人有时先说：“您找谁（哪一位）？”如果是通过总机中转的电话，总机服务员会很有礼貌地说：“您好！我是××饭店（大学或工厂）。”拨电话的人应回答：“您好，请转××号分机。”

如果打电话的人发现电话打错了或转错了，应对接电话的人立即表示歉意：“对不起，我打（转）错了。”有时接电话的人也可能先说：“对不起，您打错了。”如果要找的人不在，接电话的人会说：“对不起，他（她）不在，您贵姓？如果有急事我可以转告他（她）。”或说：“他（她）现在不在，一会儿回来，您过一会儿再打吧！”拨电话的人也可以主动说：“我姓×，是××（单位）的，请您转告他（她）……。”或说：“好吧，我过一会儿再打。”打电话和拜访朋友一样，要尽量避开对方午间和晚上的休息时间，以及用餐时间，私事不应占工作时间。

和电话相比，书信是古老的交际工具，虽不具备电话速度快的优点，但可以弥补电话之不足。比如两地不通电话，两地相距甚远电话费用高或电话里不便说的事情等等。特别是某些重要事情，用书信的形式更郑重。所以，书信在今天，仍为人们广泛的应用着。

写信应该注意些什么？

在中国，书信有几种，最常见的是个人之间的私人通信。格式、用语也最为讲究，其中称呼、结尾、署名及信封等几处都要特别注意。这里以现代书信为例，分别介绍如下：

称呼是信的开头。同事、同学、朋友之间，当面怎么称呼，就怎么写，比如同事之间，用平时的称呼“大李”、“小刘”、“老王”等都不失敬意。若只称名不称姓，也显得很亲切，如“刘京生”只写“京生”。如果对方是单名（一个字），应和姓一起称呼，若只称名字，虽显得很亲昵，但容易被人误解，因为恋人或夫妻之间才这样称呼。对于家人、亲戚，也用平时的称呼，如“大叔”、“二哥”、“三舅”、“四姑”等，对父母或岳父母等关系密切的长辈，一般在称呼后加“大人”二字，以示尊敬。

对方有头衔（或职称）的，姓或姓名后要不要加头衔、职称，应视对方与自己关系的亲疏而定。关系密切，不加头衔显得亲切，加上头衔比较尊敬，如李厂长、王校长、张经理或王明校长、李生厂长等。还可视性别，在姓名之后加上“先生”、“女士”等尊称。但在学校稍有不同，对女教师也可称为××先生，因为“先生”在中国古代是对教师的称呼。

为了使称呼更文雅一些，还可以在姓名、头衔或其他称呼之后，再加上敬语，如“台鉴”、“大鉴”、“雅鉴”等字样，“鉴”是看的意思，“台”、“大”、“雅”是敬语，合起来就是请对方看自己的信。如果对方是年轻女性，则可用“芳鉴”。

若给官员写信，多在姓名之后加上“阁下”、“足下”，给文人、学士写信，姓名之后可加上“文席”、“史席”、“著席”等。

西方流行的在称呼上加“亲爱的”、“敬爱的”、“尊敬的”等修饰语的方法，在中国书信中除对外信函外，一般很少使用。

结尾是书信正文之后的结束语。常写问候语、祝福语等，表示对收信人的尊敬、祝福、勉励。常用的有“祝您（全家）快乐”，“祝您健康”，“祝您长寿”，“祝您（全家）幸福”，“祝你进步”，“祝您工作顺利”，“祝新婚快乐”，“祝节日愉快（快乐）”等等。用哪句话应根据对象、情况选用。

知识分子写信喜欢用文雅一些的祝福语，比如对教师常用“敬祝教安！”对编辑工作者用“敬祝编安！”对上级领导用“此致敬礼！”或“致以崇高的敬礼！”等。

结束语一般分两行书写，如“此致敬礼！”“此致”写在正文后第一行低两格处，“敬礼”写在第二行顶格处，这种格式本身就有尊敬对方的意思。

署名也有讲究。收信人和自己的关系很紧密，只写名不写姓也可以，否则，最好写上姓名。对方是自己的长辈，应在自己姓名之后加“上”、“拜上”、“敬上”等语，以示尊敬；对方是自己的长辈亲属，应在自己姓或姓名前加上“儿子”“弟弟”、“侄儿”等。对方是自己的师长，应在姓名前加上“学生”、“晚生”等谦称。对方是自己的晚辈，长辈不必写自己的姓名，只写“父字”、“舅字”等即可。

信封的写法与西方也不同。格式为信封正面上边（竖写在右边）写收信人的地址，要写得详细，字体要大些。中间写收信人姓名，下边（竖写在左边）后半行处写发信人地址，字体相对小些，以突出前两部分。发信人姓名有的写有的不写，写的好处是让收信人迅速知道发信人是谁。需要注意的是收信人姓名之后的称呼，应该与书信开头的称呼一致，也可在称呼后加上“启”、“亲启”、“台启”等字样，“启”是由某人拆信之意。

九、庆贺与吊唁

遇到亲朋中有红白喜事，应该主动前往，以表示祝贺或吊唁。

1. 庆贺

亲朋好友、同事同学、左邻右舍谁家有喜庆事，如结婚、生子、过生日、祝寿、搬进新居、新店开业等，只要主人通知自己，就应该参加，不参加是失礼的。如果关系比较密切，来往多一些的，即使主人没通知，知道后也应主动参加。遇有特殊情况不能亲自参加时，应该请别人带去贺礼或代说几句祝贺话。

庆贺活动是大喜事，参加者应穿得美观整齐大方，特别是婚礼，最好穿得鲜艳一些，方与喜庆气氛相协调。但年轻姑娘切记不要比新娘穿得漂亮，否则会喧宾夺主，引起不愉快。宾客来到主人家里，见到主人要说几句祝贺话，旧时一般对新郎和新娘的父母说："给您老人家道喜！"主人回答："同喜！同喜！"如果是孩子满月应对主人夸奖小孩长得漂亮聪明，或祝愿孩子健康成长。给老人祝寿，旧时晚辈要跪拜，并说祝愿老人"多福多寿"的吉祥话。现在虽大都不再跪拜，但"祝愿长寿"的话还是要说的。新店开业，来宾应向主人祝贺说："恭禧发财"、"祝买卖兴隆"、"财源茂盛"等等。

2. 凭吊

死了人，或举行丧事活动，亲朋好友依俗应前往吊唁。在西方，参加吊唁的男子过去须穿黑衣服，现在多系一条黑领带，女子则穿深色衣服。在日本，无论男女一律穿深色衣服。中国则不同，旧礼俗规定，男女老少都穿白色孝服(详见《人生篇》)。这种风俗至今在部分农村改变不大。但更多地区，尤其是城市变化较大，只忌穿彩色衣服，穿黑、灰、白、蓝等深色、浅色都可以。家里人和亲戚在左臂戴一块黑纱，有的还在上面绣个白"孝"字，戴几天或几周不等。丧事用黑色这是近代受西方影响形成的风俗。亲朋好友参加遗体告别或追悼会时，每人左胸前戴一朵小白花，待仪式结束立即摘掉。凡参加者都要依次走到亡者遗体或遗像前行三鞠躬礼，然后与其家属一一握手，并安慰说："请节哀"，或"望保重身体"等。关系密切的还常送个花圈，以表达自己的哀悼之情。路远不能亲自前来的亲友，多发唁电或唁函，表示吊唁。

十、称　呼

交往活动中，无论面谈还是给人打电话、写信，都离不开称呼，怎样称呼对方,经常使用的有哪些称呼语,应注意些什么呢?

在西方,称呼语不太复杂,对男子称先生、对女子称女士、小姐等。中国的称呼就繁复多了。无论相识不相识,都要根据对方的性别、年龄、职业等情况使用称呼,称呼用好了是友谊的添加剂,否则会引起对方的反感甚至厌恶,影响交往。俗话说“紧睁眼,慢张口”就是告诫人们看清对象再说话。

在古代,对相识的人直呼其姓名是不礼貌的,那时成年男子有名还有字,称对方的字表示尊敬,称自己名表示自谦。今人没有字,但对长辈和地位高于自己的人称呼姓名仍是不礼貌的。

各行各业比较通用的称呼有几种。第一依对方年龄、个子称呼。比如对方年龄大、个子高,就在姓前加上“老”字或“大”字,如“老王”、“大李”等;对方年龄小的,就在姓前加上“小”字,如“小王”、“小李”,或在“小”+姓后,再加上“子”字,如“小李子”等。对有职务、职称等头衔的,就在姓或姓名后加上头衔,以示尊敬,如“王医师”、“李秘书”、“张处长”、“刘经理”,或“王明医师”、“李生秘书”、“张朋处长”、“刘才经理”等。这些称呼不分性别、职业都可以使用。

其次是某一行业内部通用的称呼。比如工厂、商店、饭馆等服务性行业通常是姓+“师傅”,如“王师傅”。学校里通常是姓+“老师”,有时对年老资历深、学识渊博的教师,用姓+“先生”。医院里则是姓+“医生”(或“大夫”)。也可在上述种种称呼前依年龄不同,分别加上“老”、“大”、“小”等,如“老王师傅”、“大李老师”、“小刘大夫”等。

对不相识的人,只能依其年龄、性别称呼。比如对男子年长者称“老爷爷”、“老大爷”等;对女子年长者称“老奶奶”、“老大娘”等。对年龄与自己父母相仿者,称男子为“大伯”、“大叔”等;称女子为“大妈”、“大娘”、“大婶”等。对年龄与自己相仿者,称男子“大哥”、“老兄”;称女子“大姐”(未婚)、“大嫂”（已婚）等。近几十年城市的青少年和儿童多称与父母年龄相仿者为“叔叔”（男）、“阿姨”（女）。

对能看出对方职业的，多用其职业称呼，如“大夫”、“老师”、“师傅”等；看不出其职业的，近几十年多通称“同志”或“师傅”。对少年儿童都称“小同学”、“小朋友”、“小学生”等。

在称呼上对他人表示礼貌无非是敬称对方和谦称自己，所以两个中年人，即使年龄相仿，他（她）们也用“老”＋姓称呼对方。人们在交往中，要特别注意的是根据不同的环境场合对象，正确使用表示尊敬、自谦、喜爱、亲昵等的称呼。这类称呼在汉语中有很多。据不完全统计，在目前口语、书面语中广泛使用的尊称、敬称就有一百多个。尊称、敬称、谦称、爱称中使用频率很高的就有几十个。使用这些称呼时就要看对方的地位、辈分、年龄、性别等，对地位高、辈分高、年龄大者及其亲属应使用尊称敬称，对自己和自己的亲属应使用谦称，对惹人喜爱的小孩可用爱称。

今天仍常见的尊称、敬称、谦称、爱称。

1. 尊称和敬称

对男性长辈有：老大爷、老爷子、老爷爷、大伯、大叔等；文雅一些的有：大人、老人家、老伯、老公公等。

对男性长辈中传授知识、技术者有：师傅、先生、老师傅、老先生等；文雅一些的有：老前辈、大师、恩师、师长、祖师、老夫子等。

对女性长辈有：老奶奶、老太太、老大娘、或不用“老”字，称奶奶、大娘、大妈、大婶等；文雅一些的有：老人家（也对男性使用）。

对男性同辈年岁比自己大者有：大哥；文雅一些的有：仁兄、兄长、老兄等。对年岁比自己小者有：老弟；文雅一些的有：贤弟、仁弟等。

对女性同辈有：大姐、大嫂（已婚）；文雅一些的有：嫂夫人。

称对方亲属有：令尊（对方之父）、令堂（对方之母）、令弟（对方之弟）、令郎（对方之子）、令爱（对方之女）、令亲（对方之亲戚）。

2. 爱称

当面称自己或他人年幼的孩子有：宝宝、乖乖、宝贝儿等。对别人称自己的孩子有：小子(男孩)、丫头(女孩)。

3. 谦称

在传授知识的长辈面前称自己“晚生”、“学生”，在传授技艺长辈面前称自己为“徒弟”。在地位高于自己的人面前，称自己为“在下”、“小人”、“鄙人”等；年老者则自称“老朽”，没文化者自称“老粗儿”等。在辈分相同，年岁比自己大的人面前，多自称“兄弟”、“小弟”等；在比自己年岁小的人面前，自称“愚兄”、“兄弟”等。

对人称自己亲属的谦称有：家父、家严(父亲)；家慈、家母(母亲)；家兄(哥哥)；舍弟(弟弟)；舍亲(亲戚)；舍侄(侄儿)；小儿(儿子)；小女(女儿)；拙荆、贱荆(妻子)，等等。

上述称呼，有的现代人仍用，有的仅能在反映过去时代的电影、小说、戏剧等文学作品中看到或听到，这说明称呼有很强的时代性，总是随着社会的发展、时代的变迁而除旧更新，世界上各种语言恐怕都如此，不过尤以中国近几十年变化最快、最大。

解放初期，旧中国反映人与人之间地位尊卑、等级高低的称呼一下子被扫进了历史的垃圾堆，无论男女老少，也不管干部、群众，一律统称“同志”，只不过对相识的人，称“同志”时常在前边加上“姓”或“姓名”，如“李同志”、“李明同志”。对不相识的人，依年龄称呼，年岁大的称“老同志”，年岁小的称“小同志”；或依性别称呼，称男人为“男同志”，称女人为“女同志”；或依职业称呼，在“同志”前加上职业，如工人同志、农民同志、售货员同志、售票员同志、解放军同志、司机同志等。对干部乃至高级干部都不称头衔，而称“姓”或“姓名”+“同志”，这种称呼把人与人之间的关系拉平了，听了让人感到亲切。“文革”中，“同志”两个字成了“无产阶级”和“革命”的代名词，忽然谁有一天不再被称为“同志”，说明他(她)已是人民的“敌人”了。这种极“左”的称呼至今使有的人听到“同志”两字就感到很刺耳。“文革”后，社会上悄悄刮起了“师傅”热，对不相识的人不管性别、年岁、职业，统称“师傅”，只不过称呼时对年老的人称“老师傅”，对年纪轻的人称“小师傅”。用“师傅”代替了“同志”。“师傅”本是对传授技艺之人的尊称，如果对教师、医生、科技工作者、机关干部等也都这样称呼，就显得不太合适了，再说“师傅”、“师傅”叫多了，也让人听着不舒服。近几年随着中外交流的增加，“先生”、“小姐”也从接待外宾的饭店、商店流传开来，与“师傅”并存，称呼使用的混乱现象引起了一些人包括某些语言学家的关注，他们纷纷提出了自己的意见，有的呼吁不要乱称“师傅”；有的认为“先生”、“小姐”在中国有特定的含意，旧社会是对有钱有地位之人的称呼，今天不宜使用；有的提议恢复“同志”称呼，理由是这个称呼并不含政治内容，而且使用简单方便。但从目前社会上使用称呼的实际情况看，一时很难统一，恐怕这种混乱状况还要持续一段时间。

那么，目前来中国工作、留学、旅游观光的外国朋友怎样称呼中国人好呢？要看环境、对象，在外国人进出的地方，如宾馆、饭店、机场、银行外币对换处、友谊商店，以称“先生”、“小姐”为妙；工人、农民、普通市民进出的蔬菜商店、小饭馆、农贸市场等，以叫“师傅”为佳；对干部和知识分子模样的人称呼“先生”(男)“女士”、“小姐”妥当。此外对不同年龄的人还要善于随机应变，大爷、大妈、大伯、大叔、大姐、兄弟、哥儿们、姐儿们挑着用。

第二章　人生篇

一个人从出生到死亡要经过几个成长、生活阶段，每个成长、生活阶段都要通过一定的仪式表现出来，以便得到周围的人乃至全社会的承认。每个仪式的举行都有一套独特的礼仪，这就是人生礼仪。在中国，人的一生至少有四大仪礼：诞生礼（生日礼）、成年礼、婚嫁礼、丧葬礼。这四大礼仪被看成是人生的四大喜事，因此每个礼仪的内容都相当繁复、隆重，而以婚嫁礼和丧葬礼为最。

一、诞　生　礼

从孩子出生第一天到一周岁，中国的礼俗要举行三朝、满月、百日、周岁几次内容不同的庆贺活动，这些活动总称为诞生礼。

实际上诞生礼从孩子出生前几天就开始了，一般叫催生礼。是娘家催促女儿早日平安生下孩子的意思。在宋代杭州，娘家要用银盆或彩盆，盛上一束粟秆，上面盖上锦或纸，锦或纸上放花朵、通草、贴套、羊、生枣、吃食、彩画鸡蛋120个及孩子绣棚彩衣等，送给女儿家。在北京一些农村催生礼至今仍在流行，所送礼物有孩子的衣服、被子、“长命百岁”锁、手镯及给产妇滋补身体用的米、面、鸡蛋等。

孩子出生的第一天，各地也有不同礼俗。像北京地区，孩子出生后，孩子的父亲须立即前往岳父家报喜。江南城乡报喜时大多送给亲友们染红的鸡蛋（俗称喜蛋）、酒肉等，喜蛋数目有的地方是男双女单，岳父家会以双倍数量的喜蛋、衣裙等礼物送还。在稷(jì)山县，乡亲们还要给生孩子的人家挂喜旗、放鞭炮，以示庆贺。浙江绍兴水乡，旧时这一天要敬桥神，家里人须立即捧着几斤面条走过三座桥，回家后把这种"过桥面"吃了，据说这样做可以使母子像长长的面条那样健康长寿。在福建漳州花乡，孩子一出生，孩子的爷爷立即到花圃摘回一个石榴，切开放在盘子里，供在祖宗牌位前，一方面向祖先报告家族繁衍的喜讯，另一方面祝福孩子健康成长。

孩子出生第三天叫三朝(zhāo)，有的地方如北京叫洗三。依俗这一天要给新生儿洗澡。因为这是孩子第一次洗澡，所以古代礼俗很多。特别讲究的是洗澡盆、洗澡水和主持洗澡的人。在旧北京，富贵之家用五彩描金的洗澡盆，一般人家用铜盆。洗澡水叫长寿汤，这种所谓长寿汤各地不同。北京清代多在水里放草药艾叶、槐条，说是可以杀菌去病，使孩子日后健康。有的地区不同北京，在水里放葱和钱币，据说葱可使孩子聪明，钱币祝孩子将来发财。主持洗澡的人各地大多由中老年妇女担任。但选谁极为谨慎，北京农村讲究选个有儿有女有丈夫的全福人，而且是村中德高望重者。

洗三活动从祭神开始。像清代北京人，多在产房外厅正面摆上香案，案上供着碧霞元君、送子娘娘、催生娘娘、眼光娘娘等 13 位神像。产妇卧室的炕上供着"炕公"、"炕母"神像，然后由主持洗澡的人上香叩首祭拜。有的地方由孩子母亲亲自祭拜。祭毕端出盛有长寿汤的洗澡盆。"全福人"抱着孩子，所有来宾依长幼尊卑之序向盆内扔金银、钱币等，谓之"添盆"。有的地方则放桂圆、荔枝、红枣、花生、栗子等喜果。主持人一边用棒在水中搅搅，一边给孩子洗澡，嘴里还唱着吉祥祝词，这叫"搅盆"。其祝词有：先洗头，作王侯；后洗腰，一辈倒比一辈高；洗洗蛋，作知县；洗洗沟，做知州"等。洗毕，用丰盛的酒席招待来宾。酒席中一般都有面条。近代，洗三活动各地大多不举行了，一般只是亲朋带点礼物看望产妇和孩子，主人用酒席招待一下而已。

孩子出生一个月那天一般要办满月。活动大体有两项:一是给孩子剃胎发,二是喝满月酒。有的地方还要在这一天给孩子取名字。也有出生第三天没给孩子洗澡,满月这一天补一下的,等于把洗三和满月酒并在一起了。

满月日给孩子剃头发也很有讲究。旧时绍兴要在焚香点烛之后,在鞭炮的劈啪声中开始。孩子由舅舅抱着坐好,剃头师傅把嘴里嚼烂的茶叶抹在孩子头上,据说绿茶有消毒作用,日后孩子头上不会长疮,能长出像茶树一样浓密的黑发来。剃头时须格外小心,剃不干净没关系,千万不能划破头皮,那样会给孩子带来不幸。头发不能全都剃掉,额顶要留下一块方方正正的"聪明发",脑后须留一绺(liǔ)"撑(chēng)根发",北方人叫"百岁毛",使孩子能健康地成长并长寿。剃下来的胎发不能扔,要放在一起,用彩线缠好,挂在孩子床头,说是可以驱邪保平安。

给孩子取名的时间各地不同,过去一般父母先给取个小名,以后请村中长辈或德高望重者再给取个学名。有的地方就利用满月亲朋欢聚之时当众宣布一下学名。

满月酒席广西梧州市叫"姜宴",因为要吃酸姜,此俗至今未改。讲究的人家把酒席摆在酒家或饭馆,主人在门口放一块上写"姜宴"两字的红纸板,过路人一看便知此处有满月酒席。

参加满月酒席的人依俗要送礼物,旧时一般送钱、红色丝绸、彩色布、孩子衣物、"长命百岁"锁、产妇营养品等。旧北京给孩子送衣服也有讲究:姨家的布、姑家的活儿。就是姨家买布姑家做成。也有的姨家、姑家各买一块布,衣服的袖子和裤腿用不同颜色的布做成。说是孩子穿了这种衣服容易养活。另外姑家还要送鞋,姨家送袜子。所送的鞋多为虎头鞋或猫头鞋,即鞋前头为虎头形或猫头形,上边有眼睛、鼻子,据说孩子穿上它走路不会摔跤。给孩子送帽子的区别是男孩应送虎头帽,女孩送莲花瓣帽,含意是男孩会长得虎头虎脑,很健壮,女孩会长得像莲花一样美丽。

旧时办满月时，王公府第、富豪之家常办堂会把艺人请到家里表演京剧、曲艺等节目助兴。有的演一天，有的从吃完中午酒宴开始一直到深夜，甚至到天亮。也有的只演半天或一个晚上，足见人们对孩子满月的重视程度。

孩子出生一百天叫百日，百日的庆贺活动各家根据自己的情况决定，一般人家办了满月酒，百日就不再操办了，只在自家范围内庆贺一下。像北京旧时人们在孩子脖子上挂上"长命百岁"锁，全家人热闹地吃一顿好饭好菜就行了。但在浙江海宁蚕乡不同，这一天要给孩子穿上绿色丝绸衣服，祝愿孩子长大后能种好桑养好蚕。当然富豪之家不会放过机会，还会像满月日一样举办庆贺酒宴等活动。

孩子满一周岁时，要举行"抓周"活动。此俗流传很久了，宋代民俗的书中就有记载，当时杭州很盛行这项活动。北京直到清末仍有此俗。"抓周"一般在吃完中午长寿面后进行。富贵之家要在床前或炕前摆个大案子，案子上放着儒、佛、道的经书、印章、笔墨纸砚、算盘、帐簿、首饰、玩具及吃食等，若是女孩，再放上勺子、剪子、尺子等。一般人家简单些，一个茶盘内放上一本书、一支毛笔、一个算盘和各种吃食等。家人把孩子抱来，让他(她)随意拿，用孩子拿什么来预测其未来的志趣、命运和职业。若是抓了书或文具，预示以后好学、会写文章；若是抓了经商常用的算盘，表示日后会理财做买卖。女孩若抓了勺子、尺子等，说明将来会做家务活儿。但是，孩子如果抓的是吃食或玩具，也应往吉利方面说，什么"将来他(她)生活好，有口福"，而不能说贪玩馋嘴等话。

其实"抓周"一般人只以此取乐，仅有少数人相信、认真。像《红楼梦》中的贾政，看到儿子贾宝玉抓的是女孩子用的脂粉首饰，就非常生气地说他日后必是"酒色之徒"。

抓周礼俗是整个诞生礼的尾声。受重男轻女思想的影响，无论古今，一般给男孩举行的活动多，而且很隆重，尤其第一个男孩，倍受重视，洗三、满月、百日、周岁都举行活动。若是女孩就差多了，不仅活动次数少，而且规模和隆重程度也减弱了许多。现在，一般人家从孩子出生到满周岁，只举行一次亲朋欢聚的庆贺活动，或在三天或在满月或在百日，活动的内容也比旧时简单多了，只是亲朋送礼看望，主人设宴答谢。

二、生　日　礼

生日礼是指过生日的礼俗。在中国，中青年人过去一般不过生日，现在少数人即使过也很简单，只是全家人吃一顿较为丰盛的饭菜。最受重视的是老人生日，其次是小孩。不过旧时对小孩的生日也不太重视，像《红楼梦》中的贾家，仅是孩子们自己凑点钱吃喝一顿就算过了生日。近十年，孩子们的生日越来越受重视。一般家庭父母等长辈要给孩子送些礼物，如玩具、学习用具、食品、衣服等，全家人再高兴地吃一顿。但也有一些人家，为孩子举办生日酒宴，或设在家里，或邀亲朋到酒家餐馆。据报载，有一对夫妻为十岁孩子过生日，在酒家摆下几桌丰盛的酒宴招待亲朋。当然这样出高价为孩子过生日的毕竟是少数。

给老人过生日就不同了，自古至今倍受重视。一般称给老人过生日叫办寿或做寿。因为是晚辈给长辈过生日。

旧时北京富贵人家给老人做寿时要搭喜棚，夏天为凉棚，冬天为暖棚。棚内多挂着《三国》、《水浒》等图画。玻璃窗上贴着图案，图案有男女之分，男人过生日在红框中间有个红色“寿”字，每角各有一个彩色桃子，“寿”字下边也画成桃形，这叫“五桃献寿”。女人过生日就不同了，红框中间用五只彩色蝙蝠围绕着个圆“寿”字，这叫“五福捧寿”。棚外要搭红黄两色牌坊或彩球，另外在正厅设拜寿的寿堂。寿堂内的布置也分男女。堂上正面挂着彩绣“百寿图”、“一笔寿”或用八仙图案拼成的巨大“寿”字。正中供一尊寿星或福禄寿三星，两旁有梅花鹿形的花筒、顶上卧叼有灵芝的梅花鹿香炉，这是给男人做寿。堂上正面挂彩绣的“五福捧寿”图案，正中供一尊麻姑，两旁为仙鹤叼莲花的蜡扦、盖上为仙鹤叼灵芝的香炉，这是给女人做寿。寿堂的桌子上还放着寿桃、寿面、寿酒（五盏）及点心水果等寿品。

大多数人家做寿只办一天，上午亲朋来到，依次到寿堂向受贺者行礼，说些祝愿的吉祥话，同时送上贺礼。中午大家在喜棚内用膳饮酒。富贵人家少不了请艺人前来唱堂会助兴。堂会结束大家一起到寿堂祭祀福禄寿三星或麻姑。

给老人做寿旧时还有其它形式。富贵之家有的把僧人、道士请来，给老人念“寿经”，祈求给老人增福延寿。有的用放生来祝寿。放生就是买些鸟雀或鱼虾，寿日当众把鸟雀放飞，把鱼虾放到水池里。若此年是老人的年龄坎，为了让老人顺利通过，还有其他活动（详见《民间信仰篇》）。

老人过生日最隆重、最热闹的要数古代帝王。像唐代，把帝王的生日定为节日，如唐玄宗的生日叫“千秋节”。明清两代把帝王生日叫“万寿节”，被列为一年中三大节日（元旦、冬至、万寿）之一。康熙皇帝六十大寿时，除庆典活动外，还摆下了“千叟宴”，亲诏全国65岁以上寿星参加，赴宴者高达2800多人，场面宏伟，规模盛大。宴罢送每人衣饰、彩缎、珠宝、银两等。

三、成年礼

成年礼古代叫冠礼。冠是帽子。古时，男子二十岁要举行加冠礼，到了加冠年龄，不举行加冠仪式，被认为是非礼的。

男子加冠，就是把二十岁以前孩童时的垂发束在一起，盘绕在头顶，用一块整幅（2尺2寸宽、6尺长）的黑帛包住头发，然后加冠、笄（jī）、簪（zān），把头发和冠固定住。女子不是加冠，而是加笄，年龄为15岁，方法是把头发绾(wǎn)到头顶，用黑布包上发髻(jì)，并插簪子固定。

古代极重视加冠礼，加冠仪式要在家族的宗庙内举行，并选择良辰吉日，负责加冠的人一般是族中德高望重的长辈。加冠时，先拜祖先、颂祝词，主持人宣布为其取的字，然后来宾向受冠者敬酒表示祝贺。宋代加冠礼常在寒食节举行(见《东京梦华录》)。举行完加冠礼，表示他(她)已告别少年，进入成年，可以嫁娶，可以享受成年人的权力，也要为社会尽一个成年人应尽的义务。当然也要遵守成年人的规矩和礼仪。而社会和家庭就要按成年人的标准要求他(她)。可见成年礼是人一生中一个重要分界线。但汉唐以后，人们逐渐把成年礼和婚礼合在一起了，就是说结婚为男女青年成年的标志，无须再举行冠礼了。但在某些少数民族中，如云南基诺族、纳西族中还流行成年礼。比如纳西族，男子进入成年，举行穿裤子礼；女子进入成年，举行穿裙子礼，并请亲友宾客在场观看，为的是得到大家的公认。此礼举行后，男女青年就可以参加各种社交活动了。

四、婚 嫁 礼

和其它人生礼仪相比，婚嫁礼属于多变的，毫不夸张地说，从古至今一直处在变化之中。这种变化主要表现在活动的内容和形式上，而婚礼所要创造的气氛——隆重、热闹、喜庆、吉祥始终没有改变。

古代婚嫁从订亲到迎娶，中间有许多繁琐的礼仪程序。尽管如此，人们却认认真真、严严肃肃地一个一个地办理，绝不马虎。其目的主要有两个，一个是使婚姻得到社会的承认，合法化。另一个是为新婚夫妇消除邪恶、祈求美满幸福的生活。

中国古代结成婚姻有六种礼仪程序，称为六礼，即纳彩(送礼求婚)、问名(询问姓名和出生日期)、纳吉(送礼订婚)、纳征(送聘礼)、请期(议定婚期)、迎亲(举行婚礼)。旧时各地婚嫁礼仪主要有说媒(也叫提亲)、相亲、合八字、订亲、送聘礼、迎娶几项活动。

说媒就是小伙子或男家看上了哪位姑娘,请自家亲友做媒人或请以介绍婚姻为职业的媒人到女家提出成亲之事,所以又叫提亲。依俗无论请谁做媒人,都要给媒人送些礼物,如酒、肉、糕点等。媒人到了男女两家,都被待若上宾,沏茶递烟、酒食款待。一般说来,多为男方请媒人到女家说亲,这大概与自古女子不愁嫁有关。提亲时,媒人还要替男家送给女家礼物,古俗礼物为活雁,因为雁失配偶后终生不再成双,取其忠贞之意。后世因雁难找,多改为家鹅。另外媒人要为男女两家交换一个帖子,上边写着姓名、年岁、籍贯、三代(曾祖父、祖父、父)的名号、官职等。

相亲就是男女两家看了对方帖子后大体满意,男家主妇择吉日到女家看望,了解其家庭地位、经济情况及姑娘的品德、相貌、健康、操持家务的能力等。也有女家父母长辈相看未来女婿的。还有媒人陪伴小伙子到女家或某个约定地点与女家长辈见面的。有时女方家长在约定的地点内不和小伙子接触,仅从旁边看看相貌和身体情况的。相亲之俗至今是介绍婚姻不可缺少的一个环节。但有一点不同,古代女子是不能去相看未来丈夫的。今天相反,多数是女子在家长、媒人的陪同下去男家相亲。北京一些农村,女子及其家长主要看男家的经济情况和男子的人品相貌。男家届时会主动热情地备酒做饭招待,女家相看后留下吃饭表示相中了,若是坚决不吃,说明婚事告吹。

合八字的八字与中国古代记载年、月、日、时的方法有关。那时,用天干(10 个字)的一个字与地支(12 个字)的一个字配成年、月、日、时,比如甲子年、乙丑月、庚午日、酉时等,这样年月日时分别为两个字,合起来为八个字。所谓合八字是把写有男女两人八字的红折子拿去请“星命家”测看,是否相合,如果双方八字不相合是绝不能结婚的。怎样算相合，怎么算不相合，星命家有一套繁琐的说法。合八字首先要看男女两人的属相是否相合。属相是什么？古人用地支 12 个字，分别代表 12 种动物，子鼠、丑牛、寅虎、卯兔、辰龙、巳蛇、午马、未羊、申猴、酉鸡、戌狗、亥猪。子年出生的人就属鼠，丑年出生的人就属牛，依此类推。哪两个属相相合，哪两个属相不相合，说法很多（详见《民间信仰篇》）。这些虽然没有科学根据，但却是中国旧时婚姻礼俗中不可缺少的一环。至今有的地方仍用八字合不合决定婚姻。据调查，湖南湘潭市一个 600 人的工厂里，恋爱时算过八字的高达 60%，因八字不合婚事中断的事时有发生。

订亲是婚嫁礼俗中最主要最关键的一环，虽是民间约定俗成，却常常起到法律作用。订亲在八字合好后进行，往往由男家送给女家和姑娘订亲的礼物，女家接受表示同意婚事，婚姻关系确定，双方都不得违约。古代订亲礼物多为活雁、丝绸、猪、羊等。后世有些变化。像北京订亲礼物分两次给，第一次叫小定，一般送给一只或一对金属戒指，让姑娘戴在手上，有祝愿她手巧、会做针线活的意思。讲究些的送给首饰四种：戒指一只或一对，镯子、耳环各一对，项圈一个。第二次叫大定，礼物比小定多。后来把大定礼物与彩礼合并，迎娶前一起送到女家。所送首饰在各地含意不同，如辽宁营口一带，戏称给姑娘的耳环为“挂钩”，姑娘戴上耳环就把订亲的消息传递给大家了。在温州，人们把戒指（一对）看成是圆圈。圆圈在古代象形文字中表示永恒，以此表示婚事不变。传统观念订婚之后是不能中途变更的，现在还有一些农村，仍按传统观念办事，一旦订亲，就不允许再与别人议婚，把订亲看成一种法律。

送聘礼，后世也叫送彩礼，就是古代六礼中的纳征。聘礼多少，是由男女两家像在贸易市场买卖东西一样，经过讨价还价后确定的，实际上成了女子的身价。在古代，聘礼多为货币、猪、羊、酒等实物。后世一般为首饰、衣物等。像旧时北京富贵之家，聘礼多为金银首饰、布匹衣料、四季衣服、干鲜喜果（桂圆、荔枝、生花生、栗子、红枣等）、龙凤喜饼（上绘有龙凤纹的点心）、上等茶叶，及酒一坛、活鹅一只或一对、鸭蛋鸡蛋若干。其中鹅、蛋、喜果等要用胭脂染成红色，以示喜庆吉祥。这些聘礼要分别装在食盒内，每层要放两种东西，每四层为一抬。依抬数计聘礼数量，有12抬、16抬、24抬、32抬，甚至更多。男家雇人于吉日将聘礼送到女家，女家多用靴、帽、文房四宝、糕饼等作为答谢。抬数多少常是世人判断男女两家地位和女子身价高低的标准。当然一般人家拿不出许多聘礼，六抬、八抬就算是多的了。

旧时各地所送聘礼除金银首饰、布匹衣服、聘金等是共同的外，各地还有些地方特色。像山东曲阜，以鸡为吉祥的象征，所以聘礼中一定有一只大红公鸡。浙江临安一带，以送肉为吉祥，但女方不能把送来的肉全部留下，应送还男家一些。切肉时，若切下一块送还，被看成一刀两断不吉祥，应让肉皮连着一些肉送还，表示相连不断。中国地域广大，送、回聘礼习俗五花八门，列举不尽，但是追求聘礼的丰厚、吉祥是共同的。

迎娶，就是男女两家在选定的吉日内，当众把女子接到男家成亲，这在古今婚礼中是最繁琐、最热闹的一项活动。

迎娶前首先要布置好洞房。像旧时北京的洞房（又叫新房、喜房）屋内四壁粉刷一新，顶棚糊上印有花纹图案的纸张，窗户用红绣片或红布帘遮挡起来，门帘上挂着桂圆、枣、栗子和花生，取早生贵子和又生男又生女之意。炕上铺放着由全福人做的彩色丝绸（贫家为棉布）被褥，有两套、四套不等。屋内摆一张“天地桌”，围着红缎桌帘，桌上摆着祭祀用的天地神像和各种祭器。新房布置好就不许随便进去了，尤其是妇女和与新人属相相克的人最犯忌讳。

男家要挑选娶亲人员，女家挑选送亲人员。旧时北京男家女家都要找一个年长的妇女，男家的叫娶亲太太，女家的叫送亲太太，她们必须是全福人，熟悉迎娶礼节，属相不能与新郎新娘相克。此外男家还有几位陪伴新郎的娶亲人(男人)、女家有几位陪新娘的伴娘,多为姑娘的嫂子、姐妹等。

迎娶前一天男女两家格外繁忙,女家忙着整理各种嫁妆,或装箱或捆扎,准备把整理好的嫁妆送到男家。旧时北京一些农村,这一日女家要办酒席宴请亲朋。男家则要请鼓乐队在新房内吹打一夜,俗称响房,为的是驱赶邪恶、增加喜庆热闹气氛。

古俗迎娶活动在黄昏进行,由此产生了"婚姻"一词,现在仍有一些地方如山西、福建某些农村以黄昏为佳期。如果男女两家相距较远,娶亲队伍一大早就出发,为的是赶在黄昏时娶回新娘。若是白天娶回,会被认为新娘是寡妇再嫁。但后世大部分地区白天迎娶。像北京民国以后,通常上午九、十点钟发轿,午饭前赶回,若距离远,就再早点发轿。

迎娶新娘,有官位的用官轿,民间用花轿。轿子最少为一顶,只坐新娘,新郎不亲自去迎娶,当然这是贫穷之家想出的省钱办法。一般人家用两顶,富户用三顶,最多的用五顶,如清朝皇帝大婚为两顶官轿三顶花轿。旧北京用两顶的为一红一绿,用三顶轿的为一红两绿。

迎娶之日,新娘的服饰与西方穿白色长裙的习俗不同,而是穿着表示吉祥喜庆的大红衣裙或大红棉裤、棉袄,头戴凤冠霞帔,上蒙红盖头,脚上穿着红绣鞋。迎娶的花轿来到后,新娘在送亲太太、伴娘的搀扶下走出家门,这时鼓乐大奏,新娘边走边哭,依俗新娘上轿哭泣是吉利的,而且哭得越响,婆家越会发财。

花轿来到新郎家,婚礼仪式开始。北京旧俗,男家院内放一个火盆,花轿须从火盆上抬过(有的是新娘下轿后从火盆上跨过),为的是烧去不吉利的东西,使夫妻日后生活红火。花轿停在二门口,新娘不能立即下轿,要待新郎向花轿门的下方射三箭,去掉邪恶后方可下轿。从轿门到新房门早已铺好了大红毡子,这是因为新娘踩地不吉利的缘故。下轿的新娘头上盖着红盖头,双手抱着一个瓶子，瓶内装着五谷，也有的抱着一个大红苹果。在娶亲太太、送亲太太搀扶下跨过放在路中间的木马鞍，预示她日后的生活平平安安。在新娘的前面，有一个手拿镜子倒退着走的人，为的是照去新娘身上的邪恶。

新娘进入房间后，结婚的仪式一个接着一个。首先是拜天地，也叫拜堂：一拜天地，二拜父母，然后夫妻对拜。拜完，新娘新郎坐在床（炕）边，把新郎的左衣襟压在新娘的右衣襟上，表示日后男人压倒女人，这叫坐帐。然后新郎用裹着红纸的秤杆挑下新娘头上的红盖头，放在自己屁股下，为的是“杀杀女方的暴气”。这时（按北京地区旧俗）要端上热气腾腾的饺子（称“子孙饺子）和“长寿面”。饺子是女家做好带来，由男家煮的，面条则是男家做的。吃的时候，有人问：“生不生？”回答“生”，意思是生育后代。有些地方端上两杯酒，男女两人各一杯，这叫喝交杯酒。喝法有多种，一种把两个酒杯用红绳连起来，每人端起喝半杯后交换酒杯喝完。另一种男女各端一杯，两人端杯的手臂交叉着喝。宋代流行把喝完的酒杯一仰一合放在床下，取大吉大利之意。那时还盛行合髻，就是依男左女右各剪下一绺头发，放在一起作为夫妻关系的信物保存起来。

婚宴是婚礼的高潮，也叫喜宴，所以人们把参加婚礼说成是“喝喜酒”。民间喜宴讲究排场，因为它是表示婚礼隆重程度的一个方面，所以倍受重视。各地婚宴虽有各自的习俗（详见《饮食篇》），但都是当地宴席中最讲究的。席间，新郎新娘多要亲自到各桌为来宾斟酒夹菜，感谢大家光临，祝愿大家吃好喝足。

婚礼最后一项活动是闹洞房，参加者多是未婚男女青年。人们想尽各种方法取乐，或给他们出难题，或做逗笑的事等，目的是为婚礼增加热闹欢乐的气氛，让婚礼在男女青年的嬉笑声中结束。

婚后的第二天（或第三天、第五天……），各地都有新婚夫妻回娘家会亲之俗，就是拜见女家父母及家人亲朋。有的地方拜见后，女家亲属随新婚夫妻返回男家，拜会男家的家人和亲朋。新婚夫妻回娘家会亲也叫回门，在陕西乾县一带，招待新女婿的是一碗香喷喷的“酸汤挂面”，但新郎怎么也吃不下，因为挂面用细铁丝捆着，而且又辣又酸。陕南一带则不同，喝酒吃菜以后端上来一大块骨头。当地习俗是新女婿把骨头上的肉啃得越干净越好，若剩下一些肉就会被人笑话，于是新女婿只好当众大啃骨头。这类招待方法实是给新女婿出难题，看笑话。

在这一整套复杂、繁琐的婚嫁礼俗中，有几项如花轿、嫁妆、闹洞房、新娘装束等需要特别说说。

第一，花轿。花轿只许姑娘结婚坐，寡妇再嫁只能坐车，不能坐轿。所以就出现了“大姑娘上轿——头一回”的歇后语。结婚坐花轿既隆重又热闹，是很风光的事情。但也很费钱，穷人家就坐不起，只好简单从事。所以旧时妇女结婚时能坐花轿，也是一辈子都值得骄傲的事情。

花轿的装饰各地不同。旧时北京的花轿四周围着绣满龙、凤、牡丹及各种花鸟等图案的轿围子，轿顶四角挂着四个大红彩球，显得五彩缤纷、喜气洋洋，轿夫穿着镶红边短蓝大褂，与花轿相配，更加漂亮。温州的花轿上下为八角，轿顶装着雕刻人物（多为“合好”的婚姻之神和合二仙或吉祥神八仙）。轿子三面有雕刻镂空的立体戏剧人物。四周挂满五颜六色的丝带。山区的花轿有的做成滑竿式样，上边装着色彩缤纷的彩篷。

花轿大部分是从轿房雇来的，也有自己动手制做的。像陕北人把平时使用的四方桌子翻过来，桌面朝地，朝上的四条桌腿就成了轿柱，再用红布把四个桌腿连起来围好，两边绑上竹竿或扁担做轿杠，上面扎个红轿顶，一顶既简单又漂亮的花轿就做成了。

抬花轿也有不少说道，最少要 4 人，多的要 16 人。轿子前有鼓、唢呐等吹吹打打。穿村过街时，速度要放慢，轿夫要拿出本领来，腰杆挺直，两眼平视前方，高抬腿、轻放步，使花轿有节奏地上下颤动，让坐轿人感到舒服，甚至有飘飘然的感觉。路途较远，轿夫换人或休息时，花轿不能落地。有时两顶花轿在路中相遇，两轿的轿夫往往暗中进行抬轿技术比赛，看谁家的轿子平稳，不左右摇晃，看谁家轿夫的姿势好看。这不仅显示出轿夫本人高超的技术，而且也为自己的轿房增光。如果路遇送葬的队伍，随轿的娶亲人员应说："今天吉祥，遇上宝财（"棺材"的"材"的谐音）啦！"过河时应该往河里扔一些硬币。抬花轿是很辛苦的，一般人家除付工钱外，还送给轿夫每人一点喜钱，既表示感谢，又有同喜之意。

第二，嫁妆。嫁妆是女家送给出嫁女儿的陪嫁物，一般分为两类，一类是衣服鞋帽和生活日用品等，另一类是姑娘自己亲手给未来婆家每人缝制的礼物。前一类各地大同小异，后一类各有各的特色。比如浙江一带，送给未来婆家每人一双新布鞋，且为白底黑帮，或白底青帮，表示黑白分明，这叫上贺鞋。广东澄海要送绣鞋，鞋面上要用手绣出十分精美的图案。美丽的绣鞋说明姑娘聪明能干。浙江宁波不送鞋，而送裤子，当地俗语说："若要富，先做裤"，送裤子表示祝愿婆家生活富裕。做裤子时讲究缝得快，让线发出"富、富"之声，以后的生活才能富裕。据说，裤子做得好的媳妇，日后在婆家才会有地位，才能掌权当家。

嫁妆既然是女家的陪嫁，所用资金应该由女家支付，但旧时贫寒之家无力办嫁妆，只好靠男家的聘礼，聘礼多嫁妆就多。富裕的女家就不同了，除男家送来的聘礼外，女家还可再添加一些。富贵官宦一类的女家多自家出资，请木匠、漆匠、篾匠、裁缝、五金匠等各种工匠到家里来制作家具、竹器、衣服、金银首饰……这叫为上轿的新娘赶嫁妆。更甚者全部嫁妆到有名的作坊定做。那时嫁妆的数量、质量不仅显示女家的门第、贫富，而且标出了女子的不同身价。所以无论贫富，女家都尽最大力量为女儿置办嫁妆。有的甚至把土地、买卖商号等作为嫁妆。更有趣的是，还有把装死人的棺材当作嫁妆的，他们的想法是，女儿一辈吃穿用都有了，就连死后的东西也不需男家准备了。

嫁妆的数量、质量是公开的。有的地方女家请人一件一件抬着走，就连可以放在箱子里的被子等也不放在箱子里，而是放在箱子上，目的是让路人看清楚嫁妆多少，都有什么、质量如何。有的地方还有亮嫁妆之俗。像广西荔浦，迎娶之日的晚上，把嫁妆箱子等打开，主持人一边往外拿嫁妆，一边唱嫁妆的名称，拿一件唱一句。另一个接过后一件件摆放在床上、桌子上，让围观者看个清清楚楚。嫁妆多不仅女家体面，也给男家添了光彩，使人羡慕，“瞧，这家的媳妇多有钱！”嫁妆的公开性又是促使人们追求嫁妆丰厚的原因之一。

嫁妆不仅追求丰厚，而且还讲究吉祥。如北京地区以双数为吉祥。广西贺县，以“九”为吉祥，因而无论大小件均须“九”个，以祝愿婚姻长久。除了数目上有讲究外，嫁妆的内容上也有讲究，旧时杭州一带，嫁妆中必有一种万年青花草，由新娘亲手从娘家挖出，带到婆家后由新郎亲自栽到土里，表示夫妻同心，婚姻万年长青。浙江海宁蚕乡，嫁妆除丝绸衣服、被子等以外，还有蚕种、桑苗和养蚕工具，表示姑娘有生产技能，婚后能养好蚕种好桑，生活美好。广东客家人有一种奇特的嫁妆——蔬菜。有芹菜，“芹”谐音“勤”，希望姑娘勤劳；有大蒜，“蒜”谐音“算”，日后生活精打细算；有香葱，“葱”谐音“聪”，寓意聪明；有韭菜，寓意婚姻长久。还有一种长命草，婚后种到男家菜园里，希望姑娘像长命草一样永远扎根男家。这些蔬菜嫁妆都用红线或红布条捆好带到男家。

新中国建立后，社会发生了根本性的变化，嫁妆内容也随之变化。除了传统的衣物、日用品等嫁妆外，还出现了手表、自行车、缝纫机及各种家用电器，这些昂贵的嫁妆有的是女家购置的，有些则把向男家要的彩礼作为嫁妆。近几年也出现了新式嫁妆，比如父母出钱让女儿婚前学会一门新技术，有缝纫裁剪、种植果树等，把这门技术作为嫁妆，使其婚后的生活有了可靠的保证，被人们誉为科技嫁妆。

第三，新娘的穿着打扮。无论哪个国家或民族都一样，结婚的新娘都要精心打扮一番，但中国新娘的打扮有许多特别的地方。远的不说，旧时新娘特别之处就有开脸、梳头、穿上轿衣几方面。

开脸就是用线把脸上的汗毛绞掉，同时修弯眉毛、剪好鬓角。这是已婚女子与未婚女子的一个区别。开脸一般在婚前几天进行，负责开脸的也须是一位夫、子、女都有的中老年妇女。浙江湖州，开脸前男家送来六个“开脸盘”，盘中分别放着鱼、肉、鸡、喜果、红烛、鞭炮、脂粉等。女家收到后请姑娘的舅母等长辈妇女为其开脸。广东东莞一带要由好命人（同“全福人”）摘一些柚子叶烧水，姑娘用这种水沐浴后再用红绿线绞去面毛。

梳头又叫上头，就是要把姑娘时的头发改梳成作媳妇的发髻。有的地方叫“上轿髻”。梳发髻各地做法也不同，浙江绍兴一带要先拔下新郎和新娘几根头发，混在一起搓成线，扎到新娘的发髻里，意为“结发夫妻”。江苏高邮一带新娘沐浴更衣后，端坐梳妆台前，点上红烛，喝两口茶，这叫“闭口茶”，意思是出嫁后要少说话，待到夫家后喝过开口茶再开口说话。喝完闭口茶，全福人把她的头发梳向脑后，盘成发髻，再用双层红纱带从前额勒到脑后，共勒 12 道，俗称 12 月太平，即使勒疼了也不能喊疼，目的是让新娘学会忍耐，到婆家后遇事不发火。

新娘的上轿衣服与平时出门作客换件新衣服是不同的，这种衣服大部分是特意为上轿做的，一生也只穿这一次。颜色一定是大红色，因为中国自古以红色为喜庆。上轿衣服一般仅备一套，也有备几套的，如江苏吴县一带为三套，一套棉衣是男家送给新娘迎娶时穿的。另一套是坐在轿子上和举行婚礼仪式时穿的，这套是粉红色的花衣花裙，上有牡丹图案，是与花轿一起租来的。另一套是土布衣服，裤子为蓝地白花，头巾、衫、裙均为靛青色，是婚后劳动时穿的。

第四，闹洞房。这是结婚之日最后一项热闹的活动，它既把婚礼推向高潮，又让婚礼在极其欢乐的气氛中结束。俗话说“闹发、闹发，越闹越发财（家）”。用“闹”祈求家庭兴旺发达，财路大开，这是一部分人的心理，而更多的人是想通过“闹”，增加婚礼喜庆欢乐气氛。这是中国人对结婚求热闹心理的一种表现。因此参加闹洞房的人总用各种办法使洞房热闹起来，让人们笑得越多越满意。

众所周知，封建时代长辈与晚辈之间等级是很严格的，但闹洞房例外，“洞房内不分大小”。尽管如此，长辈为了保持自己的尊严，很少有人参加，参加者大多是新郎的同辈或晚辈，而且主要是未婚者。

新中国建立后，传统的婚嫁礼俗受到社会变革的冲击，那些迷信的内容少了，繁复的婚嫁礼俗的程序简化多了，就是较为复杂的农村，也多只有提亲、男女见面相亲、订婚、领结婚证、迎娶几项内容。

一般在介绍人向各自介绍了对方情况后，双方同意，就见个面，或女方家长陪姑娘随着男方到男家看看。双方父母及男女本人都没意见了，就约个时间吃订婚饭，男方送给姑娘一些订婚礼物。礼物多为钱和衣物，少数为首饰，与西方订婚必送戒指不同。然后双方准备结婚的东西，准备齐全了就选个日子举行婚礼。

婚礼也简单多了，五六十年代迎娶有的骑马，有的骑自行车。不少农村把新娘进门后拜天地改为向毛主席像三鞠躬，然后向父母长辈鞠躬。结婚仪式完毕，稍事休息，新娘和男家亲朋见面。见面时亲朋多送给新娘一些钱作为见面礼。见面结束，酒宴开始，客人吃饱喝足散去。晚上闹洞房，有的让新郎新娘唱歌，有的让他们讲恋爱经过，有的让他们做逗笑的事……大家闹、笑累了，婚礼也就结束了。古代婚礼中的坐轿、射箭、跨火盆及马鞍、合髻、喝交杯酒等都省略了。这是就一般农村而言，当然比上述繁琐一些的婚礼有些地区也还存在。

近几十年城市的婚嫁礼俗就更简单了。大多数人的婚姻属于自主婚姻，即使起初有介绍人牵线，但两人一相识介绍人也就退出了。待两人有了感情，愿意结婚时，就一起去领个结婚证。然后男女两家和两人一起准备家具、床上用品等等，费用一般由两家或两人负担。也有的男家负责室内家具，女家负担床上用品和桌子上的东西。一切准备好了，就举行婚礼。举行婚礼之日，有的用车（自行车或汽车）把新娘接到男家，下车时鞭炮声四起，人们把彩色小纸片撒在新郎新娘的头上、身上，他们手拉手一起走进新房。稍事休息，新娘和男家亲朋见面，大家热热闹闹地一起吃喜糖瓜果等，然后共进婚宴。一般来说，学校里知识分子的婚礼就更简单，连吃喜酒、迎娶、放鞭炮、撒彩色纸片等都省略了，只是请大家来玩玩，吃点糖果。

近些年，结婚费用上升很快。

六七十年代，一般男家给女方的彩礼约三、四百元，若是给女方买个手表、自行车、缝纫机、半导体收音机——所谓的"三转一提溜"——就是高额彩礼了。近十年彩礼名目繁多，像江西余县有恩养礼、姐妹礼、背亲礼、针线礼、媒人礼、厨师礼、开脸礼等，每个礼都要给钱。山西祁县流行的彩礼多达 15 种。有的地区流行新房内要有"三转一彩色"，即电冰箱、洗衣机、电风扇、彩色电视机。没有这些电器别想结婚。

婚宴规模越办越大，少则二三十桌，多则四五十桌，花费四五千元甚至上万元。在比较富裕的福建、浙江温州等地，不仅婚宴排场大，而且酒菜好，甚至个别人独出心裁，在餐桌上摆个"手表冷盘"，就是送给每位来宾一块 80 元的双狮牌手表，以显示主人阔气。福建某镇一家婚宴桌子上有一个"信封冷盘"，主人给每位客人一个信封，内装 10 张—20 张"大团结"（即 10 元人民币）不等，据有人推算，仅信封内的人民币就达二万多元，上述两例当然是极个别现象。

近些年城市青年结婚费用也不低，不仅筹办酒席、购买家具和电器需要许多钱，就连迎亲队伍租用出租车的支出也很高。十年前一般用一两辆，后来增至四五辆，这两年有的多达十几辆，而且一色的高级皇冠小轿车，仅车费一项就需要几千元。操办一个婚事至少也要二万元左右。

城乡青年结婚费用越来越高的问题已引起许多人的反感，于是在妇联、工会等组织的积极倡导下，出现了许多新式婚礼，如集体婚礼、旅游婚礼、植树婚礼等。这些既热闹、隆重，又喜庆的婚礼正在受到越来越多的人的欢迎。

五、丧　葬　礼

人死了，尸体要处理，处理尸体过程中形成的礼俗就是丧葬礼俗。中国古代的丧葬礼俗是人生终结时既庄严肃穆又繁琐的一项礼俗。这项礼俗的主体自周代形成后，一直为民间所遵循。佛教、道教及社会上各种封建迷信思想对丧葬礼俗产生了巨大的影响，不少宗教活动、迷信活动被吸收到丧葬活动中，使丧葬活动成为原始丧葬观念与封建迷信思想的混合体；成为佛、道两教宗教仪式与民俗活动的综合形式。尽管这些活动是不成条文的，但谁也不敢违背。即使家中不富裕，也只能把规模办得小一点，把两三个活动集中到一起搞，以缩短丧葬活动的时间，降低费用。因为世人常把为老人举行的送葬活动作为检验其子孙对老人是否“孝”的一个重要标志。所以无论贫富，为了避免被世人斥为“不孝”，都尽自己所能安葬老人。

在等级森严的封建社会，各种人的葬礼存在着明显的差异。第一是不同地位、不同等级的人的葬礼有着极其严格、明确的差别。这种差别主要表现在死者的寿衣，棺材的质量与颜色，抬棺材的人数，送葬的仪仗执事等几方面。如果谁逾越了规定，轻者受到法律制裁，严重的会招致灭门之祸。第二是非成年人死亡，未婚成年人死亡和已婚成年人非正常死亡等的丧葬活动比较简单，只是把遗体装入棺材，抬到荒山野岭埋掉就完了。年过六十岁“寿终正寝”的老年人的葬礼与婚礼并提，被称为红白喜事。其隆重程度和受重视程度都不亚于青年人的婚礼。第三是有子孙的老人比无子孙的老人死后葬礼隆重，子孙多比子孙少的老人葬礼隆重。这三个差别使丧葬活动的内含超出了丧葬本身的范围。俗话说葬死人是给活人看的。怎样给死者送葬，对死者来说毫无意义，但对于活着的人们却是个极好的教育机会。比如第一个差别，贵族官宦之家的丧葬，不仅显示了死者的地位等级和门庭的显贵，而且告诉人们地位等级的重要，地位高的人不仅活着处处高人一等，就是死后也非同一般。第二个差别突出了已婚与未婚的不同，结婚的人死后会受到隆重的礼遇，不结婚的人死后却要遭到冷遇，强调了结婚的重要。第三个差别虽只是“量”的不同，却在告诫人们生儿育女的重要。世世代代中国人都把有子孙和多子多孙视为“福气”，即使今天也还有不少人把生育子女、儿孙满堂当作自己的追求目标，原因之一就是为了老有人养，死有人葬。中国丧葬礼俗方面差别、作用如此之大，恐怕在世界上也是不多见的。

综合盛行于各地的土葬礼俗主要有以下几方面内容：

1. 倒头与小殓

中国人最忌讳人死在炕上或床上，一般趁人病危快断气时，摘下自家一扇门搭在室内，把病危之人抬放在门板上，并请来全福人(若来不及就由自家人)为其擦洗身体、换上寿衣。如果死前没换上寿衣，被视为裸体回到阴间。另外发现断气时，应立即往死者嘴里放点东西，叫含口。为的是不空着嘴离开人间(有的地方等把遗体放入棺材时再放)。放什么东西？有的放穿有红线的珠宝，有的放钱币，有的放一小包茶叶。人死后，头前要放一张桌子，桌子上放一盏灯，叫长明灯，说是为死者灵魂去阴间引路用的。灯侧放一碗装得满满的倒头饭(用大米或小米做的)，饭上竖直插一双筷子(有的地方插棍），这叫"打狗棒"。按迷信的说法，去阴间的路上有狗来抢饭吃，就用此"棒"驱赶。

2. 报丧与吊丧

当一个人走完人生旅途离开人间时，死者的家人就要立即把死讯通知至亲好友。至亲好友都要与死者做最后的诀别，为其送行。在广西宁明，家人先鸣三响火炮，然后派人逐家登门通知。在北京，住得不远的亲朋由孝子亲自登门报丧，但到了家门不得进入，只能拍门等人出来，见面时孝子须两手一扶地，一弯腰，边磕丧头边告诉谁去世了，什么时间入殓等情况。在浙江一些地方，报丧人在腋下倒挟一把雨伞，到亲友家门时把伞头朝下，伞柄向上竖放在门外，亲友一看便知其来意，立即做一碗鸡蛋汤，请他喝，这是"报生不空手，报死不空口"的习俗。

凡接到死讯的亲友一般都立即带上纸钱、香、点心等礼物到丧家吊丧。在北京一些地方，吊丧的女亲友须从到丧家大门开始大声哭喊，若是已出嫁的女儿须从村口就开始哭喊，男亲友则一般见到死者遗体或棺材时才跪下大声哭喊。有人来吊丧，守孝的人（死者的子孙等）要在旁陪哭，哭毕依来者与死者的亲疏关系送给其孝服。

3. 大殓

把尸体装入棺材叫大殓。大殓礼俗很严格，一点也不得马虎。首先布置好棺内。像北京，棺材底部铺上一层红布，布上摆 7 枚铜钱，散成七星北斗状，然后才入殓。入殓时，由长子或长孙抬死者头部，其它子孙抬两边和脚，慢慢地稳稳地将死者放进棺材。随后把死者生前喜爱的东西如首饰、手杖、烟袋等放入，另外还要在死者手里放一块银元或小元宝、手绢等，其含意是不让死者空着手离开人间。长子再用筷子夹着湿棉球擦死者眼圈、耳朵、嘴，让死者能眼观六路，耳听八方，有吃有喝。最后用一块布或纸把死者的脸盖住。这时木匠将棺材内盖、外盖盖上。若死者的子女都在，就把三个大钉子钉上，若子女还未到齐，就先钉上一个钉子。钉钉子时，在场亲友一起大声哭喊，钉子钉完大殓就结束了。

4. 送葬

死者家人、亲友把棺材护送到墓地安葬叫送葬，这是丧葬活动的高潮。

人死后不能马上安葬，最少要死后第3天才能安葬，最多要到第49天，但天数都是单数。具体定在哪一天，一般根据自家的经济情况和死者的社会地位决定。贫穷百姓之家大都定在第3天，经济条件稍好点的定在第5天或第7天，富裕户有的定在第15天，清朝有的皇帝定在第35天。据说最少为第3天，是有希望死者复生的意思，当然也有等待远路亲友的意思。

送葬队伍的人数、规模、隆重程度等也受到家庭经济情况及死者地位等级身分等情况的制约。贫穷之家的送葬队伍大多不长，除去家人和亲友，仅有一支或两支几个人或十几个人的吹鼓手乐队。而富贵官宦人家的送葬队伍则浩浩荡荡，极为壮观、隆重、热闹。送葬队伍里有鼓乐队、官鼓大乐、清音锣鼓、丧鼓锣鼓、打击乐组成的文场；有请来的和尚、道士、尼姑、喇嘛、居士等；有雇佣来抬花圈、举挽联、打各种仪仗执事的等等，再加上自家人和亲朋，队伍往往有几里路长。像清朝皇帝的送葬队伍，人数高达一二千人。

送葬的家人和亲友除穿着白色孝服外，每人手里拿着个用白纸做成的幡和哭丧棒。幡的不同样式，标志着与死者的不同关系。北京地区长子的幡特别显眼，也特别重要，它是继承死者遗产的标志。在无子或长子早亡的家庭，谁举这个幡谁就取得了继承权，因此常常为谁举这个幡发生纠纷。

送葬队伍到了墓地，人们须不歪不斜，小心翼翼地把棺材放入墓坑，否则会影响今后家族的兴衰。棺材放平后，众亲友和家人，每人抓一把土，由长子带头把土扔到棺材上，这叫添土。然后负责埋葬的人继续填土，直到墓坑上堆出一个大坟头为止。堆好坟头后把长子的幡插在坟顶上，大家脱去外面的孝袍回家。死者若是老人，多举办酒席宴请前来送葬的亲友。详见《饮食篇》。

后世受佛教影响，死者死后每 7 天为一期，共七期，每到一期，家庭成员举行一次祭祀活动，以后还有百日祭和周年祭。周年祭一般为一周年、三周年、十周年三次，祭祀活动除富户隆重外，一般都比较简单：家人和亲朋到墓地祭拜、焚纸钱，回来后一起吃一顿饭就结束了。

除上述比较共同的丧葬礼俗外，各地还有自己独特的习俗，最突出的是跳丧习俗。

跳丧就是为死者唱歌跳舞。像福建惠安县每个村子都有祠堂，凡德高望重的老人病危时，都要抬到那里，由村民轮流守护，并请几位乐师来演奏南曲，一位手拿檀板的妇女随乐曲边拍边唱。据说这种南曲起源于唐明皇时，已有 1200 多年的历史，至今还流传着二千多首。在当地，为临终的老人演奏南曲是一种极其隆重的礼仪，老人能享受到这种待遇是一件极其荣耀的事。

在安徽、湖北的一些地区，跳丧习俗一直保留到今天。像湖北长阳县资丘地方，老人去世后，其子在门外放铳给乡亲们报丧。村民闻讯在天黑后打着手电筒、火把来到丧家，先跪祭、吊唁，然后随鼓点跳起来。为跳丧伴奏的乐器是一面皮鼓，鼓者兼做跳丧的领唱者（多是长者）。所唱内容极其丰富，既追忆死者生前的美德，又演唱古代爱情故事、历史故事。每唱完一小节，舞者和唱最后一句，这样一直跳到天明。跳丧活动结束，乡亲们在鞭炮、鼓乐声中把棺材抬到墓地埋葬。每次跳丧的人数有多有少，村民以人多为荣，人多说明那家在村中的人缘好。

各地跳丧活动的方法虽不同，但都把悲痛的丧事办得既隆重又热闹。据说产生的原因各地不同，有的出于迷信，以为跳丧可以去除死者生前的罪过，送亡灵进入天堂；有的是古代“鼓盆”唱丧歌的沿袭；有的是古代征战归来用跳舞祭奠战死同伴的遗风……。

在这一整套礼俗中，还有几点需要特别指出的：

第一，寿衣。在民间，老年人习惯自己准备寿衣，而且往往趁身体好时就做好。所用料子、颜色、式样等自古有讲究。料子用麻布、棉布、丝绸都可以，一般人用便宜的麻布棉布，有条件的就用丝绸。但一定不能用缎，因为"缎"谐音"断"，用缎会使自家断子绝孙，后继无人。也不能用皮，认为会使死者来世为兽。颜色不少地方忌黑色，其它颜色如红、绿、蓝、黄等都可以。如江南有的地方，必有一套红色寿衣。寿衣须做得肥大，为的是容易穿上，上衣的袖子须长一些，以免露出手来，衣服不能钉钮扣，只用小布条。受佛教影响，鞋、帽、枕头要绣上或贴上荷叶、荷花，有了荷叶荷花才可登仙境。有的地方枕头上绣太阳和公鸡，意思是能知道白天黑夜。寿衣须有几套，有内衣，有外衣，有单衣、裙(女人)，有棉衣。有的地区如北京，无论什么时候死的，都必须穿棉衣。寿衣总数忌用双数，有的地方须上衣多于下衣，有七上五下、九上七下等。有的地方忌"九"，因当地"九"谐音"狗"。

现在除六七十岁以上的老人仍习惯自己准备寿衣外，一般都是临时去买(做)，或就穿生前喜欢的衣服，使用传统寿衣的越来越少。

第二，棺材。棺材虽是装死人用的，但民间却把它看作吉祥物。这是因为"棺材"的"棺"与"官"谐音，"材"与"财"谐音，含升官发财之意。

民间习俗棺材一般也应在老人生前置办，这种棺材叫寿材。旧时有钱人家老人年过六十就要准备。据说寿材放的时间长干燥，来世身体好，疾病少。农村多放在家里，城镇多寄存于材厂或寺庙。

给健在的老人做寿材被看作是一件喜事，择吉日动工，亲友们纷纷来贺喜。在淮安一带，亲友们要送糕桃、红烛、鞭炮等作为贺礼。已婚女儿的贺礼是一盆万年青花，一盆吉祥草，一对金花，一丈四尺红绉布和一对不倒翁。这些礼物各有含意："不倒翁"祝贺老人长寿、永不倒，“万年青”、“吉祥草”表示长寿万年、吉祥如意，“金花”、“大红布”是增加喜庆气氛的。棺材做完，把不倒翁、万年青、吉祥草放入棺内，金花插在棺盖前端，大红布盖住其它地方。在北京，棺内也放不倒翁，棺材大头还要贴上红纸寿字。讲究的在棺内两侧画“二十四孝”或“八仙庆寿”图，前端画一个圆“寿”字，周围是五只蝙蝠，称为“头顶五福捧寿”，后头画上莲花，叫“脚踩莲花”。

做寿材时，一般用好酒好肉招待工匠，做完除付给工钱外，还要送些礼物以示感谢。不少地区由女儿支付费用，以表示对老人的孝敬。

第三，寿坟。凡有条件的，都在老人生前建好。古代帝王常常从登基做皇帝开始就修筑坟墓。修寿坟的习俗有些地方沿续到今天。在南方特别是浙江一些地方，老人健在时就修建坟墓，甚至给年轻人和孩子准备好坟墓，称这种坟为生坟，有的地方叫“建坑”。形状为长方形，两壁和后头用砖、水泥砌好，顶部为拱形，前头留口，待人死后把棺材往里一推，封上口即可。同时立好墓碑，碑上的字涂成红色，人死入坟后再改涂黑色。

第四，丧服。丧服又叫孝服，早在先秦时中原地区已形成了“五服”制度（详见《服饰篇》）。这个制度在封建社会一直沿续，但孝服的布料、式样及区别亲疏的方法后来有所变化。比如棉布产生后，布料多由麻布改用棉布。区别亲疏的方法各地也不同。如北京，亲戚家人虽都是白袍白鞋白帽，但用白袍肩上加红布条、蓝布条区别孙与外孙，用白鞋（黑鞋上蒙一层白布）后跟处留一条黑布盖一条红布区别父母都故去还是其中一人故去（有的地方区别孙与外孙），另外用白帽的式样、腰间扎不扎麻绳和手中举的纸幡的式样等来区分与死者的亲疏关系。在贵阳，孝子穿黄背心、白衣、草鞋，戴纸冠。近几十年，各地送丧穿白袍、白鞋、戴白帽的少了，在城市完全改变了（详见《交际礼俗篇》）。

在两千多年的封建社会里，五服制度一直沿续的原因，一方面人们用它判定同一家族内的亲疏关系，另一方面，封建国家的法律搞株连，一人犯罪，常常株连亲族，五服之内的人就可能被牵连，因此五服制度倍受重视。近代五服制度本身在人们头脑中逐渐淡化，但用五服别亲疏的观念仍深深印在人们的心中。这一点在聚族而居的农村表现还相当突出，常用出没出五服区别同姓人之间的亲疏关系。

第五，道场。道场是指和尚或道士做法事。后世的丧葬活动中不仅大小礼俗或多或少与佛、道两教有联系，而且有些人家还常在丧葬活动中专门安排佛、道两教的宗教活动——办道场，使道场成为丧葬活动中的一项内容。办道场有的是亡者的子孙出钱请和尚、道士来家里做道场，有的是亲朋把道场作为礼物赠送给亡者的。有的一个丧事要办几个道场，像清代北京仕宦绅商之家办丧事时，既请和尚、道士，也请喇嘛、尼姑和男女居士，几个道场同时办。为使几个道场不致发生混淆，就分院或分棚进行，僧、道、番(喇嘛)、尼各穿各的法衣，各鼓各的法器，各念各的经，互不干扰，相安无事。道场多的，家里放不下，就安排在送葬道路两旁。从佛道同时做道场来看，无论亡人还是亡人的子孙，并不真正信仰某个宗教，只不过用道场来增加丧葬活动的隆重程度，提高葬礼的档次，借以显示自家的地位、财力。这就是在葬礼中增加宗教活动——道场的真正目的。

第六，守孝。古俗安葬完父母，子女要守孝三年，三年中不得饮酒、唱歌跳舞，不能娶妻纳妾。有的在父母墓旁搭棚结庐居住三年。住棚庐时，不仅不得在庐内与人谈话，而且限制饮食，前三天不能饮食，前七天只能吃粥，七天后可以吃蔬菜水果，14 天后才可吃肉，27 个月方可饮酒。受封建朝廷表彰的孝子中，有的不仅守坟三年，而且整日哭泣、食野菜，以示悲痛。

守孝得到封建王朝的高度重视，西汉的法律明文规定：不为亲行三年丧，不得选举。唐宋开始改守孝期为一年，一年满可以脱下孝服,可以结婚,但三年内不能离家远行。守孝礼俗近代渐弱,但父母去世后的几个月甚至一年内不结婚还是有的。

近几十年社会的巨大变革猛烈地冲击着传统的丧葬礼俗,尤其是五六十年代,丧葬活动中的封建迷信、宗教活动几乎全部停止。在城市,人死后举行个遗体告别或开个追悼会,然后把骨灰盒存放在人民公墓里,以后每年清明节家人前去祭拜和哀悼。农村葬礼也非常简朴,不请鼓乐队也不摆酒席,亲朋到齐后把棺材护送到坟地埋好就结束了。

近几年传统的繁琐的充满封建迷信色彩的丧葬礼俗在不少农村死灰复燃,个别地区的丧葬活动不仅规模大费用高,而且活动的内容比旧时丧葬活动还多,主要表现在以下几方面:第一封建迷信活动多。有的请和尚、道士设灵台做道场,超度亡灵。有的用纸扎糊祭灵物品,什么纸马纸牛、纸彩电、纸冰箱、纸洗衣机、纸空调器、纸轿车等等名目繁多。一辆纸糊的带卫士豪华型轿车价格高达500元,其余每件一二百元不等。据报载有一人为亡母买祭品用去2000元。第二大办酒席。据报载,湖南有个姓万的人,为母亲丧事办酒席63桌,花费3800多元,鞭炮费1000多元。第三送葬队伍浩大。贵州有一人病故,为其送葬的大小车有18辆,环绕县城一周。上述姓万的人,为他母亲送葬的队伍达300多人。

大办丧葬礼的原因主要是:第一,儒家"孝"的思想影响。按照儒家"孝"的思想,对父母生要养,死要丧。而赡养父母是否尽孝不太容易让世人知晓,葬礼是公开的,孝不孝一眼便可以看出来。于是为了表示自己"孝",不惜重金大办丧事,大修墓地。有的墓地简直像个公园,有松柏,有石桌石椅石凳,有雕刻过的白玉石栏杆……。第二是封建迷信思想作怪。第三是大办丧事不赔钱,因为参加丧事的人都要送礼物或现金,像前边讲过的湖南万某,4天中收到430多人的礼物,其中现金4400元,再加上礼物,实际收入超过花费。真是既有名又有利。

为了制止加重活人经济负担和封建迷信活动，不少人呼吁丧事新办，移风易俗。有些村落为此成立红白理事会，负责安排村中的婚礼和丧葬礼。但是从全国看，大部分农村还没有摆脱旧的传统礼俗的重压，所谓人生大事远比旧时代多得多，什么满月、生日、乔迁新居、考上大学、结婚、送葬，甚至调动工作、晋升职务、增加工资……都要设宴请客。接到通知就应依俗带上贺礼前往，否则就要背上不讲情谊和“小气鬼”的恶名。过去贺礼微薄，一般一两元、三五元，现在水涨船高，少的十元左右，多的几十、上百，甚至几百元。左一个贺礼，右一个贺礼，一年下来每户须支付各种名目的人情费少则几百元，多则几千元。

第三章　饮食篇

中国饮食的精美早已享誉全世界，世有“法国的服装，中国的菜”之说。这“菜”是广义的，是中国饮食的代名词。中国自古就特别重视饮食。孔子说：“食不厌精，脍不厌细。”（《论语·乡党篇》）中国饮食在制作精细方面的确下了不少功夫，什么菜配什么菜，用什么调料，烹、炸、煎、炒、蒸、煮、烙等，什么食物菜肴该用哪种制作方法，以及成品的色、香、味等方面都十分注意。不仅如此，连在什么情况下吃什么，怎么吃，用什么餐具也都很讲究。数千年来形成的饮食风俗，是中华民族文化的一个组成部分，它表现了中华民族的伦理思想、道德观念、民族心理、生活方式、宗教信仰及礼仪礼节等众多方面的民族特点。下面就饮食原料、饮食结构、饮食观念、饮食方式、饮食嗜好、饮食礼节等几个方面，分别作简要的介绍。

一、丰富多采的食物

中国饮食原料种类繁多，有人说，凡是地球上能吃的，中国人几乎都吃。这话虽有些夸张，但也不是没有道理。可以说，无论土里长的、地上跑的、天上飞的、水里游的，只要对人体无害，都可以成为中国餐桌上的美味佳肴，而且似乎越奇特少见越是上等菜肴，像让人害怕的蛇、五爪龙、穿山甲、刺猬等等，都是名菜的原料。

饮食原料从大类上大体分为粮食、蔬菜（包括菌类）、各种肉类。中国地面宽广、海域辽阔，各地气候条件差别较大，适于生长的动植物品种繁多。中国古代并无饮食原料专书，但是仅先秦儒家几部经典《诗经》、《礼记》、《仪礼》等书涉及到的就有140多种，既有谷物、家禽、家畜，又有野兽、野菜，还有捕捞的水族动物。其中以五谷（黍、稷、麦、菽、麻）、六畜（马、牛、羊、鸡、豕）、六兽（麋、鹿、熊、麕、野豕、兔）、六禽（鸿、鹑、鷃、雉、鸠、鸽）记载最多。除了原来生长在中国中原一带的动植物外，还有历代从外域引进的，如汉代从西域诸国引进的瓜果蔬菜等就有黄瓜、香菜、蚕豆、芝麻、核桃、石榴、葡萄、胡椒、姜、大蒜、菠菜、茴香……几十种之多。五代后又先后引进胡萝卜、丝瓜、苦瓜、南瓜、土豆、甘薯、辣椒等等，这样大大丰富了食物的种类。中国人口以汉族最多，汉族在饮食上很少禁忌，这也从另一方面扩大了饮食原料品种，再加上中国饮食自古追求味美，能入口的东西都能制成美味食品，同一种食物原料，设法加工成多种新的饮食原料，比如大豆，可以生豆芽，可以做豆腐、豆腐丝、豆腐皮、豆泡、腐竹等等，这也大大丰富了饮食原料品种。

当然，中国这样辽阔的土地，各地自然条件千差万别，饮食原料的种类也有很大不同。俗话说“靠山吃山，靠水吃水”。沿海和多河流、多湖泊地区，鱼类等水产品丰富，山区半山区多兽、禽等野味，草原多家畜，平原南北有别，江南水乡以稻米为主；干旱少雨的北方，过去主要是玉米、谷物等粗粮，现在多为小麦、玉米。从总的情况看，南方农作物种类比北方略少，但蔬菜类、瓜果类及水产品等要远比北方丰富得多。

二、以粮为主的饮食结构

饮食结构是指人们日常饮食的构成。和西方相比，中国饮食结构的主流有两个特点。

第一，以粮食为主食。这是由中国自古是个农业国的国情决定的。在封建社会，农业为诸业之首，成为上下坚定不移的信条，粮食生产一直受到高度重视。俗语“手中有粮，心里不慌”，反映了粮食在人们日常生活中所占的地位。即使今天，仍然把粮食作为主食。而肉、鱼、蔬菜等被称为副食。在中国封建社会和半封建半殖民地的近代社会，贫穷者经常是“糠菜半年粮”，吃的菜多是野菜，实则是糠菜为主了。稍好一些的，过年过节才能吃到鱼肉。只有大地主、大商人、官僚、贵族一日三餐有鱼肉，皇帝、皇室可以吃尽天下山珍海味。另外，过去中国交通不发达，是封闭式的农业经济，各地饮食主要是种什么吃什么，比如同是北方，平原地区以玉米、高粱、谷物为主，山区和高原地区以土豆、甘薯、荞麦为主。

第二，副食中蔬菜为主，食肉少。这与畜牧业不发达有关。畜牧业在中国开始很早，到商周时已初具规模（考古发掘出的兽骨可作佐证）。但当时的家畜、家禽主要是马、牛、羊、鸡、犬、豕（猪）六牲，而这六牲的饲养数量也不很多，所以《礼记·王制》规定：“诸侯无故不杀牛，大夫无故不杀羊，士无故不杀犬豕，庶人无故不食珍。”当然执行未必那么严格，但从制定这个规定可以知道，当时对杀食六牲是有限制的，贵族阶层尚且如此，其他人可想而知。即使到了战国时期，六牲的饲养仍不多，从孟子与梁惠王对话中可以得到证明。孟子对梁惠王说，如果采取好的政策，把鸡、狗、猪等的饲养发展起来，70岁以上的老人就可以有肉吃了（大意）。可见当时最受国人尊敬的70岁以上的老人也很难吃到肉，其他人更不用说了。秦汉以后，农业越来越受到重视，畜牧业逐渐减少，为数不多的马、牛、羊、猪、狗、鸡、鸭等主要不是为了食用，马牛助人劳动，狗给主人看门，因此宰杀马牛，历朝历代都有禁令。这种状况大体沿续到十几年前。

另外宗教对中国饮食也产生了一定影响。佛教禁止宰杀动物，主张吃素食。不要说佛教徒，就是信仰佛教以及临时求佛许愿的人也自然忌肉食而吃素。道教追求长生不老，提倡轻身、辟谷，就是不吃或少吃煮过的谷物和肉类，而多吃水果，说是“日啖百果能成仙”。想成仙的人自然吃素食忌肉类。因此过去民间吃素的人不少。并由此创造出了一系列烹调独特的素菜佳肴。

以粮食为主，以蔬菜为副的饮食结构在中国沿续了几千年，而且无论贫富大都如此，只不过富贵之家肉食比例比一般人家高一些。在殷周时代，人们把士大夫阶层以上的人称为“肉食者”，但他们的主食仍是粮食，并非肉类。近些年这种传统饮食结构随着经济的发展出现了变化，粮食的食用逐年减少，肉类食物不断增加。对肉类的消费变过去过年时一次性为经常性消费，特别是城市居民肉食量猛增，粮食月消费量从以前的三四十斤下降到十几斤。农村食肉虽不及城市多，但数量也在逐渐增加。肉类品种，从过去以猪肉为主向牛羊猪鸡鸭鹅及水产品鱼类、蟹类等多种类变化，特别是羊、鸡、鱼肉的增长更快。粮食消费除去数量降低外，品种也有改变，小麦、稻米细粮消量猛增，玉米、谷物、高粱等粗粮的消量大为减少。无论南北方，除贫困地区外，一日三餐基本上是大米白面。偶尔吃点粗粮是为了调换口味。

三、不胜枚举的面食品种

粮食既然几千年来一直是中国人的主食，对用粮食制作的食品也就倍加重视，特别是自西汉出现石磨后，粮食不仅可以加工成米，而且还可以加工成面粉，面粉的磨制给食物的品种增加提供了条件，到今天，已有饼、糕、面、点等几大类成千累万个品种，其中具有各地方特色的面食小吃不计其数。

饼食中具有地方风味的最多，而且南北方都有，其中久负盛名的有北京马蹄烧饼、安徽大救驾、广州小凤饼、吴山酥油饼、江苏黄桥烧饼、天津煎饼、山东周村烧饼、陕西石子馍、陕西临潼柿子饼、南昌海参饼、金华酥饼、东北李连贵大饼……。这些饼虽主料都是小麦面粉，但因配料和做法不同而味道各异。北京的马蹄烧饼来自清宫，又称圆梦烧饼，传说慈禧太后夜里做梦吃烧饼，第二天起床后的早膳果然是烧饼，与她梦中吃的饶饼一模一样。于是问饼是谁做的，当得知是赵永寿做的时，慈禧太后特别高兴，既圆了梦，又得了千秋万岁的吉利语。于是赏他 20 两银子和花翎。此饼形如马蹄，吃时须在烧饼里夹上精心炒制的猪肉末。现在北海仿膳饭庄烤制的马蹄烧饼受到国内外宾客的赞誉。安徽大救驾，传说公元 956 年曾经救过宋朝开国皇帝赵匡胤，故而得名。此饼由面粉、糖、金桔、核桃仁等多种原料制成后入油炸熟的，以色泽乳白，油而不腻，有果香而闻名于世。吴山酥油饼，传说宋朝高宗皇帝特别喜欢吃，做法传到民间，至今在杭州流传，因其色如玉白，香脆松甜被誉为“吴山第一点”。天津煎饼是极富营养的大众化饼食。主料是小米面、绿豆面，调成糊状舀一勺倒在烧热的平锅上，然后摊成极薄的饼，快熟时打上个鸡蛋，抹上酱、撒上葱花和香菜段，放上根油条或油饼卷着吃，热呼呼、香喷喷。近几年北京的大街小巷煎饼车一辆挨着一辆，不少北京人把它作为早点，就连来北京的外国朋友也都喜欢吃。陕西的乾州锅盔和石子馍最有名，前者因形似圆盔而得名，熟后中厚边薄，表面鼓起，饼瓤干酥，层次分明，好似一朵大菊花，闻着香，吃着脆，回味无穷。后者是一种古老的食品，做法是把饼坯放在两层热石子中间焙制，味道咸香，既可招待佳宾，又可馈赠亲友。

包子中驰名中外的是天津“狗不理”包子。有猪肉馅、三鲜馅、猪肉皮馅三种，由于选料严格、制作精细而与众不同，馅软香美，皮有咬劲。曾受到清朝慈禧的喜爱。现在天津“狗不理”包子铺不仅每天接待几千名食客，而且还向几十个国家和地区出口，可以说是举世无双的包子。

面条中闻名全国的是山西刀削面、四川担担面、兰州拉面、陕西岐山臊子面等。山西刀削面因形似柳叶又被称为柳叶面。削面是个技术活儿，把温水和好的面团揉成长方形，一手托面，一手持刀，随着刀的起落，宽厚相等的三棱形面条连续不断地飞入锅中，煮熟后捞出配上荤素浇头食用。兰州拉面的功夫全在抻、拉、摔、掼等上，能把一块面团拉出极细极长的面条来。长的甚至一根面条就是一碗。还可根据食客的爱好，拉出“韭叶”、“大宽”、“毛细”、“一窝丝”等多种形状，调上别具特色的调料，有一红、二绿、三白、四黄、五清的特点。红的是辣椒油，绿的是香菜、蒜苗，白的是萝卜片，黄的是面条，清的是牦牛肉炖汤，吃起来又辣又香。近两年，北京的大街小巷到处都有兰州拉面馆，不过改传统的牦牛肉为牛肉了。却也极受北京人的欢迎。四川担担面是因最初小贩挑担沿街叫卖而得名。担子一头是锅灶，一头是面条和调料，现煮现卖，浇上“红油”的，麻辣香甜；放上青蒜、芝麻、花生仁、芝麻油等的，香味浓郁。陕西关中地区吃的面条有近千种名目，岐山臊子面具有代表性。做法特殊，一斤面条内放有一斤带皮猪肉、半斤红醋及豆腐、鸡蛋、韭菜、黄花、木耳、酱油、辣椒面等。做熟后面条细长、料重味浓，酸、辣、香俱全。陕西人喜欢吃一种血面条，简单地说做面条时放猪牛羊等动物的血，面条蒸熟后放入用姜片、菠菜、油泼辣子等做成的汤里，打个鸡蛋配上醋食用。

玉米面做的面食中闻名海内外的是清宫名点小窝头。是在精细玉米面里加入黄豆面、白糖等做成的，只有枣子般大小，形状上尖下圆，底有小洞，内外壁光滑滋润，颜色鲜黄，食之细腻甜香。传说八国联军侵华时，慈禧在逃难中吃了民间的窝头，甚觉甘美，后来回到北京，令御膳房制作，御膳房就在民间窝头的基础上制作了这种小窝头，现在最有名的小窝头是北海仿膳饭庄做的，许多外国朋友吃后连说“好吃！好吃！”

豆类面食中最有名的是芸豆卷和豌豆黄。这两类食品源于民间，前者以芸豆为主料，渗入白糖、糖桂花、芝麻等；后者主料是白豌豆，再加白糖制成。传说慈禧太后偶然吃了一次，觉得非常好吃，于是便成了清宫御膳的名品。因食之香甜爽口，至今深受大众欢迎。

用大米做的面食以南方的米粉(米线)最有名,其中福建兴化粉细如发丝、洁白如雪,享誉东南亚一带。各地米粉的吃法有多种,热吃、凉吃、炒着吃、浇上卤汁吃均可。

全国有名的面食除以上例举者外,还有许多,这里不再赘述。

四、争奇斗艳的名菜佳肴

享誉世界的中国菜是以肉、鱼、禽蛋、蔬菜、瓜果、油脂、调味六类为原料,经独特的调制方法烹饪而成的。这个独特的调制法最需注意的要点是"选料、配料、刀工、火候、调味"十个字,这也是做好中国菜的五个关口,只要掌握好这五个关口,做出的菜不仅色、形、味俱全,而且营养丰富。具体说选料要严格,像有名的谭家菜用熊掌一定要用左前掌,用鲍鱼一定要紫鲍。配料讲究主、辅料搭配要和谐,什么主料配什么辅料不得随意。如名菜"红棉虾团",主料是太湖产的珍蛛虾,配料有金华火腿、盖兰松、黄金肉松、黑芝麻、青绿菜叶。刀工极精细,无论配料或主料切的长短、粗细要一致,厚薄要均匀。切出的形状有段、块、片、丝、丁等。用什么形状依菜肴的品种、性质及烹调要求而定。调味也是做好菜肴的关键环节。不同的主辅料和不同的烹制方法,所需调料和下调料的时间也不相同。比如有的菜用酱油,有的菜不用;有的菜加热前下调料,有的加热中下调料,有的则在加热后下调料。因为调料的品种、下调料的时间(包括数量)对菜肴的质量和味道有决定性的影响。最后是火候。火候有火力大小、时间长短之分。火力分旺火、温火、微火。用什么火候依原料的质地(老、嫩、软、硬)、形状(大、小等)、口味、烹制方法等确定。如爆、炒、涮用旺火,烹制快速,做出的菜肴脆嫩。熬、煮、烩等用温火,速度较慢,菜肴鲜软。微火适于炖、焖等,时间较长,菜肴酥烂带清汤。

中国菜传统的烹制方法。古书上常见的肉类食品的烹制方法有燔、煎、炮、炰、熏、烤等，这些方法从春秋到秦汉已经形成，此后随着炊具、火力的改进逐渐向着精、细发展的同时，新的方法也不断创造出来，如炸、溜、烹、爆、炒、煸等，烹制方法很多。受地理等自然条件的影响，各地形成了极富特色的菜肴风味，最有代表性的是八大地方风味，俗称八大菜系，即川（四川）菜、鲁（山东）菜、粤（广东）菜、维扬（扬州）菜、湘（湖南）菜、浙（浙江）菜、闽（福建）菜、徽（徽州）菜。其中地方特色最浓、影响最大的是川、鲁、粤、扬四大菜系，不仅闻名全国，而且享誉世界。

川菜的最大特点是擅长调味，素有"一菜一格，百菜百味"之美誉。以咸、甜、麻、辣、酸为基本味，并在这五味基础上调配出麻辣、椒麻、怪味、酸辣、鱼香、咸甜、椒盐、糖醋等23个复合味型。这些味道不仅适合四川人的口味，而且受到国内外许多食客的喜爱。其次是烹调方法、用料都十分讲究。烹调方法多达50余种，比如"炒"，就有生炒、熟炒、小炒、软炒、贴锅炒、沙炒、盐炒、油炒等等。用料的讲究表现在许多方面，比如辣椒，就有鲜红辣椒、鲜青辣椒、青紫辣椒、干红辣椒、油炸煳辣椒、辣椒面、辣椒油等多种，且每种用途不同。目前川菜多达四千多个品种，深受国内外食客喜爱的如宫保鸡丁、麻婆豆腐、鱼香肉丝、香酥鸡、怪味鸡等。

鲁菜是北方菜的代表，既擅长河鲜、海鲜，又以做汤菜出名。烹制方法上注重爆、炒、烧、炸、烤、氽等，尤其长于爆，时间短，不破坏菜肴的营养成分。爆鸡丁、爆肚头、油爆大哈等都是名菜。爆的方法又分油爆、葱爆、酱爆、火爆、汤爆等。鲁菜以咸为基本味，分鲜咸、甜咸、酸咸、香咸、麻咸等多种。糖醋鲤鱼、烧海螺、清蒸加吉鱼、炸蛎黄、葱油海参等都是名菜。

粤菜最大特点是食料广泛，居各菜之首。不仅有菜蔬鱼虾和飞禽走兽，而且有鼠、蛇、猫、狗、虫、龟、蛙、猴以及蚂蝗、穿山甲等等，可谓又杂又怪。所用调料也很奇特，有虾酱、沙茶、红醋、鱼露、蚝油、梅膏等。味道有酸、咸、苦、辣、甜、鲜。口味特点是香、脆、酥、嫩、清、鲜、甜。菜肴品种多达五千多。名菜有龙虎凤(蛇、鸡、果子狸)大烩、烤乳猪、蜗牛脍、四禽烩、扒猴头、鱼生等许多种。世有"食在广州"之说。

扬菜注重火工和造型,讲究原汤原味,口味平和清淡,甜咸适中。烹制方法突出炖、煮、焖、烧。名菜有长鱼席、水晶肴蹄、清蒸鲥鱼、三套鸭、荷包鱼等。

各地菜肴虽各有自己的做法和传统风味,但也有许多共同之处,首先营养价值高。种类繁多的烹调方法,刀工、火候及配料的讲究,都为的是使菜肴富有营养。什么菜要凉拌,什么菜要爆炒,什么菜要蒸,什么菜要炖……首先要考虑的是不能破坏菜的营养成分。另外,中国菜肴中还有一类专门用于保健益寿的药膳,这是用滋补性强的中药配合一定的食物调制而成的,不仅好吃,还有养身作用。对于身体健康的人能维护健康,延缓衰老,预防疾病;对于体质弱者,可增强体质和抗病能力;对于老年人可减缓衰老的速度,延寿健身。近几年药膳引起世界各国专家的注目,不少人以各种形式的中医药膳治病,据一份调查材料说,用药膳治病的人已占世界人口的近三分之一。比如美国纽约市长郭德华因病住院,医生给他的药方是中餐和阿斯匹林。为他提供中餐的经理说,市长的中餐里含有大蒜。市长对这个药方很欢迎。药膳也有许多种,比如"淮药芝麻糊"适于病后体弱、须发早白者,"莲子锅蒸"适于精神不振,"柏子仁炖猪心"对心血虚引起的失眠有效……。其次是色、香、味、形俱佳。色、香、味不说,单是"形"说也说不完。像名菜"松鼠桂鱼",要把鱼做成长尾巴松鼠形象,高明的厨师做出来,不仅形象逼真,而且色泽金红。"龙舟鱼"就不同了,要使做熟的鱼像龙舟。炸鱼时须两手捏住鱼头鱼尾,让鱼翘起呈龙舟形状。炸熟后再往鱼嘴里插入二寸长的青葱代表龙须。做好后不仅形似龙舟,而且外焦里嫩,酸甜适口。"百鸟朝凤"用一只母鸡和 10 个鸽蛋做成。做时使鸡趴卧砂锅里焖熟，把10个鸽蛋打入放好香菇、火腿的小酒盅内，蒸熟后立即扣放在盘子四周，把熟母鸡取出背朝下放在盘子中间，再把汤汁浇到鸡和鸽蛋上就完成了。不仅形如百鸟朝凤，而且色泽鲜艳，滋味香醇。中国菜注意造型，冷盘就更为突出，一盘菜简直就是一件艺术品。有名的冷盘“孔雀开屏”，用萝卜雕刻成孔雀头，用黄瓜皮刻成孔雀屏，用熏鸡肉堆成孔雀的躯干，做成后栩栩如生。1985年美国副总统布什参加中国宴会时，连连称赞桌子上的冷盘“漂亮、漂亮”。这个冷盘里有一座青翠的假山，山下两只大熊猫侧卧，一只叼着翠竹，一只怀抱唢呐，山洞里有两只拇指大小的小熊猫在追逐玩耍。这个造型别致的冷盘令布什夫人不忍吃，觉得吃掉太可惜了。征得中国主人同意后，高高兴兴地把它带回家去了。中国菜就是这样既好吃又好看，所以孙中山先生把做菜列入美术范畴，他说：“夫悦目之画，悦耳之音，皆为美术，而悦口之味，何独不然?!是烹调者，亦美术之一道也。”不少外国朋友也称赞中国菜是“一件件珍贵的艺术品”。可以毫不夸张地说，中国名菜佳肴做到了内在美与外形美的高度和谐统一。

其实中国菜不仅造型美，而且菜名也美，各式各样优美悦耳的菜名听起来就是一种美的享受。在诸多美名中，大概属鸡的美名最多，称鸡为“凤凰”（鸟中之王），称鸡翅为“华袖”，称鸡脚为“凤爪”，称鸡蛋为“凤蛋”或“芙蓉”。另外称蛇或鱼为“龙”，称豆芽为“龙须”，称豆腐为“白玉”……。几种原料搭配在一起做出的菜肴，名称就更美，而且含意深刻。有的象征吉祥，以示祝贺，如“全家福”、“福寿全”、“一帆风顺”、“年年有余”、“步步登高”、“四海上寿”、“发财到手”、“金钱满地”、“升官图”、“龙凤呈祥”、“寒门造福”……。有的菜名简直是一幅优美的图画，什么“鹤鹿同春”、“雪夜桃花”、“百鸟朝凤”、“美园声春”、“踏雪寻梅”、“孔雀开屏”、“金猴卧雪”、“双龙戏珠”、“月映仙兔”、“燕入竹林”、“群虾望月”、“翠柳啼红”……。有些菜名听起来给人珠光宝气、金碧辉煌之感，比如“金皮乳猪”、“掌上明珠"、"八宝龙珠"、"象牙雪笋"、"游龙绣金线"、"珍珠玛瑙翡翠汤"……。有些菜名借用成语或四字联语,高贵典雅,像"出水芙蓉"、"游龙戏凤"、"碧血黄沙"、"龙飞凤舞"、"金声玉振"、"玉凤还朝"……。有些菜名采用古代神话传说、文学故事中的人物或历史人物及宗教人物名称,如"霸王别姬"、"贵妃鸡翅"、"西施虾仁"、"嫦娥知情"、"八仙过海"、"东坡肉"、"红娘自配"、"罗汉菜心"、"佛跳墙"、"喇嘛肉"等。有些菜名还有一个美丽动人的传说,像"红棉虾团"、"雪梅伴黄葵"、"蟠龙黄鱼"、"松鼠桂鱼"、"寒门造福"、"金月照魏兵"、"玉凤还朝"……。

五、五彩缤纷的家常饭菜

步入高雅殿堂的几大菜系,虽来源于各地民间,但自从登上大雅之堂后,越做越细,越做越精,与当地百姓一日三餐的饭菜距离越来越远,而且各菜系之间也有相互借鉴、影响之处,因此,真正能够表现地道的地方风味和习俗的还是当地人餐桌上的那些名不见经传的家常饭菜。

家常饭菜的地域性极强,从大的方面来说,可以以长江为界,分成以食米为主的南方饮食风俗圈和以食面为主的北方饮食风俗圈。

过去,北方有代表性的日常主食是玉米、谷子、高粱磨粉做窝头、饼子,碾米做饭或粥。为了调剂口味,人们常在玉米、谷子、高粱面或米里放入豆类、红枣、糖、盐或甘薯(面或块)等。讲究些的在玉米面里包上豆馅、菜馅等。

当然,同是北方,各地区家常饭还有独特的做法和吃法。如北京通县流行一种糊饼,是把玉米面调成糊,搀入盐、葱花后摊在热锅锅底,要摊得极薄,或不放盐和葱花,待玉米糊稍微热时放上拌好的菜馅,用微火烧一会即熟。熟后整个铲出,金黄色的饼又薄又脆，香味扑鼻，好吃极了。山东、河北、河南不少地方常吃煎饼，做法大同小异。河北一带多把浸泡一夜的小麦、玉米、黄豆、绿豆磨成粉末，搀入花椒面、五香粉、盐和水，调成糊状摊成薄饼，配上炒粉条或蔬菜食用。山东的薄饼也是用玉米面和其它杂粮的面粉做成的，味道有咸、酸、甜、五香、糖、酥等多种，其中小米与黄豆(3：1)磨成浆做的最好吃。每到农闲季节，妇女们常常一次摊出许多储存起来，要吃时拿来就吃，极为方便。吃法有两种，或把一棵大葱放在煎饼中间，抹上酱卷着吃，或一手拿饼，一手拿大葱，一口饼就一口葱。

晋西北常吃莜麦面与土豆泥混合在一起做成的食品，有的用莜麦面包上土豆丝或苦菜、白菜、肉等做成“角角”，有的用莜麦面、土豆泥(或丝)做成饼食。食用时调以酸菜汤、辣椒或肉汤。人们最喜爱吃的是莜面栲栳，把调好的面用手掌心和手指做成双卷状，立在锅里蒸熟，吃时浇上羊肉浇头或调加其它菜。

陕西关中人常吃的主食有一种叫油旋饼。做法是在擀开的面团上抹一层厚厚的菜油，撒上盐、葱花、芝麻等佐料卷起盘成圆锥形，再压成圆饼上锅烙熟，既脆又香，吃时可以配上红豆小米粥。另一种家常便饭叫油泼辣子畚畚(pǎn)，因为吃法奇怪，成为陕西十大怪之一。这种面片宽如皮带，煮熟后拌上用豆腐、粉条、黄花等及各种调料做的汤菜，浇上油泼辣子和香醋，味道又香又辣又酸。

陕北人最常吃的是黄米(即谷子碾的米)捞饭。做法是先把米放在水里煮开花，捞出上笼蒸熟，既有饭又有汤。

小麦、稻米普遍吃得少，小麦面多做成饼食、馒头、包子、花卷、面条等，稻米多做米饭、米粥。吃法也有特殊的。如甘肃民勤一带常吃西瓜泡馍(馒头)：把西瓜切开，用筷子搅出汁，再把馒头掰碎放入，待西瓜汁把馒头泡软后食用，既可做正餐又可做干粮，外出的人背上西瓜和馒头，饿了渴了切开西瓜泡个馒头，有稀有干，吃得很舒服。汉中一带有一种家常便饭，叫大米面皮，做法是把大米泡后磨成浆，上笼蒸熟后切成条，吃时配以豆芽菜、菠菜、红萝卜丝或其它青菜，调上芝麻酱、辣椒油等多种调料。春秋季一般加上蒜汁，冬夏季加上姜汁、芥末等拌着吃。

从总的情况看，北方人平时多粗茶淡饭，重主食，轻副食；重数量，轻质量。主食花样繁多，仅山西就有“一面百样吃”和“七十二样家常便饭”之说。而副食的种类就少多了，除非待客过节，一般不搞一餐数菜，菜肴简单。这与北方蔬菜少有关系。

各地日常菜肴中占比例最大的是自家腌制的咸菜、酸菜、酱、酱菜及晾晒的干菜及自种的大葱大蒜等。咸菜可生吃也可炒着吃，窝头就咸菜是很普遍的吃法。酱可直接抹在饼子、窝头上，也可用葱或蔬菜醮着吃。北京人常炸鸡蛋酱、肉末酱拌面条吃。蔬菜淡季，酱菜、酸菜、干菜成了佐食的主要蔬菜。山东、河南及河北等地，人们喜生吃大葱和大蒜。山东有些地方，一日三餐只要有大葱和酱就可以，特别是吃煎饼，没有大葱简直难以下咽。

由于气候关系，北方蔬菜季节性极强，特别是冬天，大白菜是当家菜，其次是萝卜，别的蔬菜极少，春夏秋三季蔬菜品种多一些，主要有小白菜、豆角、茄子、黄瓜、韭菜、西红柿、芹菜、香菜、冬瓜等。吃法不是生拌，就是熬、炖，极少吃炒菜(因为缺油)，即使偶尔吃顿炒菜，也是没有肉的素炒。家畜、家禽及鱼虾吃得极少，一般过年过节待客才吃，其中猪肉吃得多一些，鱼虾等水产品只有居住在河边、海边的人才经常吃。

近些年，北方的家常饭菜大为改观，不仅主食粗粮变细粮，而且蔬菜、肉食、水产品的种类、数量大幅度上升，不仅春夏秋三季供应充足，就是冬天淡季要买的蔬菜也都能买到。各种蔬菜应有尽有，居民的餐桌上经常摆满过去饭馆里才有的名菜佳肴，菜肴的做法也讲究起来了，许多人煎、炒、熘、炸，样样都会。北方人已改变了过去重主食、轻副食的传统习惯，而是主副食并重。

以稻米为主食的江南的家常饭菜与北方不同，一日三餐几乎顿顿是米饭，小麦面吃得极少，即使吃，品种花样也比北方少多了，主要是面条、包子和饼食。有不少地方，除面条外，其它自家一般不做，只是街上有卖的。像浙江水乡，大多数家庭连做面食必用的擀面棍也没有，甚至连看都没看见过。虽然主食单调，一日三餐都是大米，但肉、蛋、禽、鱼虾及菜蔬等副食品种繁多。就拿日常菜肴来说，唱主角的是新鲜蔬菜和鱼虾等水产品，配角是肉、禽、蛋，这与北方咸菜、大葱和白菜为主要菜肴有很大不同。

水产品丰富。沿海地区以海产品为主，仅《泉州府志·物产篇》里记载的就有80多种，实际上还要多。过去，外运条件差，大部分就地上了餐桌。水乡则以淡水产品为主，像江苏太湖流域，水产品极为丰富，每月都有时令鱼上市，按农历月份说，依次为塘鲤鱼、桂鱼、甲鱼、鲥鱼、白鱼、鳊鱼、鳗鱼、鲃鱼、鲫鱼、草鱼、鲢鱼、鲭鱼。再加上其它鱼、蟹、虾等总共有几十种。吃法也讲究，据说塘鳢鱼面颊肉最好吃，鲢鱼吃头，鲭鱼吃尾，鲃鱼吃肝，鲫鱼烩汤，桂鱼清蒸，鲈鱼与莼菜一起做羹，蟹以雌为佳，黄鱼既可煎炸又可做汤。武汉地区有数十种鱼，用鱼做的家常菜肴就有几十种之多，什么全鱼、鱼糕、鱼丸等等极多，“清蒸武昌鱼”是当地名菜。浙江、江西一带，不要说江河湖塘，过去连水稻田里也有鱼虾。鱼上市旺季，各地人们常把一时吃不完的鱼或腌制、或干腊、或做成鱼丸、鱼丝、鱼粥、鱼饺、鱼饼等等。

蔬菜品种相当多，北方有的，南方几乎都有，北方没有的，南方也有，什么茭白、藕、芡实、茨菇、菱角、莼菜、竽头、笋、荸荠等不胜枚举。而且都是极普通、每天吃的家常菜。由于家禽、家畜喂养多，肉、禽、蛋的食量也比北方多，再加上各种豆制品，家常菜肴的原料总有几百种。

江南各地有名的家常菜有苏南的“鲃肺汤”，汤清味淡，无比鲜美；“鲈鱼莼菜羹”，其味美不可言。杭州一带的“烂糊鳝丝”、“爆鳝”，营养丰富，味道鲜美。湖州等地的“清炖龟”、“红烧龟”别有风味。杭州的“南肉春笋”，笋嫩肉香，汤味更加鲜美爽口。绍兴的“干菜焖肉”，菜干油润鲜嫩，肉块酥而不腻；“清汤越鸡”，肉白细嫩，汤清味美。舟山的“彩熘黄鱼”，色泽明艳，肉质鲜嫩。南昌的“萵苣鳝鱼片”、“鳅鱼钻豆腐”，都鲜美异常；“青豆炒虾仁”，豆绿虾仁白，据说白色虾仁还有“做人要清白”的寓意；“米粉蒸肉”既有粉香又有肉香。湖南的“酸辣狗肉”既辣又酸。湘南的“血酱鸭”，味道香甜酸辣。湘北的“粉蒸肉”，香而不腻。闽南家常名菜多为海味，有“通心河鳗”、“加力鱼头炕白菜”、“蚝仔煎蚝”、“清蒸鲈鱼”等，其它名菜还有“清炖猪脚”、“沙茶鸭块”、“咸菜猪肠汤”等。闽北人喜喝汤，常见的有“肉片汤”、“鱼片汤”、“点心鱼丸汤”、“清炖鸡”、“牛肉汤”等。广西具有特色的家常菜有“酿马蹄”、“白斩鸡”、“清蒸活鲜鱼”、“茄子酿”、“打边炉（火锅）”等。

家常饭菜的味道地域性很强，俗话说“南甜北咸”，这种说法虽不太全面，但大体上反映了南北的差异。北方人不仅过去咸菜和酱吃得多，而且做菜时放的盐、酱、酱油也比较多。南方则不同，做菜多清蒸、清炒，而且喜欢放点糖，甚至肉包子里也放糖，甜腻得北方人不敢吃。另外江南不少地方如四川、湖南、湖北、贵州一些地区特别嗜好辣味，在他们的饭桌上，几乎找不出不辣的菜。像湖南人，多把辣椒当菜，吃米饭时，往往拌上许多红红的辣椒，红得让人害怕，他们却吃得香喷喷的。前几年《湖南日报》有一个统计，长沙每户每年平均食用辣椒 15.5 公斤。贵州人也如此，宁可无菜，不可缺辣。做菜时，辣椒是调料；无菜时，辣椒就是菜。四川人爱吃辣味更是出了名的。所以有个顺口溜说：“湖南人不怕辣，贵州人辣不怕，四川人怕不辣”。过去北方人也喜欢吃辣味，但喜大葱和大蒜。山西人以爱吃醋闻名，不要说做菜放醋，就是吃面条也放醋，而且有些人吃饭前先喝醋。

近几年随着经济的发展，交通的便利，南北交流频繁，各地传统饮食习惯、口味受到前所未有的冲击，这方面变化最明显的是北京,由于各地风味饮食大战京城,川菜、粤菜、扬州菜的大小餐馆遍布城里城外,居民的餐桌也随之变化,几盘菜就可能会聚南北东西风味,改变了以咸为主的口味,有人说北京人正在悄悄进行一场"口头革命",风趣地反映了北京人饮食习惯正在发生的变化。

六、别具一格的饮食方式

饮食方式包括餐制、餐具、用餐方法与礼节等等。

中国现代的饮食餐制为一日三餐,但最初并非就是如此。据古书记载,古人一日两餐,第一餐叫朝食,用餐时间大约相当于上午9点左右。第二餐叫铺(bǔ)食,大约相当于下午4点左右。但铺食一般仅是吃朝食剩下的饭菜。这种两餐制既省粮又省柴,与农业不太发达有关系。后来随着农业生产的发展,才改为日食三餐,分早、中、晚,这样更有利于生产和生活。三餐制虽得到普遍承认,但在过去的几千年中,贫穷落后的地区,为了节省粮和柴,农闲季节多采用两餐制,到了农忙季节再恢复三餐制。当然也有个别城市实行四餐的,如扬州有"吃下午"之说,就是在午饭与晚饭之间,大约三、四点钟时加一顿点心,一般人家到街上买些点心回来食用,富人则去茶馆品茶吃点心。

过去对一日三餐重视程度不同,一般来说,早餐不是正餐,午餐是正餐,晚餐各地不同,有的作为正餐,有的不作正餐。凡正餐,饭菜都比较丰盛(相对来说),有饭有菜,有干有稀。非正餐一般都比较简单,或者是咸菜,或者凉拌菜,或者热热正餐的剩菜。早餐在北京、天津等城市称早点,一般人家或吃前一天的剩饭,或煮稀饭(粥),或到街上买点小吃(油饼、油条、豆汁儿等)。近十来年,一部分人家仍按传统吃法,另一部分人家改为牛奶、面包。晚餐成了不少家庭一日三餐的重点,因为上班上学的人中午大都在单位或学校的食堂里吃,只有晚饭才全家人一起吃,所以往往把菜肴安排得丰盛一些,质量高一些,大家热热闹闹地吃一顿。其它城市的家庭大都如此。农村则不同城市,午餐大多仍是一日三餐的重点。但无论城市还是农村,都开始注意按照“早饭要吃饱,午饭要吃好,晚饭要吃少”的原则科学合理地安排三餐的饮食,并追求少而精,既满足口味需要,又有益于身体健康。

中国人用筷子吃饭,西方人觉得很新鲜,总想尝试一下。最初中国人吃饭主要用手捏食,很不卫生。三千多年前发明了筷子一直流传于今天。别看筷子仅是两根简单的小棍儿,作用可不小,不怕冷、不怕烫;既可夹又可挑,甚至吃鱼时还可以挑鱼刺。据日本学者测验,用筷子夹东西时,从肩到手指的30多个关节和50多条肌肉都在运动,这对于关节和肌肉都是极好的锻炼。心理学家认为,筷子对大脑也有益处,孩子从小使用筷子,可能会更心灵手巧。

由于人们一日三餐离不开筷子,所以对筷子格外重视,不仅用珍贵的材料制作,而且还常在筷子上制作出精美的图案。据考古发掘,两千多年前已有铜筷和象牙筷,隋唐以后又有用金、银、犀牛角、玉石、珊瑚等材料制作的高级筷子。当然这些高级筷子的数量不太多,最多的恐怕还是竹、木筷子。竹、木筷子也有质量高低之分。汉唐以来名贵的有乌木、楠木、越王竹等数百种,毫无疑问,一般人家用不起,只能使用普通的竹木制品。

筷子上的花纹图案古今有许多种,帝王之家的筷子多有龙凤图案,书香门第、富贵之家使用的多有文人骚客的诗词或山水、花鸟图案等,而一般人家使用的竹木筷子上仅有简单的图案。过去甚至有买不起筷子,随便折两根细棍作筷子的。

现在筷子的种类花色更多,像北京的雕琢玉筷、桂林的烙画竹筷、福州的脱胎漆筷、广州的乌木筷和象牙筷、成都的刻花竹筷、南阳的冬青木烙画筷、济南的嵌银丝硬木筷等都是筷子中的上品。中国人喜爱筷子,古代不少文人墨客还从筷子的形状和功能上受到精神启迪,讴歌筷子无私奉献的精神和直来直去、宁折不曲的性格，如明代程良规的《咏竹箸》说：“殷勤问竹箸，甘苦乐先尝，滋味他人好，尔空来去忙。”

受中国的影响，东南亚不少国家也使用筷子，但仔细看，他们的筷子与中国的筷子略有不同，中国的筷子细且长，而且多上粗下细、上方下圆。吃饭时，手握部分不易滑动，放在桌子上不易滚动；下圆，夹菜入口不易伤唇舌；大家围坐一张桌子共餐时，细长的筷子可以方便地给远离自己的人夹菜。

共餐或说合餐是中国的传统用餐方式，大家坐在一起共食盘中菜。这个习俗已有几千年的历史。最初，人们围着篝火或火塘聚食，叫围火聚食，这种古俗在一些少数民族中至今保存着。坐具、席子出现后，人们坐在席子上用餐，装有菜肴的食器放在席子上，就餐者跪坐在四周共食。古书上记载周代有“共饭不饱”、“共饭不择手”的用餐礼节，意思是说共食一个食器中的羹饭不要吃得过饱，用手吃抓饭时，手要干净。饭桌出现后，人们仍沿习古俗至今。共餐的好处是气氛热烈、和谐，便于彼此交流感情，有益于密切家人之间、亲朋之间的关系。

众人共食一盘菜，用餐的礼节必然要多一些。首先座位有尊卑高低之分。过去的饭桌多是四方形，每边坐两人共 8 人，故叫八仙桌。一般迎门为上座，上座对面为下座；上座两位以左为上，右为次；桌子两侧，靠近上座左侧的为三座，右侧的为四座；靠近下座左侧的为五座，右侧的为六座。（详见右图）。全家人一起吃饭时，下座（7、8座）坐晚辈或晚辈媳妇；有客人时，下座坐主人。如果摆宴席，同一室内有两张桌子并列，左为尊，右为次；若上下排列，上为尊，下为次。三桌并列一室，中为尊，左为次，右为下；三桌上下排列，前为尊，中为次，后为下。

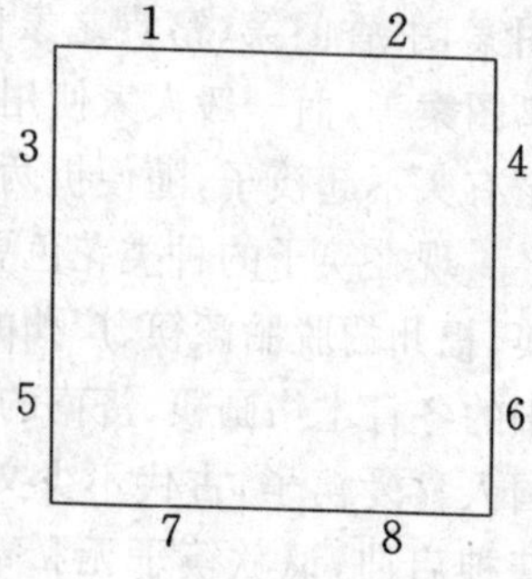

吃饭时，只有辈分高者、尊者入席落座之后，其他人才可入座。菜肴上桌，尊者举杯吃菜，其他人才可开始；新菜上桌，尊者先吃，他人后吃。

夹菜吃饭也有礼节，夹菜时要夹自己面前的菜，不要把筷子伸到远处去夹，更不要站起来夹菜；不要总是夹一种菜吃，应该是喜欢吃的多吃，不喜欢吃的少吃。嘴里有菜，不要去夹，等吃完再夹。进嘴的菜不能吐出来，遇到骨头、鱼刺用筷子夹出来。别人给自己夹菜，应快点端着碗去接，不能不理不睬。盘子里的菜不要吃完，要剩下一点，碗里的饭要吃完，不能有剩饭。这些礼节只有不分餐的共食才能产生，其中的道理对于习惯分餐的西方人是比较难理解的。

中国人喜欢在家里就餐，因为全家人聚在一起边吃边谈，气氛热闹，使人心情舒畅，精神愉快，有益于解除学习、工作的疲劳。人们在外工作、学习，与人相处，难免遇到一些不愉快的事，回到温暖的家里，全家老小围坐在饭桌旁，有说有笑，一切烦恼自然就忘记了。所以尽管买菜做饭很辛苦，但是人们仍然愿意在家里吃饭，把在家里吃饭当作一种精神上的享受。有时，因为什么事不能回家吃饭，总有一种异样的感觉。就是生活比较富裕的今天，只要没有特殊情况，人们都愿意回家就餐。当然自家饭菜比较适合自己的口味也是一个原因，所以人们常说，在饭店里吃山珍海味，也不如吃家里的家常饭菜舒服。

其实，中国人不仅自己愿意在家里吃饭，而且愿意在家里请客，除追求排场、家里地方小或怕麻烦和劳累外，婚宴、寿宴也尽可能在家里举行，图的就是热烈、和谐、轻松、愉快的家庭气氛，边吃边谈，随便自在。当然也与自家饭菜有自家特点且经济实惠有关。1990 年美国康乃尔大学开始研究中国人的饮食生活，他们认为，中国人的饮食方式比西方人好，因为中国饮食不但重视人的身体健康，也强调精神上的安逸祥和，清心自在及人与人之间的融洽美满的关系。我以为，他们真正了解了中国饮食文化的真谛。

七、酒与饮酒

中国酿酒、饮酒的历史悠久，从考古发掘看，大约在五千年前的龙山文化早期，已开始用谷物酿酒。到商周，酿酒业已具有相当的规模，国家已有专门职掌酒业的官员酒正、酒人、郁人、浆水等。后人从商周古墓中发掘出了大量的贮酒器、盛酒器、取酒器和饮酒器等。汉代已出现了多种制酒用的酒曲，仅扬雄《方言》一书中就记载了地方名曲八种。西晋制出了可以治病的药酒。这些酒都非烈性酒，有用谷物酿制成的米酒，有用果物制作的果酒。烈性白酒从考古发掘看，大概出现在宋金时代，酒精含量一般在 40 度以上，南方制作的多在 40—60 度之间，北方制作的多在 50—60 度之间，个别高达 67 度。

酿酒历史长，酒的种类多，要问中国历史上共有多少种酒，恐怕谁也说不清，有人统计，历代诗歌、小说、县志、传奇、传记、正史等文献里提到过的酒的名字就有三百余种，其中多数今天只知其名，用什么酿制已不得而知，少数酒的制作方法流传至今。

在近代，白酒的产量逐年上升，成为全国第一大酒，黄酒位居第二。近四五十年，酿酒业发展迅猛，特别是啤酒的产量，近十几年突飞猛进，一跃成为第一大酒，白酒只好屈居第二，第三才是黄酒，然后才是葡萄酒、果酒、药酒等等。

白酒的主要原料是高粱、玉米、水稻、小麦等，以高粱为原料的最好。白酒中最有名的是茅台酒，有一种特别的纯自然的酒香，故有“风来隔壁千家醉，雨过开瓶十里芳”之美名。装过此酒的空瓶子，几天后仍香味散发，被称之为“酒中明珠”，享有“国酒”的美誉。曾在巴拿马国际博览会上夺得金奖。获此殊荣的还有五粮液、泸州特曲，都是白酒。五粮液因用高粱、大米、小麦、糯米、玉米五种粮食为原料而得名，酒液清澈透明，味道柔和甘美，无强烈刺激性。泸州特曲有“浓香、醇和、味甜、回味长”四大特点。另外古井贡酒、董酒、汾酒、剑南春、洋河大曲等白酒都是中国名酒。

黄酒是中国独有的传统名酒，已有2300多年的历史，因色泽黄亮而得名。黄酒是用糯米或大米为主料制成的，酒精含量一般为10度到15度。绍兴黄酒是黄酒中的优秀代表，有四个品种，以加饭酒最好，气香味甘，无酸涩味，营养丰富，曾三次获巴拿马国际博览会一等奖。过去喝黄酒的主要是南方人，近几年，不仅有些北方人喝，而且受到日本等国人民的喜爱。

葡萄酒中中国人喜欢中国红葡萄酒，适合外国人口味的是金奖白兰地和北京龙眼葡萄酒等。

古人用“甘露”、“玉液”、“琼浆”称呼酒，用“酒龙”、“酒神”、“酒仙”等称呼会喝酒的人，足见人们对酒的喜爱程度。平日就餐饮酒，可以调节心理平衡；佳节良辰，亲朋相聚，欢宴共饮，可以交流思想，密切关系；亲朋远去，以酒饯行，可表依依深情；客自远方来，备酒接风洗尘，略表款款厚意；适逢知己，千杯恨少；将士出征，以酒壮行；凯旋归来，以酒庆功；喜事临门，以酒庆贺……总之，事事处处离不开酒。

然而造酒耗费粮食，饮酒过量常常误事，于是自周代开始，历朝历代都有酒禁。汉代法律规定，三人以上无故相聚饮酒，罚金四两。元代初年规定“造酒者本身配役，财产女子没官”。尽管规定严格，但是执行未必如此。有时统治者为了多收酒税，还采取暗中鼓励的政策，所以，造酒饮酒不仅禁而不止，而且越禁越多。这当然与古代酒是人们就餐的唯一饮料也有关系。

在中国这个自古就讲究礼仪的国度里，饮酒必然有饮酒的礼俗。饮酒礼俗主要表现在斟酒、敬酒、碰杯、干杯和劝酒等几方面。

斟酒讲究把酒杯倒满，所谓“酒满敬，茶满欺”，是说酒要倒满才是敬客之意，不能像倒茶水一样只倒半杯。同饮之人有长辈和晚辈时,斟酒应从长辈开始。

敬酒一种是给在座的每人敬一杯,另一种是重点敬酒,重点人或是长辈或是主人,在座的人要轮流给其敬酒。第三种是同辈之间互相敬酒,你敬我一杯,我敬你一杯。对于敬酒,是不得拒绝的,拒绝是对对方的不敬,但喝不了时可以请人代喝。

碰杯时应站起来右手举杯,轻轻与对方的酒杯相碰,用力过大、过猛都不雅观。晚辈的酒杯一定要低于长辈的酒杯,以示对长辈尊敬之意。

干杯是碰杯之后把杯中的酒一口气喝完,喝完后需把酒杯倒过来,让对方看看是否喝干,一次喝完被称赞为豪爽、够意思、够朋友。但要注意的是,不能喝酒的,不要勉强,可事先说明,请对方原谅。

劝酒的习俗古今都有,其目的就是希望客人尽兴,喝足,这是中国人好客的表现。

古代流行的劝酒方法有许多种,如歌舞乐、杂要百戏、民歌小调等文艺表演,花样繁多的酒令及活泼有趣的投壶游戏和猜拳等等。

用文艺表演形式劝酒是让饮酒人边观看表演边喝酒,看得高兴必然喝得高兴。其中歌舞乐劝酒多为正式酒宴。杂要百戏除大型宴会之外,商贾富人、市井细民的酒宴上也有。民歌小调多为一两个以至几个人喝酒之时,歌女或歌妓在其侧弹唱助兴。

投壶是一种赛技巧的娱乐游戏,壶是特制的,腹大,口广,颈细长,腹内装满小而滑的豆子,往壶里投的是“矢”。宾主依次向壶中投矢,投中多者为胜,少者为负,负者受罚喝酒。由于喝酒的场地不同,矢的长短、壶与人的距离都有区别。投壶有礼节,客人须在主人盛情邀请三次,自己谦让三次之后,才可从主人手中接过矢。依规定,每人四矢,地位高的人可以把矢放在地上,投一个取一个;地位低的人须把四矢抱在怀中。投壶有乐曲伴奏,乐曲反复演奏五遍。

第一遍为序曲，让投矢者做好准备，第二遍乐曲结束时，鼓声响起，投掷开始，参加者每人一次投一矢，几个人交替进行，第五遍乐曲完鼓停，四矢投完为一局，如此三局定胜负，负者喝酒。这种劝酒助兴游戏在宋代以前的诗文中有不少记载，宋代以后很少见到，今人一般不知。

酒令方法多种多样，各类书上提到的不下几十种，有诗令、谜语令、绕口令、典故令、改字令、人名令、花枝令、对字令、四书令、骰子令等等。

各种酒令的行令方法均不相同，但一般先推举一个令官，负责发令，其余人听其号令，根据要求或说诗、或说谜语、或说绕口令……，违反号令和输者受罚饮酒。比如公元353年，大书法家王羲之邀请亲友四十余人在绍兴兰亭饮酒，席间行酒令劝酒，办法是把酒杯放在弯曲流动的水中，酒杯流到谁的面前，谁必须作诗一首，作不出者罚酒三杯……结果只有26人作出，其余人受罚饮酒。当然这种酒令非文人、诗人是不采用的。另外，像改字令、典故令、四书令等也都适合于文化层次比较高的人，否则无法进行。

酒令中也有比较容易、方法简单的。比如《红楼梦》中的贾家，中秋节家宴时采取击鼓传花说笑话的酒令。其方法是有一人击鼓，鼓响大家依次传花，鼓停花停，花停在谁的手里，谁饮酒一杯，并讲一个笑话，这样大家边说边笑边喝酒，十分热闹。

一般说来，文学修养、文化层次不同的人所选用的酒令不同。从古至今，在下层百姓中流行的酒令也有，比较普遍的是猜拳（划拳、猜枚等），古称“拇战”、“招手”等。行令方法是喝酒时，对饮的两人同时伸手指，嘴里同时喊数，每人所出的手指只能低于或等于自己所喊的数字；所喊的数与两人所出手指数之和相等者为胜，对方为输，输者饮酒；若口中喊的数少，出的手指多，就要被罚酒。喊数字时往往用与数字相配的吉利语，如“哥俩好”（2）、“三星照”（3）、“四季发财”（4）、“五魁首”（5）、“六六顺”（6）、“七个巧（或七七巧）”

(7)、“八匹马”“八大仙”(8)、“九连灯”“快升官”(9)等。由于方法简单易学，至今在不少地区特别是农村盛行，几乎一喝酒就猜拳，似乎不猜拳不能尽兴。但猜拳时要喊数，越猜越兴奋，声音也就越大，揎拳捋袖，很不雅观，为历代上流社会所蔑视。今天，在人口密集、居住拥挤的城市，猜拳会吵得四邻不安，故而在城市里也就越来越不时兴了。解放前在浙江金华地区流行一种方法简单的酒令叫“捉曹操”。方法是事先准备好写有《三国演义》中人名的牌子，有诸葛亮、刘备、关羽、张飞、赵云、黄忠、马超、曹操等。每人摸起一张，摸到诸葛亮牌的人负责发号施令，他点一个将领的名字，持这张牌的人应声而出，猜捉曹操，猜错罚酒一杯，如果猜到刘备，加倍罚酒，持刘备牌者陪伴饮酒一杯。如此往复，直到捉住曹操为止，持曹操牌者满饮一杯，酒令结束。在河南流行一种更简单的酒令叫打杠。方法是两人同时喊四种相克的东西鸡、虫、杠、虎中的一种。这四种东西的关系是鸡吃虫，虫钻杠，杠打虎，虎吃鸡。谁喊出的东西能制约对方喊的东西谁赢，输者被罚喝酒。

但无论敬酒还是罚酒，传统习俗“事不过三”，三杯酒是极限，这是中国人以“三”为圆满心理的一种表现。

中国人饮酒还有其它一些习惯，比如一个人自斟自饮比较少，认为一个人喝酒没意思。因此多为夫妻对饮、父子兄弟同饮、亲朋好友聚会干杯。就饮酒地点来说，大都在家里，到饭馆、酒楼比较少，就是亲朋好友相聚，一般愿意在家里，因为饮酒、谈话都比较随便。从情绪来说，凡遇高兴的事，多喜欢饮酒，以示庆贺，当然借酒浇愁的也有，但比较少。

自家人一起饮酒多相互敬酒，极少劝酒，每个人喝多少随意。亲朋好友一起饮酒，则先敬酒，然后劝酒，气氛往往比较热烈。正式宴会则不同，多为不相识的人坐在一起，比较拘谨，气氛往往比较严肃。若是遇有喜庆家宴，敬酒、劝酒频繁，气氛极其热烈。

各地对酒的嗜好不同，江浙一带以喝黄酒为主，北方人多喝白酒，其中北京人一般爱喝酒精含量高的二锅头。不同的酒宴上的酒不同，有的只上白酒，认为啤酒、葡萄酒不够劲；有的先上白酒后上啤酒；有的则先上啤酒后上白酒；还有的各种酒一起上，任凭客人选用。

各地还有不同的饮酒、劝酒习俗。像安徽一些地方，酒宴上专设有执酒壶敬酒的人，俗称酒司令。客人落座后，酒司令（或是主人）按座位次序给客人斟酒，斟完酒，主人举杯请客人饮第一杯酒，酒过三巡，菜上两道，酒司令开始普遍敬酒，这叫“满堂红”，每人都要喝一二杯。有时要重点敬酒，就是找酒量大的，让他多喝几杯。有时让客人相互猜拳，以活跃酒宴的气氛。

广东连山县一带，酒宴开始时，主人先在地上洒一杯酒，表示驱邪。年纪大的客人用右手指蘸酒在桌子上划个圆圈，祝贺事事圆满，然后主人举杯请大家饮酒，不能饮酒的人可以不饮，却不可以把酒杯扣过来，扣置酒杯，是主人无酒之意，要罚酒三杯。深交的朋友相遇，要你喝我的酒，我喝你的酒，这叫“交手酒”。迟到的客人，要罚酒三杯后方可吃菜。酒喝到六七分时，猜码助兴劝酒，开猜前商定好枚数和酒量，然后由一个客人开猜，叫作“码引”。猜中长者，长者先饮，开猜者后饮。猜中的若是晚辈，不能先喝，待猜中长辈后，长辈喝完晚辈才能喝。码引结束，在座的人自由猜码。

湖北西北部有些地区，待客少不了酒。此地人无论男女老少，都会劝酒。劝酒有一套规矩，分为推酒司令、门杯、敬杯、转杯、催杯、跳杯、赶麻雀、举手不落台等，这一套规矩往往使来客酩酊大醉。

宁夏人待客有“客不躺倒，酒桌子不撤”的习惯，喝酒时，主人要多次劝酒，自己酒量不行的，常请几位“海量”者陪客，往往猜拳行令通宵达旦，客人喝醉方休。

胶东人的喜庆宴会，第一杯必喝红酒，然后喝白酒，宴席结束时，再喝一杯红酒，这叫“满堂红”，以示喜庆、吉利。喝酒时，希望客人多饮。敬人酒时自己应先喝，这叫“先饮为敬”。有的地方一次要连喝两杯，称为“双杯吉利”。鲁西南地方酒席上多用大碗饮酒，依次饮完一碗酒，叫推磨。酒酣时，在酒中搀入鱼汤，此举示意一醉方休，否则被认为是“瞧不起哥们”。

俗话说“无酒不成礼”，凡有大事必有酒陪伴，像人生几件大事结婚、生育、寿辰、丧事、建房、拜师学艺、请工匠来家里干活等处处离不开酒。像结婚，从见面到举行婚礼，就有见面酒、订亲酒、婚宴酒席、夫妻交杯酒、回门酒等。生育子女有三朝酒、满月酒、周岁酒等。建房喝酒次数最多的大概要数江西，有的地方从垒墙基到建完乔迁喝六七次酒。

近十几年饮酒习俗也发生了不小变化，一方面是饮酒人数增多。过去一般家庭妇女和未成年男子都不许饮酒，现在无论城市还是农村，妇女喝酒的人数越来越多，不过多数喝啤酒或葡萄酒，少数喝白酒。成年人喝酒必然会影响到孩子，使未成年人喝酒人数增多。据沈阳市几年前的一次调查，6 岁—12 岁的儿童中 6%喝酒，一次能喝一瓶啤酒或香槟酒的人占喝酒总人数的 29%。另一方面喝酒的机会增多。在城市一般家里每天都有酒，喜欢喝酒的人顿顿喝；除去人生几件大事都有酒宴和节日喝酒外，工作上谈生意、签合同、新店开业、新厂投产、店庆厂庆等都少不了举行宴会，酒已经成了个人生活、社会生活中时时事事不可缺少的“兴奋剂”、“润滑剂”和“粘合剂”。

八、茶与喝茶

中国人喝茶已有四千多年的历史。唐以前称茶为茗(míng)，喝茶叫饮茗。那时茶叶的加工简单，有的把茶叶摘下晒晒，有的直接放入水中煮汁喝。喝法也不讲究，被人称为解渴式的粗饮。到了唐代，茶树种植增多，加工方法精细，喝茶的人也越来越多。不少人改为细煎慢饮式的品茶，人们把煎茶、品茶当作一种艺术。从陆羽的《茶经》(世界第一部关于茶的专著)看，当时人们对种茶、制茶、煎茶、饮茶已经有了很深入的理论认识，仅饮茶就有九个关口——造、别、器、火、水、炙、末、煮、饮。“造”指采茶，最好用阴天采、夜间烘的茶。“别”是鉴别茶叶。“器”指煎茶用的器具，有气味的器具不能用。“火”指煎茶时烧水用的材料，油脂木材和厨房的炭火不好。“水”是煎茶所用的水，急流死水不能用，最好是泉水。“炙”指茶饼，外熟内生的不好。“煮”指煎茶时操作必须熟练。“饮”指喝茶的方法，解渴式的粗饮或夏天饮冬天停都不能算会饮茶。此外还记载了当时有粗茶、散茶、末茶、饼茶四大类茶叶和冲饮、煮饮两种饮茶方法。这对当时茶叶的种植、制作、饮用起到了重大推动作用。

唐以后，以“品”为主的艺术饮茶得到了很大的发展，到明代，茶叶制作出现了炒青方法，饮茶以冲饮为主，既方便又可以欣赏茶的色、香、形。

中国出产茶叶的地域辽阔，受土质、气候等自然条件及不同的制茶工艺的影响，茶叶分出许多品种，从大类分为红茶、绿茶、花茶、乌龙茶等。

红茶是经全发酵、干燥而成的。叶子乌黑，有水果香气和醇厚滋味。以安徽祁门生产的祁红和云南的滇红最有名。绿茶是经高温炒制烘干或晒干而成的，保持了原来茶叶的鲜绿色，香气浓郁而且适口。最有名的是杭州龙井和太湖的碧螺春，均以色绿、味甘、形美闻名中外。花茶是在绿茶或红茶中放入适量香花熏成的，既有茶香又有花香。最受北方人尤其是北京人喜爱的是茉莉花茶。乌龙茶是经轻度萎缩和局部发酵而成的，主要产地为福建，名茶为安溪铁观音，叶黑绿乌润有光，味道浓厚，被日本、香港等地誉为“苗条茶”、“美容茶”，尤其受到中外妇女的喜爱。

无论哪种茶，要想喝得香必须注意三点：茶、器、水，这是古人总结的经验。茶的选择主要依个人的口味。器是指茶具，最好是陶器或瓷器，不仅透气好，而且保温适中，传热不快，也不会发生化学反应。江苏宜兴的紫砂茶具是茶具中的上品。用它沏茶既有茶香又无热气，且味醇真。水是指沏茶用的水，这是最重要的。唐代茶神陆羽认为，山泉水最好，像杭州虎跑泉和北京潭柘寺的泉水都是上等好水。其次是天水，即下雨的雨水，贮存数月，待水清澈见底时再用。再次是雪水。但因有土气，经年后方可沏茶。最后是江河之水和井水。但井水须是水质甜的活井水。

不同的茶叶对水温的要求不同，绿茶忌用沸水。沸水也有分别，接近沸时叫嫩汤，四边泉涌，累累连珠叫中汤，腾波鼓浪，水气全消叫老汤，泡茶中汤最好。泡茶时最好先放一点沸水，待茶发开后再加水。

茶是中国人日常生活中不可缺少的饮料，俗话说“柴、米、油、盐、酱、醋、茶”，茶被列入开门七件事之一。饮茶比喝酒的次数多得多，酒只是吃饭时才喝，而茶饭前饭后、工作和劳动间歇都离不开。爱喝茶的人一天手不离茶杯，口不离茶水。就是外出旅行、参加会议，也要随身携带着茶杯和茶叶，走到哪儿喝到哪儿。

中国人不仅自己喜爱喝茶，还喜爱用茶待客。客人进门，主人立即送上一杯香气扑鼻的茶水，人们边喝茶边聊天谈事。在唐代，富贵人家中有的专门设有煎茶、品茶、读书的精室，称为茶室或茶寮，人们在这个幽静清雅的茶室内会朋接友，写诗作文。另外，古人还常设茶宴待客，这种茶宴叫茶方或茶会。据载宋徽宗时常用茶宴招待大臣，皇帝亲自下手烹煎。清代皇宫内不仅宴会用茶，还用茶宴款待外国使节。现在每年元旦或春节，一些机关团体常常举办茶话会，大家坐在一起，边喝茶边座谈，气氛轻松愉快。

为满足人们喝茶的嗜好，自古至今各地还设有茶肆、茶楼、茶摊、茶馆等。这是专供宾客饮茶的场所。据史书记载，古代的茶楼、茶肆有三大类，一类是读书人和为官者聚会的地方，另一类是娼妓聚处，还有一类是生意人谈买卖的地方。此外还有流动的茶担，或挑茶水担或推着茶水车走街串巷。后来,又出现了一类把喝茶与文化娱乐生活结合为一体的茶馆。在这里,可以喝茶、吃点心、休息,也可以欣赏各种民间文艺演出,可谓休息、娱乐一举两得。这类茶馆有几种,一种是听书茶馆,专说评书,有《三国》、《水浒》等传奇演义,每天讲一段,天天接着讲,一部长书可讲两三个月,讲完一部再接着另一部,一年到头不停。一种是表演曲艺和清唱,另一种与游艺结合,可以下棋玩虫。还有一种被称为野茶馆,多设在风景幽静之处,游人一边喝茶,一边观景。今天这几类茶馆仍布遍南方各地大城市小村镇,北方相对少些,农村更少。

各地茶馆都有自己的特色。比如四川成都、重庆的茶馆都在街头巷尾和游人多的地方,既没有高雅的殿堂,又没有考究的布置和精美的桌椅,或小店堂、矮桌椅,或在公园里的廊下,一色的竹椅、竹桌。茶碗有茶托,有盖碗,既卫生又不烫手。茶叶可自带也可在茶馆内购买。提着冒着热气大茶壶的茶房不停地穿梭于茶客中间,见谁的碗里水少了,就给加上点。大壶虽离桌子上的小碗很远,但决不会把水倒在碗外。只要你有时间,坐上一天也可以。江南水乡多把茶馆设在乡镇的桥堍上,建筑小巧雅致,依岸临水,夏日坐在茶馆里喝茶,既可看小镇风光,又可纳凉解渴。这类茶馆多是民间百姓的休息之所。旧时还是无钱打官司之人解决纠纷的去处,请上长辈或有名望的人,边喝茶边评理,最后输者付茶钱。高楼林立的广州则不同,茶楼门面高大,室内厅堂宽敞,高凳圆桌,炎热的夏天也极其凉爽。旧北京茶馆也很多,如今寥若晨星。有名的老舍茶馆,店堂高雅,桌椅和茶具都很精致,名茶一应俱全,任客选用。客人坐在这儿,可以在喝茶吃点心的同时,欣赏到一流的民间传统艺术。

喝茶也有喝茶的习惯,就拿茶叶来说,各地嗜好不同,比如北京,古今爱喝花茶,江浙上海等地,喜爱绿茶,福建人喜喝红茶、乌龙茶。其它出产茶叶的地方多喝当地出产的茶叶。湖南人喝茶喜欢在茶里添加些佐料,如湘中、湘南常用姜盐茶待客。这种茶里不仅有茶叶，而且有盐、姜、炒黄豆和芝麻，喝茶时须边摇边喝，最后把碗底的黄豆、芝麻、姜和茶叶一起倒入口中，慢慢地嚼出香味。湘北汉寿、桃源一带则不同，待客用"擂茶"，俗称"三生汤"，是用生姜、生米、生茶叶制成的，做法是把这三种原料放在一个擂钵中，用山楂木棒（有香味）将其擂成浆待用。客人进门时，放一些浆在碗里，然后冲上滚烫的开水，让客人趁热喝下。这时桌子上一般摆着三样食品，先炒熟再煮烂的蚕豆、糯米花（俗称阴米泡儿）和酸菜。杭州人喝茶除一般喝清茶（只有茶叶）外，有时也在茶中放上花或食物，比如在红茶里放玫瑰花瓣，在绿茶里放玳玳花，在茶中放橄榄或放姜末、丁香、萝卜丝等等，甚至有些山区在茶水中放细嫩笋干。最有地方特色的是城市附近农村的农家风味茶：先把橙子切成细片，用盐腌后拌上芝麻，再与茶叶泡在一起。难怪不少地方称"喝茶"为吃茶，因为茶里还有吃的东西。

沏茶的方法各地也有自己的习惯，比如江浙一带习惯用大茶杯，客人进门，把茶叶放入茶杯中，冲上水。北京则不同，有茶盘、茶壶和茶碗，来了客人，沏一大壶茶水，然后倒入小茶碗请客人喝，一个茶碗只能装几口茶水。湖北大悟县一带，茶壶呈葫芦状，是用黄泥烧制而成的，壶塞是用丝瓜筋做的，倒茶时，水从壶塞的孔中流出，这样茶叶片决不会进入茶杯。最有趣的是福建漳州一带的工夫茶。不仅茶具别具一格，而且沏法也很特别。茶盘分上下两层，下面一层较深，可以接水，上面一层中间有个圆槽，正好放茶壶，圆槽四周是镂空的精美花纹，有的为一龙一凤相对，龙凤之间为网状花纹，放茶碗用。茶壶只有拳头大小，茶碗就更小了，仅能放一口水。沏茶时，先用开水把茶壶、茶碗里里外外冲刷一遍，其作用有三，第一清洁茶具，第二冲去壶中的旧茶末，第三将茶壶烫热，利于泡新茶。然后抓一大把茶叶放在壶里，几乎塞满了茶壶，把开水壶高提起来从上往下砸，茶壶满了也不停止，为的是把茶叶泡沫冲掉，据说这样沏茶茶味才纯正。盖上壶盖后，再用开水从外面冲浇茶壶，以便使茶叶迅速泡发。几分钟后,待茶叶味出来了,才端起茶壶转圈倒在已摆成圆圈的茶碗里。倒水时茶壶要低,壶嘴紧靠着茶碗,防止茶水冲出。整套沏茶动作要求熟练优美、迅速敏捷。

江南不少地方像四川、扬州等地有早上到茶馆喝早茶的习惯。成都茶馆开门很早,喜欢早起的老人活动活动身体后就进了茶馆,每天必来的老茶座都有自己固定的座位。到该吃饭时,卖小吃的来了,大家一边喝茶一边吃着各种小吃,拉着家常话,直到近中午,人们才离去。扬州人的早茶与成都相同,也是到茶馆去吃。茶馆里的点心不仅制作精巧,而且种类多,有各种馅的包子、饺子及干丝等。不少老人要一壶茶水、一盘烫干丝、一碗阳春面,边吃边喝边聊,吃饱喝足后回家。

去茶馆喝茶往往是城镇居民的习惯,在乡村,没有茶馆,人们就在家里喝茶。像湖北大别山区,起床后的第一件事是烧水泡茶,喝完茶再吃早饭。

在异地他乡作客时,要熟悉当地喝茶的礼节。在北京,主人端上茶来,客人应立即站起来,双手接过茶杯,同时说声"谢谢",就可以了。但在广东、广西不同,是把右手指弯曲后轻轻敲三下桌面,以此表示感谢。在广西,敲桌面时用几个手指代表不同的意思,若用单指表示个人的谢意,双指表示夫妻的谢意,五指表示全家的谢意。在河南一些地区,客人要继续喝茶,茶杯中应保留一些茶水,主人看了会继续加茶水,若是将茶杯中的茶水全部倒完,则表示不再喝了,主人也就不再加水了。

九、饮食与生活

中国人从来重视养生(保养身体),以期保健延年。而与养生关系最密切的饮食,一直被摆在养生的首位。从衣食住行四者来说,大多数人舍得在"吃"上花钱,认为"吃"是最实惠的。在生活水平不高的时代，也尽可能把一日三餐安排得好一些，即使是粗粮，也要细作，使之有滋有味。生活富裕的今天，尽管人们追求住室的舒适，服装的精美，但最讲究的还是餐桌上菜肴的质量，把吃好喝好看作是最合算的投资。并且在重视安排好自家日常饮食的同时，也注意把饮食活动延伸到个人生活乃至社会生活的方方面面，于是出现了社交礼仪食俗，岁时节日食俗，信仰食俗以及婚丧食俗和寿诞、生育食俗等等。

社交礼仪食俗主要表现在人与人交往方面。亲戚朋友之间交往最多，每到岁时节日或遇到谁家有红白喜事、生孩子、老人做寿、乔迁新居、大人孩子生病等，总是要前去送些礼物。礼物中食品往往是主角。有人登门拜访，主人首先想的是给客人吃点什么、喝点什么，尽可能把饭菜安排得丰盛一些，让客人吃得满意而归，而不是考虑如何让客人玩得痛快。虽说会友并不一定要“吃”，但人们总喜欢边吃边聊。谈买卖、作生意时也习惯于边吃边谈，饭吃好了，酒喝足了，生意买卖也就谈成了。拜师学艺也如此，拜师和学完出师都要摆酒席宴请或酬谢师傅，平日里每到年节还要带些点心、酒、烟等到师傅家看望。

由于各地风俗不同，待客的饭菜和礼品的种类也各有讲究。

在北京，旧时待客吃面条，意思是请客人住下来。如果客人住下，就请客人吃一顿饺子，这是热情的表示。大户人家来了客人一般让饭庄把饭送到家里，若是贵客，则陪客到饭庄里吃。探亲访友送礼物讲究“京八件”（有大八件和小八件之分），所谓“八件”是指八样点心。二三十年前流行送点心盒，里面装着各种点心，盒子外面还要盖一二张红纸，近两年开始流行送小柳条筐，筐里装着各种新鲜、漂亮的水果，筐上也要盖一张红纸包扎好。

浙江绍兴附近农村，家里来了客人，献上茶后，立即下厨房做点心，或是在水中打入几个鸡蛋，煮熟后放上糖；或是切点水磨年糕条，上锅煮一下或炒一下，端给客人品尝，若是煮的也必放糖。然后主人才做正餐，正餐往往有时令鱼和新鲜蔬菜。村中某家在外工作的人回来探亲时，左邻右舍纷纷前来看望，并请他（她）到自己家中吃饭，若是不去，则被认为是看不起自己。探亲结束要返回时，左邻右舍又前来送礼物，有鸡、鸡蛋、瓜籽、花生等，只要送来就必须收下，但探亲者离开后，家人可把这些礼物一一送还，说是东西太多带不了，并表示谢意，这样做要是在北京一定被认为是看不起送礼者，而此地却不认为是失礼。看望病人或作客，一般带水果糕点，讲究的送桂圆、蜜饯及各种营养保健食品，包装很简单，售货员用一般的纸包一下就行了。湖南湘潭地区待客用茶和槟榔，互相赠送礼物也用槟榔，外面包上纸，纸上贴个红签。贵州酒乡，敬客不用茶烟糖，而是熟花生米和茅台酒。陕北则是用白酒泡过的大红枣。福建泉州，一定要请客人吃水果，当地叫“甜甜”，就是请客人尝甜。有意思的是水果中一定有柑桔，主人用“桔”与“吉”的谐音，祝贺客人吉利，生活像柑桔一样甜。

各地宴请宾客的传统酒席也不同。北京最低档是二八席，即八碟八碗，碟为凉菜，碗为热菜。黑龙江地区待客上菜必是双数。也有的每种菜必是双数。上菜的顺序是先凉后热，先炒后炸，先咸后淡，先菜后汤，先白酒后啤酒，最后一道菜严禁“丸子”，认为含有“滚蛋”之意。河南一些地方宴席有水席与参席之分。水席酒菜为四荤四素，饭菜十大碗，用鱼、鸡及猪牛羊肉等做成。参席酒菜为六荤六素，饭菜有十几道不等，但必有海参。开封等地宴席有鱼时，鱼头应对着长者或客人，对着谁，谁要饮酒三杯，然后大家才可吃鱼。广西宴客的桌子上必有“荔芋扣肉”这道菜，其寓意为吉祥、幸福、交友和合。广西武宁待客，桌上有一道菜，盘中只有八块瘦腊肉，其余都是肥的，每人只能吃一块瘦腊肉，多吃会被认为是贪吃。大洞一带则不同，桌子上有一道八只鸡腿的菜，但是生的不能吃，主人家里生鸡腿不够时，也可从邻居家借来，以表示主人富有和饭菜丰盛。湖北大冶请客有“回碗”之礼。是指请客时桌子上有一碗鸡肉，客人不要吃完，要留下一点汤或鸡腿作为“回碗”，否则意味客人没吃饱，主人太小气。安徽亳州待客为“三八席”，后改为“八碟四碗”、“一品锅”或“四碟四碗”、两个(四个)汤。

饮食与婚姻的关系也很密切，从提亲到结婚的每一个环节都有饮食活动相伴随，依次为提亲饭、相亲饭、订婚饭、择日(结婚日期)酒、别亲酒、婚宴、交杯酒、回门饭等，其中最讲究的是相亲饭、订婚饭、交杯酒和婚宴。

相亲饭在有的地方叫见面酒。在浙江东阳相亲饭吃鸡蛋。男方来到女家见面后，女方满意就用煮鸡蛋招待，意为团圆；若不满意就用荷包蛋招待。男方满意，男子就吃两个鸡蛋，若想再考虑考虑就吃一个，执意不吃则表示不满意。广东与福建交界之地，相亲吃糯米粥，若女家端上的是甜粥，表示同意；若有一点甜，表示还要考虑；若是淡粥，则是不同意的表示。广西富川相亲吃汤面，一般男女双方一同到饭店吃饭，吃饭时要上两碗汤面，每人一碗，两人都吃则表示都同意。相亲的饮食习俗给中华民族独特的爱情方式增添了许多佳话。

订婚饭有的地方也叫定亲酒。吃了这顿饭表示婚约订立。在湖北襄阳一带要吃“龙凤面”。陕西关中要喝酒，初时上四盘菜佐酒，待吃饭时再上八大碗菜。此后，每年七月十五，男女双方互送面人，每个约重 2.5 公斤。

婚宴是结婚之日举行的酒宴，在各地酒宴中是最隆重、最讲究的。吉林一些地方的传统婚宴为四四席，即四冷菜四大件(整鸡、整鱼等)四熘炒和四烩碗。外加“全家福”、“四喜丸子”等含有吉祥如意的菜，但总数须是偶数如 16 道、18 道等。陕西关中婚宴要请名厨掌勺，有“十二件子”(12 个菜)、“重八件”(16 个菜)、“二十四台”(24 个菜)、“四十八台”(48 个菜)之分。四川农村婚宴规模一般都很大，从几十桌到上百桌不等。江西南昌菜肴多达十几道、二十几道，多是全鸡、全鸭、全鱼等烧烩菜，而且每个菜质高量大，足以显示主人的大方。陕南巴山地区婚宴每道菜各有含意，开席前，桌子上摆着小菜和干果各四盘，外加一盘瓜籽，这叫“四时春色，瓜果丰登”。婚宴的第一道菜是红肉，用“红”表示“鸿喜满堂”之意。第二道菜为“全家福”，是“合家团聚、有福同享”之意。第三道菜是大八宝饭，用糯米、大枣、百合、百果、莲子等八种原料做成，其含意为白头偕老（百果）、百年合好（百合）、早生贵子（莲子和大枣）等。三道菜之后可以随意上菜，但最后一道菜必是鱼，用“吉庆有余”之意。江苏南部乡村婚宴讲究十六碗、二十四碗、三十二碗。城市不同，大多设在餐馆，菜肴多为“四六四”，即四冷盘、六热炒、四大菜，菜名也多有龙凤呈祥（冷盘）、双色鱼片、鸳鸯莼菜汤、八宝饭等含有吉祥之意的菜。

丧葬食俗一是供品，二是酒宴。大多数地方丧事的酒宴与平日一般酒宴差不多，但有些地方比一般酒宴简单些。有的忌荤吃素，有的有酒但只敬酒不劝酒，有的菜肴数量忌双用单。总之要与丧事的气氛协调。比如陕南，丧宴主食为大米饭，菜肴只有四盘炒（或烧）菜，四碗炖（或烩）汤菜，不上酒。鲁北平原丧宴有八碗菜，故用“八大碗”代称丧宴。河南丧宴虽有酒，但菜肴少，只有四荤四素，外加每人一碗肉、白菜、粉条煮成的菜。主食为馒头。喝酒的人不能猜拳行令。

寿宴是给老人祝寿的酒席，多称寿酒。寿宴一般为一顿，主食为面条（长寿面），菜肴同一般酒席。杭州及苏北等地为两顿，“中午面条，晚上酒席”。面条讲究越长越好。杭州人吃面条时，每人从自己碗里夹一些给寿星，谓之“添寿”，每人必须吃两碗面条，但忌盛满，以为不吉。

生育食俗包括两方面，一是送给产妇的营养品，另一是酒宴。其酒宴与一般酒宴没什么大的差别。岁时节日食俗和信仰食俗分别见《岁时节日篇》和《民间信仰篇》。

十、饮食与语言

饮食和语言是两项完全不同的事物，似乎风马牛不相及，但语言是在人类的生产和生活活动中产生的，成为人们交际、交流思想的最重要的工具。反过来说，一个民族的生活、文化历史、风俗习惯等等是通过语言反映出来的。汉语的词汇与饮食活动的紧密关系，主要表现在词语的构成上大量使用饮食活动中涉及到的事物、感觉、动作、工具等等。

在汉语里，舌头、鼻子对物质的感觉都用“味”这个词，味分七种：酸甜苦辣臭香咸。于是用这七味组合出许多词语。比如“香”(好味)常用来形容、比喻好的或受欢迎的人或事，“睡得香”(觉睡得好)、香花(对人民有益的言论或作品)、“吃香”等。“臭”(难闻的气味)多用于惹人厌恶的事物，“臭美”(讥讽显示自己漂亮或能干)、“臭棋”(棋术或下棋技术拙劣)、臭名(坏名声)、臭钱(轻蔑钱)等。甜(好味道)，常用于形容好的事物，“睡得甜”(觉睡得塌实)、“甜蜜”、“甜美”(均形容愉快、舒适、幸福的笑容或生活)、“甜言蜜语”(为讨好或哄骗别人而说的好听的话)、“甜头”(引诱人的好处、利益)。“苦”(不好的味道)多用于不好的事物，“苦海”(称困苦的环境)、“苦水”(喻心中藏着的痛苦)、“苦头”(苦痛、磨难、不幸)、“苦笑”(指心情不愉快而勉强做出的笑容)、“苦心”(辛苦地用在某些事情上的心思或精力)、“苦果”(喻坏的结果)、“苦差事”(个人很辛苦而得到的报酬少)、“苦口相劝”、“苦口婆心”(均指善意的再三劝告)。“酸”常被用于不太好的事物，如“辛酸”、“心酸”、“悲酸”(指悲痛或伤心)、“穷酸”、“寒酸”、“酸味实足”(均讥讽文人迂腐)、“酸新闻”(称在男女关系上捕风捉影的新闻)等。辣(或辛)味道具有强烈的刺激性，有“心狠手辣”(称人狠毒)、“毒辣”(指手段或心肠恶毒残酷)、“辛辣”(喻文章、语言尖锐而刺激性强)。七味中“咸”的构词能力最低，但表示味道不咸、不浓的“淡”构词能力强，如淡薄(感情、兴趣不浓厚)、“淡而无味”(没有味道)、“冷淡”、“淡漠”(对人或事不关心)、淡化(使观念、认识等淡漠)。

用饭(食)、菜、酒组成的词语很多,如“看菜吃饭”、“炊沙成饭”、“夹生饭”、“茶余饭后”、“饥不择食”、“侯服玉食”、“丰衣足食”、“锦衣玉食”、“借酒消愁”、“酒囊饭袋”等。用食物的名称组成的词语也有,如“僧多粥少”、“泡汤”、“老油条”、“香饽饽”、“一锅粥”、“闭门羹”、“窝头脑袋”、“画饼充饥”、“废物点心”等。用饮食原料组成的词语有“装蒜”、“泡蘑菇”、“割韭菜”、“小萝卜头”、“半瓶子醋”、“雨后春笋”、“歪瓜裂枣”、“摘桃子”、“自相鱼肉”等。

用饮食活动的动词“吃”、“喝”、“嚼”、“咬”、“吞”、“啃”、“饮”、“尝”、“品”等组成的词语如“喝墨水”、“喝西北风”、“嚼舌头”、“咬文嚼字”、“咬耳朵”、“吞食”、“吞没”、“吞云吐雾”、“囫囵吞枣”、“狼吞虎咽”、“侵吞”、“啃书本”、“啃硬骨头”、“饮水思源”、“饮恨”、“饮弹”、“饮鸩止渴”、“艰苦备尝”、“品尝”、“品味”等。其中“吃”构词能力最强,似乎什么都可以吃,如“吃罪”、“吃租”、“吃苦头”、“吃老本”、“吃枪药”、“吃苦耐劳”、“吃白饭”、“吃大锅饭”、“吃后悔药”、“吃劳保”、“吃偏食”、“吃闲饭”、“吃赃”等等。

用饮食烹饪方法烹、爆、煮、炒、烩、烧等和用炊具、餐具、灶具等组成的词语也不少,如“牛鼎烹鸡”、“烹龙炮凤”、“爆豆”、“煮豆燃萁”、“煮鹤焚琴”、“煎熬”、“煎心”、“炒冷饭”、“炒鱿鱼”、“烧心”、“一勺烩”、“背黑锅”、“连锅端”、“砸锅”、“砸饭碗”、“铁饭碗”、“釜底游鱼”、“破釜沉舟”、“另起炉灶”、“杯盘狼藉”、“九鼎大吕”、“三足鼎立”、“杯弓蛇影”、“杯水车薪”、“盆地”、“盆景”、“算盘”、“倾盆大雨”、“瓢泼大雨”等等。

汉语中用饮食活动的方方面面构成的词语有千千万万,这些词语时刻出现在人们的口头、笔下,人们用它述说对千变万化客观世界的认识,对复杂多味的人生的感受,这说明饮食活动大大超出了其本身的范围,而深入到社会的各个领域。

第四章 服饰篇

服饰是一个国家一个民族的重要标志之一，当我们看到一个陌生人时，只要他穿着传统服装，我们就能判断出他的民族或国别，这说明服饰具有鲜明的民族性。就中国传统服饰来说，在服饰质料，服饰形制与式样，服饰的装饰等方面都打上了鲜明的民族印记，而且涵盖了特定的政治、地域、职业、礼仪、时代等色彩。

一、质料与形制

在生产力低下或较低下的时代，服饰质料主要受到染织技术的制约。当人类处于吃草木之果、鸟兽之肉时，只能用树叶、兽皮遮盖身体，不可能有什么服饰。只有当社会物质生产发展到一定的程度，有条件让一部分人去从事染织业时，才有服饰的产生和发展。

在我国，制作服饰的质料是很丰富的，早在四千多年前传说中的尧舜时代，中原地区已用麻、葛、苎(zhù)等植物纤维纺织麻布、葛布、苎布，人们已穿上了用这些质料做的衣服了。同时代的西北、北方牧区则能用羊毛及各种兽毛织成布匹做衣服。中国是世界上发明丝织品最早的国家，1958 年在浙江吴兴钱山漾遗址出土了一批 4700 年前的丝织品，有丝织品必有丝织服饰。用棉布做衣服则稍晚于麻、葛、苎，最早开始于三千年前的西南边疆和海南岛一带，当地人称棉布衣服为卉服。

到商代，丝织品逐渐增多，贵族都穿上了丝织衣服。到周代麻织物质量提高，中上层人士夏天也穿精细的葛布、苎麻布衣服。到秦时，丝织物的质量、数量都提高了，打破了贵族专用的局面，富庶之家也可穿戴了。以后从汉到元的近千年时间里，丝织品、毛织品、麻织品不仅质量好、数量多，而且花色品种层出不穷。当然精美细密的仍为贵族地主和富有者所享用，广大平民百姓仍是麻布衣服。元以后种植棉花的地域不断扩大，棉织品数量大幅度增加，到清代棉布取代了麻布，成为中国服饰的主要质料之一，特别是极少有丝织、毛织衣物的广大劳动人民，这时都穿上了棉布衣服。而麻布反而成了"俏货"，为少数人所穿戴。

中国的服饰古今一直是上衣下裳。据研究，这种形制形成于四千多年前传说中的尧舜禹时代，到三千年前的周代已经系统化、制度化。周以后社会虽经常动荡不安，改朝换代频繁，但就服饰的主体形制来说基本沿袭周代。

古代服饰大体分三部分，遮盖身体驱干部分的叫体衣，遮盖、包裹头部的叫头衣，穿在脚上的叫足衣。体衣又分上衣下裳，上衣有襦、衫、袄、袍、褂、裘等，下裳有裙、裤、袴等，头衣有冠、弁、冕、巾、帽等。足衣有袜、鞋、靴等。

上衣由衣领、衣襟、衣裾（衣服前后部分）、衣袖、衣带组成。衣领最常见的是交领，即衣领连接衣襟，左右衣领在胸前相交。另一种是直领，平行地直垂下来。后世还有一种无领的。衣襟分左右两部分，古代中原地区多穿左衣襟压右衣襟的上衣，边远不发达地区多穿右衣襟压左衣襟的上衣。衣裾有长有短，长的可盖住脚，成为长上衣；短的一般到腰间，成为短上衣。衣袖一般多为长袖，按规定应是臂长的1.5倍，但一般长到垂臂不露手。后来受"胡服"影响，出现了半袖。衣带是古代穿上衣不可缺少的，有素丝带、革带等。素丝带系在衣外，用以束衣。革带系在丝带上，用以佩物。

上衣中的襦为短的单衣，或齐腰长，或长到膝盖之上，且宽大，穿着方便，为一般人平时所服。襦内再加一层布的称复襦，后叫夹衣(袄)。若在两层布之间絮上乱麻或棉花，叫棉袄。长到踝(huái)部的上衣下裳相连的叫深衣。“衫”的称呼始于秦代，指短袖单衣。唐代改“衫”为深衣形制;圆领大袖，下施横襕为裳，腰间有褶皱，称襕衫。多为细白布做成，唐宋间士人多穿。后世文人学士也喜欢穿这类长衫。袍也是一种长衣服，里面装有旧丝棉等，叫棉袍、长袍。清代妇女流行穿旗袍，式样很漂亮:圆领、大襟、窄袖，两面开衩(或不留开衩)，有扣绊，在襟、领口、袖边等处多镶上几道花纹彩牙儿。褂为古代妇女上衣，唐代没有袖，叫半臂。清代流行一种马褂，有单、夹、纱、皮、棉多种，分季节穿，无论年长年幼、什么身份都穿，但一般套在长衫或长袍外面，作为礼服。裘是皮衣，用羊皮或其它兽皮做成，穿时兽毛向外。古代贵族男女多穿狐裘、豹裘，由于难得而且体轻，被视为最珍贵的衣服，而羊裘、鹿裘易得体重，多为一般人穿。

下衣裙最早，古称裳，男女都穿，后世才变为女服。那时裙很肥，用 7 幅布(前三后四)做成，相当于今天 4 米多宽。宋代还有 8 幅、12 幅乃至 30 幅的。裙的长短不一，有的长不到地，有的拖地四五尺。清后期妇女不再穿裙，改为穿裤。裤的式样古代有两种，有裆的叫裤，无裆的称袴。袴后世也称套裤，因为仅有两条裤腿，套在腿上，上部系在腰间，为的是保护膝盖。这种衣服直到本世纪五十年代初在北方农村仍看到老年男子穿。

头衣中冠、冕、弁是古代贵族男子戴的。冠是为了系住束到头顶的头发而戴的。其式样为上面有一根不宽的冠梁，下面有一个冠圈，从前到后盖在头顶上。有黑白两色，平日戴白色，祭祀时戴黑色。冕是最尊贵的礼帽，最初天子诸侯大夫祭祀时才戴。南北朝后只有皇帝才有冕。弁次于冕，形制与冕大同小异，只是顶上版前后平，版前无旒，是比较尊贵的礼帽。弁分皮弁、爵弁。皮弁是用几块白色鹿皮拼接而成的，拼接处缀以五彩玉石。爵弁只是颜色与皮弁不同，红中带黑。皮弁为武冠，爵弁为文冠。古代平民男子不戴冠，而戴巾。巾也是用于包裹和盖住发髻的。一直盖到前额，称为帻（zé）巾，后世尊卑都戴，贵族士大夫有以戴巾为雅的。后世巾有帻巾、乌角巾、纶巾、幅巾、幞头等多种。像幞头唐宋时皇帝和平民都戴，但是皇帝戴硬脚幞头，平民戴软脚幞头。帽在晋时流行，最初戴帽没有时间限制，宋以后丧葬活动时才可戴。唐以前妇女没有帽子，多罩面巾或盖头等，目的是遮面。后世妇女戴帽也不普遍，主要是男子戴。

足衣中的袜最早是用布、帛、熟皮等做成的，有带系于踝部。魏以后始用丝做袜，不再用皮。所以直到清代，主要有布袜和丝袜两种。鞋在古代叫屦、履，汉以前的屦分别用草、麻、葛、丝等做成。草屦等级最低，是贫人、罪人之服或孝服，葛屦等级稍高些，丝屦只有富人才穿，乌皮屦是帝臣之服。古时候最尊贵的鞋是舄（xì），鞋底下再加一层木底，不怕湿泥，只有朝见和祭祀时才穿。用木头做底的木屐有的底上有齿，有的无齿。汉代女子出嫁时穿有彩画的木屐。魏晋南北朝时女子的木屐为圆头，男子为方头。直到清朝有钱人才不穿屐，下层百姓仍然穿屐。古代屐也有用草、帛做成的。今天在广西南宁市夏天仍能看到木屐或木拖鞋。靴是一种长筒鞋，本是骑马时穿的，是赵武灵王时从西域引进的，唐以前仍主要是骑马时穿。其次是跳舞的女子穿，不过她们穿的是用锦做成的软底软面靴。直到唐代，无论官员还是百姓都可以穿靴，只是式样上略有差别。

"鞋"字首见于南朝，综合清代以前的鞋，式样有多种，比如鞋头有尖、方、两尖、圆、如意等形状，有平的也有向上翘的。鞋底有平底、高跟、花盆底等，当然也有薄厚和单双层及多层之分。最有名的叫"千层底"，用麻绳把一层层白布结成平平的整体，穿上它冬御寒、夏散热，享誉中外。鞋口有尖口、方口、圆口、鸭舌口等，也有的把鞋帮做成各种动物形状的（详见《人生篇》），这种动物鞋多是给儿童做的。还有在鞋帮上绣上各种花朵或图案的，特别是女鞋的花纹图案最丰富，贵族男子的靴面也有颇为讲究的花纹图案。布鞋底上也有绣花或绣上汉字的。

佩饰是指佩带在身上起装饰作用的物品。但在古代，佩饰有的既有美化自身又有标明佩带者的身份地位的作用。常用的佩饰有玉佩、珠串、刀剑、帨(shuì)巾、香袋、荷包、香罗带、披帛、霞帔、面衣及各种首饰、脂粉等。

玉佩是古代最贵重的饰物，系在衣带上，行走时发出悦耳的敲击声。圆形中间有孔的叫环，环有缺口的叫玦，玦送人表示决断或断绝。“环”有“回还”之意，本为男女佩物，后专为女子饰物，以环、玦的质地分贵贱。

珠串也是衣间饰物，多用不同颜色、不同形状的玻璃珠穿成。

刀剑本是兵器，男子佩刀剑既有防卫作用，又有装饰之功，后世所佩刀剑有形而无刃，仅是一种饰物。

香袋是内装香草、香料的袋子。古代男子往往随身携带，既能闻到香味，又可作为信物送给意中人。清朝时男女老少都喜爱佩带。

帨巾、披帛、霞帔、面衣都是女子饰物。帨巾类似现在的手帕，外出时常挂在身体左侧，既是装饰又可擦手去污。披帛、霞帔是女子披肩饰物，用轻薄的罗纱做成，上绘花纹图案。霞帔上因有彩霞图案而得名，贵族女子常佩戴，后世平民女子出嫁时可以使用。披帛长两米左右，唐宋时女子常先把它披挠在肩背上，再绕过两臂后下垂，走起路来随身体的摆动而飘舞，极为好看。霞帔不同，只从头颈绕过披在胸前，下垂一颗金玉坠子。面衣是遮面用的，自古西域传入，当然也可遮挡风沙。香罗带也是女子饰物，是丝织的束腰带子，有时也用作定情之物。

另外古代女子头上还有簪、笄、钗、篦等饰物，既可固定发髻又很漂亮。这些头饰用玉石、金属、象牙、骨头等做的簪、笄同物异名，为长条形状。钗粗的一头为凤头形的叫凤钗，燕子形的叫燕钗。篦既可梳头又可插在发髻上。贫者多是竹木篦，唐宋时有些女子喜爱在头上插五六把篦，也是为了装饰。

女子除头饰外，耳朵、手腕、脖子、手指上分别都有各种饰物。耳朵上的古称珥、珰，今称耳环、耳坠子。手腕上的古称钏，今称手镯，古代男女都戴，后世为女子专用。手指上的古称环，后称戒指，最初是宫中后妃不能接待帝王"御驾"的标志，传入民间后成了女子饰物，也常作男子送给女子的定情或定婚之物。婚前在左手戴一只，婚后可戴在右手。未定婚的女子是绝不许戴的。近几年很流行戴戒指，而且男女都戴，据说女子的戴法有讲究，未婚女子应戴在左手中指，已婚女子戴在左手无名指，独身女子戴在左手的小拇指。

脂粉指女子面部饰物，也随时间的推移而变化，是各个时代风尚的组成部分，这里不再一一列举。

二、官员服饰

在古代，官员服饰与平民服饰有很大区别。首先作用不同，平民服饰以保护身体为第一需要，装饰在其次，就是说以实用、穿脱方便、穿着舒适、利于劳作为第一要求，美观为第二要求。官员服饰则不同，最重要的是符合礼仪的要求，使地位等级分明，同时又要美观庄重，给人一种威严、敬畏之感。因此历代统治者一旦取得政权，便立即制定本朝官服的形制、式样及穿着方法等，并将其通过国家法律形式公之于众，无官者不得穿戴，为官者不得逾级，否则必受到严惩。

历代官服的主体形制和式样与平民服装相同，差别在于个别形制、质料、式样、纹样、颜色、佩饰等，但这些方面的差别很多、很细小，这里只能列举几个大的方面。

首先说质料。比如周代规定：

7 升—9 升的粗麻布为奴隶、罪犯之服。

10 升—14 升的麻布为一般平民之服。

15 升以上精细如丝绸的缌布是专给奴隶主做衣服的。

30 升最精细的缌布只能给天子贵族做帽子。

"升"是麻缕的计量单位，每升麻缕有 80 根，当时的布面宽相当于今天的 44 厘米，奴隶主穿的 15 升麻布做的衣服就是说在 44 厘米内有麻缕 1200 根，而一般平民之服仅为 800 根，是相当粗糙的了。

另外周代丝织品极少，染上美丽色彩的细羊毛织物也不多，这些只有奴隶主、贵族才能穿，平民只能穿粗麻、粗毛织物。

从色彩、纹样来看，周代以黄、红为高贵之色，黑色为低贱之色，贵族、官吏的服饰多为朱红、鹅黄，平民为黑青、赭色等。周代以后大体沿习此俗，于是黔首、皂衣、黎民成了平民的代名词，锦衣成了贵族的代名词。另外有各种复杂且美丽花纹图案的如龙纹、蟒纹等是历代帝王、官吏及其他贵族的专用纹饰，平民只能穿无花纹图案或有极简单纹饰的衣服。

官员服饰中还有几种专用服饰如朝服、冕服、常服等。朝服是君臣朝会时穿的礼服，冕服是祭祀时穿的礼服，俗称祭服，常服是指官员在处理公务时穿的，由于官员的品级不同，服饰上往往有明显的等级、地位标志。

朝服是最早出现的官员服饰，周代确定其形制为：天子朝服为玄(黑中带红)冠黄裳，上绘龙纹，属于深衣形制。汉以后朝服基本属于袍式。像清代朝服就是上衣下裳相连的大长袍，皇帝的为明黄色、龙纹，百官的多为石青色，少数为蓝色，饰蟒纹。一至三品的蟒袍为五爪九蟒，四至六品为四爪八蟒，七至九品为四爪五蟒。

各代朝服的穿法不同，清代朝服由朝袍、朝褂、朝冠、朝珠等组成。朝珠是清代增加的，每串 108 颗，每隔 27 颗有 1 颗大珠，共 4 颗，象征四季，上下左右各一颗，或说前三后一。朝珠两边还有三串小珠叫"纪念",左边两串右边一串的男人佩戴,右边两串、左边一串的女人佩戴。朝服穿法如皇后,里面穿朝袍,外面套朝褂,头戴朝冠,颈带朝珠。

冕服比朝服出现稍晚。冕指帽子,服指衮服,官员之间冕同而服异。周礼规定,天子六服,公五服,侯伯四服,子男三服,大夫二服,依次类推。详见下表:

天子	大裘冕	衮冕	鷩冕	毳冕	希冕	玄冕
公	—	+	+	+	+	+
侯伯	—	—	+	+	+	+
子男	—	—	—	+	+	+
大夫	—	—	—	—	+	+

注:"—"表示无,"+"表示有。(下表同)

冕服上的纹饰也有等级之差,周礼规定:天子为 12 章,公为 9 章,侯伯为 7 章,子男为 5 章,卿、大夫为 3 章……,详见下表:

	日	月	星辰	山	龙	华虫	宗彝	藻	火	粉米	黼	黻
天子	+	+	+	+	+	+	+	+	+	+	+	+
公	—	—	—	+	+	+	+	+	+	+	+	+
侯伯	—	—	—	—	—	+	+	+	+	+	+	+
子男	—	—	—	—	—	—	—	+	+	+	+	+
卿、大夫	—	—	—	—	—	—	—	—	—	+	+	+

古代学者对十二章的解释各不相同,十二章的项目也互有差异。有一种解释是:取"日月星辰"照耀之意;取"山"稳重;取"龙"能应变;取"华虫"之华丽;取"宗彝"之忠孝;取"藻"之洁净;取"火"之

光明;取“粉米”之滋养;取“黼”之决断;取“黻”之明辨。冕的差别在于旒(玉串)的多少,规定天子 12 旒,公 9 旒,侯伯 7 旒,子男 5 旒,卿大夫 3 旒。

常服历代多属袍衫类,其形制同历代平民穿的袍衫,但质料颜色纹饰有差别,历代皇帝又与百官常服穿法不同。据《旧唐书·舆服志》载:“隋代帝王贵臣,多服黄文绫袍,乌纱帽,九环带,乌皮六合靴。百官常服,同于匹庶,皆著黄袍,出入殿省。”《宋史·舆服志》说:“唐因隋制,天子常服赤黄、浅黄袍衫,折上巾,九还带,六合靴。宋因之,有赭黄、浅黄袍衫,玉装红束带,皂文靴,大宴则服之。又有赭黄、淡黄褛袍红衫袍,常朝则服之。”历代对百官袍衫的颜色按品级作了规定,如唐贞观四年(公元 630 年)定三品以上服紫,五品以下服绯,六、七品服绿,八、九品服青。宋代元丰年间规定为:四品以上服紫,六品以上服绯,九品以上服绿。明朝又规定为一至四品服绯,五至七品服青,八、九品服绿。

唐代女皇武则天时,百官之服出现了新的办法,衣服前后各有一幅禽或兽的纹样区别品级、职位等。当时“宰相饰以凤池,尚书饰以对雁,左右卫将军饰以麒麟,左右武卫饰以对虎。”明代洪武年间对此规定更细,如文武官员补子区别为文官用鸟纹,武官用兽纹,不同品级所用鸟兽有别,详见下表:

品/位	一品	二品	三品	四品	五品	六品	七品	八品	九品
文官	仙鹤	锦鸡	孔雀	云雁	白鹇	鹭鸶	鸂鶒	黄鹂	鹌鹑
武官	狮子	狮子	熊罴	熊罴	—	彪	彪	犀牛	海马

清代沿用明代用禽兽纹饰补子区分品级的办法,补子或织或绣或用缂丝做成,有方形、圆形两种,圆形补子为亲王、郡王、贝勒、贝子用,上绣龙蟒;方形补子用于百官,文官一至七品所用禽纹同明代,

八品改为鹌鹑，九品为练雀；武官改为一品麒麟、二品狮子、三品豹、四品虎、五品熊、六品彪、七品八品犀牛，九品海马。

官员服饰除衣服外，鞋帽也不同平民，而且什么衣服配什么鞋帽都有规定。比如明朝皇帝着冕服穿金舄，着皮弁服穿黑舄，着常服穿皮靴，戴通天冠穿赤舄。百官穿朝服配黑履，穿公服配皂(黑色)靴。南宋开始流行一种用黑纱做成的帽子叫乌纱帽，百姓和官员都可以戴，明朝改为只许百官戴，于是乌纱帽成了百官专用帽子。清代在百官的帽顶上增加了顶戴花翎，顶戴起初用不同颜色的宝石区别品级，乾隆后改为透明(亮)和不透明(涅)玻璃及不同颜色以示区别。花翎用孔雀翎或蓝翎(鹖羽毛)以及翎上有没有目晕(俗称眼)、目晕多少标志品级，详见下表：

	一品	二品	三品	四品	五品	六品	七品	八品	九品
顶戴	亮红顶	涅红顶	亮蓝顶	涅蓝顶	亮白顶	涅白顶	黄铜顶		
花翎	单眼花翎	(同前)	(同前)	(同前)	(同前)	无眼蓝翎	(同前)	(同前)	(同前)

表中顶戴为乾隆后的规定，花翎为顺治十八年(公元1661年)规定(亲王、郡王、贝勒以及宗室等一律不许戴花翎，贝子戴三眼花翎，国公戴双眼花翎)。另外官员腰饰也有区别，这里不再一一赘述。

综上所述，可以看出，古代官员服饰对于地位品级标志之多之细，大概在世界各国中不多见，其目的正如乾隆皇帝所说，是为了"辨等威、重名器"。就是说用服饰上的差异时时刻刻给低等人的心理上制造一种巨大的压力。凡遇到服饰比自己高的人，就要毕恭毕敬。并且告诫世人名利地位的重要，以引导世人或走寒窗苦读，"学而优则仕"的羊肠小道；或花钱买个官衔，向衙门捐官。穿上所捐品级的官服，可以提高自己的地位。朝廷为了弥补财政，充实国库，公开开捐例。据《听雨丛谈》记载，清咸丰九年明码标价，捐花翎须实银七千两，捐蓝翎四千两。于是有钱的阔老纷纷掏腰包捐个“顶戴花翎”，穿上官服，招遥过市，以示荣耀。当然也有极少数无聊的政客既爬不上高位又无钱捐官，于是自欺欺人，僭越或违制穿戴，但此种事朝廷一经发现，必严惩不贷。如乾隆年间原任总兵杨谦被革职后仍穿官服出入衙门，与有职之人无异，皇帝知道后专门下谕要“照例拟罪”，并“通行各省督抚，遇有革职人员，违例滥用章服，及妄戴顶帽花翎者，即具实题参，毋得徇隐，以滋潜越。”

三、服饰与时代

服饰与时代息息相关，属于跟随时代最紧的，常随着时代的政治、经济、思想的变化而变化。中国服饰在这一点上是很突出的。远的不说，清朝政府建立时，为了巩固其统治，皇帝下诏“禁民汉服”，而要“剃发易服”，就是要梳满族的长辫子，穿朝廷规定的服装。比如男人须里面穿长衫，外面套一件短而小的黑马褂。女子穿旗袍，于是长衫马褂和旗袍成了最有清朝时代特征的男女服装。清初还把是否按规定着装梳发作为是否归顺清王朝的标志。1911 年辛亥革命推翻了满清政府，统治中国几千年的皇帝被赶出了政治舞台，人们纷纷剪掉长辫子，脱掉长袍马褂，换上了象征革命的中山装。中山装衣服的口袋既多又大，穿上既舒服又精神，深受欢迎，很快在全国各地流行起来。1949 年新中国成立后，在流行中山装的同时，前襟有两排扣的列宁服也在中国时兴起来，不仅从解放区来的女干部穿，就连城市里资本家的太太和家庭妇女也穿上了，虽看上去好笑，但是她们却以此为荣。1966 年“文革”开始后，穿鲜艳的衣服被说成是资产阶级生活方式，而解放军的军服，特别是洗得发白的旧军服成了革命的标志，似乎不穿就是不革命，就是时代的落伍者。于是全国上下男女老少的服装几乎是同一种款式，同一种颜色，人人以穿上军装，戴上军帽，背上军用书包为荣。近十几年实行改革开放后，笔挺的西服、喇叭裤、牛仔服成了八十年代的时装，特别是西服，可以说人人皆有。如果有谁穿上“文革”时的旧军服，一定被斥之为“守旧保守不开放”。法国服装大师曾说过，服装的变化浪潮就像音乐一样，围绕着时代的主旋律演奏出和谐的交响乐。那么我说中国的服装是时代的一面镜子，可以清楚地映出时代政治、经济、思想等的状况。

四、服饰与地域

中国国土辽阔，各地自然条件不同，特别是在交通不便、文化交流少的古代，虽同为汉族，但服饰民俗差别很大。

比如冬天气候寒冷的北方，棉衣、棉裤、棉鞋、棉帽是必不可少的，在冰天雪地的东北，没有皮衣就很难过冬。而在气温高的江南，冬季不需要棉衣，像广西、云南只要有件单衣或薄衣就可以过冬了。夏季南方雨水多，戴斗笠、穿蓑衣草鞋或打赤脚的至今随处可见。而这种打扮在北方夏天是看不到的。

除去气候等自然条件影响外，各地还有不同的审美追求。

在江南水乡，且不说男子服饰，就是女子服饰也相当素雅。如江苏吴县，旧时女孩子 13 岁开始编发髻，穿上花布做的衣服、围裙，头戴花布头巾，打扮得像一朵鲜花。结婚后服饰色调改为淡雅，多为蓝色衣裤。到了老年，则黑色衣裤，显得朴实、庄重。但这里妇女整日围着蓝布围裙，上面或绣着春花、夏桃、秋菊、冬梅，或绣着象征幸福的鲤鱼、喜鹊、鸳鸯等，系在腰间极为好看，既显示出女性苗条的身姿，又显得整洁美观、端庄大方。这块围裙实际上既有保护衣服整洁，又有装饰美化自身的作用。在湖南、浙江等地农村妇女中也很流行围围裙，几乎从早到晚整天围着。这种打扮在河北、北京等地农村极少看到。

各地男子服饰也存在差别，最明显的差别是头上的巾、帽。

在山东、陕西、四川、湖南等地农村，中老年男子喜欢用巾包头。但所用的巾和包头的方法却不同。比如山东，男子包头用白毛巾或白毛巾大小的白布，从头的前额向头后包，然后将两端的上角系在脑后。在陕北正相反，男子包头是从脑后头向前额包过来，把毛巾（或布）的两端系在脑门处。包头用的这块巾用处很多，既挡土保暖又可擦汗。在四川，传说男人用白头帕包头始于三国时代，起源于为诸葛亮戴孝。当地习俗戴孝是把一条长长的白布披在身上三年，但对于下田劳动的农民极为不便，于是就改为把白布缠在头上。湖南一些地方的男子包头用的巾比较长，要一圈一圈盘绕在头上。

有的地区男子多戴帽子，最有趣的是浙江绍兴的乌毡帽。帽子的形状特别，还有个圆顶圈，别小看这个圆圈，既挡风遮光避雨御寒，又可夹放些东西，像零钱什么的。累了的时候还可放在地上当坐垫，走时站起来拍打几下再戴到头上。过去河北、北京等地农村男子冬天也常戴毡帽，但和绍兴的乌毡帽不同，不是黑色而是棕色，并且只有圆帽顶而无帽边，脚穿棕色或黑色的毡鞋（靴）。

从全国来看，汉族服饰中最奇特的要算福建惠安县渔家妇女的服饰，吸引了海内外不少民俗专家前往考察研究。人们仅用12个字“封建头、民主肚、节约衫、浪费裤”就把其服饰特点概括得极详尽了。

封建头是指她们无论春夏秋冬，头上一天也离不开一块大头巾。这块大头巾是用二尺布裁成的正方形，把一角折进去后再斜对折，下端缝住，套在头上，只露出眼睛、鼻子、嘴和一小部分脸。戴头巾是从16岁开始的，以后头巾的颜色随着年龄变化。16岁时的头巾多为蓝绿、白底，上有白色小碎花或浅红、浅黄和白色的头巾。一般和上衣颜色相同。结婚时头巾开始增多，一般婚后的妇女有百十来条。因为她们每次外出不管去哪儿都需要戴一块新头巾，一块新头巾戴一二次就算是旧的了。这些头巾都是用买来的各色花布裁成的，还要绣上花边，缀上各种颜色式样的珠花。据说到此地作客，如能送给女主人漂亮的头巾会被当作最珍贵的礼物。到了中年头巾依旧，只是上面少了各色珠花。老年妇女不再戴鲜艳的花头巾，改为黑色丝质大巾。这块大巾是儿媳结婚后第三天送给婆婆的，有不少老年妇女在这块黑头巾外再盖一块暗红或暗绿的毛织头巾。

民主肚是指她们的上衣短小，以至把肚脐露在外面，特别是年轻姑娘和新婚媳妇的上衣，略到肚脐，只有中老年妇女的上衣才稍长一些。这种短小的上衣人们也叫它"节约衫"，就是用布料少。其式样为中国传统的右衽大襟衣服，只是下摆稍宽大，呈弧形，有些像斧子形状。节约衫依年龄、季节变化颜色。年轻姑娘的夏装多为湖蓝、蓝偏黑或黑色，肩处和胸以下多为不同颜色。新娘的上衣在大襟中缝右上角多装饰一块三角形的布，上刺绣花纹图案。中年妇女则穿蓝色或黑色，老年妇女只用黑色，也都有三角形的布饰。

浪费裤是指和短小节约衫相反的又肥又大的裤子，仅裤脚就有 1.2 尺宽，人称宽裤，多用棉布或丝绸做成。她们穿宽裤的时间多，即使西服裤很流行的今天，惠安渔家女子仍然"墨守陈规"，穿宽裤时还要系一种与众不同的腰带，有丝线、绒线、塑料线或银链的。五颜六色极为好看。银链腰带只有已婚妇女才有，那是结婚时丈夫送的。节约衫做得短小的原因之一，就是为了让各色漂亮的腰带露出来，所以腰带也系得低低的，使人很远就能清楚地看到。

当地妇女还特别注意头饰。一般 10 岁左右开始戴塑料花，16 岁以后常在头顶前插两三把弯形的黄、红、绿三色塑料梳子，梳子前后再插些塑料花、发夹、纱巾、珠子等等。另外，一年四季头上还要戴顶金黄色的斗笠，即使是炎热的夏季也不摘下来。这种斗笠多是专门定做的，做好后涂上黄油漆，里面放上香片、塑料花等，斗笠带子上也有发夹等饰物。如果谁戴一顶新斗笠，说明她新婚不久。

此外她们还有戴首饰的传统，已婚妇女手腕要戴银手镯，手指上戴金戒指，这些都是男家送的聘礼，现在沿习旧俗，只是把过去一手戴一只改为右手腕戴两只银手镯，因为左手腕戴上了手表。

五、服饰与礼仪

服饰与礼仪的关系极为密切，这种密切的关系平日感觉不到，但在婚嫁丧葬等礼俗活动中就极为明显了。这是因为每项礼俗活动都对服饰有不同的要求，应穿什么，不应穿什么规定得清清楚楚，这就使服饰成了礼俗活动中的一项重要内容，甚至成为某种礼俗的专门服饰，像结婚礼服、丧服、葬服等。这些服饰还成了礼俗活动的一种标志，使人一看就能判断出礼俗活动的内容。因为这种服饰是专门应礼俗活动的需要而制做的（或穿戴的）。它与日常服饰不同，主要不是为了实用和观赏，因此活动过后不再穿用。这种情况在中国古代尤为突出。

最典型的是古代丧服，也称孝服，分为五种，称之为五服，用以标志衣者与亡者的不同亲疏关系。这五种丧服为斩衰（cuī）、齐衰、大功、小功和缌麻。斩衰是最重的孝服，用最粗生麻布做成，特点是断处外露不折边。服期三年，多系子或未嫁女为父，妻为夫及臣为君穿戴的孝服。其次是齐衰，用粗麻布做成，不折边。多系子或未嫁女为母、继母，已嫁女为父，孙为祖父母穿戴的孝服，服期三年、一年、五个月、三个月不等。再次为大功，用熟麻布做成，多系已嫁女为母、伯叔父、兄弟穿戴的，为堂兄弟以及未嫁的堂姐妹穿戴的孝服，服期 9 个月。小功是用较细熟麻布做成的，专为曾祖父母和本宗亲属及外祖父母等治丧时穿戴的孝服，服期五个月。缌麻是用细麻布做的，是专为高祖父母、同族亲属等及为岳父母等治丧时穿的孝服，服期 3 个月，服满后脱下。可见孝服完全是出自丧葬礼俗需要的。新娘结婚之日的服饰也是专门为此项活动做的（或租的）（详见《人生篇》），婚后是绝不再穿的。富贵之家老人过寿日穿的衣服也如此，有钱人都穿上面印着或织着“寿”字或“萬”字的袍褂，以及有“福”字的鞋，寿日一过也就束之高阁了。另外还有古代的祭服、祭冠，只有祭神祭祖先时才穿戴。

六、穿着打扮习俗

怎样穿衣打扮，各国都有各自的传统习惯，就一般人日常穿着来说，从古到今中国人讲究朴素大方、干净整齐。

朴素大方是指衣服的式样和颜色不奇特、不浓艳、不华丽，但也不俗气。在过去的几千年中，中国人穿的衣服大都是自家制做的。在选衣料时，往往着眼于结实耐穿，而不是鲜艳华丽，因为绝大多数人做一件衣服都要准备穿几年。俗话有“笑破不笑补”、“新三年，旧三年，缝缝补补又三年”，这两句不知流传了多少年的老话，至今仍深深地印在许多人的头脑里，虽生活水平提高了，不需要再穿缝补的衣服了，但实用耐穿仍是追求的目标之一。

穿衣的另一个传统习惯是不喜欢露出身体过多。早在唐代，穿露半臂的衣服就被看成是轻佻(tiāo)随便和不严肃的表现，只有穿长袖衣服才符合礼俗。特别是女人穿露半臂的衣服还会遭到世人的白眼。这个传统一直沿习到本世纪三十年代，在反映三十年代生活的电影、小说中，行为不端的女子多穿着半臂衣服。这个观念直到新中国成立后才有所转变，不光男人，就是女人也可穿短裤。女子穿短裙甚至超短裙子的也大有人在。但世人对露出身体过多、料子太薄，能透露出肉色的衣服仍然看不惯，所以在今天的大街上，即使是炎热的盛夏，也极少看到袒胸露臂的人。

对服装色彩也有传统的看法，男装古今都以黑、蓝、灰、白色为主，极少穿鲜艳的红、绿、黄等色。女装一直比男装鲜艳，尤其是年轻姑娘的服装更鲜艳一些，中老年妇女的服装则素雅为主，这与西方年纪越大穿得越鲜艳正相反。但总的来看，女装仍以素淡为主，大红大绿或有大花图案的布料并不受人青睐。人们习惯于选择浅色或有小碎花的衣料。

脸部化妆和穿衣一样，忌浓妆艳抹，喜“略施粉黛”，讲究淡妆，以让人看不出来化妆为宜。从年龄来说，年轻姑娘喜欢化妆，而中老年妇女反而一般不化妆，这也与西方妇女年龄越大越化妆不同。

七、服饰的装饰习俗

服饰多用几种方法进行装饰，其一是直接织出有花纹图案的布料，其二是在织好的布料上印染、刺绣或绘画出花纹图案。其目的主要是给服饰增加美感(少数为区分地位、等级)。这一点中外相同，但用哪些花纹图案进行装饰中国和其它国家恐怕就不同了。综观中国历代织物、服装、佩饰上常见的花纹、图案主要有以下几类：

1. 几何纹。这类纹饰起源最早，早在三千多年前的商代织物上就有，如菱形纹、方格纹等，后世纹样增多，有三角形、六边形、S形、∽形、圆圈形等。

2. 自然物或自然现象纹饰。有山形、云、流水、日、月、北斗星、雪花、火等。

3. 植物纹饰。有莲花、牡丹、菊花、梅花、海棠、灵芝、葡萄、核桃、茱萸、柿蒂、树、卷草、竹、梧桐树、松树、葵花、叶形、缠枝萱草等。

4. 动物纹饰。有龙、蟒、凤凰、燕、蜜蜂、鸳鸯、白头翁、灵鹫、鹦鹉、仙鹤、楝鹊、蜻蜓、羊、马、玄鹅、鸾鸟、麒麟、孔雀、鹿、狮、锦鸡、朱雀、豹、雉、蝙蝠、鱼、龟背纹、象眼纹、猪头纹等。

5. 人物纹饰。有仙女、佛像、歌舞人物、老子、南极老人等。

6. 文字图案。有回纹、萬字、福字、寿字、囍字、富贵平安、吉祥如意、福寿有余、富贵吉祥、福禄寿喜、福寿常团、延年益寿、长乐明光、萬世如意、昌乐、如意、百寿、百福、百禄、延年益寿大宜子孙、云昌萬岁宜子孙等等。

以上几类上百种花纹图案的使用无疑给服饰增色不少，但为什么选择这些花纹图案，怎样使用这些花纹图案有独特的观念和方法。第一利用人们对某物特性的看法。比如“松树”四季长青、“龟”寿命长，就用“松”、“龟”象征长寿。“石榴”籽多、“鱼”子多，就用“石榴”、“鱼”象征多子多孙。用“鸳鸯”雌雄不分开，喻夫妻之情。第二利用某物名称与含吉祥意义的词语的谐音，寓意吉祥。比如“蝙蝠”的“蝠”，音同“福”，就用蝙蝠形象寓意幸福；鱼与“余”谐音，用鱼形寓意年年有余；“鹿”谐音“禄”，用“鹿”寓意升官发财。第三利用人们对某物的信仰。动物类纹饰大多出于这种考虑。比如麒麟是传说中的仁兽，龙是神兽，凤是神鸟等。第四，把几种物的音、意组合在一起，隐意一句吉祥语。比如让喜鹊立于梅花树枝上，寓意“喜上眉梢”；用梅花、蜜蜂寓意“春风得意”；用牡丹和神仙寓意“富贵神仙”；用松、鹤寓意“延年益寿”，用石榴树上站立蝙蝠寓意“榴开福来”等。第五，直接用汉字来表达美好的意思。总之，无论用什么花纹图案，都表达了人们对长生不老、多子多孙、夫妻和美、升官发财、吉祥如意、安居乐业、五谷丰登等美好生活的追求。这就是说，服饰上的花纹图案不仅起到了装饰美化、标志衣者地位等级（如龙、蟒、凤等）的作用，而且寄托着人们美好的愿望。

第五章　建筑与居住篇

当人们周游世界各地时，第一眼看到的就是建筑，使人最先感到身在异国他乡的也是建筑，这说明各国的建筑有明显的差别。中国建筑在世界建筑中独树一帜，与阿拉伯建筑、西欧建筑、印度及东南亚建筑并列为世界著名的四种建筑风格，而这种独特的建筑风格正是通过建筑民俗表现出来的。

中国的建筑民俗包含的内容很多，主要有选址与选材，结构与造型，布局与装饰以及建造、居住、迁居礼俗等方面。另外不同类型的建筑如帝王的宫殿与陵寝，宗教的寺观塔及石窟，民居住宅，园林与桥梁等都有各自的建筑特点和习俗，现择要简述如下：

一、选址与选材

选址指为建筑物选择建造的地址。选址首先要考虑地质地势、自然环境、交通等因素。中国自古多水灾，因此无论南方还是北方，无论山区还是平原，都选择地势较高大水淹不到的地方，但又不能离水源太远。而像佛教、道教为了有利于僧众、道士专心修行，常常把佛寺、道观建造在远离尘世风景秀美的高山之上。帝王的宫殿则建在国都的中心。城市民居，则愿意修建住在城镇中心热闹的地方。农民住宅，则要考虑有利于农业生产，交通便利，吃水方便，依山傍水向阳干燥。另外还有民间信仰的影响，趋吉避凶是人们的普遍愿望，中国民间在选择建筑地址上，尤其强调这一点。据说吉地建房，可以使家庭和睦，人丁兴旺，生活富裕。凶地则会带来灾祸，轻者全家人疾病不断，重者倾家荡产，家破人亡。那么什么是吉地，什么是凶地，民间流传着许多说法，详见《民间信仰篇》。吉地凶地的说法是否有合理之处这里暂且不论，但从中可以看出中国人对房址选择的重视程度。这种把房址与家庭祸福联系起来的做法在世界各国中大概不多见。

建筑是百年大计，质量好坏最为重要。而直接影响到房屋质量的是建筑材料。中国房屋是砖木结构，木料搭成房架，承受屋顶的大部分重量，所以木料的选择极为重要。木质坚韧不易折断和粗大笔直的最好。上等房屋如帝王宫殿还要选择易雕刻造型和有浓郁香味的木料，最好是楠木，其次是黄松。木料中最重要的是屋架中架在柱子上的梁，因为它承受着屋顶巨大的压力，而且房间跨度越大，梁的负重越大。古人用“栋梁之材”比喻担负国家重任的人是有道理的。所以选房梁时，一定要选最粗壮、最结实的木材。

房屋的建筑材料除木料外就是砖、瓦、石、土等。砖用于砌墙，瓦盖屋顶，一般建筑普通砖瓦即可，上等建筑如故宫，砌墙的砖用大长条形的城砖，铺地用“金砖”，“金砖”敲击有声、断之无孔、坚固耐磨、越磨越亮。屋瓦为鲜艳发光的上等琉璃瓦。石头主要用于房基、柱脚、台阶等处，最讲究的帝王宫殿多选用易于雕刻花纹图案、颜色洁白的大理石和汉白玉。像北京故宫三大殿高高的三层白色台基，就是用上等汉白玉砌成的，不仅坚固结实，而且与红墙、黄瓦相配，对比鲜明，达到了极好的艺术效果。一般建筑没有这样讲究，只用结实、防潮的普通石料。

二、结构与造型

结构是指建筑物的内部形式，造型是指建筑物的外部式样。中国房屋的内部形式主要是房架。房架主要由梁、柱、檩、椽等部件构成。这些部件搭成屋顶有三种方法：抬梁式、穿逗（斗）式和密梁平顶。其中抬梁式最流行。简单说柱子上架梁，梁上加短柱形成梁架，梁架上放檩，檩把梁、墙连接成一体，檩上架椽。架好后屋顶成为前后两面坡形，北方地区较好的民居和各地重要建筑大都是这种房架。穿逗式不用梁，靠柱子承受重量，柱子不一样高，房顶前后的矮，中间的高，用木枋穿过每根柱子，使之连成一体。然后柱子上放檩，屋顶也是两面坡形。华东华南地区一般性建筑都采用这种方法。密梁平顶房架更简单，柱子一样高，柱子上放檩，檩上放椽子，这种房架主要流行内蒙、青海、新疆等地。

有梁的房架，用梁多少决定房间的间数，四梁为三间，六梁为五间……按习惯，柱子为双数，四或八；檩为单数，三、五……最讲究的房子为五檩八柱。

中国房屋另一个结构上的特点是使用斗拱。斗为方形木块，拱为弓形木块，放在柱与梁和其它部件的交结处，斗垫在拱与拱之间。斗拱从柱头处往上，一层一层向外伸出一些，既连结梁柱，又托起宽宽的屋檐，承受屋顶一部分重量。明清时缩小斗拱的尺寸，两柱之间可以放四至六朵，使斗拱主要不是承重，而是用于装饰，这使得中国建筑的外形更加优美。制作斗拱费工费料，只有宫殿、寺观、园林中的重点房屋才使用。

中国房屋的外部造型突出地表现在房顶上，主要有平顶、坡顶、攒尖顶几种，其中坡顶和攒尖顶又各有多种造型。像坡顶有庑殿顶、悬山顶、歇山顶、硬山顶、卷棚式等，攒尖顶有圆形，三角、四角、八角等。

庑殿顶有一条正脊和四条斜脊，五条房脊把房顶分成四面斜坡。悬山顶有一条正脊和四条垂脊，正脊把房顶分为前后两坡，房顶向四面墙外伸出较长。歇山顶是在悬山顶的四条垂脊下端向外折出四条戗(qiàng)脊，共有九脊，被称为九脊式。硬山顶主要同悬山顶，只是房顶向四面墙外伸出较短。卷棚式房顶没有正脊，正脊处砌成弧形，其余部分同歇山顶。这几种房顶造型不同，故而有等级之别，庑殿顶等级最高，北京故宫中等级最高的太和殿采用了。低一等的是歇山顶，故宫保和殿、雍和宫法轮殿、孔庙大成殿都是。这是因为庑殿顶、歇山顶设计巧妙、造型优美，当然造价也高，只有帝王宫殿、宗教寺观主要殿堂、园林中重要房屋才能使用。再次一等的是悬山顶和卷棚式，宫殿寺观园林中一般建筑和民居中上等建筑多使用。一般民居多为硬山顶。

攒尖式与坡顶不同，只用于小型的殿、亭、楼、阁及塔顶等。像故宫的中和殿、交泰殿是方形攒尖，天坛为圆形攒尖。

中国丰富多彩的房顶造型是中国建筑艺术美的集中表现，是中国建筑讲究曲折、厌恶直线、直角的体现。每当人们看到这些大屋顶，不禁联想到中国书法中“家”、“令”等字的字头和书法中的一捺，多么相象，这大概是中国书法艺术的影响吧！

造型独特的大屋顶不光美观而且适用，屋顶高而厚，冬暖夏凉，下雨时排水迅速。屋檐长长翘起，又有利于遮阳纳阴，可以说做到了美观与适用的高度统一。

三、整齐、对称的布局

中国房屋建筑无论宫殿陵园、宗教寺观，还是园林民宅多为群体建筑，或为一组，或为一群，孤零零的单个建筑极少。

一组或一群建筑应该如何布局呢？由于古代战火连绵、火灾水灾不断，木结构建筑很难保存下来，今天我们看到的古代建筑大多数为明清建造的，明清以前的建筑极少。对古代建筑的布局只能从文献记载、遗址发掘和明清建筑几个方面来考察，从考察情况看，中国群体建筑传统布局为多重庭院组成的平面，在这个平面内，纵向排列的院落建在一条中轴线上，横向院落对称修建在中轴线左右两侧。中轴线上的建筑是主要建筑，两侧建筑是次要建筑。这样既有利于区分建筑群内各建筑的主次及建筑内居住的人(或神)的地位高低,又能创造一种严肃和谐宁静的气氛。因而为各类建筑群广泛采用,成为中国群体建筑布局的主流。

宫殿建筑群如北京故宫,从南边的大门午门到北边的后门神午门为一条笔直的中轴线,这条中轴线上的建筑如太和殿、中和殿、保和殿、乾清宫、交泰殿、坤宁宫等都是故宫的主要建筑。两侧对称的建筑主要有文华殿、武英殿,东六宫和西六宫等。中轴线前半段建筑是皇帝行使权力的所谓"金銮宝殿",后半段是皇帝、皇后的寝宫和日常活动之所。

佛寺和道观的布局也是这样,中轴线上都是主殿,两侧都是配殿。佛寺一般中轴线上的殿宇由南向北依次为天王殿、大雄宝殿(全寺主殿)、法堂、藏经楼(阁)等。东西配殿有伽蓝殿、祖师殿、观音殿等。道观布局如北京白云观,中轴线上主殿从南向北依次为灵官殿、玉皇殿、老律堂、丘祖殿、三清阁(地位最高)等。左右为配殿和道士生活用房。无论佛道,主殿是全寺(观)中建造最高大、最华丽的殿堂,供奉最高神祇。

民居住宅也不例外。一个家庭至少有一个院落,人口多的数世同堂大家庭有几重院落,这几重院落也往往一个院落接着一个院落在一条直线上向远处铺开。这种多重院落民居的平面布局已有几千年的历史,早在周代就已成定式。不过这种布局对土地要求比较高,须要有一块地势平坦面积较大的土地,否则建不成。因此在依山傍水的山村水镇就很少有这种布局的建筑,这是客观因素决定的。

中国传统建筑的布局与西欧古代建筑相比,有几点不同。第一中国建筑绝大多数为平房,而且一个院落连着一个院落,平面向纵深铺开,深深的庭院拥抱着大地。而西欧哥特式建筑为高空立体建筑,尖尖的屋顶直指苍天,和苍天拥抱。第二中国院落式建筑,房子在四周,中间为庭院。而西欧式建筑恰恰相反,中间是房子,四周是草坪。第三无论什么类型的建筑，也无论面积多大，最外边一定有围墙围着，里面各院落之间也有院墙和房子相隔，这是中国几千年的建筑习惯，至今未改。相反，西欧建筑无论大小，最外边绝不会有围墙。第四在中国群体建筑中，每个个体建筑之间有高矮之分，主次之别，等级之差，这种现象在西欧古代建筑中恐怕极少。

四、精雕细刻的装饰

装饰习俗不仅受到建筑材料的限制，而且受到信仰、审美观念及风土人情等多种因素的影响，中国房屋建筑习俗就是在上述因素影响下形成了鲜明的个性——雕梁画栋。

中国建筑的装饰习俗表现在多方面。有的制作部件时就注意造型，如烧制圆形、半圆形上有文字或图案的瓦当，竹子状筒瓦、色泽鲜艳光亮的琉璃瓦、琉璃脊饰等。有的在建造过程中进行装饰，如房顶做成坡形，屋脊做成曲线，木构件上雕塑、彩绘人物、故事、飞禽走兽、花鸟鱼虫等。有的房子建完后，在房屋里外、前后放置装饰物品，如颐和园慈禧居住的乐寿堂前，放置着铜铸的梅花鹿、仙鹤和大瓶，取“六合太平”的意思。在院子大门前放石狮子的就更普遍了。可见，中国建筑的装饰是全方位的，从上到下，从里到外，从房顶到地面以及墙壁门窗无一处不是精心安排的。

装饰最讲究的是房顶。高等建筑房顶外面铺盖琉璃瓦，这种瓦色彩鲜明，有黄、蓝、红、紫、白、绿、黑等多种颜色，其中黄色最高贵，只有与帝王有关的建筑或皇帝特准的建筑如孔庙、雍和宫等才能使用，其它建筑只能用绿色、黄绿剪边（镶边）等颜色。

长长的屋脊上面若是什么都没有就显得很单调，于是讲究的建筑屋脊上要放置脊饰。汉代脊饰为凤凰形状，放在屋顶正脊两端，南北朝至隋唐做成鸱（chī）鸟的尾状，放在屋脊上鸱尾卷向屋脊中央，好像鸱鸟张嘴吞脊。传说，鸱能吐水，做成脊饰象征制止火灾。明清时代把鸱尾改为向外卷曲，酷似龙形，故称龙吻或吻兽。这时不仅正脊有脊饰，垂脊、戗脊的脊端也用脊饰，其脊饰为仙人骑凤和数量不等的走兽，走兽数量有3、5、7、9等，用多少依建筑物的等级而定。像故宫太和殿等级最高，用10个，其它重要殿堂用9个，附属建筑或面积小的亭、门等用5或7。佛寺、道观的重要殿堂、园林中大的建筑物及王府等多用5或7，小的附属建筑用3个。上等民居俗称"五脊六兽"，六兽中包括仙人骑凤，可见最多用5，只有皇家建筑才可以用7或9。此外还有个别建筑用飞龙作脊饰，如故宫雨花阁顶部就用四条飞龙。脊饰虽有防止脊瓦下滑、起固定的作用，但做成龙形、兽形就不能说不是为了装饰。

屋檐处各种木构件如斗拱等多进行彩绘装饰，这样可使屋檐遮挡的阴影变得绚丽夺目。一般建筑以青蓝碧绿等色为主，帝王宫殿明清时多饰金，用金多少和图案的题材有等级之分，最高等的图案为金龙、金凤、和玺，给人金碧辉煌之感。

里面屋顶有各种装饰，上等的帝王宫殿、寺观大殿要彩绘和雕刻藻井，藻是水中之物，用它有压火（防止火灾）之意。帝王宫殿皇帝宝座上方的藻井等级最高，为蟠龙藻井图案。稍低一等建筑用木板做成天花板，在天花板上彩绘各种花鸟图案。

墙壁好的建筑用砖砌，为了打破墙壁又直又平的呆板外形，增加美感，除运用立砌、平砌、上下行交错砌等多种方法外，还把砖缝用白色或黑色石灰勾抹，青砖白缝很漂亮。帝王宫殿更讲究，不要砖纹，把墙壁外面全部涂成红色，红墙与黄瓦、白房基相互映衬，极为艳丽华贵。南方民居崇尚白色，多把墙壁刷得极白，既洁净又大方。

室内的墙壁最讲究的是彩绘壁画，宗教建筑的主要殿堂的壁画最多，像金代重建的大同华严寺的大雄宝殿，殿内四壁和天花板都绘满了壁画，总面积达887.25平方米。颜色以石青、石绿为主，附以沥粉贴金，其内容均为佛教故事和人物，至今色彩鲜艳。道教的山西永乐宫，五座大殿内壁均为精美的元代壁画，主殿三清殿四壁都是壁画，而且是一幅画，像一条巨大的彩带环绕整个殿堂。民居如陕西农家窑洞室内也进行绘画，有的画《西游记》故事，有的画花卉图案……。

门窗讲究的建筑多进行雕刻或彩绘。像窗格子有菱形、回字、萬字等多种形状。北京四合院讲究的有垂花门，垂花门上部均雕刻，仅棂框下垂的两端就有莲花宝盖形、贯圈绣球形等。上等院落的大门上多装有黄铜的圆形门钉和兽面形门环，其它地方涂成红色或墨色。

五、隆重的建造礼俗

房屋的建造无论古今都是一件大喜事，尤其对一个家庭来说，更为重要，往往被视为与婚姻同等重要的大事，要投入最大的力量。因为人们对新房的期望极高，不仅希望给全家人创造一个更为舒适的居住环境，而且希望给全家带来吉祥幸福和好运。因此在建造的前后及建造过程中处处小心谨慎地依礼行事。

首先，动工之日要选择吉日，避开“不宜动土”的禁忌日，这个吉日过去大多请阴阳先生卜算而定。动工之日也要举行一定仪式。

建造中最重要的一环是上大梁，上梁时各地都有隆重的礼俗：燃放鞭炮，焚香祭神，悬挂彩布，设酒宴招待工匠和前来送礼祝贺的亲友等。如湖北一些地方，以早上太阳出来后为吉时，吉时一到，木匠师傅抬着大梁往上走，边走边唱《上梁歌》：“上一步，天长地久，……上六步，六畜兴旺……上九步，九九（久久）长春。”江苏吴县以傍晚为上梁吉时，上梁前先祭神：两个妇女把一张香案抬进新房的堂屋，案上摆着鲤鱼、猪头、定升糕、兴隆馒头和两根甜甘蔗。这些吃食既是供品又是吉祥之物，祝愿迁入新房的主人日后生活甜蜜、步步登高，人丁兴旺。祭毕再把事先准备好的米筛、尺子、镰刀、镜子、秤杆等物件挂在新房的墙上，用以压邪驱鬼。然后鞭炮声响起，木匠将披挂彩绸和贴有"上梁大吉"条幅的大梁抬起，架在柱子上端。一位年长的木匠师傅手执酒壶，边斟酒浇梁，边放声歌唱："手擎银壶亮堂堂，今日浇梁四方利。男女老少都欢喜，添财添喜添福气。"唱完，木匠师傅从房架上下来，头顶一个装有硬币、兴隆馒头、定升糕和面粉做的"仙桃"等的大盘子再登梯而上，边上边唱："手扶金梯步步上，芝麻开花节节高，祝贺主家千年富，儿孙满堂万代安。"房子主人赶忙在地上铺一块红锦，木匠师傅上梁后边唱边往红锦上扔盘子里的东西。据说这些都是吉祥物，谁能得到谁就会交好运，因此想交好运的邻居纷纷前来"争抢"，好不热闹。仪式结束，人们共进"上梁宴"。

上梁礼俗各地大同小异。在山东、河北一带，多以正午为吉时。做好的门、窗、大梁上都贴着各种大红纸的条幅，如"安窗大吉"、"安门大吉"、"上梁大吉"等。另外大梁中间还要挂上红布条、用红绳系一双筷子和五枚一串铜钱，钱串下端有一块红布，一尺见方，红布下垂的两个角各缝着一枚铜钱，铜钱上有"康熙"、"太平"等字样者为最佳。正午时到，木匠师傅在鞭炮声中抬起大梁放到屋顶，再把主人准备好的一个谷斗拉到屋顶。在山东农村，谷斗里装有谷草、红枣、铜钱、栗子、糖块、糕点及用面蒸熟的虎、龙、凤、花、佛手、桃、蝴蝶等。凡用面做的吃食须为33、66和99等数目。木匠师傅打开盖有红布的谷斗，边唱上梁歌谣边向下边的人群中撒酒和谷斗中的物品，人们边笑边抢十分热闹。

陕北修窑洞也有个类似盖房上梁的仪式叫合龙口。就是用一块石头把窑顶正中留下的缺口堵上。所用的石头叫合龙石。合龙口是修窑洞最重要的一环，故也在吉时进行，并举行隆重的仪式。放合龙石前，先在缺口旁凿出一个小洞，洞内摆放兔、公鸡、野雉三种动物的心脏祭神，驱邪保平安。合龙石旁挂着一双红筷子、一支毛笔、一锭墨、一本皇历、一个装有五谷的红布袋及五色布条、五彩丝线。这些物品各有各的含意，合起来是祝愿家庭和睦、吉祥如意、五谷丰登、吉星高照等。吉时一到，老石工和主人在鞭炮声中登上窑顶，认真、严肃而又庄重地把合龙石放进缺口。富裕人家此时还请鼓乐伴奏，热闹非凡。合龙石放好，主人从窑顶往窑下围观群众撒馒头、硬币、针包及五谷粮食。据说，得到硬币者日后会发财，得到针包者能成为绣花能手……。

新房建好，主人乔迁新居时也有礼俗。一般要举行酒宴，以示庆贺。酒宴之日，亲朋好友带着各种礼物前来贺喜。在北京通县有的地方，亲朋中的贵客是媳妇的娘家人，他们应带来一个筛面的箩，一个量米的升，蒸熟的年糕、馒头、寿星等，其含意是：骡马成群、生活蒸蒸日上步步登高、祝愿全家健康长寿。这叫为女儿"暖房"。

六、繁复的居住礼俗

全家几代人住在一起，男女老少怎么居住也有一定的礼俗。

在古代，一座院落由大门、二门、庭院、堂、室、房等组成。大门把家内家外隔开，二门分隔庭院为外庭（二门外至大门处）和内庭（二门内到堂），二门以内为主人居住之所，外人进入二门后要严格依礼行事。堂是主人平时活动、行礼、待客的地方，堂与庭比，堂尊庭卑，主人和宾客在堂时，宾客的仆人应在庭站立。堂前左右各有一阶梯，以左为尊，宾客走左边的阶梯。堂后为室，室的左右两侧各有一房，都是主人起居之所，客人一般不得进入。内庭东西两侧的房屋，一般居住男主人的妾或子女。

堂、室内铺席，四个方向的座位有尊卑之别：坐西面东位最尊，次为坐北面南，再次为坐南面北，坐东面西位最低。同一席者以席中为尊，地位低者不能坐席中，应坐席子两端。

在席上的坐姿也有讲究。正规坐法应两膝着地，两脚脚背朝下，臀部放在脚踵之上，现在日本、朝鲜等仍是这种坐法。当尊者进来或离席走到自己面前时，卑者应离席伏在地上，这叫避席，以示自谦，或原地不动，以膝盖着地成跪姿，这叫膝席，后者对对方的尊敬程度不如前者。

后世房屋依各房室的座向方位、采光的明暗、取暖的强弱等情况把一所院落内的房屋分成不同等级。像北京的四合院，高大坐北面南的北房最好，居住家中最高的长辈。其次是坐西面东的房子，再次是坐东面西的房子，坐南面北的房子最差，多住家中辈分最低者或仆人。

七、宫殿与陵寝

宫殿是帝王居住的房屋，陵寝是帝王的坟墓。宫殿和陵寝都是古代最高级、最豪华、艺术价值最高的建筑，是由当时最优秀的工匠，使用最好的建筑材料，最精湛的技艺，最先进的技术建造起来的。它不仅代表了当时最高建筑水平，而且是封建王朝力量强大的象征。

宫殿的历史很长，从公元前 20 世纪的夏代到清代，历代王朝都为自己修建宫殿，历史上有名的宫殿如：秦代的阿房宫，汉代的长乐宫、未央宫、建章宫，隋代的仁寿宫，唐代的大明宫、兴庆宫等等，可惜这些豪华的宫殿大都毁于战火，或被后代拆毁。像秦朝灭亡后，阿房宫被楚霸王项羽焚烧，“烧秦宫室，火三月不灭”。明朝建立，明太祖派专人到北京拆除了保存完好的元朝宫殿。清灭明后，原来也打算拆毁明朝宫殿，后考虑到宫殿宏大壮丽，拆除可惜，便想出了新的方法，把明朝宫殿几个主要大门和大殿改换了名字，这样明宫就成了清宫。

历代帝王建造豪华的宫殿，不仅仅为了使用方便，居住舒服，更重要的是为了显示皇帝至高无上的地位和尊严，突出皇权神授的思想。因此在宫殿建制、布局、材料、装饰等各个方面都有非同一般的习俗，就明清帝王宫殿来说，有以下几个明显特点：

1. “前朝后寝”的建制

北京故宫几十个院落除按传统的中轴线和两侧对称布局外，还把中轴线上的建筑及两侧建筑依“前朝后寝”的礼制分开。“前朝”建筑是封建皇帝行使权力的主要场所，中轴线前半部及两侧建筑都是，有太和殿、中和殿、保和殿及文华殿、武英殿等。等级最高的是太和殿，无论开间、屋顶式样、柱子、藻井等都是故宫中建筑规格最高的：宽 11 间，进深五间，重檐庑殿顶，脊端 10 个走兽，柱子为沥粉金漆……。保和殿次一等，宽 9 间，重檐歇顶，脊端走兽 9 个。前者是明清 24 个皇帝登基，宣布即位诏书和举行册立皇后，派将出征等重大仪式举行之所。后者是皇帝去太和殿前换礼服、戴冠冕、除夕和元宵节宴请文武百官王公贵族之所，清乾隆皇帝后期还曾在这里举行过殿试。两侧的文华殿、武英殿又次一等，是皇帝日常朝会和举行庆典的地方。

“后寝”与“前朝”之间有一片广场相隔，有“后寝”的大门乾清门相阻，前后形成两组建筑群。“后寝”建筑是皇帝、后妃、皇子居住的地方，这些建筑分布在中轴线后半部及两侧，主要有乾清宫、交泰殿、坤宁宫、东六宫和西六宫等。这些建筑中乾清宫等级最高，是明代皇帝起居和日常活动的地方，清雍正皇帝开始把养心殿作为寝宫，乾清宫改为举行典礼和接见官员的地方。交泰殿是清代举行册封皇后和庆贺皇后诞辰仪式的地方。坤宁宫是明代皇后寝宫，清代改其西暖阁为祭神之地，东暖阁为皇帝大婚的洞房，康熙、同治、光绪三帝都曾在此举行婚礼。

2. 九五之制

“九”和“五”都是数字，依阴阳五行说，奇数是阳数，偶数为阴数，“九”为阳数中的最高数，“五”在阳数中居中，阴阳家把“九”、“五”看成是天位，于是帝王宫殿在建筑规制上大量使用这两个数，其中“九”用的最多。以此显示帝王至高无上的尊贵地位。明清两代帝王宫殿更是如此。

北京故宫有房屋9000多间。表示皇帝“受命于天”、“奉天承运”的皇城正门——天安门,有5个门洞,每扇大门上有门钉9行,每行9个。上面的城楼宽9间,进深5间。屋脊有9条,垂脊顶端有脊兽9个,分别是龙、凤、狮子、麒麟、天马、海马、押(yā)鱼、獬(xiè)豸(zhì)、犼(hǒu),龙凤象征帝王位尊。狮子为兽中之王,代表勇猛威严。麟麟为传说中的仁兽,象征祥瑞。天马为神马,海马能在海中游,象征皇帝的威德通达四方。押鱼为海中异兽,传说能兴云作雨、灭火防灾,用以保护宫殿。獬豸为传说中异兽,能辨曲直,犼为龙的九子之一,有守望习性。像天安门城楼这样形制的殿宇,在故宫里有不少,保和殿、乾清宫等都是。故宫午门内和天安门城楼外各有内外金水桥5座。故宫里有一座九龙壁。壁上9条巨龙用七色琉璃瓦270块(30个9),壁顶有五脊,斗拱之间采用45块(5个9)龙纹垫拱板。故宫四个角楼每个为9梁18柱(2个9)72(8个9)条脊,加起来正好是99(11个9),为一百以内最大的奇数。

其实不仅帝宫遵从九五之制,和皇帝有关的建筑也都如此。比如皇帝祭天的天坛有许多“9”。天坛祈年殿高9丈9尺,象征九重天。殿基到地面有3层台阶,每层9级。台阶下的长廊为72间(8个9)。帝王焚香拜天的环丘坛上下共3层,最高一层为9环,第一环石板为9块,第二环为18块……第9环为81块。以后每层的石板数衔接,都是9的倍数,到第三层最后一环为243块(27个9),每层栏杆也都是9的倍数。

另外,以帝王宫殿为中心修建的皇城也处处用9。比如北京内城有9个城门,用途各不相同,南面三个门,中间的正阳门(俗称前门)供皇帝出入,左边的崇文门走酒车,右边的宣武门走押送犯人的囚车。北面有二个门,左边的安定门走粪车,右边的德胜门走出征和胜利归来的军队。西面两个门，北边的西直门走给故宫送水的车，南边的阜城门走运煤的车。东面两个门，北边的东直门走运木材、木炭的车，南边的朝阳门走运粮食的车。城内城外还有帝王九个祭坛：祭天的天坛，祭地神后土的地坛，祭太阳神的日坛，祭二十八宿和星辰的月坛，祭山川的先农坛，祭云雨雷神的天神坛，祭天下山神的地祇坛，祭先蚕神的先蚕坛，祭土地神和五谷神的社稷坛。

3. 以龙为装饰

在封建时代，龙是帝王的象征，和皇帝有关的建筑就用龙作装饰。像北京的故宫，从房顶到台基，从天安门到神武门，到处都有龙。据有人粗算，仅建筑上的龙就有千万条。那么这些龙都在哪儿呢？房顶上的龙吻和室内外木构件上有彩绘、雕刻的龙。另外几大殿汉白玉台基的望柱头和石栏板上雕着石龙。据有人统计仅望柱头（1480根）加上望柱下排水龙头（1142个）就有几千条龙。再就是华表、内外金水桥的望柱头和大殿石头台阶上雕刻的龙……总之木、石、砖、瓦上到处都有龙。这些龙有多种姿态，有飞行的行龙、向上腾飞的升龙、向下降落的降龙、正面向前身躯盘踞的坐龙、奔跑的跑龙、站立的立龙、缠绕的蟠龙等。每组龙饰中龙的数量不等，有单龙、双龙以至九龙等。宫殿建筑上使用如此之多的龙饰，这在全国乃至全世界都是绝无仅有的。

陵寝是对帝王坟墓的特别称呼。主要指帝王墓地的建筑，包括地下的墓室（称地宫）、地上的坟丘和陵园。地宫和坟丘已在本书《丧葬篇》中谈到，这里主要谈陵园。

帝王陵园是一组规模宏大、雄伟壮丽的建筑群，占地数里、数十里乃至百里不等。比如西汉11个帝陵，绵延约50公里。唐代18个帝陵中最大的两个周围120里，稍小一些的两个分别为80里和76里，最小的一个20里，其余13个为40里。明代13个帝陵共占地40平方公里，清东陵至少有500多里，清西陵稍小，约有170—

180里。

历代帝王陵园都是围坟丘建造的，坟丘一般在陵园北部，少数如秦始皇坟丘在陵园南部。陵园平面多呈四方形，四周有围墙环绕，四面有门。一般南门为正门。陵园建筑主要有祭祀性殿堂、神道和负责管理、保护陵园的机构用房。历代帝陵大体如此。像秦始皇陵，四方形陵园有两道围墙，把陵园分成内城和外城，外城四面各有一门，内城除北门有两个门外，其它三面各有一门。外城四角建有角楼，用于警卫。其布局模仿当时首都咸阳城。

神道从陵园正门一直到祭祀性的殿堂和坟丘。早先的神道比较简单，仅在路两旁立几根石柱作为标志。以后越修越讲究，到唐代已达一公里长，到明清发展到几公里长，像明十三陵的神道长达7公里之多。而且神道两旁的石刻越来越多，既有文武官员又有珍贵禽兽。这些石刻被称为“石象生”，类似帝王生前出巡的仪仗队。像唐代高宗乾陵神道两侧从南向北依次排列有华表、翼兽、驼鸟、石马、牵马侍者、石人、述圣纪碑、无字碑和61王宾像等，共120多件。北宋8个帝陵每个神道有石刻60件，现共存359件，加上后陵共有550多件。明朝十三陵通往各陵的总神道上有石牌坊、下马碑、神功圣德碑，碑周围有4个石华表。路两侧有石柱、石人和石兽，石人12个，石兽24个。每种石兽都是4个，在路两侧两两相对，两立两卧。这些石刻时代色彩极为鲜明，唐代石刻神态生动，气势雄伟。宋代石刻造型浑厚、手法细腻。精美的石刻艺术品给陵园增添了庄严、神秘的气氛，使人一走进神道，就产生一种威严之感。

祭祀性殿堂无论规模、结构、装饰等都与帝王宫殿相同。像今天我们看到的明长陵的祾(léng)恩殿，与故宫太和殿规制完全一样，而且梁柱斗拱全部用香楠木，殿内60根楠木大柱中，有32根是名贵的金丝楠木。殿外汉白玉台基上有华丽的丹陛石、栏板、望柱等。清东陵慈禧陵的陵恩殿的彩绘和砖雕全部贴金，使殿堂金碧辉煌、光彩夺目，与壮丽的故宫太和殿相比，毫无逊色。

负责祭祀、保护陵园的机构叫护陵监，每个皇帝陵都有。护陵监的外面也有城墙围着，里面市街、住宅、衙门一应俱全。这些虽为附属建筑，但也建造得十分华丽，与殿堂构成一个和谐的整体。

八、寺、观、塔和石窟

中国是个多宗教的国家，既有土生土长的道教，又有从国外传入的佛教、伊斯兰教和基督教。这些宗教各有各的建筑，道教建筑称“宫”或“观”，佛教建筑有寺、塔和石窟，伊斯兰教有清真寺，基督教有教堂。世界上不同宗教的建筑有不同的风格和习俗，但建立在中国大地上的这些宗教建筑，无不打上中国建筑民俗、建筑艺术的烙印，且不说道教的宫观完全是中国式建筑，就是外来三大宗教的建筑也是外国宗教建筑与中国传统建筑融合后，创造出的具有中国特色的宗教建筑。

中国宗教建筑有哪些特点呢？

第一，宗教建筑即使是最大的寺庙也远在帝王宫殿之下，像佛教、道教的最大寺观，主要殿堂虽建造得相当高大雄伟、金碧辉煌，布局、结构、装饰与帝王宫殿也没有根本的差别，但是建筑材料、装饰材料、建筑技术水平及规模都远远赶不上帝王宫殿。比如北京最漂亮的喇嘛寺雍和宫，虽然是在清王府的基础上修建的，后来又受到乾隆皇帝的厚爱，全部换成黄琉璃瓦顶，有些皇家气派，但是仍然比不上故宫。这种情况是由中国的国情决定的。在西方，基督教文明横贯欧洲大陆之时，人们认同和依赖的是教堂，而中国则不同，即使在宗教的鼎盛时期，皇帝仍是国家的主宰，皇帝的权威远远高于任何宗教的权威，皇帝有权力集中全国的资金，用最优秀的工匠，最上等的建筑材料和最高超的技术水平建造宫殿，而宗教就不可能具备所有这些条件。

第二，佛教和道教寺观大都建造在远离闹市集镇的高山之上。

中国有句老话“山无峰不奇，无寺不古”，山因寺显得古远，寺借山出名，所以中国各地大大小小的山上，几乎都有宗教的建筑，而且越是名山宗教建筑越多。

中国名山首推五岳（泰山、华（huà）山、衡山、恒山、嵩山），这五座山上修建了数不清的大小佛寺和道观。此外，佛教还有四大名山（山西五台山、四川峨眉山、安徽九华山、浙江普陀山），其中五台山早在东汉时已修建佛寺，至今尚存47座。峨眉山到清代已有佛寺多达近百座，九华山在佛教兴盛时期，有寺庙300余座，内住僧众4000余人。普陀山到1949年前，仍有佛寺200多座。道教第一名山武当山明朝时建有“八宫二观三十六庵堂、七十二岩庙”，以后增建为“五里一庵十里一宫”，可见建筑之多。道教另一座名山崂山，也有不少宫观。其它风景秀丽的名山如黄山、庐山、武夷山、雁荡山、钟山等也都建有不少佛、道的寺观。

纵观中国大小名山的宗教建筑，佛教寺庙的数量远远多于道教宫观，这曾引起过历代不少道士的不满，其中有个叫李渔的曾给庐山道教的简寂观写了一副对联，其中上联为“天下名山僧占多，也该留一二奇峰，栖（qī）吾道友”，表达了他的愤愤不平。就全国宗教建筑总数来说，佛教最多，道教次之，而伊斯兰教又多于基督教。

第三，外来宗教的建筑明显“中国化”了。最突出的是佛教建筑。在布局上，把印度式的以塔为寺中心改为中国式的以佛殿为寺中心。在整座寺院建筑的主次配合上、每间殿堂的间架结构上、屋顶外部造型和内部天花板建造以及屋檐脊兽斗拱的使用等等，无一不是仿照皇帝的宫殿。可以毫不夸张地说，中国的佛寺无论群体建筑的布局，还是个体建筑的结构、式样、装饰都完全“中国化”了，与印度佛寺相去甚远。

伊斯兰教的清真寺和基督教的教堂虽仍属于阿拉伯式或西式，但其中某些部分吸收了中国建筑的特点，最突出的是砖木结构和大屋顶，比如扩建于唐代的西安清真寺，全部为中国式木结构，殿堂的天花板上还有彩绘和藻井图案。宁夏最大的同心清真寺的唤醒楼为中国亭式建筑，屋顶为两重檐四面坡式。沈阳的南清真寺20余间大殿，全部为砖木结构，屋顶外部有脊吻、脊兽和翘起的楼檐，脊兽为4个。天主教堂多为西式，少数为中国式建筑，像杭州的天主教堂，外观为西式，里面为中国木柱。

塔最初是印度佛教建筑，为半圆形的大坟冢，用于埋藏佛的"舍利"。塔随着佛教传入中国后，无论种类、式样，还是用途都发生了新的变化。

从建塔所用材料分，有木塔、砖塔、石塔、砖木塔、砖石塔、铁塔、铜塔、琉璃塔、瓷塔等。从塔的式样分，有楼阁式、密檐式、喇嘛式、亭阁式、金刚宝座式等。从平面式样分，有方形、六角、八角、圆形等。从塔的层数分，有单层与多层之分，但是均为单数。从用途分，属于宗教的占绝大多数，极少数与宗教无关，如杭州的六和塔是为镇钱塘江潮水而修建的。中国塔种类之繁、式样之多，大概超过了任何国家。

从现存的2000多个古佛塔来看，与印度佛塔相比，发生了两个方面的重大变化。

第一，塔的地位下降。在印度，塔是佛寺的中心，僧侣围着塔礼佛诵经。在中国，第一座佛寺白马寺沿用印度佛寺这种布局，以后建造的塔或与佛寺并列，或退到寺后、寺旁，降到了附属地位。

第二，塔的结构、造型、装饰等绝大多数"中国化"，极少数为中国式与印度式的结合。

完全为中国建筑式样的塔有楼阁式、密檐式和亭阁式三种。楼阁式是从中国古代高层楼阁发展而来，其特点是塔身高大，楼层多，层与层之间距离大，每层的门窗、屋檐、斗拱等都与中国楼阁相同。像著名的西安大雁塔、苏州虎丘塔都属于这一种。这类塔数量较多，塔内多有楼梯可以登高远眺。密檐式则不同，第一层高大，以上各层距离很小，没有门窗，只见层层塔檐相接，有的只开一个小孔。多为实心砖塔。像北京天宁寺塔就是密檐式。亭阁式先在台基上建一个方形(或六角、八角、圆形)的亭子做塔身,塔顶为中国亭阁的攒尖式。

中国式与印度式结合的塔如金刚宝座式,其外部造型似印度建筑,但内部结构和雕刻手法则为中国传统建筑风格。这种塔数量不多,北京的真觉寺和碧云寺都是这种式样。

这些形式多样、丰富多彩的佛塔,除了原来的埋葬佛舍利和拜佛礼佛意义外,还具有很高的观赏价值,又有美化大地、点缀山川、登高远眺观赏风景以及为航船指路导航的作用。

石窟原来与佛寺、佛塔是同为一体的建筑,后来在发展过程中,逐渐变成了三种建筑形体。石窟成为一种单独形式的佛寺。

中国石窟的穿凿营造约始于3世纪,历时一千多年,遍布全国绝大多数省市,以北部、西部最为密集。据不完全统计,全国石窟多达几百处。其营造时间之长、数量之多、规模之大、分布之广,超过所有受到佛教影响的国家,甚至超过了佛教的发源地——印度,成为世界上古代佛教石窟最为发达、繁荣的国家。

中国石窟源于印度,但从一开始,就不是简单地模仿印度石窟,而是在吸收印度石窟某些特点的同时,大量运用中国传统的建筑结构和建筑式样,创造出中国建筑的一种新形式。

石窟对于中国传统建筑的运用主要表现在两方面,一是模仿木结构殿堂。这种仿木结构殿堂式的石窟在莫高窟、龙门石窟等处都有。像龙门石窟的看经寺就是仿方形宫殿建筑,而且洞顶还凿有莲花藻井。另外各地石窟中仿传统木结构的佛龛、宝塔、门柱等也不少。从各地石窟形制看,摹拟木结构殿堂9~10世纪及以后很流行,而且年代愈晚越突出。像16世纪初开凿的平顺宝岩寺石窟内外全部雕出了仿木结构。二是在石窟前接建木结构殿阁。如云冈石窟第五、六两窟前建有一组四层木制楼阁,为琉璃瓦顶,是清代建造的,但从古书记载看,北魏时就有这种建筑,像南京的栖霞山石窟前原来也有木构殿阁。

中国石窟集建筑、绘画、雕刻于一体，是一组综合性的艺术群体。仅莫高窟的壁画就多达45000多平方米，彩塑2415尊，成为举世闻名的古代艺术宝库。

九、千姿百态的民居

中国各地民居绝大部分结构、式样大体相同，其主流是木结构平房，楼房极少。这是共同的民族文化和建筑民俗决定的，但也有差异，大多表现在建筑材料、结构、式样、装饰色彩等方面，主要是各地自然条件的差异造成的。比如建筑材料，农村往往因地制宜，就地取材，产竹用竹，产木用木，产石用石。当然也有自家经济条件的限制，比如有钱的人家盖砖瓦房，稍差一些的盖砖和土坯混合的房子，再次的盖土坯房，更差的盖草房。从结构、式样来说，也有各地气候的影响。比如在南方，与北京四合院类似的房子也不少，但四面房子之间的距离很小，围起来中间像小井一样，故称“天井”，这样日照少，室内凉爽。另外墙壁和房顶都比较薄，特别是房顶，屋瓦直接放在木架上，晚上能从瓦缝漏出屋内的灯光，屋外的竹叶能从瓦缝掉进室内。窗子很小，以避强烈的日光。因为雨水大而多，屋顶坡面很陡，使雨水快速流下来。北方则不同，像北京的四合院，院子大，四面房子距离远，窗子也大，有利于采光和日照。而且墙壁、屋顶都很厚，利于避寒保暖，对于度过寒冷而长的冬天有好处。北方雨水少，屋顶坡面不太陡，甚至有一面坡和平顶的。

在各地民居中，最有特点的是北京四合院、西北地区的窑洞和福建、广东等地的客家土楼。

1. 北京四合院

“四合院”的“四”指东西南北四方，“合”就是合在一起，“院”就是庭院。四面为房子，中间为院子的一组建筑就是四合院。这是最简单的解释，若细说起来，四合院还挺复杂。

标准的四合院应该是一座坐北面南的平房院落。这座院子在大街北面，四面房子的门和窗户都朝着院子。南房、北房各为5间，东房、西房各为3间，每间房宽均为一丈。北房中间的3间高，两侧各一间稍矮一点叫耳房。南房最东边一间为大门，大门西边一间为看门人居住的门房。正对着大门的门内是一座影壁。进了大门向左一拐有个圆形月亮门，进了月亮门是南房西边3间房的窗前，最西边一间窗前又是一个月亮门，与东边的月亮门遥对。与南房中间一间屋门遥对的北边有一座垂花门，垂花门左右矮墙与东西两个月亮门的矮墙相接。垂花门外边的院子叫外院，呈长方形，约3平方丈。里边叫里院，里院呈正方形，约9平方丈。从垂花门到北房房门有砖铺的甬路，东西房门之间也有甬路相通，这两条甬路把里院切成四小块。东、西房北侧与北房东、西两间耳房之间又各有一个月亮门，于是里外院四个月亮门里边形成四个小院。这样一个四合院四面房子16间，加上垂花门一间共17间房，里外2个大院、4个小院。大致情况如127页图。

旧时人口多的大家庭，一座四合院住不下，就在这座四合院后再接着盖几座四合院，有几座院就叫几进院。这样一串四合院就叫一路。豪门大族一路四合院不够就在两侧再盖几路四合院。像清代和坤一家仅中间一路就有十三进四合院，但是也有在一进四合院两侧再建偏院或跨院的。像前面说的几进院、几路四合院并不太多，最多的还是一进院。因为一般人家经济条件有限，盖得起几进、几路院的高官显贵毕竟不多。另外受地皮大小和方向的限制，出现了不少不太标准的四合院，据内行人说，旧北京标准的四合院仅占一半左右。

同是四合院，建造的精美与否也有很大差别。精美而考究的四合院房顶多为悬山顶，屋脊有脊兽，屋檐为双层，椽头绘有萬字、寿字、福字等，木构件暴露部分及门窗全部油上彩漆，或红或绿或蓝。

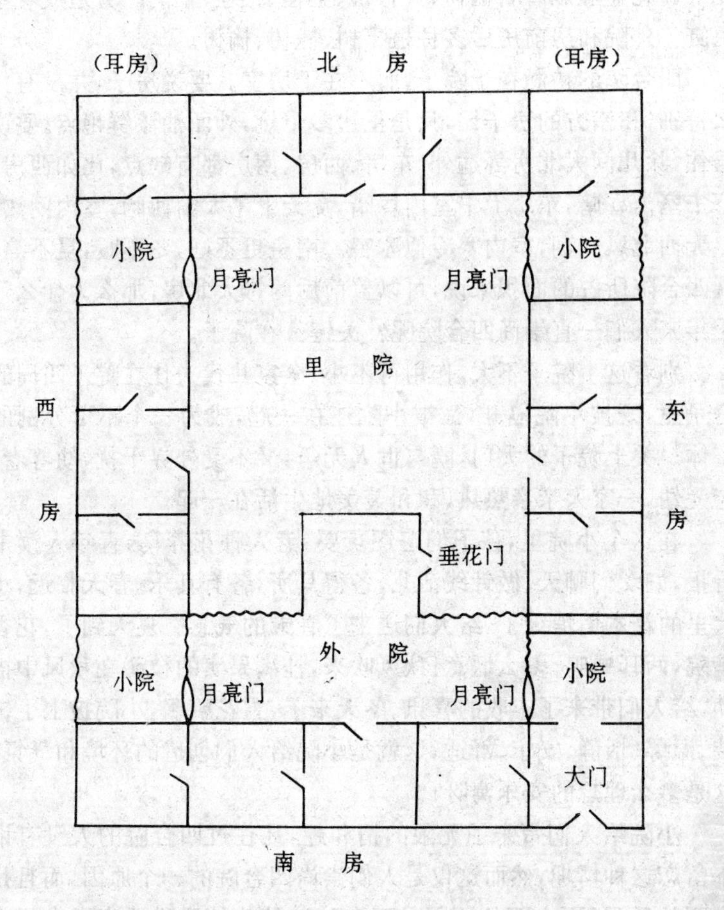

四面房子有精细的木廊相通，屋顶盖青板瓦。墙为青砖砌成，或磨砖对缝，或磨砖勾缝。窗户很大，上窗可以开启，下窗固定，旧时多糊纸。室内白粉刷墙，白纸糊顶。窗前为炕，可以睡几个人。垂花门精雕细刻，十分漂亮。黑漆大门上装有黄铜门环和门钹，门扇中间有红油黑字对联。院子里种植花木，有丁香、海棠、榆叶梅、山桃花等。花盆里栽着石榴树、夹竹桃、金桂、银桂、杜鹃。旁边放着金鱼缸。外院和房前房后多种植枣树、槐树、榆树。

四合院的精髓在于院子，而不在于房室。要说房子，并没有什么特别，和南方的房子比，只是里边多个炕，外面油漆鲜艳点。要说居住，除几间大北房舒适外，东房、西房、南房都有缺点，比如西房，下午室内昏暗，东房上午室内昏暗，夏天下午太阳西晒，室内闷热，冬天西北风一刮，室内寒冷似冰窖。南房更不好，冬不暖，夏不凉。就四合院所占的面积来说，可以盖前后两排大北房，那么为什么几千年来人们一直崇尚四合院呢？关键就在院子。

别看这个院子不大，作用可不小。全家几代人住在院子四周的房子里，既被小院隔开，又被小院连在一起，成为一个不可分割的整体。关上院子的大门，既与世人无争，又不受外界干扰，幼尊老、老爱幼，一家人亲亲热热、和和美美地生活在一起。

在这个小院里，孩子们追逐玩耍，老人种花养鸟，青年人读书看报，妇女们聊天、做针线活儿，各得其所，各有其乐。春天临近，小院里的花木悄悄绿了，给人们送来了春天的气息。夏天到了，花香满院，两耳蝉鸣，多么惬意！秋风吹来，挂满果实的枝头在秋风中摇动，给人们带来了丰收的喜讯。冬天来了，雪花飘飘，小院披上了银装。温馨、恬静、安宁、舒适，这就是小院给人们创造的环境和气氛，这是多么理想的安乐窝呀！

小院给人们带来了无限的情和趣，凡住过四合院的人没有谁不留恋这种情趣，然而这仅是人们崇尚四合院的一个原因，而且是次要的原因，更主要的原因是四合院这种建筑形式适应了中国数世同堂封建大家庭的需要。全家几代人，十几口人乃至几十口人要听命于一个家长，四合院是最理想、最适合的住宅。十几间乃至几十间房围在一起，周围有院墙环绕，仅前边一个大门出入，家长住在最高大的北房里，居高临下，院内每个人的一言一行、一举一动都看得非常清楚，监督、控制极为方便，有利于家长治家，这才是四合院最受封建时代崇尚的主要原因，也是四合院这种建筑形式被全国各地广泛采用，成为全国各地最流行的一种建筑形式的原因。

过去北京人对于四合院的迷恋简直达到了极点。无论贫富，只要盖房，总是千方百计盖四合院。若受到面积、位置的限制时，不能盖标准的四合院，人们就用放大或缩小的方法，盖大四合院或小四合院。大四合院有7北7南、9北9南甚至11北11南的，小四合院有3北3南，或把4间改为5间（叫“四破五”）。实在不行就改变大门的位置或盖个无南房的三合院。

四合院不仅是物质的，更重要的是精神的、文化的。它是一个民族文化的代表。欧洲的房子在中间、四周为院子，与中国的四合院正相反，这种不同决非出于偶然，而是不同的文化造成的必然结果。四合院代表的是中国几千年封闭式的文化。四合院的内外是隔绝的。四合院内，封建家长一统天下，不允许也不可能存在个人的天地，因为个人的一切对整个家庭是开放的，想什么做什么都毫无保留地暴露在全家人的面前。于是几代人的思想、言语和行动被统一为一种模式，并世代相继。反过来，家庭的一切对于大门外边来说，属于全封闭型，即使住在一起几十年的近邻，相互之间来往也极少，“鸡犬之声相闻，老死不相往来”，有益于沿袭“家丑不可外扬”的祖训。

四合院是封建时代的产物，是为适应封建大家庭的需要建造的。封建时代结束了，封建大家庭解体了，四合院也就过时了，绝没有人再去盖四合院。而原来的一家一户居住的四合院，绝大多数变成了数家同住的大杂院，这就是四合院的现状，再过几十年，人们大概只能在古代文物博物馆里看到四合院了。

2. 窑洞

窑洞是西北部黄土高原地区的传统民居，至今还有四千多万人居住在窑洞里。

窑洞有几种，整个窑洞的墙壁、房顶全是土的叫土窑，这种结构最古老，已有几千年的历史了。窑洞的前部砌砖的叫砖窑，砌石头的就叫石窑。

窑洞的建造方法特别，不是盖起来的，而是挖出来的。挖法有两种。一种是选一块平地，从平地向下挖，挖出一个长宽十余米、深八米的方坑，方坑的底部做院子。然后在方坑的四壁向里各挖3个拱窑，东南角的窑与地面相通做窑的拱门洞，供出入窑洞之用，其余11个做房室，有的做卧室，有的做厨房，有的做仓库等等。这一组窑房加上院子叫窑院或窑坑。河南巩县的窑洞就属这一种。另一种是劈山削坡，开出一块平地做院子，然后在新劈出的山坡上向里挖出一个一个窑洞，前边的院子也用墙围起来。这种劈山造窑的方法有一个好处，不占用耕地，而且造价低。陕西、山西的窑洞大部分属于这一种。采用哪种挖法，主要是由当地的地形决定的。

窑洞的挖法并不很重要，最重要的是选窑址。土质结实，远离沟壑(hè)，向阳靠山背风，无洪水和泥石流的地方最好。当然也要考虑到交通和吃水是否方便。

旧时，占人口绝大多数的贫寒之家多住土窑，因为土窑就地挖掘，施工便利，不需要很多建筑材料，只需要几块木料做门窗，再找几个有力气的人挖窑就行了。造价如此低廉的土窑，无论多么贫穷，挖几间总还是容易的。砖窑、石窑就不同了，前边的洞口全部要用砖或石垒砌，再加上门窗所需的木料，造价比土窑就高多了，旧时只有有钱人家才能建造砖窑或石窑。

窑洞具有其它形式的建筑难以取代的优点。一是坚固，可以经受几百年、上千年的风雨而不倒塌，据说一千多年前唐代名将薛仁贵曾住过的土窑至今保存完好。二是窑顶有两米多厚，冬天保暖，夏天隔热。三是窑洞可以使人长寿，这是外国建筑学家进行了长达50年的调查研究后得出的结论，因为窑洞的温度和相对湿度的稳定性好，最有益于人们的心身健康。另外窑洞的采光通风条件比较好，受外界噪音以及大气中放射物质的影响也比较少。据统计，长期居住窑洞的人，患呼吸道疾病、风湿病和皮肤病的比例很小，这是现代科学对窑洞优越性的又一新发现。

旧时的窑洞也有缺点，大部分低矮、狭窄；小门小窗，室内阳光少，即使白天也较昏暗。近年来，新挖的窑洞扬长避短，一个窑洞有7米多长，3米多宽、3米多高，前面洞口的砖墙或石墙砌得很矮，1米来高，上面全是窗户。大窗户直通到窑顶，窗户下半截安装玻璃，室内既宽敞又明亮。再加上砖石砌得讲究，屋檐处犬牙交错，窗户和门油漆上色，看上去也很漂亮，和一般的平房没有什么差别。但由于造价和盖砖瓦房差不多，近些年砌砖窑石窑的大大减少了。但窑洞仍受到当地许多人的喜爱。

3. 土楼

土楼是广东、福建等地客家人的住宅。客家人是公元4世纪初和12世纪初从黄河流域逐渐迁徙来的汉族人。他们来到异地他乡，为了生存下去，不得不聚族而居，于是创造出了能住几十户人家、几百口人的庞大民居——土楼。福建永定是这种土楼的发源地和中心。

永定土楼有圆型、方型、府第和综合型四种。其共同的特点是规模宏大，设施齐全。像建于清康熙年间的圆型大土楼"承启楼"，分里、中、外3圈和上下4层，高12.4米，共有400多个房间，曾经住过80户人家600多口人。土楼的中间设有天井、水井、池塘、花园，楼内除住室外还有厅堂、仓库等一切设施。

土楼的主要建筑材料是当地的黄土、沙石、木料和少量砖瓦等。黄土和沙石用于筑墙，墙是土楼最主要的承重部分。筑墙的方法是：先在黄土和沙石中掺入适量糯米和蜂蜜，以增加土质的粘性，然后把和好的土放在里外"大墙板"的中间，夯实为止。墙的底部很厚，有1米、2米不等。用这种墙修成的土楼非常坚固，像前面介绍的"承启楼"，历经300多年风雨不倒不塌就是证明。另外还有隔音、防潮和冬暖夏凉的优点。

土楼又叫围屋，这种奇特的建筑形式适合了封建大家族的需要，全族人同住在一个土楼里，既有利于族长对族人的控制和管理，又可以强化人们的家族观念，把家族视为自己生存的唯一靠山，有利于维护家族内部的团结和族人之间的互相帮助。这种旨在突出家族观念和利益的建筑形式只有家族观念最强烈的中国人才能够设计并建造出来。

土楼的设计者为了强化族人的家族观念，又在土楼的布局上采取突出家族的象征——宗祠的方法，把宗祠建造在土楼的中心位置。比如广东广福区粟坝村的罗氏大围屋，呈坐东向西的半圆形，分上中下 3 层，共有 300 多个房间，居住着 50 户人家。围屋的中间有一座二进院的宗族祠堂，这个祠堂是整个围屋的心脏，里面供奉着列祖列宗的牌位。逢年过节，全族人带来供品，祭拜祖先。男儿娶妻，女儿出嫁，老人谢世……总之，无论是全族的大事还是某个家庭、某个人的大事都要在这里举办。也正是这种强烈的家族观念，才把全族几百口人、几十户人家凝聚在一起，世世代代和和睦睦地居住在一起。

土楼以其奇异的造型、独特的建筑方法受到中外建筑专家的关注。中国建筑学家把客家人的土楼与北京的四合院、西北窑洞和少数民族的竹楼、蒙古包合称为中国五大传统民居。1986 年永定土楼参加美国洛杉矶举办的国际建筑模型展，受到来自世界各国建筑大师的称赞。

十、园林与桥梁

园林研究家把世界上的古典园林分成两大类——西欧古典园林和中国古典园林，这说明这两种古典园林有着根本上的差异，这种差异主要表现在两方面——园林建筑本身和其所反映的民族文化的内涵。

大凡看过中国古典园林的人都有这样一种共识：中国古典园林的精华在于向人们展现富有诗情画意的自然山水之美。它追求自然，“虽为人作，宛自天开”，无半点人工雕凿的痕迹，给人以诗画般的意境，但这种意境往往不是单凭直观就能得到的，必须像观赏中国诗画一样，细细品味，驱遣想象，方能领略个中三昧。

那么这种美感和意境是怎么样创造出来的呢？观赏过中国古典园林的英国皇家宫廷总建筑师张伯斯曾说过：“他们的花园的完美之处，在于这些景致之多、之美和千变万化”，中国的园艺家们“从大自然中收集最赏心悦目的东西，把它们巧加安排，以致不仅仅这些东西本身都是最好的，更要使它们在一起组成一个最赏心悦目的最动人的整体”。可谓独具慧眼，“千变万化”和“巧加安排”正是中国园林建筑最突出的特点。

“千变万化”的内含是极其丰富的。园林的整体布局上，扬弃中国群体建筑上的中轴线和对称，追求千变万化、生动灵活，避免一览无余。在画面的安排上，讲究多层次、多角度，景中有景，一步一景。在重点景物的突出上，有的以山景为主，有的以水景为主。在同一种建筑物的造型上，形状各异，式样繁多。比如水上的桥，一座一个样。

“巧加安排”主要表现在山水花木、亭台楼阁等景物的搭配和空间的切割上。比如山青要与水秀搭配，青山绿水之间有亭台楼阁点缀；亭台楼阁的安排错落有致，亭台楼阁之间配植奇花异木；树木花草之间，古老高大四季长青的松柏树与低矮而丛生的灌木相间；多种花卉聚在一起，花开四季，争先媲美，各有各的姿色，芳香各异。

中国古代造园家正是运用了这些高超的造园手法建造了世界一流的古典园林。其中代表中国传统园林建筑艺术最高水平的是北方皇家园林。

北方皇家园林主要有圆明园、颐和园、北海公园和承德避暑山庄等几处。这几处园林最初都是为封建帝王出京居住兴建的宫殿和花园。历史最长的是北海公园,始建于公元九世纪,其次是颐和园,已有800多年的历史了,圆明园和避暑山庄都是清代建成的,今天看到的样子(圆明园除外),都是经过几百年的修建才形成的。

皇家园林有自己独特的建筑风格和特点。它规模宏大,非一般园林可比。其中的圆明园是我国几千年文明史上前所未有的大型园林,占地340多公顷,山地和水面占全园总面积的一半,雕梁画栋、金碧辉煌的宫殿有200多座,另外还有大大小小的石桥、木桥、石木桥上百座。占地最大的皇家园林是避暑山庄,有564公顷之多。园内原有宫殿庭院、寺庙等各种建筑物约120处,周围环绕的石墙长达10公里。颐和园位居第三,总面约290公顷,其中水面占四分之三,有各种形式的宫殿园林建筑3000余间。北海公园屈居末位,但总面积也有68公顷,其中一半以上为水面。

皇家园林的建筑豪华雄伟,金碧辉煌,显示出不凡的气势。比如颐和园,远远望去,金光闪闪的宫殿半露着高大的雄姿,巍峨耸立的亭台楼阁隐现在青翠的绿树之间;进园观赏,座座建筑都是那么精美别致,富丽堂皇。长达728米的长廊,宛如一条彩带把千姿百态的建筑连在一起,这是全国园林中最长的廊道,1990年还被收入英国《吉尼斯世界大全》。万寿山上的佛香阁,加上台基高达41米,是全国现存最高的楼阁。德和园内的戏台,高21米,宽17米,分上中下三层,是清代最大的戏台。湖东的十七孔桥,长150米,宽8米,是北京古桥中最大的一座。这些规模宏大、建造豪华、灿烂多彩的建筑也只能在皇家园林中看到。

皇家园林名胜美景极多,引人入胜的景点往往有几十处、上百处。比如避暑山庄,风景点有72处。圆明园多达140多处,被西方人誉为“万园之园”是当之无愧的。在众多景点中,有的是高大宏伟的宫殿建筑,有的是意境清幽、格调高雅的庭院,有的是浩淼的绿波,有的是起伏的青翠山峦,有的是田野、农舍和村落,有的是民间热闹喧嚣的买卖街市……这些姿态万千、争奇斗艳的景点，有的是圆明园的独创；有的是古代诗文名篇描写的景物的再现，如“武陵春色”呈现给人们的是晋代陶渊明《桃花源记》中描绘的艺术意境；有的是古代神话传说中的仙境的模仿，如“长岛仙人台”和“蓬岛瑶台”，给人以超尘脱俗的感觉；有的是江南名山胜水的仿造，如模仿杭州西湖修建的景点“平湖秋月”、“三潭印月”等，使人有身在江南之感；有的是对江南私家园林美景的再现，其中有苏州的狮子林、杭州小有天园、南京瞻园……总之，不惜工本，博采众家之长，集天下美景佳境于一身是皇家园林建筑上的一大特色。颐和园也如此，其中佛香阁仿武昌的黄鹤楼，谐趣园仿无锡惠山的寄畅园，湖中西堤仿杭州西湖的苏堤。避暑山庄的烟雨楼仿浙江嘉兴南湖的烟雨楼，万树园旁的舍利塔仿杭州六和塔，藏书楼“文津阁”仿浙江宁波的“天一阁”……，模仿不等于照搬、复制，而是“借景”，取其精华，将南北造园艺术、建筑式样融为一炉，推陈出新。

与北方皇家园林建筑风格迥然不同的是江南私家园林，虽没有北方皇家园林那么宏大的规模、高大而雄伟的气势、鲜艳而浓重的色彩，但是却小巧玲珑、环境清幽、色泽素雅，富有柔媚之情。

江南私家园林从宋元到明清一直相当发展，主要集中在苏州、扬州、杭州、上海等地，像苏州最多时达 2000 多家。在一些著名文人、画家的参与下，造园的艺术水平很高，其中不少再现了宋元以来有名山水画的意境。明清以后不少名园被毁坏，保存最多最好的要数苏州，故有“江南园林甲天下，苏州园林甲江南”的美誉。

江南私家园林规模都比较小，又是私人住宅和花园的结合，像苏州古典园林中面积最大的仅有 5 公顷。但当人置身于园中时，却没有小的感觉。这就是江南私家园林建造上的一大特点“小中见大”。为了达到这个效果，他们适当调整主次景物的比例，用次要景物的“小”来突出主要景物的“大”。另外布局紧凑，一景接一景，景与景之间再用山、石、桥、院、廊等隔开，但廊上多设漏窗，使此景与彼景互相映衬，以增加景物的层次，给人大的感觉。为了扩大园林的空间，常把园外景借到园内来，与园内景融在一起，看上去比实际面积大得多。

江南园林建造精细。大到构思立意、园林的布局及每个景观或每座建筑物，小到一砖一石、一草一木，都是精心设计和施工的，使游览者无论站在哪个点上，眼前都是一幅完美的图画。比如窗，做成桃形、扇形、心形、六角、萬字及海棠、梅花等多种图案。门也如此，有月形、瓶形、桃形、葫芦形等等。又如小路，借用碎石深浅不同的颜色，组成波浪纹、回纹及鹿、鹤、莲、鱼等各种花纹、图形，使小路也成了游人观赏的一景。湖中只有秀水，不免有些单调，便养上金鱼或各色鲤鱼，种上睡莲和荷花，就别有情趣；水面宽阔就架上桥梁，无论几座桥，式样决不雷同，各有千秋。

用奇形怪状的石头堆叠假山是江南私家园林的一大景观。堆叠假山用的石头以太湖石最好，因为经湖水多年的冲刷，石上有许多孔穴和皱纹，玲珑秀润，极为好看。但实际上真的太湖石并不多，大都用与太湖石形态相象的石头。有的把假山作为全园的主体，如苏州狮子林，就以假山闻名。有的把假山作为园中一景，如苏州留园的湖石厅，南面庭院内主要是假山。也有的把湖石叠放在湖岸边或竹木旁……作为点缀。大的假山，上面有石级、石梁可以攀登，有山洞可以穿行。小的假山，小如盆景，仅作观赏。

江南园林的建筑色调素雅，不施彩绘。灰色屋瓦，赭(zhě)黑色的门窗梁柱，白色墙壁，配上草木的绿色，给人朴素雅致、安静舒适的感觉。

无论北方皇家园林，还是江南私家园林，虽有各自的建筑风格和特点，但是追求自然，再现自然山水之美是共同的。他们向人们展现的中国古典园林既有中国山水画的美景，又有中国山水诗的意境，并且把两者有机地融合到一起，使之成为“活”的艺术、美的佳作。中国古典园林之所以能够达到如此高的艺术境界，是因为这些园林的设计者不仅是建筑家，而且是文学家、画家和哲学家。正如英国皇家宫廷总建筑师张伯斯称赞的那样，中国造园家“是画家和哲学家，而不像意大利和法国那样，任何一个不学无术的建筑师都可以造园”。正是这些非凡的古代造园家，用中国古典园林，充分而又极其生动形象地表现了中华民族所特有的文化、审美意识和建筑民俗。

中国古代桥梁数量多，分布广，居世界首位。从结构分，有梁桥、拱桥、吊桥、浮桥四大类。简单地说梁桥平平地架在水上，拱桥中部高，两端低，桥洞成弧形，吊桥是一部分或全部桥面可以吊起、放下的桥。浮桥是在并列的船上或皮筏子上铺上木板建成的，其中以船上铺木板的最多。按建筑材料分为木桥、石桥、砖桥、土桥、竹桥、铁桥等。中国的生铁索桥比西方早800年，这就是架在云南永平县与保山县之间的霁虹桥，是古代通往缅甸、印度及西亚的重要通道。此桥原为木桥，明代改为铁索桥，现存为清代修建的。长约106米，宽约3.5米，由18条铁链组成，铁链上铺两层木板。竹索桥的杰出代表是四川灌县都江堰上的珠浦桥，全桥用细竹篾编成，每条竹索粗5寸，共24根。此桥一直使用到1965年，才改用钢丝绳代替竹索。石桥中造型最美的是石拱桥。有圆形、椭圆形、尖形等。其中圆形最常见。古代石拱桥中曲线最美的是颐和园中的玉带桥，桥拱高而薄，桥身洁白如玉，形状宛若一条玉带。主拱为蛋形尖拱，如驼峰突起，据说是为能够通过皇帝高大的龙舟而设计的。1916年美国纽约仿此桥的形状建造了一座狱门桥。说明此桥优美的造型很受欢迎。现存建造最早的石拱桥是河北的赵州桥，也是世界著名的古桥之一。它的独特之处是首创了拱肩加拱的造桥技术，就是在大石拱的两端建两个小拱，既可减少水流的阻力，又减轻了大拱券及地脚的载重，其精巧的构思为世界造桥专家折服。

中国桥梁的建造不仅建筑技术高超，而且还有独特的建筑民俗。桥上建屋设店习俗早在先秦就有。桥的作用本在于把河的两岸接通，但人们并不满足于“接通”，还要在桥上修建殿堂、屋宇、亭阁等等。比如河北省井陉县的桥楼殿，就是桥上砌建殿楼的特殊桥梁。桥上的殿面宽5间，进深3间，周围有回廊，屋顶为九脊重檐，上面覆盖黄绿琉璃瓦，顶面平缓，屋檐高翘，斗拱绚丽，屋瓦灿烂，十分美丽。福建晋江的安平桥建于宋代，桥长5里，桥面用长方形石板条铺成，桥上建有水心亭、中亭、宫亭、雨亭、楼亭，中亭面宽10米，周围还有13座碑记。广东潮安湘子桥上明代建有24座形式不同的望楼。扬州的五亭桥上建有5个亭子，中心一亭，四翼四亭，中亭亭顶为重檐四角攒尖式，其余四亭为宝顶，四角上翘，亭内天花板绘有美丽的图案。这些殿、亭的建造，既有供过往行人避雨的实用性，又有美化桥梁的极好装饰性。

中国古代桥梁建造的另一个习俗是在石桥上雕刻狮子。像建于金代(1189年)的北京芦沟桥，素有“芦沟桥的狮子——数不清”的说法。经近年文物工作者考察，桥上共雕有大小狮子485只，这还不是最多的，最多的是颐和园的十七孔桥，有石狮子多达540多只。另外故宫的断虹桥、福建的洛阳桥等也都有石狮子。石桥上的狮子不仅数量多，而且雕刻精美逼真，像芦沟桥上的狮子，形态各异，生动活泼。不仅有大狮子、小狮子、雄狮子、雌狮子，而且还有狮子戏球，大狮戏小狮，小狮爬在大狮身上，小狮躺在大狮怀里，小狮卧在大狮脚下……造型丰富，神态各异。有的转身侧看，有的昂首挺胸，有的瞪目相视，有的竖耳倾听……真是千姿百态，栩栩如生，尊尊件件都是精美绝妙的艺术珍品，有很高的观赏价值，把石桥装饰得绚丽多彩。这座设计独特、建造精巧的石桥被意大利旅行家马可·波罗称赞为“它是世界上最好的、独一无二的桥”是不过分的。

桥上雕刻石狮子，是因为狮子可以驱除邪恶，这是我国民间的一个信仰。此外，还有雕刻龙(故宫的桥)、水兽、河神、飞马、鱼等，每种装饰都有一个美丽的传说，都倾注了人们美好的愿望，其目的无非是保护大桥的平安和不闹水灾。

十一、影壁与牌楼

影壁是四合院的附属建筑，建造在大门内或外正对着大门的地方，主要是用于遮挡外人的视线。大多用一般的砖砌成，少数用琉璃砖砌成。影壁由壁座、壁身、壁顶三部分组成。壁座讲究的砌成须弥座，壁顶仿木结构屋顶式样，壁身砌好后，上面或雕刻或绘画美丽的图案，最简单的写个“福”字，最繁杂的饰以龙。人们把影壁建造得如此考究，就不单纯是为了遮挡视线，而兼有装饰作用。

影壁中建造得最华丽的是龙壁，壁身雕有巨龙，有三龙、五龙、七龙、九龙之分，其中九龙壁等级最高，只有皇家建筑才有。现存最早的九龙壁是明清建筑，共有三座，北京的故宫、北海公园各一座，山西大同一座。山西大同的最大，长 45.5 米，高 8 米，厚 2.02 米。原立在明太祖朱元璋第 13 子王府门前。此龙壁从底座到壁顶全部用琉璃砖、琉璃瓦砌成，壁顶仿屋顶，底座为须弥座，壁身的九条飞龙姿态各异，游动在碧波之中。壁前有个水池，壁上的九条龙倒映在荡漾的池水中时，似真龙游动。北海的九龙壁建在从事译经、印经的大西天经厂门前，为的是镇住火神，预防失火。这座龙壁在三座九龙壁中最小，长 25 米多，高 6 米多，绿琉璃砖的须弥座砌在青白石台基上，壁顶为黄琉璃瓦，壁身两面各有九条龙，两个侧面一个为旭日东升，一个为明月高挂的浮雕图案，正脊、垂脊、筒瓦、陇垂及斗拱下面都有龙，总共大小 635 条。故宫的九龙壁比北海的略长，但稍矮，壁身构图新颖，全部以海水为衬景，九条巨龙在海面上戏珠，黄色坐龙居中，左右各有 4 条游龙。居中的黄龙造型别致，四脚对称，张口分须，两目圆睁，守护着下面的宝珠。这三座造型美，立体感强、刻工精细、金碧辉煌的高大龙壁，不仅显示了皇家独有的非凡气派，更重要的是反映出了古代劳动人民高超的彩色琉璃的制作水平和绝无仅有的建筑技艺。

牌楼也是古代群体建筑的一种附属物。它的造型很特别,下面有柱子,上面有楼,像门形状。大多立在寺观坛庙、园林陵寝、街心路口及桥头,少数立在纪念性建筑物前。有的起指路作用,有的起装饰作用,有的是为了表彰某人或某事。

牌楼的种类很多,依建筑材料分为木牌楼、石牌楼、砖牌楼,木石混合牌楼、琉璃牌楼等;依结构分有二柱一间,四柱二间、六柱五间等;上面的楼数也不相同,有 3、5、7、9、11 等。以四柱三间七楼的木牌楼数量最多,一般是红柱、绿瓦加彩绘油漆。

中国历史上一共建过多少牌楼谁也说不清,据说仅清代北京就有 100 多座,现在保存的 70 余座中,大多数为明清建筑,故而有"天下牌楼数北京"之说,这与北京为明清两代帝都,坛庙、寺观、园林等建筑数量多有关。大的园林中往往附有好几座牌楼,像北海公园有各种牌楼不下十座,过去的圆明园也有 11 座之多。

立在桥头、街心、路口、寺观等处的牌楼往往上书街名、桥名、地名、寺观名等,像过去东长安街上的牌楼上书"东长安街"四个大字。而园林的牌楼多写有寓意景色美的词语,像北海公园的牌楼上分别写着"积翠"、"堆云"、"龙光"、"紫照"等。不同地方的牌楼装饰也不同,园林、寺观等处的牌楼多金碧辉煌,帝王陵寝的牌楼多古朴典雅,街心路口的牌楼多朴素大方。但无论哪一类都建造得十分精细,其中有不少艺术珍品。

北京颐和园东门外的牌楼是北京最大的木牌楼,已有 230 多年的历史。其式样为四柱三间,上面有金龙 176 条,金凤 36 只,垂兽、吞脊兽、结兽、走兽 100 个,其精巧的设计、精细的雕刻,金灿灿的色彩,为秀丽的颐和园增色不少。明十三陵的石牌楼为北京最大的石牌楼,是六柱五间十一楼的汉白玉牌楼,面宽 29 米,高 14 米多,为仿木结构,造型古朴、庄严肃穆,与整个陵寝的气氛十分和谐。在安徽歙县有一座街道牌楼叫“许国石坊”，是明代为表彰三朝大臣许国的功绩赐建的，由于立在十字路口，就把四条路上的四个牌楼合为一体，因有8根柱子，俗称“八脚牌楼”，这种奇特的形制在古代牌楼中是不多见的。

设计巧妙、造型优美、制作考究的牌楼常常使所在之地大名远扬，像北京有名的东单、东四、西单、西四都因其地的牌楼得名，后来，虽其牌楼因拓宽马路被拆除了，但它们的名字仍牢牢地记在北京人的心中。

今天，古老的牌楼又有了新的作用。在国内，成了中国传统建筑的一个重要标志，南来北往的人只要一看见牌楼，便知这里有一座古代建筑。在海外，牌楼又成了中华民族的象征。因为它往往矗立在华侨聚居地。像美国费城和华盛顿的唐人街都建有琉璃牌楼。无论从哪个角度说，牌楼是中国传统建筑中的一绝都是不过分的。

第六章　交通运输篇

交通运输是社会生产力发展到一定阶段的产物，它既是一种生产民俗，又是一种消费民俗，涉及到人们的生产活动、生活活动和贸易活动。不同时代、不同地区的交通运输民俗又存在着一定的差别。

交通运输民俗中最突出的是交通运输工具的形制民俗和使用民俗，其次是交通运输活动中的各种礼俗。中国古代传统的交通工具主要有牲畜、车辆、轿子和船只，围绕这几种交通工具形成了各自的民俗。

一、牲　　畜

在中国，作为交通运输工具使用的牲畜主要有驴、马、骡、牛。在古代，驴和马的用处最大，既可骑乘，又可拉车载人载物。骡、牛主要用于拉车、驮物，极少骑乘。

马作为交通工具，最早不是用于骑乘，而是用于拉车。那时通常四马驾一辆车，叫"驷"，也有两匹马驾一辆车的，叫"骈"，三匹马驾一辆车的，叫"骖"。在先秦中原地区，上层贵族才有马车，马车多少是国力强弱的标志之一，大国常被誉为"千乘之国"。当时的马车主要用于作战，当用马车与西北游牧民族的骑兵作战时，马车就显得笨拙不灵活。到了战国时代，赵武灵王也改为骑马作战，此后马用于骑乘在中原地区盛行起来。衙门的捕役传递命令、驿卒递送公文等都骑马，故称前者为马快，后者为马递。到隋唐，骑马之风自上而下普及开来，不仅朝廷官员外出有骑马的，而且许多重要场合也要骑马，如科举得中、升官回家省亲等，甚至有的贵夫人还骑马外出游玩。由于马的价钱昂贵，外出骑马一直属于贵族的一种高消费。

马用于交通运输，不仅速度快、力气大，而且认识道路，故而有成语“老马识途”。所以古人极爱惜自己的马，往往把马装饰得特别漂亮。讲究的马笼头、马嚼子用青铜的，马的腹带用革带，带上有鳞形铜饰，马脖子上挂一串铜铃，走起路来钉铛作响，马鞍、马腹带上还要挂着红、绿色等缨络饰物。马鞍差别最大，一般为木制，也有革制。隋唐以后，高级的马鞍镶嵌珠宝，次一等的上饰铜泡，鎏金包边。考古发掘出的古代陶马俑、铜马俑和马具都可以看出当时马的饰物的精美，比如秦始皇陵车马坑发掘的两组铜车马，乾陵出土的唐三彩，马身上的所有马具都有精美、华丽的饰物。

唐代制度，凡从边地购进的良马，都要在马身上印上三花、飞凤等字，并把马脖子上的鬃毛修剪后编成三辫或五辫，分别称三花马或五花马。

骡、驴、牛是最常见的家养大牲口。骡身材高大，既有马的力气，又有驴温顺的性情，既可用于拉车，又可用于农耕等生产活动。驴的身体矮小，性情温顺，很适合骑用。旧时在北方农村的大街小路常见骑驴赶路的人。尤其是妇女，脚小走不了远路，骑不了大马，遇到走亲访友、赶集、逛庙会或回娘家，大都骑个小毛驴。后面跟着个“赶驴的”，这个人可能是自家人也可能是雇来的。被雇来的人称“赶脚的”或“脚夫”，这是一种职业，专靠赶着牲口供人雇用挣钱，也有只出租驴的，任客骑去骑回，回来付钱。据载，民国初年北京近郊，平时一头驴的租价为每里大洋一分，但到庙会期间，租价上涨3倍左右。因为骑驴、坐敞车逛庙会被城里人看成是最有趣的事，所以租赁毛驴的人很多。时至今日，白云观庙会仍有骑毛驴的娱乐活动。今天在不适合骑自行车的偏远山区，仍能见到骑驴外出的人。

骑驴外出的民俗在民间文艺活动中也有所表现。表演者多打扮成旧时小媳妇模样，把纸或布做成的小毛驴套在身上，上半身露出，下半身遮起来，两条假驴脚挂在驴背下边，远看就像真的骑在驴身上一样。表演者浓妆艳抹，头戴花、簪，手拿一块绸布或怀抱一个小娃娃。驴后跟着一个手拿小鞭赶驴的青年，两个配合表演，一会慢走，一会疾驰；一会爬坡，一会下坡，一会驴卧地不走，小媳妇急得直擦汗，赶驴的鞭子时而挥起，鞭打驴屁股，生动形象，情节真实，再现了旧时新媳妇骑驴回娘家的情景。

二、车　辆

中国车辆的发明、使用很早，相传中华民族的始祖黄帝时已知用车。今天能看到最早的车是从商代殷墟车马坑中发掘出来的，其形制为独辕两轮，方形或长方形车箱，车辕前有一根横木，是马拉的车，可乘坐 2—3 人。这种马车形制与后来周代的车基本相同。只不过周代的车无论构造还是装饰都已经相当完美，这也是从车马坑出土的车饰、铜车器等部件看出来的。当时，四马拉的车既供王公贵族出行游猎，又用于战争，为了赢得胜利，各诸侯国纷纷把各自的先进技术用于造车，促进了造车技术的提高。秦始皇陵西侧出土的两辆铜彩车，不仅结构合理，性能优越，而且做工精巧，装饰华丽，足见当时造车技术之先进。到汉代，车的用途扩大，车的种类增多，有载人的车，载物的车，行猎的车，用于丧事的车，用于乐舞百戏的车，用于载野兽或犯人的车，坐人载物并用的车等等。而坐人的车又分许多种，皇帝乘坐的车，皇太子与诸侯乘坐的车，三公与列侯乘坐的车，中高级官吏出行乘坐的车，一般小吏外出办理公务用的车，贵族妇女乘坐的车等等，这些不同用途的车辆还有不同的名称。

尽管车辆种类不少，但车辆的主要形制相同，全部为两辕驾一马的轻便马车。车的主要部件车辕、车轮、车厢也都相同，差别在附件，有的没有车盖、车篷、帷幔，有的有车盖，有的只有车篷，有的既有车篷又有帷幔，有车篷和帷幔的最初为贵族妇女专用车。其次是车辆构件的质地（金、银、铜、铁等）与装饰图案（龙、凤、虎、豹等）、车盖的大小与用料、车篷的形状与质料等方面的差别。这些差别的存在主要是为了区别乘坐者的地位、等级。

在古代，不是人人都可以乘车的，"贵者乘车，贱者徒行，贾人不得乘马车"。《汉书·董仲舒传》："乘车者，君子之位也；负担（背、挑重物）者，小人之事也。"这就是说，只有地位高贵之人才可乘坐马车，有钱的商人仅可以乘坐牛车，其他人只能步行。可见，能不能乘车、乘什么样的车由人们的地位决定，这就是封建社会的车舆制度的主要内容。这种制度自汉景帝时（公元前144年）开始制定，经过反复增补修改，形成了一套完整而复杂的制度，并被以后历代沿续，历代史书中的"舆服志"就是对不同地位、等级之人穿衣乘车作出的详细、严格的规定。这些规定，无论谁都必须执行。不能乘车的人决不能乘车，该乘车的人不乘车也违反了国家的礼制，为法律所不容。超越自己品级乘车更是不允许的，严重的还会招致杀身之祸。

牛车在汉代也已流行，虽速度比马车慢，但行走平稳，加上乘坐马车礼仪复杂，坐牛车的人随之增多起来。特别魏晋及以后，乘坐牛车不再被看成是低贱之事，不仅门阀士族青年喜欢坐牛车，就连历代帝王中也有坐牛车的，如北魏皇帝出行时就曾乘坐"驾牛十二"的牛车。各级官员乘牛车的就更普遍了。于是乘牛车也出现了等级的分别。比如晋代的"舆服志"中规定，诸王乘坐有云母装饰的驾八牛的豪华牛车，三公有勋爵者乘坐驾四牛的皂漆轮毂的牛车，一般大臣乘坐轮毂不上漆的牛车。唐代对官员乘坐牛车的规定更细，什么品级乘什么样的车，写得详详细细，不过差别主要是车饰、车顶帷幔等。

当然，同是牛车，车厢的装饰也有很大差别，上等官吏乘坐的牛车属于豪华型，车厢宽大，铺席设几，可坐也可卧，车厢上有车篷和帷幔，装饰极其华丽。而一般官吏乘坐的仅有车篷而无帷幔，普通人乘坐的既无车篷又无帷幔。

明清时代很流行骡车，一时间骡车成为上乘的交通工具之一。因为依《舆服志》规定，四品以下官员不能坐轿，只能乘车。相比之下，骡车在各种车辆中最好，既平稳又速捷。官员乘坐的骡车都是用上等木材如楠木、紫檀、花梨等做成的，外面涂上栗色、黑色或木料的本色，车篷做成轿身形状，用竹篾编成，外面糊上布，为防雨淋，布的上面再涂上一层桐油。车篷外还常包一层布围子。豪华轿车的车围子四季变化，冬天用皮，夏天夹纱，春秋两季用锦缎或绸子。上面还装有华丽的金属饰件，或景泰蓝、或戗金银丝，稍差一些的为黄铜或白铜刻花。车围子两边常开有嵌着玻璃的小窗，高级的车围子前后左右都有小窗，最多有 13 个大小不等形状各异的小窗。平民百姓乘坐的轿车就逊色多了，车围子是用棉布或麻布制成的，也没什么装饰。

车围子的颜色也有等级规定，皇帝用明黄色，亲王及三品以上官员用红色，其余官员可以用宝石蓝、古铜、绛色、豆绿色等。平民百姓只能用皂青色或深蓝色。

实际上，平民百姓中能坐骡车的毕竟是少数，而大多数人只能坐驴车，驴车既窄小又简陋，没有车篷和车围子，平时拉东西，坐人时临时铺上一个垫子就凑合了。

无论马车、骡车、牛车或驴车，都要求道路宽敞平坦，北方平原地区比较适合，而道路崎岖的山区和丘陵地区就不行了，于是在这些地区出现了一种手推车。这种车只有一个车轮，两个车把。车轮放在车把的前端中间，用横木把两个车把连起来，由于车轮小，因此车很矮，可以一个人在后面推，也可以再配一个人在前面拉。别看车小，既可坐人又可载物，载重量超过人挑、畜驮，对于买不起大车、养不起牲口的贫穷之家来说，有个独轮车是很解决问题的，而且车轮也是木头做的，一般农家自己就可以制作。这种车直到五六十年代在各地农村仍普遍使用，只不过有的改为胶皮的车轮。

使用人力的车子除独轮手推车外，还有一种"排子车"，此车上面有车厢，下面有两个车轮，前面有两个车把，可以推，也可以拉。旧时城乡都有，其载重量超过独轮车，而且推起来也比独轮车省力。直到五六十年代，城市人还用它买粮、运煤、搬家等等。

民国初年，出现了橡胶车轮的畜力车和人力车。胶轮畜力车至今还行驶在城乡的公路上。胶轮人力车俗称"洋车"，主要用于载人，旧时北京专门有以此为业的，被称为洋车夫或拉车的，但车大都不是自己的，而是从车行租来的。车夫们整日辛勤劳作，收入微薄，生活艰难。老舍先生在小说《骆驼祥子》里真实地描写了北京一个人力车夫的悲惨命运。据统计，1922 年北京有人力车近 6 万辆，成为当时城内城外重要的短途交通工具。

近几十年，数量最多、最普及的交通工具是自行车。城市的人骑着它上班，农村的人骑着它下田，部分中小城镇，还用自行车带客搞运输。近几年有的大城市，又出现了搞运输的人力三轮车，仅北京就有近千辆，车上有遮阳的布篷，坐着它逛逛北京的风景很有趣味，坐车的大都是来北京旅游的外地人或外国人。这两种车可以说是当今很有中国特色的交通工具。

三、轿　子

轿子是中国古代独有的、用人力抬扛的一种交通工具。最初只是山行工具，就是翻山越岭时才使用，平时仍用车子，而且使用的地区也不太普遍。汉以后，轿子的使用已不再局限于山路，而被上层统治者用作一种日常交通工具。到宋代,已被普遍使用,乘轿者已不限于上层统治者,富商大贾、平民庶人也多有乘坐者。当然平民庶人乘坐次数少,一般仅结婚嫁娶时坐。明清两代明确地把轿子分为官轿和民轿,民轿仍以结婚使用为主,一直沿用到本世纪五六十年代,曾一度退出历史舞台,但现在一些农村,结婚时有的还用轿子。

轿子和其它交通工具一样,也有一个由简单到复杂、由雏型到完善的发展过程。今天看到的最早的轿子实物是春秋战国时代的,是从河南固始侯古堆一座古墓的陪葬坑中发掘出来的,复原后看出其形制为:轿身为长方体,轿顶为四面起坡的屋顶式样,轿身前边有个小门,供乘坐者出入,两根轿杆分别捆在轿底两侧的边框上,轿杆两端各有一个轿杠。虽制作不很精细,但结构已经完备,工艺也比较繁复。

汉代称轿子为舆轿,汉以后的魏晋南北朝通称肩舆,已有多种类型。有的复杂,有的简单。有一种叫“八杠舆”的,轿身最大,可以同时乘坐 2 人,轿身罩有帷幔,8 个轿夫分前 6 人后 2 人,直接把轿杆放在肩上。这在当时是最高级的轿子,只有皇亲王公才可乘坐。次一等的“平肩舆”,轿身也有帷幔,由 4 人肩抬行进。最差的为 2 人抬的“板舆”,两根杠的中间固定一块方木板,乘者盘坐或屈膝于木板上。还有一种 2 人抬的,两根长竿中间放一把软椅坐人,初时无覆盖物,后加覆盖遮蔽物。

唐代统称各种式样的轿子为“腰舆”,其形制与肩舆略有不同。肩舆与肩平,重心较高,不太安全;腰舆把重心降低,高度仅到腰部,两杆顶端系带,将带挂颈,双手提杆。唐代画家阎立本画的《步辇图》中的步辇就属于这一种:唐太宗盘坐辇上,前后两个宫女手抬辇杆,颈上挂着杠带。另有 4 个宫女双手抬着辇四角的边框帮助抬辇。

宋代才有“轿子”称呼,其结构、形制已完全成熟,并被固定下来，一直沿用到近代。这时的轿子轿身为方形木制或竹制小屋，外面套上轿帷子，左右两侧为窗，前边为门。轿底用木板做成，上放轿身。轿顶做成拱形，最上边中间有个顶盖。轿内有个木制轿座，供乘者坐。轿身左右各有5米多长直杠，直杠两端有绳子相连，绳子中间系短的抬杠，放在轿夫肩上，由轿夫抬着走。这种轿子在明清又叫暖轿。明清还有另一种叫显轿，又叫凉轿，结构比暖轿简单得多。两根长竹杠上架着一把大靠背椅，椅下备有脚踏板，椅子上没有帷幔，而大多配一个华盖罗伞。

轿子对于贵族来说，是一种享乐工具，唐以后，为适应各种地位等级之人的需要，制作出许多种。比如唐代，有皇帝乘坐的"步辇"，王公大臣乘坐的"步舆"，朝廷命官之妻、母乘坐的"檐子"，又叫担子，民间用"板舆"。官员及命官之妻或母坐的轿子在装饰的质地、轿夫多少方面都有等级分别。明清更繁复，仅皇帝乘坐的轿子就有礼舆、步舆、轻步舆、便舆四种，不同场合用不同的轿子。礼舆是皇帝祭天、祀祖时乘坐的，所以最豪华、最尊贵、最庄重。步舆是皇帝巡游皇城内时乘坐的，轻步舆是皇帝出城狩猎、巡视时乘坐的，便舆是皇帝在宫廷、园囿内乘坐的，因此时刻伴随。此外，皇后乘坐"凤舆"，皇贵妃、亲王妃及公主乘坐"翟轿"，王公大臣每人有显、暖轿各一。这些名称不同的轿子在材料的质地、尺寸的大小、装饰与纹饰、轿夫人数等许多方面都有严格的规定，像清朝皇帝的礼舆，是用香楠木做成的，轿盖分两层，第一层为八角形，第二层为四角形，各角以金色行龙为饰，轿顶盖为镶珠错金宝瓶，盖檐垂明黄色缎绸。轿帷四季变化，冬用毡，夏用纱，春秋用明黄云缎。左右窗户冬装玻璃，夏罩蓝纱。轿座为金龙宝座。长近5.5米的轿杠共14根，全部涂上红漆，上绘金云龙纹。这是所有轿子中最大、最豪华、最高贵的。皇后的轿子饰凤纹，皇贵妃、亲王妃、公主的轿子饰以翟羽。皇帝和皇后的轿夫为16人，皇贵妃、公主等人的轿子仅用轿夫8人。民间轿子最初为蓝色绸布轿帷，轿顶四角各挂一个桃红色球。轿子制作行业的兴盛、发展,也带来另一方面的问题,影响、阻碍了车辆的研制和使用,致使中国制车业自宋代就停滞不前。

由于轿子的种类不断增多,轿子也起到了标志乘坐者地位等级的作用。使人一看,便可以知道乘坐者的身份。比如明清两代,明朝红色轿顶是皇帝乘坐的。清代亲王的轿子为银顶、黄盖、红帏、鹦鹉绿呢罩,四面为纱窗、悬珠穗,轿夫 8 人。郡王次一等,为红盖、红幨、红帏,轿夫 8 人。汉人文官自大学士以下至三品文官以上,为银顶、皂盖、皂帏,轿夫在京 4 人、出京 8 人。四品官以下为锡顶、皂盖、皂帏,轿夫 2 人。无官爵的民轿为黑油齐顶,平顶皂帏的 2 人抬小轿。只有结婚用的花轿可用 4 人或 8 人抬,轿帷有的为红缎绣片,上绣鸾凤合鸣、牡丹等,最讲究的用平金加绣钻石等。皇帝结婚的花轿与民间花轿有很大的不同,像末代皇帝溥仪大婚的凤舆,比普通的轿子大得多,轿夫为 16 人,轿顶涂金,正中有一只很大的金凤凰,凤背上有一个小金顶,周围还有九只小金鸾。轿帷以鹅黄色缎子为底,上绣蓝色凤凰,抱着红色双喜字。

对于乘轿历代大多有限制。汉魏时规定,三公及致仕(类似今退休)官或年老有病者可以乘坐。唐初曾于公元 657 年有诏禁止乘轿。唐文宗时又规定“宰相、三公、师保、尚书令、仆射、诸司长官及致仕官,疾病许乘檐”。宋初规定“宗室老疾不能骑者,出入听肩舆”。对其它人等不限制乘轿,但限制轿夫人数,工商和庶人乘檐子,轿夫或 4 人或 8 人,板舆不得超过 2 人。宋以后限制放宽。明初又有限制:文臣三品以上均可乘轿,武官不得乘坐。明代后期,武官也可乘轿。清代又重新作了规定:“满洲官唯亲王、郡王、大学士、尚书乘舆。贝勒、贝子、公、都统及二品文官,非年老者不得乘舆。其余文、武均乘马”。历代限制乘轿的原因是“以人代畜”,有伤风化,有悖道德。但适得其反,反而刺激了人们坐轿的欲望,特别是达官显贵,正好以此来显示自已高高在上、人上人的权势和地位。当然还有别的原因,那就是轿子比车辆行走平稳,而且什么路都可以走，什么人都坐得了，甚至年老体弱、有病疾者也可以。这就是宋以后乘轿之风不仅限制不住，而且越来越兴盛的主要原因。

从宋代开始，随着人们对轿子需要的增加和轿子的普及，出现了一个新的行业——抬轿子，同时产生了专门承揽抬轿子活计的"轿子铺"。据记载，宋代开封的大街小巷，随时可以租到轿子乘坐，尤其对乘轿限制较松的扬州、杭州等城市，大街小巷轿子比比皆是。明清及以后，轿子行业发展很快，特别是民用轿子越来越多，到了民国，民间乘轿已没有任何限制，只要有钱就可以乘坐，于是大大小小轿子铺遍布各地城乡。据载，北京那时仅城区就有为结婚迎娶提供花轿的"喜轿铺"五六十家，每家拥有轿子从几乘到几十乘不等，以抬轿为业的轿夫多达数千人。周围农村也有不少，一般十里八里总有一个轿子铺，轿夫多为半职业性质，有人雇请，召之即来。这时的皇家王府仍保留着自家的轿子房，轿子、轿夫俱全，亲王府大都有 20 名左右轿夫，主人外出时，8 人抬着轿子，其余人坐在大车上跟在轿子后头，以便随时轮换。

抬轿子是个技术活儿，水平高的轿夫抬起来让乘坐者不感到颠簸摇晃，就是在轿子里放一碗水，也不会洒出来（详见《人生礼仪篇·婚嫁礼》）。据说旧上海有来自附近各地的轿夫，以苏州、无锡的最好，扬州次之，上海本地轿夫不行，颠簸得很厉害。给皇家抬轿子最难，虽说轿夫个个训练有素，但到重要时刻还要进行演练。据载，清末代皇帝溥仪大婚前三天，轿夫们就抬着从杭州新定做的凤舆进行演练。

四、船　只

中国海域辽阔，弯弯曲曲的海岸线长达 2 万多公里，河流众多，仅流域面积在 1000 平方公里以上的大江大河就有 1500 多条，另外还有密如蛛网的中小河流和星罗棋布的大小湖泊。自古至今，在这么大区域内生活着的人们一直占全国人口的大多数，这一切促使了中国水上交通工具——船只产生早、发展快。

五千年前，人们从落叶、树木漂浮在水上的自然现象中受到启发，采用火烧独木，然后刳挖的方法制成独木小舟，但木材的大小限制了船只的大小，于是在殷商时代发明了用数块木板拼成的木板船。木板船的出现是对原有造船技术的重大突破，造船不再受木材的限制，可以根据需要制作大小不等、形状各异、用途不同的各类船只，载人的、运物的及用于战争的战船等。尤其是战国时代，大规模的水战频繁，各诸侯国都有“舟师”，就是靠船进行水战的军队，战船建造得如何是决定战争胜负的重要因素之一，所以战船是集中了当时最先进的造船技术建造成的，代表了最高造船水平。今天我们只能从出土的战国青铜器的纹饰上看出战船的大概情况：船身窄而长，分上下两层，下层为船舱，舱内身佩短刀的士兵手握船桨，奋力划船；上层几个士兵，有的击鼓，有的射箭，有的挥动戈剑，正与对方激战。

秦汉时代，造船业有了突飞猛进的发展。无论船只的数量、种类，还是技术水平都达到了历史最高水平。就种类来说，有狭而长能坐一二人的小艇，有形扁被称为扁子的小船，有体型短宽的运输船艒，有上置开窗小屋的舲，有把两船并为一船的舫，有建有二三层楼的楼船及用于航海的大船舨，等等。其中楼船最负盛名，不仅种类多，而且用途广，它是水军的主力战舰。航海大船已经能够远航到古西域的安息。

宋元明时代造船业发展更快。据载，宋太宗至道时，各州每年建造船只多达 3237 艘。南宋初江淮四路每年造船多达 2700 余只。元代至元七年一次造船 5000 只，其中有的大船一次可载货重万石以上。据意大利马可·波罗记述，当时长江上来往船只每年多达二、三十万只，黄河上行驶的船只每年也超过 15000 只。海上运输的船只也很多，大帆船有 3—12 帆，四层甲板，载人可达 1000 多，船上的橹多达20个，每个橹需10—30人摇。船上有五六十个房间（也有人说达百室以上）。这还不是最大的船，最大的是明代郑和率领下西洋船队中的宝船，据推测，最大的长达150米，宽约60米，每次出洋使用这么大的船在40—60多只。可见规模之大，造船水平之先进。到清代，船只的种类已达到千余种，满足了人们生产、生活和贸易等各方面水上交通的需要。

五、交通与地域

交通工具的使用受各地地理环境的影响极大。在河流湖泊集中的江南水乡，船只成为最主要的交通工具。如江苏吴县，村村有船，从这村到那村，没船不能去。四面环水的绍兴安昌，家家有船，人人会划，若是无船寸步难行。被誉为"千湖之省"的湖北，1000多个湖泊星罗棋布，这里的农村几乎家家有船，少则一条，多则二、三条。人人会游水、会撑船。捕鱼、采莲、养鸭、进城、赶集、串亲访友、送孩子上学、结婚娶新娘，样样事情离不开船，每天来来回回总要划上几回，就像城市里人骑自行车一样频繁、方便。尤其是生活在太湖边上的人家，没有土地，没有房屋，船就是他们的家，过去一家十几口、甚至几十口人吃住在船上，故被称为"水上人家"。他们的船只比较大，有的长20多米，宽4米多，卧室、鱼室、工具室、仓房、做饭的火舱一应俱全。浙江绍兴水乡下田干活、进城买菜，割稻运粮，捕鱼采菱、老人寿诞、死人送葬、清明上坟、迎娶新娘全都靠船。大的活动需要好几条船，比如娶媳妇嫁姑娘，要有嫁妆船、乐班船、送亲船、迎亲船、贺喜船、花轿船等等，真可谓巧立名目，千姿百态。

由于江南河流湖泊多，土地少，人口密度大，土地格外珍贵，不要说田间小路，就是村与村之间的大路也没有北方平原地区那么宽阔，过去大宗货物主要靠船运输，小宗货物主要靠人肩扛手提，或人拉（推）小车，极少见到北方的大马车、大牛车。

北方平原地区则不同，河少船少，主要交通运输靠车和牲畜，所以往往宽街大道，车水马龙。

山区又不同平原和水乡，道路崎岖狭窄，车辆行走困难，人力就成了最简便、最廉价的运输力量。居住在山里的人，大都习惯背东西（很少抬东西或挑东西）。最常见的是背篓，无论出门串亲戚赶集，还是上山割草、砍柴、做农活儿，总是背篓不离身。他们认为，背比挑好处多，背上背着东西，两手可以攀援树枝，或打伞遮阳挡雨。可以说家里的东西大都是背回来的。比如结婚时，大件嫁妆箱子、柜子、写字台、桌椅、电视机、收录机等都是靠人力从女家背到男家的，更不要说衣物和小件日用品了。

另外各地山区还流行一种极简单的人抬工具，在四川叫滑竿。是用竹子做成的，结构简单，两根 3 米多长的竹竿上捆着一个小床，小床是用绳和竹片编成的，小床前捆一根踏脚用的竹竿，小床后捆一个靠枕。竹竿的两端横捆一截短杠。讲究的小床上再支一个遮阳挡雨的小篷。滑竿比一般的轿子轻便，抬法与轿子相同，为前后抬，为了让后面的人知道路上的情况，前面的人就用一些行话告诉他们，这些行话被称为滑竿号子，听起来十分风趣。

西北沙漠地区的主要交通工具是骆驼。在过去的一、二千年中，骆驼把中国的丝绸、茶叶、陶瓷等源源不断地运往西域各国，同时又把西域各国的珍珠、药材、玉石、香料等驮回来，可以说，骆驼为中西文化的交流和商业贸易立下了汗马功劳。

六、交通礼俗

中国的礼俗是很丰富的，行车、走路、驶船、驾车也各有各的礼俗。

先说乘车。在古代不同的车有不同的礼俗。比如作战用的战车，每车三人，驾车者在车的中间，其左为尊者，其右者是负责执戈御敌、排除途中险情和障碍的。乘坐有前后室的安车，驾车者坐在前室，后室坐车的主人或尊者。若是轺车，驾车者在车右，官吏在车左。再说行车。途中两车相遇，应“贱避贵，少避长，轻避重，去避来”，此俗至今沿用。驾车还有一套驾车礼俗，比如车有帷幔，供坐卧的车，驾车者应在帷幔之外、车舆之前且居中，成跪坐姿势，姿容端正。当今又有一套行车的礼俗。驾车（无论汽车、马车）的一律在车的左前方（少数进口汽车司机在右），车的右前方为尊者之位，遇有长辈、领导乘车时，司机右边的座位应坐长辈或领导人，其他人坐在后排。马车、牛车的驾车人路遇长辈时，应跳下车与长辈打招呼，然后再跳上去，以示对长辈的尊敬。若是坐在车上打招呼，是不礼貌的行为。

走路也有走路的礼俗。在古代礼俗很多。比如在家里，在堂上走路，步子要小，脚步不能太快；在堂下走路，可以迈大步，速度也可稍微快一些。在室内走路，两臂摆动要小，不能大摇大摆。在他人面前，要快点走过，以示尊敬对方；遇到长辈，更应尽快避让。至于宫廷内礼俗就更严格了。比如路遇皇帝经过，一定要疾趋，决不可慢行，或立即转身低头站在路边，背对着路中。在道路上行走，男女同行，男子在右，女子在左，车走中间；父子同行，父在前，子在后；兄弟同行，兄在前，弟在后；朋友同行，应并排走，不得超越他人。今天人们仍然注意遵守行走礼俗：两人并行，以右为主，左为次；两人前后行，前为主，后为次。三人并行，中间为主，两侧为次。

行船礼俗基本与行车的“轻避重，贱避贵，去避来”礼俗相同。

在道路上行走的习惯与日本等一些国家有很大的不同，无论是行人还是各种车辆，一律靠马路右侧行走。这使初来乍到的外国朋友往往感到不习惯，尤其是自己开车的人就更难以适应，这大概是今天中外行车走路习惯上的最大差别。

第七章 商业贸易篇

商业贸易是随着人类社会的进步产生并发展起来的。它既是一项重要的经济活动，又是一项重要的文化活动。不同的国家在商业贸易集市的设置，招揽生意的方式方法，从业人员的仪表以及店名、招幌等方面都有各自的习俗。中国传统的商业贸易有店铺、庙会、集市、流动摊贩等四种方式，这四种贸易方式各有各的习惯。

一、店　铺

店铺是对有固定场所进行买卖活动的统称。旧时，大的称“店”或“商行”，小的称“铺子”。在农村，每个自然村总有一二家小铺，经营家庭生活日用品如针线、肥皂、油盐酱醋、烟酒茶糖等。买卖比较灵活，即使一支烟、一杯酒、几块糖的买卖也愿意做。如果没现钱还可以赊帐，一般店铺内都挂有木牌或帐本，上面记着赊欠者的姓名和钱数，足见民风之纯朴。店主人称“掌柜的”，店员称“伙计”。伙计进店，依俗先要学徒三年，学徒期间，掌柜的只管饭不给工钱，有的给少量零用钱，俗称鞋钱、跑腿钱。学满出师按月发工钱。在小的镇子上店铺就多了，几家或几十家不等，有的是杂货铺，什么都卖，有的专门经销一种商品如茶叶、布疋、中药等。城市里的店铺真可谓栉比鳞次，大城市还有商业街，沿路两旁都是店铺，像北京旧时的大栅栏就是全国闻名的买卖街。

新的店铺开张营业，必有庆祝活动和酬宾活动，门前张灯结彩，鞭炮齐鸣，贺喜的花篮摆满店门两旁，前来贺喜的佳宾出出进进，十分热闹。这一天，店内的商品一律优惠出售，酬谢宾客，招揽生意。

店铺的布置一般都很讲究。在北方，邻街一面多为玻璃窗，窗内陈列着各种商品，从外面一看便知经营的品种。南方则把邻街的一面全部安装为活动大木板，营业时全部摘下，路人不用进店，所售商品便一目了然。

店铺内部要数茶叶店、药店最讲究。不仅地面洁净，货物码放整齐，而且往往在窗前或屋角摆上几盆青松、鲜花，各色花朵散发着浓郁的清香。再加上茶香或药香沁人心脾，让人得到一种舒适、幽雅的精神享受。饮食行业也很讲究，特别是档次高的饭馆、茶馆、酒楼，店堂的四壁挂着画卷和名人题字，桌案上摆着精致的茶具或餐具。有的茶馆窗前还悬挂着造型新颖别致的鸟笼，笼内各色小鸟跳来跳去，引人注目。

店铺无论大小，都希望顾客盈门，生意兴隆，财源茂盛。为此店主人不仅尽全力装修门面，布置店堂，而且还在店名(字号)、招幌等方面下功夫。

店名也和人名一样，往往表达了人们的某种追求。一般来说，多以含义深刻、风韵典雅、读起来响亮、容易记住的名字命名。当然不同类别的店铺命名的习惯也不同，比如旧时绸布店，无论北京还是上海，往往用“兴”、“茂”、“顺”、“祥”、“盛”、“昌”、“义”等字样，像上海有“协大祥”、“宝大祥”、“信大祥”等，济南有“公祥顺”、“协聚祥”、“裕庆祥”、“裕茂源”、“鸿昌义”等，北京有“瑞蚨祥”、“致和祥”等，以表达主人追求吉祥、兴隆、信义的愿望。而饭馆、酒楼、茶馆等多用“喜”、“庆”、“愉”、“乐”等字样，如山东有“燕喜堂”、“悦宾楼”、“同庆楼”等饭馆，有“茶乐园”、“凤春楼”、“同福楼”等茶馆，这些店名告诉人们这里是高兴的娱乐之所。书店、画店往往用“阁”、“斋”、“堂”命名，如荣宝斋、文奎堂、宝古斋、萃珍斋、韵古斋等，一看名字，便知店堂的类别。有的店名是为了取得人们的承认和信赖，比如直接用店主人的名字作店铺的名字，如中国三大笔庄“李福寿”（北京）、“胡开文”（上海）、“胡魁章”（北京）。有的店名鲜明地突出本店的经营特点，如“海味馆”、“鱼味馆”、“蛇餐馆”、“烤肉季”等。有的用地名命名，如“四川饭店”、“北京饭店”、“晋阳饭庄”等，有的标出店铺历史之久，如“老大房食品店”、“老同盛南货店”等，有的店名追求高雅，故从古代名人诗篇中选取，如杭州的菜馆“又一村”，出自陆游（宋）的“柳暗花明又一村”之句，“楼外楼”和“山外山”出自南宋林升的“山外青山楼外楼”之句。有的追求新颖别致，避免庸俗，如北京的“都一处”（烧麦馆）、扬州的“菜根香”（菜馆）、上海的“美心酒家”、无锡的“状元楼”（菜馆）、广州的“乐口福”（小吃店）、杭州的“二我也”（照相馆）、成都的“归来去”（茶馆）、“载人舟”（鞋店）、天津的“狗不理”（包子铺）等等。但各类店名中，选用吉祥词语是最普遍的，这是中国传统的趋福避祸心理的一种表现，有人把中国店铺所用的吉祥字，总括为八句话：

国泰民安福永昌，兴隆正利同齐祥；
协益长裕全美瑞，合和元亨金顺良；
惠丰成聚润发久，谦德达生洪源强；
恒义万宝复大通，新春茂盛庆安康。

当店铺买卖经营不好时，有的就改换店名，以此来摆脱困境，比如闻名于国内外的书画店“荣宝斋”，原名“松竹斋”，当店铺发生危难时，店主人改换成新名，生意果然发生了转机，而且越办越好。

店名都是经营者绞尽脑汁，反复斟酌才确定的，有的还是用重金买来的，足见店名的重要。

店名取得好还不够，还要请有地位、有名望的人来书写，如政府要人、知名人士、书法家等，以此显示本店非同一般。这个传统习俗至今仍然十分盛行。每当人们漫步街头之时，仿佛置身于书法文化的博览会之中，有的字似行云流水，有的字潇洒奔放，有的字浑厚刚劲，再配上漂亮的门面，给人以美的享受。对这一点，来中国的外国朋友不太理解："谁写的字有什么重要"？这说明中西方有差异。中国自古对大家、名流有一种向往、崇拜、尊敬之情，有一种信任感。店主人也就利用这个民族心理，借名人、要人、大家标明本店的身价，提高地位和知名度，以招揽顾客。清末民初之时，北京仅琉璃厂文化店铺的题匾有57个是当时名人、书法大家如潘祖荫、何绍基、翁同龢、康有为、梁启超等人所书。另外北京六必居酱园为明朝宰相严嵩题字挂匾，都一处烧麦馆为清乾隆皇帝御笔，这在北京老字号中独一无二。今天的王府井儿童用品商店的店名是宋庆龄写的。

店铺除要挂店名牌匾外，还要在大门两侧或贴或挂楹联，字数有四言、六言、七言、十言、十二言不等，内容亦各异。有强调货物重要的，有夸耀货好的，有讲职业道德的，有赞美技艺高超的……，然而更多的是讲经营项目。有不少店铺楹联写得很精彩，给人留下很深的印象。如：刻字店对联"六书传四海，一刻值千金"，既告知店铺性质，又给人勉励和启迪。大车店对联"行车千里路，人保平安身"，祝福旅客一路平安。看病诊所对联"华佗再世，扁鹊重生"，标明医术之高明。粮店对联"谷乃国之宝，民以食为天"，强调了粮食于国于民的重要。竹器店对联"虚心成大器，劲节见奇才"，借用竹子虽空心但能做成重要器物的道理，告诫人们只要虚心好学，就可成为栋梁之材。弹棉花店对联"聚来千亩雪，化作万家春"，既写出了棉花之多且来之不易，又写出了从业者愿为人们送温暖的高尚情操。理发店对联"虽然毫末技艺，却是顶上功夫"，"毫末"既指毛发，又含有小、微不足道的意思，以"毫末"说明"技艺"；"顶上"功夫，既指理发，又含有"高"，无与伦比的意思，以"顶上"说明"功夫"，前边一个"虽然"让了一步，后边一个"却是"转折，把职业特点，高超技艺表现得极为突出。饭馆对联"充饥不必图画饼，止渴何须望梅林"，巧妙地运用"画饼充饥"和"望梅止渴"两个典故，说明此店有充饥解渴之物。酒店对联“刘伶问道谁家好，李白回言此处高”，巧用酒仙刘伶和李白的一问一答，夸奖本店酒好。糖果店对联“到来尽是甜言客，此去应无苦口人”，既赞扬顾客嘴甜心甜，又美誉自家糖好。商店对联“交以道，接以礼；近者悦，远者来”，赞誉本店以礼待客，使远近客人愿意光顾。鸡鸭店对联“五更早朝声入梦，一江春水暖先知”，上一句写鸡，下一句写鸭，富有诗意。这些对联或言简意赅，或含蓄幽默，或借题发挥，或似谜语难猜，或浪漫诙谐……。

为了使生意兴隆，商店还在店外用招子、幌子标明所卖商品，这些招、幌有几大类如实物、文字、图案、包装物等等。

实物幌子就是以本店所出售的商品实物为标志，简单地说就是卖什么，在门前就挂什么。旧时很普遍，许多行业都使用，比如鞋店，就挂一只鞋，棉花店就挂一网袋棉花，草帽店就挂一顶草帽，修车铺前挂一只车圈。有些实物悬挂不便，就用金属、木材等仿制原物挂起来，这又叫实物模型幌子，如药店前挂木制的串联在一起的膏药，蜡烛店挂个木头的蜡烛。有的用商品的包装物为标志，如酒店挂个酒壶，卖油的挂个装油的瓶子。有的用布做个旗子或帘子，上书简单易懂的文字，如酒店前的酒旗上书一个特大的“酒”字，茶馆的旗子上大书一个“茶”字，当铺的旗子上大书一个“當”字，粮店的旗子则大书一个“米”字。也有的两面写字，如酒店常写“太白遗风”、“陈年老酒”，茶馆写“清肺润心，香气宜人”等，宣扬店内货物；药店写上“丸散膏丹，参茸饮片”，以示货物齐全；饭馆写有“家常便饭，经济小吃”，以示价钱便宜；商店写“货真价实，童叟无欺”或“买卖公平”，说明本店讲究信誉。有些行业有特定的象征性的幌子，如理发店门前的红蓝条转灯，旧时浴室门前挂个红灯笼，灯笼还表示营业时间，即营业时才悬挂。

招、幌也随着时代变化，旧时实物幌子、实物模型幌子很普遍，文字的招幌相对来说少一些，尤其是乡镇村落的店铺更少，这与那时识字的人很少有关。近几十年，实物或实物模型幌子逐渐减少，偶然在修自行车铺前才能看到，相反文字招幌增多，一方面人们的文化水平提高了，另一方面也与实物、实物模型、布幌子等经风吹日晒雨淋，容易坏损不雅观有关系。另外现代化手段增多，常见到的用收录机播放流行歌曲等，在电视、报纸甚至公共汽车上作广告就更不用说了。

二、集　市

集市是各地乡镇按约定日期举办的一种商业贸易活动。一般每月固定几天，有的逢五日，即初五、十五、二十五；有的逢六日，有的逢单日，有的逢双日等等五花八门。相临近的几个小镇往往把日期错开，你逢五他逢六。举行集市那天叫集日，每到集日，周围十几里乃至几十里的农民纷纷前来，或买或卖，这叫“赶集”。在通往集市南来北往的小路上，挑担的，推车的，提篮子的，拉着牛羊的，赶着马车的，摩肩接踵，熙熙攘攘。集市贸易时间，有的进行一整天，有的仅上午半天。

集市上的货物多为农副产品，一般为自产自销，价钱随行就市。常按买卖的货物分成若干个市，比如猪市、羊市、牛马市、粮食市、菜市、鱼市等。买卖双方自由讨价还价，一般卖主先要个价钱，这个价钱往往比较高，俗话说“宁可要跑了，不可要少了”。买主知道对方故意多要钱，所以还价时适当压低一些，并指出货物的不足之处，俗话说“褒贬是买主儿，喝采是闲人”（闲人就是不想买东西而围观看热闹的人）。买卖大牲畜时有经纪人从中说合价钱，说成之后卖方给他一定的佣金。

集市最热闹的是春节前十几天，各种年货应有尽有，依俗腊月二十九日以前应把年货买好，因为腊月二十九日的集市叫穷汉子集（即没有钱的人买东西的集市）。

各地集市开始的时间不同，江南多为早市，天不亮就开始了，吃早饭前就散市了。集市上各种蔬菜、鱼、虾、家禽等都很丰富，特别是蔬菜，无论是地上长的，还是泥里挖的，都洗得干干净净，或绿或白或红，给人极其鲜嫩的感觉。买卖也比北方灵活，买多少都可以，即使是一小条肉、一个鱼头的买卖也愿意做。

三、庙　会

庙会是中国城乡特有的一种商业贸易形式，它是伴随着佛教、道教宗教活动产生的。起初，人们去神庙拜神，后来寺庙和商贩都想趁拜神人多的机会做点买卖，赚点钱，于是在庙会之日就增加了贸易活动，这样对拜神佛的人也比较方便，既拜了神，又买了日用品，可谓一举两得。以后庙会又增加了文化娱乐活动，集拜神、买卖、娱乐于一体，使庙会的活动更丰富了。当然也有只贸易不开庙的寺庙。参加庙会俗称赶庙会、逛庙会，因为有不少人只是买东西或娱乐，并不拜神。

各寺庙的庙会一般有固定的日期，分每月定期和年节定期两种。每月定期的一般每月固定几天，比如旧时北京的土地庙会逢三，花市火神庙逢四，白塔寺逢五、六，护国寺逢七、八等等。各寺庙所售货物有所侧重，土地庙以土产、百货为主，火神庙以鲜花和各种人工制作的花卉为主，白塔寺、护国寺庙会以经营百货、花鸟鱼虫、小吃为主。年节定期开放的庙会有厂甸火神庙、白云观、大钟寺等。这类庙会一般售货较少，主要是拜神和娱乐。如关帝庙，只大年初一开庙一天，所售货物主要是香烛、红纸鱼、金银纸元宝、绒花等吉祥物。财神庙正月初二最盛，多卖香、纸元宝等拜神用品及儿童喜爱的风车、大糖葫芦、空竹、气球等吃食和玩物。厂甸每年正月初一至十五开庙，以古玩、书画的贸易著称，故而来此逛庙会的人很多。据载，1931 年春节，有商贩近千户，其中玉器古玩商为三百余户，卖玩物的二百余户，卖日用品的一百余户……足见热闹程度。白云观的庙会不仅有小吃和儿童玩具，还有茶棚，棚内有文艺表演，边走边唱边向茶客收钱。都灶君庙的庙会既有贸易活动，又有为谢神而演出的地方小戏。

山东旧时大小庙会与北京略有不同，贸易主要有三种，一是生产、生活用品，二是小吃和玩具，另一种是民间艺人卖艺表演。

近十年来，传统庙会得到恢复，既促进了商品贸易活动，又丰富了人们的文化娱乐生活，不过一般在春节期间举行。北京庙会在地坛、大钟寺、白云观和龙潭湖公园四个地方举行。如地坛庙会，有一条北京风味小吃街，有民间文艺相声、魔术、戏曲等演出，还有百货、日用品、儿童玩具等出售。龙潭湖庙会后来居上，活动内容远远超过地坛庙会，可谓盛况空前。

四、摊　贩

流动摊贩是对肩挑、手提（或推车）货物走街串巷进行贸易活动的"小贩"、"货郎"、"做小买卖的人"的称呼。这类摊贩所售货物种类不多，大多为一、二种，少数有几种。招揽生意的方法不同于店铺，主要靠吆喝，或敲打响器，或吹奏乐器等方式。招揽生意的方法各行有各行的特色，各地有各地的招术，显示出浓厚的民俗特点。

卖东西吆喝，各地用词、曲调全然不同，当地人听起来亲切悦耳，外地人听着可能不舒服。旧时北京摊贩的吆喝声有许多种，一种词语极为简单，仅有几个字，像："卤煮喂，炸豆腐哟。""大米粥呀，油炸果（鬼）。""馄饨喂——开锅。""烤白薯呀，真热乎。""树熟的秋海棠。"等等，这些吆喝声声音厚实低沉。有一些吆喝声先细高而后低沉，如"一包糖来——荷叶糕"，"硬面——饽饽"，"哟——荞麦皮耶"。有些运用夸张手法，借甲物形容乙物，以突出物美，如"栗子味的白薯"，"萝卜赛过梨"，"葫芦儿——冰塔儿"，"小玩艺儿——赛活的"，"喝了蜜的大柿子"。另一种词语复杂，像卖百货的，能把全部货物一口气唱出来，唱词不仅合辙押韵，而且曲调悠扬婉转动听，好像歌唱一样。卖烧麦的这样吆喝："蒸而又炸呀，油儿又白搭，面的包来，西葫芦的馅儿呀，蒸而又炸。"把制作烧麦的过程一一唱出来。卖萝卜的应该简单，但也有唱得很复杂的，如"又不糠来又不辣，两捆萝卜一个大("大"就是当时的制钱)。"既告诉买者物美，又告诉其价廉。

吆喝是小贩的本事，不仅要气力足、嗓子脆，口齿伶俐、咬字清楚，还要有个聪明灵活的头脑，可以现编词现唱。过去北京靠吆喝声卖货的主要是卖蔬菜、水果及各种小吃的。要是谁想做这个生意，不好意思吆喝或不会吆喝都是难以胜任的。

在山东农村吆喝有几种，简单的有"打香油唉！""卖桃哟！""乱头发咪，换——洋火(火柴)。"等。卖药的稍复杂些："我送你，你不要；你要买，还买不到。"卖饸饹(一种食物)的喊："来，来，来——花钱不多，有吃有喝。"卖包子的喊："热的，你多跑十里地儿，来吃个现拉屉儿。"有的吆喝则是一首歌谣，如卖糖的喊："我这个糖，真正强，又甜又辣又发凉！哎——甜丝丝的，香喷喷的，辣苏苏的，凉丝丝的！饥困没了，馋虫跑了，口疮消了，咳嗽好了！"

吆喝是一种特殊形式的广告，既沟通了买卖双方，又装点了人们的生活。据《梦粱录》记载，宋代杭州街头，卖各种点心的，卖日用品和玩具的，卖水果的……或"沿门歌叫"，或"歌叫于市"，特别是节日，"自隔宿及五更，沿门唱卖声，满街不绝"。真是"五行八作无不叫卖，长街短巷处处闻声"。由于吆喝声生动风趣，常常为民间说唱艺术所模仿，旧时相声"卖估衣"和"卖布头"都是对街市吆喝声的再现。

用响器发出的声音代替吆喝声卖东西又别有一番情趣。旧时北京城乡也有许多种，比如理发师，手里拿着一把钳形铁铉，用铁板从中间向外一抽，便发出吡啦吡啦的声音。卖布的和卖针头线脑的手里多举着一把小拨啷鼓，挑着担子边走边摇，"咚咚咚，咚咚咚”，留下一串串鼓声。磨刀子磨剪子的或手捏一把长号，边走边吹；或手拿一长串用绳子穿连在一起的铁片，边走边甩，“哗啦啦、哗啦啦”地响个不停。收购古玩玉石的打着小鼓，卖油的敲着木梆子，边走边敲。卖糖果的多敲铜锣，“铛铛铛”之声不绝。有时不同行业的小贩使用同一种响器，但响器发出的声音不同，当地人一听就能分辨出是卖什么的。这些不绝于耳的喧嚣之声犹如一曲交响乐，不仅北京人听着亲切，就连居住在北京的西方人也喜欢听。二十年代住在北京的一位英国诗人写过一篇文章《北京的声与色》，他把街头小贩的种种响器说成是街头管弦乐队，并列举出了哪些是管乐、哪些是弦乐、哪些是打击乐。他最喜欢听的竟是理发师手里的铁铉声，称赞说好像是西洋乐师用的定音叉。

在山东，卖油的、算命的、卖糖的都敲打一个圆形铜片，发出“铛铛”之声，卖豆腐的和染布的都敲木梆子，弹棉花的和卖药的郎中都用摇铃，但是，不同行业的敲法不同，发出的声音不同，像郎中的铃声缓缓不断，弹棉花的铃声一阵阵急急摇响，这些只有当地人才能分辨出来。

综合各地小贩响器的声音，打击声居多，吹奏声极少，用吹奏声的多是修理行业。

第八章　婚嫁篇

婚俗是民间婚姻的习俗。它包括婚姻观念、婚姻形式、择偶标准和途径、离婚与再婚及媒俗等方面，而这些方面的形成离不开社会和时代的影响。

在中国漫长的封建社会里，婚姻不仅仅被看成是个人的大事，更重要的是被当作家族（家庭）集体的大事。婚姻的主要目的是为家族繁衍后代。作为父母，只要给儿子娶了妻，儿子生了子，就算对得起祖先了，否则，儿无子，使家族断了香火就是对祖先的不孝。所谓“不孝有三，无后为大”就是这个观念的集中反映。对于女子的父母来说，女孩子生来就是别人家的人，父母只要把她养大，为她找了个婆家，任务也就完成了，其余的事情就不多过问了。俗话说“嫁出去的女儿，泼出去的水”，就是这个意思。而婚姻双方的男女当事人，大多把结婚看成是履行义务。另外女子还有结了婚，生活就有了依靠的思想。因此他（她）对父母为自己操办的婚事多是言听计从，百依百顺，不敢违抗。于是婚姻的决定大权就完全被掌握在男女双方父母的手中，“父母之命，媒妁之言”，婚姻当事人与婚姻决定权分离这是中国封建婚俗的一大特点。

当然，婚姻对不同的家庭还有不同的目的，比如农民、手工业工人等下层百姓，娶妻可以增加劳动力。地主、官僚、贵族之家则可以通过儿女婚姻巩固扩大自己家族的地位和势力，乃至发财致富。于是在以上种种婚姻观念指导下，形成了五花八门的婚姻形式。

一、封建婚姻陋俗

1. 买卖婚

买卖婚是指男家给女家财物，作为娶女子为妻的条件。财物的数量在媒人的协调下，男女两家就像在贸易市场自由买卖东西一样，经过一番讨价还价后，才最后商定。实际上，男家成了买方，女家成了卖方，女子也就成了商品，媒人为中间商，财物的价值就是女子的身价。

在中国封建社会，赤裸裸的给女子定价，哪个男子愿付这笔钱就买这个女子为妻的情况有，但为数极少。因为买妻子被人说起来总有点不大好听，似乎男家或男子不好，而卖女儿对女家来说也会感到耻辱。于是变相买卖的婚姻流行起来。买卖的形式是聘礼，聘礼没送够，休想把女子娶走。“聘则为妻”和“无币不相见”是天经地义的原则，也是男女成婚的条件之一。对于聘礼的金、银数量，有几个封建朝代还作出过明确的规定，如元代典籍规定：上户出聘金1两，银4两；下户无金，银3两。实际上远远超出这个规定。这也说明买卖婚姻是得到了封建王朝的认可的。对于聘礼的买卖性元代郑介夫一针见血地指出：“受财者则易其名曰聘礼，实为价钱。”“婚姻聘财，今之嫁女者重要钱财，与估卖牲口无异。”（《历代名臣奏议》67卷）简单几句话就把聘礼的虚伪外衣剥掉了，把婚姻的金钱交易暴露无遗。

买卖婚姻使爱情与婚姻分离，婚姻的缔结由财物决定，而不管男女当事人之间有没有爱情。当然最倒霉的还是女子，有的是男家看重女子貌美，愿出高额聘礼；有的是女子的父母贪图钱财，谁给的聘礼多，就把女儿嫁给谁，不管那个人年龄多大，身体健康情况如何，是否已有妻室……总之女子是牺牲品。

2. 包办婚姻

包办婚姻是指婚姻不是由男女当事人自己决定,而是由双方父母或长辈包办。这是封建社会最普遍的一种婚姻形式。由父母自行决定,而当事人只能服从父母的决定。像《红楼梦》中的贾宝玉,虽与林黛玉情投意合,而贾母等人却不管他们的意愿,完全从家族的利益出发,决定宝玉娶薛宝钗为妻,待婚礼将近完毕,揭开新娘头上的红盖头时,宝玉才知道娶的并非是林妹妹。这种事例简直举不胜举。

3. 近亲婚

近亲婚是指血缘关系很近的男女结为夫妻的婚姻。这种婚姻在封建社会也很流行,主要原因是,第一亲上加亲,亲更亲。本来男女两家已有血缘关系,再让两家的子女结婚,就在血亲的基础上再增加一层姻亲。第二可使家庭财产由有血亲关系的人继承,不落外人之手。比如《红楼梦》中贾、史、王、薛四大家族之间代代结姻亲:贾政之妻与薛宝钗之母是姐妹,贾政之子贾宝玉又与薛宝钗结为夫妻,贾政的侄儿贾琏又与贾政妻子的侄女结婚。这一层层血亲、姻亲把四大家族捆绑在一起,"一损俱损,一荣俱荣",旧时富贵之家常用这种近亲结婚巩固扩大自家的势力。贫穷之家愿结近亲婚,主要出于经济上的考虑,因为聘礼多少两家好商量,可以节省费用。

近亲婚中最多的是表亲婚,就是兄弟的子女与姐妹的子女结婚,而且多数为姐妹之女回嫁给兄弟之子,这也是对当年姐妹出嫁的一种赔偿或互换。其次是姨表亲,就是姐姐的子女与妹妹的子女结婚。近亲婚姻的缔结多由父母包办,也属于包办婚姻。

近亲婚违反科学,所生的孩子多患呆傻等疾病。近几十年的婚姻法规定,禁止"直系血亲和三代以内的旁系血亲结婚",这一规定目前在全国大部分地区得到贯彻执行,但在某些偏远山区或少数民族居住区域由于某些特殊原因尚未严格执行。

4. 换亲与转亲

换亲就是这家把女儿嫁给那家的儿子为妻，那家再把女儿嫁给这家的儿子为妻。这两对男女的婚事是同时提出同时商定的。婚姻的决定者毫无疑问是两家的父母，他们往往因为无钱给儿子娶妻，就用女儿的婚姻为代价，给儿子换回一个妻子，那两个女子明知自己是牺牲品，但是为了使自己的兄弟能够结婚为家族传宗接代，只得服从。换亲婚有时还牵涉到两个以上家庭。

时至今日，换亲婚的陋习在某些落后农村仍残存。多数因为儿子年岁过大，或身体病残，或智商不高、或家贫无钱……按通常情况找妻子太难，父母就用女儿去换回个儿媳。其结果往往造成儿子和女儿两人的婚姻都不幸福，而且一对夫妻发生矛盾就会立即引发另一对夫妻产生矛盾，使四个当事人都陷入痛苦之中。

转亲婚不同于换亲，它是发生在一个家庭内部。当男子去世后，其妻就转嫁给男子的兄或弟为妻。在古代，一般是兄死后，嫂嫂转嫁其弟，如果弟已有妻，只能做妾。也有极少数为不同辈分的转亲，如父之妾转做子之妻。转亲一般由男子的父母包办，被转嫁的女子只得从命。转亲的目的是为了不使家人外流，使亡者之子女得到抚养。这种婚俗在极个别贫困山区至今残留，主要是因为本地与外界交往少，得到一个女子不容易，就用转亲把女子留在家里。

5. 掠夺婚

掠夺婚是指用粗暴的武力手段把女子抢到男家，强迫女子与男子结婚。这种婚姻极其野蛮。

在古代，掠夺有几种方式，一是利用战争，战胜者把失败者的财产女子一起抢走。像元朝成吉思汗伐金时，常把抢来的女子赏赐给有军功的将士。另一种是有权有势的官宦之家依仗权势抢夺贫家美貌女子。这两种掠夺在古代文学作品中都有反映。这种婚姻近几十年基本上绝迹了。

6. 多妻婚

多妻婚是指一个男子拥有两个或两个以上配偶，这几个配偶中只有一个是妻子，其余是妾婢或称为客女。多妻婚在封建时代统治阶级中普遍存在，而一般百姓则盛行一夫一妻，一夫多妻的仅为个别现象。

一夫多妻不仅是为了寻欢作乐、多生育子女，而且以此来显示自己的地位、财产、势力等，以妻多为荣。

在旧时代，妻妾最多的要数历代皇帝。据载，西汉末年王莽夺汉称帝，说要有120个妻妾，死后才能升天，于是在近70岁时，凑足了升天之数，皇后1，夫人3，嫔9，美人27，御人81，共120人。晋武帝时不仅自己选美女为嫔妃、宫女，后又把灭亡的吴国皇帝的后宫接收过来，总数达一万左右。隋炀帝时除有皇后外，还有夫人3，嫔9，世妇20，女御78。最多的是唐玄宗，后宫人数达四万。上行下效，官僚贵族地主也妻妾成群。

一夫多妻是封建社会男女不平等的产物，男子可以多妻，女子则只能"从一而终"。这种多妻婚的存在说明封建社会的一夫一妻婚姻制度徒有虚名。1949年以后，男女平等了，婚姻法规定无论男女都只能有一个配偶，否则以重婚罪论处。这一决定把在中国实行了几千年的多妻婚取消了。

7. 招赘婚

招赘婚是指男女结婚后男方进入女方的家庭生活来说的。在封建社会，男子是社会、家庭的主宰，男女结婚时，大多是男子把女子娶进男家，使之成为男子的家庭成员。仅有个别人家因为有女无子，如果女儿结婚到男家，女家就无人为父母养老送终，没有接续祖宗香火的后代，于是就给女儿招进一个丈夫。这种婚姻叫招赘婚，俗称"倒插门"，被招赘的男子叫招养女婿。依俗，招养女婿进了女家门，就是女家人，必须改用女家的姓，这使不少男子和男子的家庭感到不光彩。世人对作招养女婿的男子也往往看不起，常常欺负或辱骂他。这一切使得他抬不起头来,感到低人一等。因此愿做招养婿的多是因家贫无钱娶妻,不得已而为之。当然对于女家来说,也是出于无耐,不得不采取的一种办法。

现在,男女结婚后,男到女家或女到男家都是合理合法的,而且到女家的男子也无须改变自己本来的姓氏,世人也不得歧视他。在城市和比较开放的农村,男青年婚后到女家落户的比较多,因为女婿与岳父母的关系远比儿媳与公婆的关系容易相处。只有在一些落后农村,传统偏见仍残存在一些人的头脑里,成为男到女家落户的阻力。据报载,有一位姓张的小伙子与姓卢的姑娘订婚后,因卢家无儿,卢母身患重病需小张到女家落户,结果遭到小张父母的强烈反对,他们逼小张和姑娘断绝关系。但小张不同意,到了结婚之日,小张父亲站在街上当众宣布,与儿子一刀两断,从此不准小张踏进张家的大门。这种情况屡见不鲜,说明对招赘婚的传统偏见在某些地区、某些人的头脑中还严重存在。

8. 早婚

早婚是从结婚年龄来说的。在封建时代,盛行"早生儿子早得福"和"多子多福"的传统观念,在这种传统观念影响下早婚就出现了,而且既普遍又严重。

请看历代法定的结婚年龄:

周代为男 30 岁,女 20 岁

战国为男 20 岁,女 17 岁

唐贞观年间为男 20 岁,女 15 岁

宋代为男 16 岁,女 14 岁

明、清两代同宋代

可以看出,历代法定结婚年龄由高向低、呈越来越早的趋势。而且历代常有对到了结婚年龄而不结婚的处罚规定。如战国时期,如果男 20 岁、女 17 岁不结婚,其父母就要受到惩办。汉代规定女子 15 岁以上不嫁就要征收五倍的人头税。实际上当时民间结婚年龄要比朝廷规定的还要早。当然结婚年龄与社会的政治、经济也有关系，比如战争年代，人口死亡和逃亡数量猛增，为了医治战争创伤和恢复发展生产，朝廷希望人口快速增殖，于是鼓励早婚、惩罚晚婚，战国和汉代的惩罚政策就是在这种情况下制定的。有的早婚早到给不懂事的孩子结婚，如汉昭帝 8 岁当皇帝，皇后仅 6 岁，平帝即位时，皇后才 9 岁。

结婚早，订婚更早。一种是给处于幼儿时期的孩子订婚，俗称娃娃亲，另一种是孩子未出生时，两家商定，若两家生下的是一男一女，长大后让他们结为夫妻，俗称指腹婚，这种早订婚不用说又是父母的“权力”。

近几十年，从关心人民群众健康和有利于调节人口出发，政府制定了法定婚龄为“男不得早于 22 周岁，女不得早于 20 周岁”，并提倡晚婚（男女比法定婚龄推迟 3 年以上为晚婚），六七十年代执行比较好，大多数青年人响应晚婚号召，但近十来年早订婚、早结婚的现象有所抬头。据报载，湖州 1987 年未到法定婚龄而结婚的男女青年占已婚人数的 4.91‰。地处边疆的甘肃农村早婚人数更多，某镇一年中结婚 280 人，早婚者为 135 人，占 40%，结婚年龄多为十八九岁，最小的年仅 14 岁。安徽省虽为内地，但早婚现象也相当严重，据统计，1988 年有 18 万人结婚，其中 4.3 万人为早婚。早订婚各地农村都有，二三岁订婚的在某些村子占订婚人数的 80%。这说明传统的早婚和早订婚的习俗还相当有市场。

9. 童养媳

童养媳是封建时代的一种畸形婚姻。一般是由两种情况造成的，一种是家有男孩，但年岁尚小，就先抱养或买进贫家女儿作为养女，待男孩长大后让他们结婚，养女就变成了儿媳。另一种是家里还未生男孩，先抱养或买进一个女孩，待儿子出生长大后再成婚。童养媳进入男家时一般年龄不太大，从几岁到十几岁不等，因为是以男孩妻子的名义进来的，虽未结婚，男家却把她看作儿媳，把她当个劳动力，终日从事繁重的体力劳动，还要照顾那个小男人及其父母的生活。她们不仅生活悲惨，吃剩饭，穿破衣，挨打受骂如同家常便饭，而且社会地位低下，被世人看不起，受尽了侮辱和欺凌。所以给人作童养媳往往是父母在家中无粮糊口无衣遮体的情况下为孩子找的一条生路。童养媳的血泪生活在古典文学作品中有不少揭露。1950 年新婚姻法铲除了这种恶俗。

10. 冥婚

冥婚俗称鬼婚，就是让已经死亡的一男一女结婚。这是鬼魂信仰在婚姻问题上的表现。冥婚有两种情况，一种是男女两人生前早已订婚，但未结婚先亡。另一种是男女两人生前并未订婚，甚至并未提过亲，死后，鬼媒人从中撮合使其结婚。冥婚的结婚方法一般是把男女两人的棺材像夫妻一样埋葬在一起。送葬仪式又是结婚仪式。比如有的地方送葬时，前面抬着一顶结婚的花轿，轿内放着鬼新娘的神主牌，轿后抬着棺材，前后都是送葬的队伍，一路上有吹鼓手吹吹打打，其热闹程度不亚于生人的婚礼。当然搞冥婚的多是有钱人家。

冥婚在旧时代各地都有，1949 年后在反对封建迷信的浪潮中消失了。但近几年，迷信思想又有所抬头，绝迹了几十年的冥婚又死灰复燃，据 1982 年某报载，北京某工厂有一对夫妇，把刚死的儿子的棺材运到山东，与一位亡女结婚，并举办“婚宴”，真是荒唐可笑之极。

11. 典妻

典妻是一种临时性的畸形婚姻，多发生在贫穷的乡村，民间叫“借妻养子”，就是一个有妻的男子为了得到钱，把自己的妻子典给别的男子一段时间，别的男子或无妻，或有妻但未生男孩，为了得到孩子出钱典个临时的妻子。这两个男人一个把妻子当作赚钱的商品，一个把女人当作生育孩子的工具，总之都不把女人当人看待。在男子为主宰的封建时代，女人毫无权力，只能听任两个男子的摆布。对于这种残无人道的陋俗，元朝时就有禁令：“受钱典妻妾者，禁。”，但禁而不止。直到1949年前这类事还不时见于报端。

二、当代婚姻新风

1949年后，国家实施了新的婚姻法，建立了婚姻自由、一夫一妻、男女平等的新婚姻制度，这对于扭转传统的婚姻观念、婚姻习俗起到了极大的作用。在婚姻观念上，人们改单纯的为生育后代而结婚为为了爱情而结合。在婚姻生活中，男女自由恋爱、自主婚姻。由此而结合的婚姻由于双方感情真挚，基础牢固，美满的婚姻多，是当前公认的最理想的婚姻方式。这种婚姻方式在城市早已普及，在农村普及程度不平衡，离城市较近的农村，在婚姻总数中占绝大部分或大部分，而在传统婚姻观念和婚姻陋俗较严重的地方出现了一种半自主婚姻，简单说就是“媒人＋父母＋当事人”三位一体决定婚姻。由媒人搭桥，父母作主，当事人点头。这种强制与自由结合的婚姻，虽与男女自由恋爱、自主婚姻还有一段距离，但毕竟比传统的“父母之命，媒妁之言”前进了一大步。据调查，这种三位一体的婚姻是当前农村婚姻的普遍形式，占全国婚姻总数的55％。据某杂志报导，有一个小村子，建国后结婚的三百多对夫妻中，自主婚姻只占1％，99％为半自主婚姻和包办婚姻。可见农村与封建婚姻观念、婚姻陋俗的斗争任务还相当繁重。但也应该看到，新式的婚姻毕竟一直呈上升趋势，而传统婚俗越来越没有市场，相信总有一天包办婚姻、半自主婚姻一定会被自主婚姻的新风所取代。

三、择偶的标准

选择什么样的异性作配偶，同一时代总有几个共同的标准，这些标准在不同时代也有传承性。在中国，其传承性突出表现在择偶标准的外在性，就是说择偶时，把男女两人的性格、感情等内在因素弃之不管，而把政治、经济、相貌等外在因素放在首位。这种把择偶与爱情分开的做法是封建婚姻的一大特点。因为在封建时代，决定子女婚配的权力在父母长辈的手中。父母在替子女择偶时，自然而然地把家族的利益放在首位，首先考虑的是两家的政治、经济状况是否相当，即是否"门当户对"；其次男家要考虑女子长得怎么样，有没有疾病，能不能生育，品行是否端正，对长辈能否尽孝道，会不会做针线活儿，生辰八字是否与男子相配等等。而女家考虑的是男子有没有知识、技术，身体是否健康，公婆是否善良，待女儿好不好，男子的兄弟姐妹多少等等。尽管男女两家有许多择偶条件，但最重要的是三条：门当户对、郎才女貌、男高女低。

什么是门当户对呢，一般是指男女两个家庭的社会地位、经济实力是否对等或相当，对等或相当就叫门当户对，凡门当户对的婚姻不仅容易确立，而且会得到社会及亲朋好友的认可和称赞。而男女两家政治地位、经济实力相差悬殊，就是门不当户不对，这种婚姻往往会受到社会、家庭家族等各方面的阻挠和谴责，成婚的可能性极小，即使结婚，其结局也往往是悲剧。所以无论贫富，都追求门当户对的婚姻，这就是俗话说的"高门对高门，柴门对柴门"。当然不同阶层的家庭对门当户对的考虑不同。像封建时代上层统治者，统统把婚姻的缔结作为一种政治手段，借联姻来巩固或提高自家的政治地位、扩大势力，这方面最突出的是历代帝王的婚姻，可以说，没有一件不是政治婚姻。像清朝末代皇帝溥仪选择皇后时规定，必须是蒙古王公或满蒙旧臣的女儿。那么究竟谁家女儿能被选中，就全靠帝、后身边各派政治势力的争斗来决定了。结果，往往是哪派势力大哪派成功。此外还有纯政治的婚姻，像三国鼎立之时，吴国为了联合蜀国抵抗魏国，吴国孙权主动把妹妹嫁给刘备为妻，用婚姻把吴、蜀两国连在一起。有时为了缓和民族矛盾，历代帝王还常采用“和亲”的办法，就是把皇帝的女儿或养女嫁给少数民族的首领，如汉元帝把王昭君嫁给匈奴王呼韩邪单于，唐太宗把文成公主嫁给西藏的松赞干布。这种因政治目的而缔结的婚姻在中国古代数量不少。这种政治婚姻的后果也难以卜测，一旦政治形势发生变化，婚姻就会流产，那个女子自然成了牺牲品。这种事情历史上屡见不鲜，像前边说的吴国孙权的妹妹嫁给刘备，后来反而被孙权逼死。曹操手下的司马懿为得到曹操的信任，让长子娶曹操的外甥女为妻，当司马懿长子想夺得政权时，为避免妻子为曹家通风报信，竟先把妻子杀死了。

在上层官僚、贵族中借用婚姻攀龙附凤者更比比皆是。特别是家中千金小姐若能嫁到皇家、王府，那简直是祖宗的阴德、全家的荣耀，不仅一跃为皇亲国戚，而且家中男子还有了飞黄腾达的机会。而一般中小地主、官吏则对经济实力看得较重，他们往往利用儿女的婚姻来发财致富。平民百姓之家，深知女儿嫁给高门是不会幸福的，于是就把女儿嫁给比自家经济情况稍好一点的人家，女儿婚后能过上富裕一点的生活就满足了。因此当有钱人家看上了贫家貌美的女儿时，往往会遭到全家人的反对和阻拦。

门当户对的择偶观念和习俗在中国根深蒂固，到近现代仍左右着男女的婚配。1912年，孙中山大总统身边的革命家章炳麟先生曾在报纸上刊登了一则征婚广告，其中第二条要求是“系出名家闺秀，举止大方者”，“名家闺秀”四个字足以说明他的头脑中还有浓厚的门当户对思想，试想当时资产阶级革命的领导者尚且如此，那么其他人更可想而知了。

近四十年，社会制度发生了根本性的变化，旧时代那种人与人之间的地位等级关系正在逐步被人与人之间平等的新型社会关系所代替，应该说社会上的各种工作只是分工不同，没有高低贵贱之分。但在传统等级观念的影响下，仍有一些人往往把职业的社会地位分成三六九等。在选择配偶时，把对方的职业、工资收入放在首位来考虑。这一点突出地表现在近四十年来城市女青年的择偶取向中。

五十年代，大批党政军干部进了城，走上了各行各业的领导岗位，其中未婚者立即成了当时姑娘们追求的目标，当然不排除有政治以外的考虑，但政治因素起着相当大的作用。尽管当时报纸上的排列顺序是工农兵学商，但在择偶姑娘那里首先是兵和国家干部，其次是各界中的党团员。到了"文革"期间，政治被抬到了吓人的位置，于是"兵"成了第一人选，人人以嫁"兵"为荣，要是对方为军队干部，就更让人羡慕不已。但是要与"兵"结婚还没有那么容易，女方的家庭最好也是军队干部，其次是工人或贫下中农，除此以外的家庭都是不行的。地位略低于"兵"的是工人，其他家庭的姑娘只能求其次，嫁给工人为妻。七十年代后期，"文革"结束后，人们的社会价值观念发生了很大变化，"政治条件"在择偶中已不再重要，于是经济条件成了头等大事。最初，落实老干部政策时，官复原职的老干部有了房子、票子、车子，他们的子弟成了姑娘追求的目标。不久，又落实知识分子政策，再加上干部队伍讲究知识化，一时间知识分子成了姑娘们择偶的最佳人选。八十年代后期，国门打开后，过去令人害怕的"海外关系"受到姑娘们的青睐，大凡有几分姿色的姑娘，以嫁"老外"、华侨等为最大的幸事，甚至连歌唱演员、电影明星也随带"外"字的配偶漂洋过海了。而更多的人则把有高收入的出租汽车司机、饭店宾馆的服务员、合资企业的工人作为追求目标。另外过去千百年来一直被看作"下九流"的"商"也突然红了起来，不少城市姑娘爱上了经商的个体户或农村的专业户、农民企业家等等。

尽管近四十年中姑娘们的择偶标准不断变化，时而倚重政治，时而偏向经济，但从这四十年中缔结的婚姻看，多数男女双方家庭的政治、经济状况或相等、或相当，有的同为工人家庭，有的同为农民家庭，有的同为干部家庭，有的同为知识分子家庭。其中虽有文化水平、职业背景、生活方式及习惯等多种因素的影响，但传统的门当户对的择偶标准还是起了相当大的作用。

“男有才能，女有美貌”一直被中国人看成是最美满的一对夫妻，因为在封建时代，男子是家庭内外的主宰，所以男子的才干显得特别重要。女子只是男子的附属品，只要能给男子欢娱和装饰门面就可以了。所以那时最受世人标榜的美满婚姻是门当户对之上的才子配佳人。中国古典小说和戏剧中对这种婚配的歌颂连篇累牍：什么状元郎当上了皇家的附马（女婿），秀才娶了有钱人家的小姐，文武双全领兵打仗的将军娶了元帅之女……，这些状元、秀才、将军都是古人心目中的才子。

那么什么样的女子为貌美呢？主要是体态和容貌两方面，这一点我们可以从古代文学作品的描写中略知一二：皮肤细嫩白净，杨柳腰，瓜子脸，柳叶眉，杏核眼，双眼皮，大眼睛，黑头发，樱桃小口，牙齿细小整齐洁白，手指尖尖像春笋。对体态看法有时略有不同，像唐代以丰满为美，宋以后以女子缠足裹小脚为美，脚大为丑。比较具体的美女形象可以从今天佛寺中的观世音和传统戏剧舞台上的贵族小姐身上看到。

传统的男才女貌择偶标准至今仍左右着青年男女的婚恋。当然爱美是人类的天性，男子在择偶时，谁不希望找到一个貌美的姑娘！妻子长得漂亮，不仅男子自己感到骄傲，而且也会受到同伴的羡慕，就是两人在一起走路也倍觉光彩。所以，只要男子本身条件好一些的，有资格挑选妻子的，多对配偶的容貌体态有要求，在他们的征婚广告里，什么“体貌俱佳”、“品貌好”、“端庄”、“秀丽”、“清秀”、“身材苗条”、“健美”等等，汉语中形容女子貌美的词语几乎全都用上了。而有一定文化修养的女子征婚时，多要求男子“办事能力强”、“有事业心”、“有取进心”、“好学上进”、“受过良好教育”、“有相当学历”、“有一定文化修养”、“从事科研外贸工作”等。据一份对四百名女青年的调查报告说，80％的人要求配偶有知识有才能。一句话,男青年大多要选择生活型的妻子,女青年大多想找个“事业型”的丈夫。

我们对比了一下男女青年的征婚广告,发现了这样一个有趣的现象,对方的年龄、身高、性格、品德几乎是男女青年的共同要求,而不同的要求是:男征婚者中几乎没有人要求女子有进取心、事业心;而要求男子有才干、有知识的女征婚者,对男子的相貌要求只字未提,这种反差不正是传统男才女貌择偶标准的继续吗?实际上,男子不仅不要求女子有才干,而且相当多的人怕找有才干的女子为妻,常常一听说某女是大学毕业(或研究生毕业)立即摇头。其原因有人说得很清楚:“在外面工作一天很累,回家来就为了娱乐休息,不要再和一个能力强的妻子竞争。”

男高女低是指男女婚配时,比较男女两个人的情况,男子的条件应该比女子好,男高女低夫妻关系才能协调和美,从某种意义上说,这又是另一种形式的“门当户对”。这与封建时代的大男子主义有关,因为只有男子各方面情况高于女子,女子才容易服从丈夫。当然在那个时代,女子各方面很难超过男子,男子从小或学习文化或学习技术,成人后在社会上从事某种职业,而女子除了富有人家外,大多数人只做家务,如纺线织布、做衣做饭等。现在就不同了,一般来说,除偏僻的农村外,男女受教育和工作的情况相差不多,尤其是城市,没有什么明显的差别。所以在择偶时,男女青年往往要比一比两人谁高谁低,男青年都希望对方比自己低,女青年则希望男青年比自己高。所谓高低主要表现在三方面:第一,男子的文化水平、学历要比女子高,第二,男子的身材要比女子高,第三,男子的年龄要比女子大。就是说男子中身材、学历和文化水平都高的人在择偶中占绝对优势,他们最受姑娘的羡慕,是最有资格挑选对方的。相反,女子在择偶中最没有优势的是高学历和高个子的人。比如说学历(或文化水平),社会上普遍认为男子应该高于女子。所以绝大多数男子不愿意找一个学历比自己高的妻子,甚至有的连对方的学历与自己相同也不愿意。假如一个大学毕业的男子和一个研究生毕业的女子结了婚,不仅他自己觉得抬不起头来,别的男子也会说他没有男子气。因此大学毕业的男子大多不要求女子大学毕业,高中毕业就行了。据广州一家婚姻介绍所抽样调查,30 岁以上的未婚男子中 54.2%的人对女子的学历没兴趣,其中 16 名大学毕业生中,没有一人希望与同等学历的女子结婚。相反,有文化的女子大都希望男子的学历高于自己,至少和自己相同,绝对不同意比自己低,这一点在大学毕业以上学历的女青年中要求很强烈。又如身高,传统观念认为男子的身材应高于女子,一般人认为高 5～10 公分左右最好。大多数男子认为不能容忍妻子高于自己,而大多数女子也不能容忍丈夫比自己矮,男女相比,女子对配偶的身高比男子看得更重。尤其是近十几年,不少姑娘把身高在 1 米 75 以下的男子叫二等残废,把身高不足 1 米 70 的男子叫一等残废,说明她们喜欢身材高大的男子。另外是年龄,传统观念认为"宁可男大十,不可女大一",现在普遍认为男比女大五岁左右为宜,大多数男子不能容忍女子比自己大,如果两人同岁还可以。所以自七十年代后期,婚恋中的困难者,男子多为身材矮小,学历不高又没有技术专长的人,而女子多为身材高大、学历高和年龄偏大者,俗称她们为"大龄姑娘"。这一点从近几年的征婚广告中可以看出来。如 1989 年 7 月 23 日《北京晚报》刊登四位女子征婚,其中未结过婚的 3 人,年龄分别为 31 岁、34 岁、38 岁,均为大专以上学历。而同时刊出的男子,身高大多在 1 米 70 以下,学历在高中以下。又如 1987 年 9 月 15 日《武汉晚报》的征婚栏目内,22 个男子,身高 1 米 70 以下 14 人,占 63%,1 米 75 以下为 20 人,占 90%,显然男子的身高,女子的大龄和高学历成了各自的难点。

应该说身高、年龄、相貌、学历都是一个人的外在情况,男女青年择偶时把这些外在情况看得过重,使外在情况成了婚恋中的决定因素。据一份有关征婚广告的调查报告说,这些征婚者无论是介绍自己还是要求对方，摆在前六位的是年龄、身高、婚姻状况、容貌、职业、学历。许多外国朋友看了中国的征婚广告，都觉得很奇怪："为什么说这些？"这也反映了中西方婚恋观的差异，西方人更重情感。当然时代毕竟在前进，近几年，男女除看对方的外在因素外，也注意对方的性格、修养、素质、气质、风度、特长等因素。但男子多要求女子有修养、诚实、善良、温柔、贤惠、正派、通情达理、重感情、文静、开朗等；女子多希望男子诚实、正直、开朗、有修养、有气质、温和、有思想、有责任感、兴趣广泛、能体贴人等。可见人品、性格、修养等也是男女青年择偶时的共同要求。

近几十年择偶标准的变化，可以从历年理想丈夫、理想妻子的偶像上看出来。三四十年代，男青年崇拜《红楼梦》中的林黛玉，既貌美又聪明。五六十年代崇拜《青春之歌》中追求进步、有主见又漂亮的主人公林道静。"文革"中把京剧《海港》中泼辣能干的女强人方海珍作为标准女性。近十几年普遍追求美貌、贤惠、温柔的"贤妻良母"型女子。对男子的看法则不同：三四十年代公认的美男子是白面小生贾宝玉，五六十年代崇拜《红与黑》中的主人公于连，七十年代认为日本电影《追捕》中的高仓健具有男子汉的刚强气质，是理想的男子，有些姑娘到生活中去找"高仓健"式的男子汉，有的在杂志上撰文，不无感慨地说："到哪儿去找高仓健？"在她们看来，中国的男子汉太柔弱，缺少阳刚之气了，甚至得出了"中国男子汉退化了"的结论。现在许多姑娘中的理想丈夫应该是身高体健，有业务专长，有进取心，且会做家务，会体贴妻子，会照顾孩子。

四、择偶的途径

在封建时代，男女婚姻缔结的主要途径靠"父母之命、媒妁之言"。就是说由父母和从事婚姻说合工作的媒人来选择。一旦他们商定，男女当事人只能接受他们的选择。这种把择偶与婚姻当事人分离的做法是封建婚姻的又一大特点。

“父母＋媒人”这种择偶途径既符合封建礼教，又符合封建国家的法律。后汉班固在他的《白虎通·嫁娶》中说，由父母、媒妁来选择、确定男女的婚嫁之事，可以使男女远离耻辱和防止淫乱。唐代和明代都把父母为子女主婚和婚姻必有媒人写进了法律，当然这不是唐代和明代的发明，而是前代法律的延续。所以一般婚姻当事人，婚前只从父母、媒人等处听说一点有关对方的家庭及本人的情况，比如地位、财产、人口及本人的职业、相貌、年岁等。新婚之夜夫妻两人才相见。俗话说“先结婚后见面”。

这种择偶方式的形成是由当时的社会决定的。在以农业为主体的国度里，广大农民都在自家范围内生活、劳动，每天接触的都是自家人，与外人接触的机会极少。就是有钱人家的男女青年，与异性见面的机会也不多，主要是当时封建礼法束缚得太严，使男女青年完全处于隔绝的状态下，根本谈不上、也不可能自己去选择，而只能靠“父母＋媒人”来决定。

不过那时富贵之家也有用“招亲”、“征婚”等方法的，想以此为女儿找到如意丈夫。招亲就是父母向社会公开招女婿，所用方法有比武、赛诗、赛画、赛文章、征对联等。比武多为武术世家采用，其它几种方法多为书香门第选用。比武的获胜者一定是武艺超群的武士；诗、画、文章、对联比赛的夺冠者必是才华出众的才子。据载，北宋年间，河南开封有个马员外，为了给女儿挑选一位有文才的佳婿，就写了一个上联征对下联，王安石在赴京赶考的路上得知此事，立即前往应对，马员外看了他写的下联非常满意，高兴地招他为婿。后来王安石成了一位著名的文学家。像马员外这样用征联等方法选婿的事在古典小说、戏曲中屡见不鲜。

在古代征婚方法中有一种完全靠运气。比如女家在门前搭起高高的绣楼，让姑娘从楼上向楼下观众中扔彩球，哪个未婚男子接到彩球，就被选做姑娘的丈夫。这样选婿虽在古典小说戏曲中时有叙述,但选中的女婿是何等人就难说了。

最受古代男女青年羡慕和称道的择偶方式是一见钟情。就是未婚男女在一个偶然机会相遇就产生了爱慕之情。平时大门不出二门不迈的千金小姐偶遇美貌书生,一见钟情也在情理之中,但这种事情毕竟不多,而且往往会遭到家庭和社会的阻挠、反对,被辱骂为伤风败俗。古代文人常把这种故事写进小说、戏曲之中,大加赞扬,足见青年男女对于自主婚姻的向往。

近代随着报刊的发行,在报纸上刊登征婚广告是一种新的方式。征婚者把自己择偶的条件在报纸上公开,这是对封建婚姻的挑战,是一大进步。当然开创此举的也都是一些开明人士,如冯玉祥曾在北平报纸上刊登过征婚广告,并对众多应征的姑娘进行了“面试”,最后选中了一位女教师。1912 年 43 岁的章炳麟先生也曾在湖北一家报纸上刊登过征婚广告,一时传为美谈。

1949 年以后,“父母之命,媒妁之言”的择偶方法受到前所未有的冲击,代之而起的是男女自己选择恋爱对象。青年男女在学习、工作、劳动中,自己挑选配偶,这种新的择偶方式受到世人的称赞,更深受年轻人的欢迎。但由于传统婚姻观念和习惯根深蒂固,再加上男女之间交往方式不多,交际面不广,许多人还要靠别人的介绍来选择配偶。于是靠别人介绍找到配偶的比例往往高于自己选择的。据北京、上海、广州对 1984 年结婚的夫妻进行的抽样调查表明,经人介绍结婚的分别占当年结婚总数的 68.3%、65.1%、60.8%。这还不是最高比例,据说天津高达 71%。从全国看,完全由自己选择配偶的只占婚姻总数的 30%左右。这说明,虽传统的“父母+媒人”式的择偶途径受到了冲击,但新式的男女青年自由选择配偶的途径仍步履艰难,其原因是多方面的。

在城市,自由恋爱、自己选择配偶在人们的思想上没有什么阻力,不会再被看成是淫乱、不正派。但是完全由自己选择、自由恋爱结婚的,多数是同学、同事或同乡。由于异性之间接触交往机会少,很多人还是靠父母、亲戚、同学、好友、老师、师傅等人的介绍相识恋爱结婚的。

在农村，客观条件的制约就更多了。首先有不少长辈对男女青年自己找配偶持有偏见，认为是不正派的行为，对子女处处设防，而子女的对象也要由他们出面去物色。另外青年人之间由于地域等条件限制，交往更少，他们不得不依赖他人的介绍或父母的安排。所以无论城市还是农村，除去“父母之命，媒妁之言”的传统观念影响外，社交活动少是造成靠他人介绍择偶的主要原因。针对这个问题，近几年社会各界采取了不少办法，比如建立婚姻介绍所，利用报纸、电台、电视台、杂志等开办征婚栏目，工会、团组织举办联欢会、游艺会、舞会、茶话会等，这就为男女青年相识增加了机会，为改变过去的“同行恋”为“行行恋”，从相识的单一性向多渠道、多样性转化创造了条件。

五、休妻与离婚

休妻就是丈夫把妻子赶出家门，从此断绝夫妻关系。这是中国封建时代解除夫妻关系的唯一方法，与现代的“离婚”有本质上的差别。离婚男女哪一方都可以提出，只要感情确已破裂，办理了法定手续，即解除了婚姻关系。而休妻不同，只把解除婚姻关系的权力授予了男子一方。男子有权休妻，妻子却无权休夫。而且休妻只要丈夫写下一纸休书(休妻的文书)或仅说一句话，立即生效。而被休弃的女子，对此只能从命。易如反掌的休妻与繁文缛节的结婚程序恰恰相反，真是“休妻容易，娶妻难”。

但是，也并不是随意可以休妻的，封建礼教规定为“七弃”，即不事公婆、无子、淫、妒、恶疾、多言、盗窃。有人对这“七弃”作了解释：不事(侍候)公婆违背妇德；不生育后代断绝了家族的后世；淫乱家族；妒忌丈夫娶妾使家庭不安宁；有严重疾病不能侍候公婆，不能做祭祀宗庙之事；多嘴多舌，易惹事生非，离间家人的关系；盗窃有辱家门，若偷窃夫家，会使家败。以上七条犯了任何一条丈夫都可以将其休弃。但是在下述三种情况下丈夫是不得把妻子休弃的：第一，正在为公婆服丧，第二，家庭前贫后富，第三，娘家无人。据古人解释说，第一条是不忘她(妻)的恩德，第二是家贫之时，妻子与夫同甘共苦，家富弃妻违背道德，第三娘家无人，休弃她会使她无家可归。这就是“三不去”。从上述“七弃”和“三不去”的内容来说，和缔结婚姻不管男女之间的感情，只考虑家族利益是完全一致的，这说明中国封建时代的离异也与感情状况分离。“七弃”的不合理性古代的开明之士也不满，如明代宋濂指出，“恶疾”和“无子”也是女子本身所不希望的，这已是她的不幸，岂能因此就抛弃她？清代俞正燮认为，男子可以妻妾成群，女子只能从一而终，甚至连妒忌也不行，妻妒夫娶妾就要被赶出家门，太没道理了。当然，如此抨击“七弃”不合理的人，在那个时代毕竟是极少数，而更多的人把此视为理所当然。

休妻的“七弃”和“三不去”规定自唐代就被写进了法律，使之既合乎“礼”(封建礼教)又符合法律。“七弃”也就成了男子随意抛弃妻子的借口，从文献记载看，休妻的理由远远超出这七条，比如妻子做了夹生饭、妻子脚大等等。而“三不去”却是一纸空文，没有人去执行它。封建礼教宣扬女子“从一而终”，不允许再嫁，被休弃的女子不仅世人对她另眼相看，就是父母兄妹也看不起她，于是许多被休弃的女子走上绝路或栖身寺庙。据载，北齐时党州就曾专门修建了一座收容寡居无子和被休弃妇女的寺庙。

虽然休妻对丈夫来说易如反掌，但在实际生活中休妻比例并不太高。其原因是多方面的。首先是中国传统的婚姻观念认为结婚好，离异不好。每当年轻人结婚之时，人们常用“白头偕老”、“百年之好”等祝愿他们和和美美地共同生活一辈子。婚后夫妻恩爱、儿女双全，会受到世人的羡慕和尊敬，被称为“全福人”、“好命人”。

如果夫妻离异，往往被看成是家中最大的不幸，世人会耻笑、唾骂其家前世做了坏事，祖上没积阴德，所以对一般人来说，即使夫妻相处不和谐，不到万不得已决不走离异之路。其次是天命思想的影响，人们相信，夫妻的结合是天命决定的，俗称“缘份”，夫妻关系不好也是“命里注定”，作为个人只能“听天由命”。当然还有其它原因，不过上述两点是最主要的，在这些思想影响下，中国封建时代的婚姻又具备了一个突出的特点——不可离异性。

离婚出现于辛亥革命之后，但真正强调男女都有离婚自由的，还是1949年以后的新《婚姻法》。几十年来，和其它国家相比，中国一直是离婚率比较低的国家，就是离婚率比较高的八十年代，也远比西方国家低得多。像北京，1983年只有4.8%。

然而近四十年中的离婚率也不平衡。1950年公布了以废除封建婚姻制度为主的第一个婚姻法后，不少妇女纷纷要求解除已缔结和已订婚的封建婚姻。到1953年出现了第一次离婚高峰，受理离婚案达117万件。1954年后离婚率下降，直到1980年都一直很平稳，“文革”十年离婚率更低。因为当时国家法律遭到严重破坏，基层法院不受理离婚案，另外除去传统的离婚观念影响外，还与当时法律对离婚掌握偏严，在处理离婚案时，实行保护妇女权利过多的倾斜政策有关。1980年以后，新《婚姻法》不仅强调男女离婚同样自由，而且把夫妻感情破裂作为准予离婚的依据，另外离婚手续也简便多了，不管男女谁提出离婚，只要双方同意（说明感情破裂），财产分割、子女抚养等问题都没有争议，两人到婚姻登记处办个手续就行了。若是一方提出离婚而另一方不同意，经法院调解无效，确认双方感情破裂时，也判决离婚。人们对离婚的传统看法也随着时代发生了变化，无论是当事人还是社会，从精神上到心理上的承受力都大大增强了，“不光彩”、“丢面子”等畏惧感减少了。所以离婚率直线上升。如北京，1979年法院受理的离婚案件多达3845件，到1983年上升到7885件，增加了105%。

近几年离婚情况大体有以下几类，第一是“文革”中结婚的青年人，年龄在35—40岁左右，结婚一般10年左右。这是因为择偶时受到当时社会政治的影响，过多地考虑家庭出身、政治面目，而对文化水平、经济条件、兴趣爱好、性格等考虑过少造成的。第二是受近十几年经济观念的影响，择偶时考虑经济因素过多，而性格、感情等因素考虑不够，婚后发现双方合不来，其年龄多在30岁左右，结婚三五年的。第三是年龄50多岁，结婚二三十年的，过去多年感情不和，或曾要求离婚未获批准，或受传统思想影响，怕丢面子未曾提过离婚的，现在观念改变了。据北京市1991年对100对离婚案的抽样调查，当时离婚率最高的是年龄30—40岁的，占总数的55%，其中女方提出离婚的高于男方，有人戏称为“休夫”现象。

人们对离婚的看法、做法比六七十年代也有很大改变。过去一方提出离婚时，另一方往往采取不同意的态度来拖延对方，一拖就是十年二十年，他们想，“你不让我好好活着，我也不让你好受”，用精神上、生活上的痛苦来惩罚对方。现在有“好聚好散”想法的人多了，认为拖着不离对谁都是痛苦，于是协议离婚数量增多，其中多数为结婚3—5年，年龄25—30岁左右的。从职业看，工人最多，这说明年轻人接受新思想快。有些协议离婚者，办完离婚手续，两人一起到饭馆吃顿饭；有的把亲朋好友请到家中，当众把事情说清楚；还有的两人进行一次离婚旅游，以作纪念，或作为对结婚时没有旅游的一次补偿。人们称之为“文明离婚”，改过去“不做夫妻做仇人”为“不做夫妻做朋友”，应该说与过去的吵闹式的离婚比显然是个进步。

从目前离婚情况看，离婚率1981年以后有升有降，尚未成为严重的社会问题。

六、再嫁与再婚

再嫁是指妇女再次结婚。在封建时代，死了丈夫的寡妇再嫁有专用词“再醮(jiào)”，意思是再举行一次酒宴，而被休弃的弃妇再嫁没有专用词，这说明那时再嫁的妇女大概只有寡妇，弃妇不能或不可能再嫁。现在不同了，无论男女，也不管丧偶者、离异者，都可以再次结婚，统称为再婚。

在封建时代，对于寡妇再嫁历代看法做法不同。

秦以前，虽礼制要求寡妇不要再嫁，但实际上约束力不强，寡妇再嫁很普遍。到了秦朝，秦始皇反对寡妇再嫁，他在巡游会稽时立的碑石上说：“有子而嫁，倍死不贞”。意思是说已有儿子的寡妇再嫁是对丈夫的不贞。也就是说他不反对无子寡妇再嫁。

从汉代到宋代，封建儒生写了不少宣扬妇德、妇言、妇行的书，如《列女传》、《女则》、《女戒》、《女孝经》等等，强调妇女出嫁前要保持童贞，出嫁后要“从一而终”。但上至帝王下至庶民百姓，寡妇再嫁是习以为常之事。如汉武帝的姑母、母亲、姐姐等都是当了寡妇以后又再嫁的。唐代公主中再嫁者也不少，仅唐太宗就有6个女儿再嫁，唐高祖4个女儿再嫁。到宋朝，宋英宗曾令宗室女儿再嫁，而不允许丧夫的媳妇再嫁，包括夫亡无子者。庶民百姓之家仍沿续旧俗，无论女儿、儿媳，夫亡都可以再嫁。《夷坚志·补》中记载，婺州李姥，几个儿子去世后，儿媳全部改嫁。

但寡妇再婚引起了宋代理学家如周敦颐、张载、程颢、程颐等人不满，他们从维护封建伦理道德出发，把寡妇再婚看成是大逆不道，有失贞节。程颐用“饿死事极小，失节事极大”阻止寡妇再嫁。就是说，失节比丧失生命还重要。同时他也反对男子娶寡妇为妻，理由是男子娶失节妇人为妻，这也是失节。此后儒者追随宋代理学家，继续宣扬寡妇再嫁是失节的谬论，逐渐改变了世俗的看法，于是“一女不吃两家饭”、“好马不吃回头草”、“好女不嫁二夫郎”等俗语在民间广泛流传。

元代以后，不仅对寡妇再嫁从伦理道德上谴责，而且对守节的寡妇进行奖励，有物质奖励也有精神奖励。如明洪武元年规定，民间寡妇30岁以前夫亡守志，50岁以后仍不改守节者，“旌(jīng)表门闾”，“免除本家差役”。“旌表”就是在守节寡妇家门上挂匾额，或在其门前立贞节牌坊等。因为这种做法既表彰了守节寡妇及其家，又为其他妇女树立了榜样，所以明清两代节妇挂匾立牌的很多。

在封建儒生看来，夫死寡妇仅守节还不够，于是又提出夫死殉夫。元代殉夫已开始流行，仅《元史·列女传》中就记有187人。其中既有王妃也有百姓，既有夫死妻自杀的，也有夫将死妻先死的……。明清两代守节、殉夫成为普遍现象。清人修明史时，发现节烈传记竟“不下万余人”，择其优者仍有308人。现存北京各县50个地方志中，列女有910个左右，其中绝大部分是夫亡守节或殉夫者。实际上的数字要比记载大的多，因为能收入史志者毕竟是极少数人。

寡妇守节陋习一直到辛亥革命时才受到冲击。据载，革命所波及的南方各省，“贞节牌坊被砸毁”，许多革命青年提出“男可再婚，女可再醮”，民间流传“幼嫁从亲，再嫁由身”的俗语，意思是第一次出嫁遵从父母之命，再嫁由自己作主。但在实际生活中，再嫁仍被世俗所不容，当她们结婚时，既没有隆重热烈的婚礼，也不许坐花轿，甚至遭到男方家人的谩骂和指责。这一切使不少想再嫁的寡妇望而却步，所以守节不嫁的寡妇远远多于改嫁者。

1949年以后，法律规定寡妇有再嫁的自由，但从1949年到1979年这三十年中，再婚者为数极少，除非夫亡后受到夫家非人的虐待，否则是不会再婚的，原因主要是封建传统观念给人们的影响未能消除。

近三十年的再婚者中，从年龄看，年轻人再婚率比中老年人高得多，因为年轻人再婚的阻力相对来说小一些，无论社会还是家庭对他（她）同情多一些，即使是女子，人们也不愿她年纪轻轻就寡居；而中老年人的再婚，来自社会和家庭的阻力都不小，而且本人头脑里的传统观念也比较浓重。从性别看，男人再婚仍被看成是理所当然，而对女人再婚往往加以责难，特别是老年女人再婚，常被人们讥笑，封建思想严重的农村尤为厉害。

1979 年以后，在改革开放浪潮冲击下，人们的思想观念发生了很大改变，对再婚的传统偏见少了，即使是中老年女人再婚也得到了越来越多的人的理解和支持，各地成立了不少专门为中老年人再婚牵线搭桥的老年婚姻介绍所。北京呼家楼一个婚姻介绍所开业一年就接待了 1300 多人，其中大多数是丧偶者。十年来再婚人数迅猛增多，从再婚者的情况看，目前的再婚有几个明显特点：第一，40 岁以下女子再婚率高于同龄男子。40 岁以上女子再婚率低于同龄男子，尤其是老年女子再婚率更低。据统计，有的婚姻介绍所接待前来登记的老人男女比例为六比一，有的为九比一，最多的为三比一。老年女子再婚的少，主要阻力是封建残余思想作怪，认为老年人再婚是“老不正经、老风流”。尤其是子女偏见更多，有的出于对去世父（母）的怀念，不能容忍父（母）再婚，有的担心父（母）再婚，自己得不到或少得遗产，有的认为父（母）再婚给自己丢面子、不光彩。所以子女支持父（母）再婚者少，反对者多。相比之下，城市比农村好得多。在农村，有的子女和父（母）吵闹，有的甚至打骂父（母），强占父（母）的房子，让其无法结婚。有些老年人气愤地说：“过去父母包办子女的婚事不对，现在子女决定父（母）的婚事就对吗？”第二，再婚夫妻离婚率高，尤其是再婚的老年夫妻离婚率更高。据 1983 年上海长宁区有关部门的调查，再婚夫妻的离婚率比初婚夫妻的离婚率高四十倍，而且再婚时间短、离婚速度快。其原因是多方面的，有的是双方志趣、爱好、习惯、作风互不适应，有的是受原来子女干扰大，有的是财物、储蓄等经济问题，有的是婚姻基础不牢、感情不深……。

尽管再婚还存在着种种阻力，但是毕竟已经有不少人迈出了第一步。我们相信，随着封建伦理道德和婚姻观念的消除，新的道德观念、婚姻观念的确立，影响再婚的各种问题会逐步得到解决。

七、媒妁作用和弊端

封建时代，婚姻的缔结离不开媒人的牵线搭桥，这是中国传统婚俗之一，故称其为媒俗。

媒人有几种称呼，红娘、月下老人（或月老）、介绍人等都是。

媒俗是应婚姻缔结的需要产生的，在封闭的封建时代，封建礼教的限制使男女处于隔绝状态，家庭与家庭之间除有亲戚、朋友关系者外，互相交往极少，没有一个中间媒介为之牵线搭桥，很难缔结姻缘。

媒俗是得到封建礼教承认的。《礼记》一书说，没有媒人不能成婚姻。《孟子》中说，不遵从父母的决定，不经过媒人说合的男女间的恋爱，就和从缝隙间偷看，越墙而去私会一样，要受到父母和国人的鄙视。媒人说合是当时婚姻礼俗的重要组成部分，也是封建伦理道德的重要组成部分。另外，从把“媒妁之言”与“父母之命”相提并论，也可以看出那时媒在婚姻中的重要作用，与“父母之命”同等重要，两者缺一不可。唐代法律规定“为婚之法，必有行媒”，意思是说婚姻的缔结一定要有媒。唐以后历代法律内容大致相同，都强调了“媒”在婚姻中“不可缺少”的地位和作用。

在民间，有媒人从中撮合而成的婚姻叫“明媒正娶”，凡经“明媒正娶”的女人日后还可以此为据，证明自己是正派、清白的，自己的婚嫁是合理合法的。相反，非经“明媒正娶”的婚姻，被辱骂为“私奔”，不仅不会得到家族和社会的承认，而且还会遭到世人的鄙视，尤其是女子，至死低人一等，抬不起头来，严重的被骂为“淫妇”。所以民间俗谚说“天上无云不下雨，地上无媒不成亲”。由媒人撮合而成的婚姻如同天上有云下雨一样是天经地义的，可见媒俗已完全法律化、道德化、习惯化了。

封建时代的媒人有两种，一种是自家亲朋好友，另一种是职业媒人。亲朋好友“作媒”出于关心帮助，为了男女两家及男女两人好。职业媒人则不同，赚钱是主要目的，是一种婚姻商人，有的还是奸商。他们为了得到更多的钱财，往往弄虚作假，骗了男方骗女方。或者被男女两家中一家用金钱收买，去欺骗另一家。有的把残疾人说成是健康人，有的把品行不端者说成是循规蹈矩者，有的把丑陋的人说成是美貌之人……总之，为了得到钱财，投其所好，无中生有，什么假话都敢说。有的媒人甚至与其中一家串通好，相看时找一个女子或男子冒名顶替，蒙骗对方。这种荒唐可笑之事在古典小说和戏曲中屡见不鲜。因此民间流传着“婚姻好坏全凭媒人一张嘴”的说法。足见媒人对婚姻所起的作用。

媒俗至今沿续，但与旧时代的“媒妁之言”有着本质的区别。现代的媒人也有两种，其一是熟悉当事人的家人、亲戚、朋友、老师、同学、同乡、同事、师傅、邻居等。其二是婚姻介绍所及报纸、杂志、电视台等新闻媒介的征婚广告。这两类媒人都是出于对当事人婚姻大事的关心，把帮助当事人找到一个满意的配偶作为己任。当他（她）们为当事人物色到合适的恋爱对象时，就把各自家庭及本人的情况都如实地介绍给对方，供其考虑、选择。当双方都表示可以考虑时，就约他们见面，此后就由他们自由发展了，媒人只起传递信息作用，决不干预。谈吹了，媒人也不在乎，成功了，男女双方携带礼物前往媒人家表示感谢。结婚时，要请媒人吃饭喝酒，媒人也往往送礼祝贺。今天的媒人在婚姻中只起介绍男女相识和为双方传递信息的作用。婚姻介绍所以及电台、报纸、电视台（刊登征婚广告）虽收取一定费用，但只起到为男女双方互通情况的作用。这种介绍具有公开性，与中国传统的封闭式的私下撮合完全相反。公开征婚，是需要有胆量和勇气的，特别是刚开始时，往往遭到一些人的非议、嘲笑，甚至是谩骂，但近年来，为越来越多的人所理解，已逐步成为男女择偶的新途径。

当然有婚姻中介的婚姻与两人在学习、工作中因产生爱情而结为夫妻的完全自由恋爱婚姻相比，也还有一定缺陷，因为男女从相识开始，就是以择偶为目的，接触时多是审视对方，感情不易建立，发展也不那么自然，婚后夫妻感情融洽还需要时间过程，有的甚至感情无法合好，因此离婚率偏高。上海卢湾区民政局处理的121对协议离婚者中，经人介绍相识的占60.3%，为73对，可见靠介绍择偶不是最佳婚恋途径。但由于男女之间自由接触的机会少，相当多的人不可能从自已相识的人中选到配偶，还要靠媒人等中介。这两种形式尽管不如人意，但在当前婚姻缔结中还发挥着一定的作用，还是不可缺少的一环。这种情况恐怕还要存在相当长的时间。

第九章 家庭家族篇

家庭是社会的细胞，是构成社会的最小单位，家庭又是社会民俗的发源地和传承单位，因此要了解一个国家的社会民俗，就不能不涉及家庭民俗。

和世界各国相比，中国封建时代的封建家庭和当今时代的当代家庭都很有本国的特色，这些特色主要表现在家庭的职能、结构、生活方式、成员之间的关系以及礼俗、家风、家世、家教、家法、家族的族长、族规、宗祠、家谱等方方面面。

一、家庭职能

众所周知，中国封建社会是自给自足的自然经济，生产的主要目的不是为了交换，而是为了满足自我生活的需要。生产是以一家一户为主体进行的，主要的生产活动都局限在家庭范围内，自家人一起劳动，与外人分离，有人称其为家庭自然经济。生产，尤其是物质生产就成为家庭的第一个职能，也是首要的职能。

中国作为一个农业国，最主要的是农业生产，其次是手工业生产。对于一个家庭来说，第一位的是生产自家需要的农产品，其次是生产自家需要的手工业品。因此“男耕女织”的家庭在古代社会极为普遍。而精神文化活动主要是极少数儒生的事。只有物质生产才是所有家庭的共同任务。但由于生产工具不发达，劳动人手的多少直接决定生产的效益，俗话说“人多好干活”，从某种意义上说，人多财富多，于是由生产带来了对人口增长的需要。而对于历代封建帝王之家，生育人口还有特殊的意义。那时，封建王朝实行的是“家天下”，国家为皇帝一家所有。除一个皇子继承王位外，其他皇子被分封到各地。皇子多，由皇帝直接控制管辖的地区就多，对巩固皇帝的统治作用极大。因此历代生育子女最多的大概是皇帝，像宋徽宗有 65 个子女，其中 31 个是儿子。明太祖朱元璋有 26 个儿子，清康熙皇帝有 35 个儿子。

生育后代在中国封建时代还有一个重要的原因——为家族传宗接代，把生育后代与家族的延续挂起勾来：不生育后代，家族后继无人；生育后代少，家庭人丁不旺，有可能导致家族的衰败、乃至消亡。相反人丁兴旺，家族香火不断，等于延续了祖先的生命，使他们虽死犹存。儒家把这个问题看的尤为重要，所谓“不孝有三，无后（后代）为大”，认为没有后代是最大的不孝。为了防止“不孝”的罪名落到自己头上，于是把生育子女作为个人家庭的头等大事，甚至被当作结婚的唯一目的。“多子多福”、“有子万事足”、“早生儿子早得福”等观念深深扎根于世世代代中国人的心中，没有生育后代，或只生女不生男，没有给家族留下接续香火的后代，成了一个人一生中最大的憾事，至死也不会瞑目。后代多，家庭大，人多势众，家族强盛，外人不敢欺负。而后代人少家族不兴旺，小门小户容易被外人欺负，为了家族的生存发展，也是促使多生育子女的一个原因。

历代封建王朝对生育多采取鼓励政策，因为人多，平时供役使的臣民多，战争年代有充足的兵源。如汉高祖刘邦曾规定，谁养了儿子，就免两年劳役。北魏淮临王时采用惩罚政策：妻无子不娶妾者，处以不孝，并离遣其妻。在儒家生育观念和朝廷生育政策的促使下，生育子女一直是中国封建家庭中仅次于物质生产的第二大职能。

封建家庭的第三个职能是生活消费。消费与生产紧密相连，绝大多数家庭的生产主要是物质生产，在生产力低下的环境里，就是物质消费也是极其简单的，尤其对广大平民百姓来说，哪里谈得上什么精神消费，遇上红白喜事或者逢年过节吃顿饱饭热闹一下，或到庙会上听听民间艺人的演唱就算是精神享乐了。当然，豪门贵族之家就不同了，他们过着养尊处优的生活。“酒食足思淫乐”，酒足饭饱之后养鸟、下棋、打牌、听戏、弹琴、作画，甚至极个别家庭还养着自家的戏班，像《红楼梦》中的贾府，每到年节寿诞婚丧，就大摆家宴，唱戏作乐。物质消费和精神消费都很奢侈的家庭毕竟是极少数，而绝大多数家庭精神生活相当贫乏，与西方古典时代有家庭俱乐部、家庭舞会、家庭音乐会等丰富多彩的家庭生活不能相提并论。有人说中国封建家庭属于生产型家庭而不是生活消费型的家庭，这话是有道理的。

中国封建家庭的另一个职能是向全体家庭成员灌输封建的伦理道德观念，传授文化知识和生产技能。因为伦理道德观念如何关系到家庭道德状况的好坏和家庭的稳固程度，影响到整个封建社会的道德水准。所以无论什么样的家庭，都注重向家人灌输封建的伦理道德观念。

二、家庭结构

中国封建家庭结构的显著特点是数世同堂，家庭大，人口多，关系复杂。几代甚至十几代人，几十口人乃至几百口人同吃同住、和睦相处的大家庭，被人们所崇敬，看作是治家有方、上慈下孝、家庭幸福的标志。生活在这种大家庭里的人，自然也会感到无尚的光荣和无比的自豪。自南北朝起，人们把这种大家庭同为国捐躯的忠臣、良将、孝子、节妇、烈女等一起载入史册，使之成为世人的榜样。到了隋唐，四世同堂、五世同堂的大家庭屡见不鲜，甚至有九世同堂的。如《旧唐书》记载有个叫张公艺的人，其家已经九世同居共财，受到过几个王朝的表彰。唐高宗去泰山路过他家，登门巡视，并饶有兴趣地问张公艺九世同堂的诀窍。张公艺写了一个“忍”字，使天子为之感动，并赏赐了许多礼物。宋代以后这种大家庭不仅数目增多，而且世数也增多。据载信州李琳家十五世同居。河中永乐姚宗明家十三世同堂，历三百余年，人口百余，经多次战乱而不散。当然历经几百年的大家庭毕竟是极少数，从朝廷表彰的家庭看，比较普遍的是三世同堂或四世同堂。

数世同堂的大家庭靠什么维系，得以沿续几十年甚至几百年呢？主要靠以“孝悌”为中心的封建伦理道德及据此所制定的封建家礼；同时要靠经济基础，数世同堂的大家庭，没有一定的经济实力是绝对不能维持几十口乃至几百口人的生活的。因此世家豪族，达官显贵大多为数世同堂的大家庭，而生活艰难、缺米少柴的百姓之家多为二三世、几口或十几口人的中小家庭。

三、封建家礼

中国封建家庭礼俗是对家庭所有成员的等级名分的划分和言行的规定。上面说过，中国封建家庭的人口众多，辈分不同，性别不同，年龄不同，等级名分也不相同。那么每个人在家庭中的等级、名分如何确定呢？一般是从纵横两个方向划分。纵向划分的依据是辈分的高低，辈分高的地位高，辈分低的地位低，辈分最高者地位最高。同辈人横向划分的依据是性别、年龄，男性高于女性，年龄大的地位高于年龄小的。地位高低不同的人之间的关系是服从与被服从的关系。这样就把全家人之间的关系变成了金字塔状的等级关系。封建家礼的划分有两个作用，其一把每个人在家庭中的地位(位置)确定得一清二楚，即使是几十口、几百口人的望族也决不会发生混乱。其二用地位高低之间服从与被服从的关系把每个人紧紧地拴在家庭关系这张网上而动弹不得，这对于封建家庭的稳定、国家的安定产生着巨大的作用，这在世界各国的封建家庭中也是独一无二的。

中国的封建家礼是儒家创造的。众所周知，在中国封建社会占统治地位的是儒家思想，在治国治家问题上，儒家主张礼治，就是用封建的礼仪区别贵贱尊卑，端正等级名分，这种办法使家人听命于家长，臣民听命于皇帝。这种"以礼治家"、"以礼治国"的思想受到历代统治者的高度重视和大力宣扬，儒家最早记载、说明、论述礼仪制度的书——《礼记》、《仪礼》、《周礼》倍受重视，得以广泛地传播。历代不少名门世家又依据这些书的内容制定出自己家庭的家礼，让全家老幼遵循。其内容十分详细，也十分繁杂，概括起来主要有以下几点：

1. 家长与家属

家长就是一家之主。在封建家庭里，家长由家中辈分最高的男性担任：祖父在，祖父为家长；祖父不在，父亲为家长；父亲不在，长子为家长。家长在家中不仅地位最高，而且拥有最大的权力。家中全部财产由他掌管，家中每个人的命运由他支配、决定。对于违背家礼者有惩罚的权力。家中除家长以外的人都是家属，家属不仅要尊敬家长、更重要的是要绝对服从家长，对于家长的指令不得有半点违背。换句话说，就是家长有统治家属的自由，没有家属不服从家长的自由。当然作为家长，要把全家几十口人乃至几百口人治理得井井有条也很不容易，也须有点方法。像宋代德安陈昉做家长时，已十三世同堂，全家老少700口人，自给自足，上下和睦，是因为他治家有方：每天让全家人按长幼次序坐在大堂上聚集一次，目的是让每个人时刻记住自己在家中的地位之尊卑，等级之高低，检查自己的言行，不要做犯上违礼之事。

2. 父母与子女

父母和子女是血缘关系最近、最密切的家庭成员。在封建家礼面前，子女是父母的私有财产，父母有权决定子女的一切，包括职业、婚姻；有权对子女进行处置，打骂、送人、卖掉、甚至遗弃、杀害（极少数）。儒家主张“父为子纲”，就是子女要绝对服从父母，宣扬“父让子死，子不得不死”的说教。另外子女要孝顺父母。孝顺体现在：第一，“父母在，不远游”，在父母身边尽奉养之责，关心照顾好父母的饮食起居。父母生病，应为其调药尝药，直至病愈。历史上有“割股疗亲”的故事，讲子女为了治愈父母的病，不惜割下自己大腿上的肉做成羹给父母吃，并将此作为孝的典型。父母死后，要为其厚葬、服丧、守孝。第二，子女发肤受之父母，要加倍爱护，不得做毁伤身体之事，像剃发进佛门之事也是违背孝道而不能做的。第三，要为家族的繁衍、香火的接续而结婚生子。

3. 丈夫与妻子

夫妻关系是随着婚姻关系的确立而产生的，双方本来是平等的，但在封建礼教面前却被扭曲了。妻子是丈夫的私有财产，丈夫对妻子可以任意处置，或打骂，或休回娘家，或卖（典）与他人。妻子对丈夫绝对服从，一切听从丈夫的安排，这就是儒家的“夫为妇纲”、“夫倡妇随”。夫妻之礼都是给妻子规定的，要求平时侍奉好丈夫的生活；丈夫死了，或守节不再嫁，做个节妇，或为夫殉节，做个烈妇；若自己不生孩子，应劝夫娶妾，绝不能让“丈夫断嗣”做不孝之子。

在有妾的家庭，妾的地位不仅低于夫，而且低于妻。对夫与妻都要绝对服从，不得违抗。像《红楼梦》中贾琏之妾李平儿，终日“忠心伏侍”贾琏夫妇，还时常遭到他俩的打骂，对于他们的打骂只能忍受，不得反抗。这是因为妾非“明媒正娶”，在家中没有合法地位，只是夫妻的奴仆。

4. 兄与弟

在多子家庭，兄弟几人有同父母的，有同父异母或同母异父的，有妻生的，有妾生的。封建家礼规定，妻生子女地位高于妾生子女，其中妻生的嫡（dí）长子地位最高。同一父母生的子女，长子地位最高，其他兄弟中地位高低，以年龄大小为序。父在，长子地位次于父；父亡，长子代替父亲行使权力。若是帝王或有官爵之家，嫡长子或长子是法定继承人。兄弟之间的礼法为“兄仁弟悌(tì)”。“兄仁”是指兄长对弟弟既要亲仁宽厚，又有管教之责。“弟悌”是说弟弟要服从兄长，尊敬兄长。在受到封建王朝表彰的弟“悌”事例中，有的像侍奉生病的父母一样照顾病兄，有的为保护兄长的后代而丢弃自己的子女，有的尊重兄长而放弃家产的继承权……。

5. 男女之间

男女在封建家庭内部也有尊卑之别。男子有参与家政的权力，女子没有；男子可以继承家产，女子不行。“女子未嫁从父，既嫁从夫，夫死从子”。此外封建家礼还规定了男女有别之礼：“男女不同席”(男女不能一起吃饭)、“男女不杂坐”(男女不能坐在一起谈话)、“男女不同行”(男女不能一起走路)，以及男女不能用同一件东西，衣服不能同放一个衣箱，等等。另外对女子的言行还做了详细的规定：走路不能左顾右盼，说笑不能露出牙齿，坐着不能摇腿，站着不能摆弄衣裙，说话不许出高声，在他人面前要时刻保持端庄仪态。未婚女子不能走出家门、闺房或绣楼，订婚女子没有非见不可的特殊情况不得与未婚夫见面。已婚女子不得接触丈夫以外的男子，就连叔(夫之弟)嫂之间也不能谈话，否则被视为淫乱不贞……总之女子地位比男子卑微。

6. 婆媳之间

婆媳虽同为女子，但因辈分之差而地位悬殊。封建家礼规定，媳妇不仅服从丈夫而且要服从公婆。尤其在家务事方面要听从婆婆的指挥，叫干什么就干什么，不得争辩、反驳，而且只许干好。否则，婆婆不满意，就会遭到婆婆的打骂。婆婆打骂只能忍受，不能反抗，所以婆婆打骂媳妇在封建时代是极普通而又极普遍的事。相反，不被婆婆打骂倒有点稀奇。受到朝廷表彰的孝妇中，她们中有的虽受尽公婆、小姑(夫之妹)的虐待，仍恪守孝道；有的公婆病重，割股疗疾；有的公婆死后，为其守孝……总之都是以牺牲媳妇的权益来维护婆婆的尊贵地位。

除上述六礼外，雇佣仆人之家还有主仆之礼。无论主仆关系多么密切，仆人的地位总是卑贱的，故被称为下人，他（她）只能无条件地服从主人，尊卑之礼是绝对不可逾越的。

这些繁琐复杂的家礼既然制定就是要执行的，当然执行情况各家不同，因为其中有些内容如未婚女子不得出家门等在贫穷之家无法做到。因此，贫穷之家的家礼比富贵之家略为简单。但是无论贫富，对违犯家礼者的制裁和处罚都很严厉。制裁和处罚的方法：轻者训斥、罚跪、罚钱等；重者用棍棒、板子打；严重的被处死。处死的方法有逼其自杀、吊打至死、投河沉塘、赶出家门等。故而又称家礼为家法、家规、家诫、家约等。其实质是摧残人性，是“吃人”。

从封建家礼的内容可以看出，与封建国家的礼仪制度一脉相承，它既是封建伦理道德在家庭中的具体体现，又是封建法律在家庭中的运用和延伸。其目的就是为封建家庭培养孝子贤孙和贤妻良母，由小及大为封建王朝培养忠臣，稳定统治秩序。它剥夺了个人意志、言论、行动等方面的自由，极大地压制了个性的发展。这与西方家庭成员之间较为平等，个人较为独立、自主的差距是极大的。这也正是中国封建家礼中最落后的所在。然而中国家庭礼俗中推崇的全家团结、上下和睦、晚辈敬重长辈、子女赡养父母等传统美德，在西方家庭礼俗中并不十分强调，这些就是中西方封建时代家庭礼俗上存在的差距。

四、家教与家产

在中国封建社会，一个人一生的大部分时间或全部时间都是在家庭中度过的，他（她）的思想、品德、知识，才能的大部或全部也都是从家庭教育中获得的。可见那时的家庭教育对一个人一生所起的作用远比今天大得多。因此古人极为重视家庭教育。“养不教，父之过”，这句在中国流传了几千年的老话极简洁明了地指出了父母在子女教育问题上所担负的极其重大的责任。

纵观中国封建时代的家庭教育有几个明显特点：

1. 把品德教育放在首位

品德教育的内容就是儒家所宣扬的封建的道德准则和伦理关系。为了让孩子从小就懂得并恪守这些规范，人们想尽了各种办法。把儒家经典《论语》、《孟子》、《尚书》、《孝经》等作为教科书是最为普遍的。有的专门为自家子弟编写“家训”、“家教”之类的教材如颜子推的《颜氏家训》、朱柏庐的《治家格言》等等。还有的人把二十四个孝子的故事编撰成书——《二十四孝》，让孩子学习、模仿这些孝子的事迹。使孩子从小就受到这种思想和故事的熏陶。

2. 注重知识、技能的培养

知识和技能的培养在不同的家庭侧重不同。官宦世家富室注重教给子弟文化知识。有的亲自讲授；有的自办家塾，聘请文人学士授业；有的则不失时机地把孩子送进官办学堂或私塾去接受学校教育，目的是让孩子“跳龙门”、走仕途，成为“人上人”，光宗耀祖，显赫门庭。

平民百姓之家父辈大多不识字，也无钱送孩子进学堂读书识字，只能让孩子跟随父母劳动，在父辈言传身教中学习做人的道理和养家糊口的技能：农民教孩子种田的本领，手工业者教孩子手艺，习武之家教孩子舞拳弄棒……。也有因父辈吃了某种行业之苦，不愿孩子再走自己的路，而送孩子另外拜师，另学手艺的。

3. 家教内容男女有别

男女在接受教育方面的差别主要表现在教育内容上，这就是在知识、文化、技能的教育上往往只对男子，而禁止女子学习，常言道：“传男不传女”，这是儒家对女子的教化观念造成的。

在儒家看来，“女子无才便是德”，其“职在供养馈食之间”，无须学习知识和文化，只要学好妇德和“女红”，具有侍夫生子、做家务的本领就行了，让她们多识字，反而不安分守己，无益有损，这纯粹是对女子的愚化。而这种不平等的愚化教育却在中国沿袭了两千多年。在这两千多年中，不要说百姓之女，就连大家闺秀，一般仅识几个字，仅有极少数仕宦、翰墨诗书之家的女子，学习一些文化知识。所以在古代文人学士中，女子寥寥无几。《辞海》文学分册收入的786位古典文学作家中，女性仅有17位，占2%多一点，其中著名的女作家仅一二位，真少得可怜。

至于技能的学习也是如此，一般不让女子学习父辈所从事的技艺，他们说：“这是男人之事，女子莫学之”。若有什么家传绝技，更不让女儿学习，连看也不行，这是因为女子要嫁人，不能把家传绝技传给外人。因此，女子只能跟随母亲学习缝纫、刺绣等。贫苦人家由于生活艰难，不得不让女子学习纺织、养蚕、种田等技术，这不是为了让她们掌握某种技能，而是为了糊口。大家闺秀中也有学习琴棋书画的，这也与学艺不同，一方面为了消闲，一方面是侍夫或侍亲的需要。

“女子无才便是德”和对女子重德不重才的遗风至今仍在我国部分落后地区存在。有些父母不让女孩子读书，或只让女孩子读几年书，认为“女孩子学习很多文化没有用，认识一些字就行了。”所以在全国文盲、半文盲中，女子占的比例很高。

4. 教育方法灵活多样

古人不仅重视家庭教育，而且很注意教育方法，主要有以下几点：其一，抓得早。早在魏晋之前，已有“胎教”之说。据《颜氏家训》记载：“古者圣王有胎教之法，怀子三月，出居别宫，目不邪视，耳不妄听，音声滋味，以礼节之。”这就是说，从孩子母亲怀孕三个月时，“胎教”就开始了。真是早得不能再早了。此外，还有一些人强调从“赤子”抓起，理由是“心未疑而先教谕，则化易成也”；“少成若性，习贯之为常”。其二，言传身教。处于婴幼儿时期的孩子，辨别好坏的能力差，但是模仿能力强，父母的言行就是最好的榜样。所以父母极为重视自身的教育作用。如孔门弟子曾参曾用“说到做到，言行一致”教育孩子。有一次儿子哭闹，其妻说：“听话，我杀猪给你吃。”孩子听后果然不哭了。曾参立即去杀家中仅有的一头猪，其妻见状阻拦说：“我是哄骗孩子，你怎么当真了？”曾参回答：“说了就要做到，用假话骗孩子，以后他怎么会相信你的真话？”说完把猪杀了。其三，因材施教。孔子是中国最早重视因材施教的教育家，他能把握每个学生的个性，有针对性的进行教育。父母教育子女也如此，像明代著名医学家和药物学家李时珍，小时候受做医生的父亲的影响，喜欢和小朋友一起上山采集各种药草。由于那时当医生被人看不起，父亲不同意儿子再干这种工作，就让儿子去读书。但当他发现儿子非常喜欢医学时，就改变了主意，教给他医学知识。后来，李时珍不仅成了有名的医生，而且还写下了著名的药书《本草纲目》，为中华民族的医药学作出了伟大的贡献。其四，重视周围环境、人事的影响。环境、人事是“无言之教”，对孩子有潜移默化的作用，这一点古人很早就懂得。为了选择好的环境出现了“选左右”、“择邻处”之事。如孟子的母亲曾带着儿子三次搬家，最后搬到了学校旁边才居住下来，成为被传诵的美谈。其目的无非是给孩子找一个学习的好环境。后来孟子果真发奋读书成了中国第二个圣人。除上述几种方法外，还有一些特别的办法，如南宋民族英雄岳飞的母亲，用绣花针在岳飞背上刺下了“精忠报国”四个字。通过刺字把一位母亲的爱国之心深深地刻划在儿子的心上。岳飞不忘母亲的教诲，后来成了最受人尊敬的民族英雄。

教子虽受到家庭乃至社会的高度重视，但也存在一些问题。在教育内容上以尊孔读经为主，对自然科学知识重视不够。在教学方法上让孩子死记硬背书本知识。在教给孩子劳动技能时，只让他们简单地模仿前辈的行为方式和动作，不注意钻研劳动技能、革新工艺，致使所培养的人有的只会背诵书本知识，成了四体不勤、五谷不分的书呆子;有的只会沿袭模仿,墨守成规,这也是封建社会我国科学技术停滞不前的一个主要原因。

家产是指属于一个家庭的所有物质财富。在封建社会主要是房屋、土地等。它是一个家庭的经济基础。家产的多少,不仅关系到全家人衣食住行的水准,而且决定着家庭在社会中的政治地位和经济地位。家产多的豪门大户社会地位高,家产少的小户人家社会地位低,处处被人看不起。为了提高自己家庭的社会地位,人们想尽了各种办法。当时被世人公认的捷径是走仕途发财。只要当上官,既有地位又有钱财。在从隋到清末1300多年的时间里,一直实行科举考试选拔官吏的制度,科举成为人们获取高官厚禄的主要途径,只有科举及第者才能被授予官职,这就是人们常说的"学而优则仕"之路。像《儒林外史》中的范进,中举前被人看不起,中举后,世人对他的态度都变了,称其为"老爷",知县、地主都愿和他结交朋友,甚至还有送给他田产、房屋、奴仆的,他很快成了大财主。然而走这条路也很不易,没有钱读书不行,有钱读书吃不了寒窗苦也不行,再加上科场风气不正、考试内容和方法失当、取士名额少等因素,能走通这条科举做官之路的人数很有限。

给后代儿孙多留下一些家产这是世世代代中国人的共同心愿,就是今天也仍然很普遍。不少人自己终日省吃俭用、置房买地,为的是死后"遗之以物",只有这样,才可告慰祖先,对得起子孙后代。给后代留下什么家产,人们看法不同。有人认为"遗子满筐银,不如一筐经(书)",让孩子读书做官是一本万利。有人认为,教育子孙依靠自己的"勤力","以供衣食",反对"喻之以利","遗之以物"。子孙不勤劳,留下的财产再多也保不住。西汉丞相萧何、东汉的杨震都是这样做的。杨震做高官多年,却不买产业。有人劝他,他说,让后代子孙做个清白官是最好的遗产。而更多的人则把给子孙多传授些知识、技术看作是最好的财富,于是父传子,子再传子,知识技术成了"传家宝"。像南朝的祖冲之,就是受家传成为伟大的历法算学家的。明朝的李时珍若没有父亲的传授,也很难成为伟大的医学家和药物学家。这也是造成中国封建社会技术(艺)多为家传的原因之一。

在多子女家庭,父母去世后,家产如何分配继承,概括起来有三点:其一,女子没有继承权,男子有继承权。其二,儿子中长子为主要继承人,其他儿子次之。封建帝王和官僚贵族之家基本沿袭这种方法。也是在中国流传时间最长、范围最广的家产继承方法。其三,几个儿子平均分配家产,宋代以后,一般家庭使用此法。

这三条的出现各有依据,第一条以男女不平等为前提,因其符合男尊女卑的封建家礼,一直被历代绝大多数家庭遵从,至今仍为大部分农民家庭沿用。第二条符合封建家礼中的长兄位尊于其它兄弟之礼。但由于这种分配方法常激化兄弟之间的矛盾,引起冲突,甚至互相残杀,于是出现了兄弟几人平均分配的新方法。客观上打破了兄弟间不平等的地位等级,应该说是社会的一大进步,至今为不少家庭采用。

家产的分配往往在分家时商讨决定。分家产是一个大家庭分成几个小家庭的主要内容之一。分家会多由本族族长、族内德高望重的长辈或舅舅主持。分配方案一旦确定,立即写好分家清单,各位兄弟及主持人在清单上签字画押后即刻生效,这是流传了很久的传统惯例。

五、家世与家风

家世是指一个家庭或家族世代相传的主要职业特征所标志的社会地位。平时常说的"书香门第"、"仕宦之家"、"将门之后"、"名医世家"、"武术世家"等都是。

在封建社会,家世有尊卑贵贱之分,名门望族在社会上占有特殊的地位，特别是门阀制度盛行时期，品评人物的标准不是德才，而是门第的高低，所谓“寒门无上品，望族无下品”就是这种思想观念的集中反映。在日常社会交往中，家世地位的高低把人与人隔绝开来。在婚姻问题上门当户对成为第一标准。传统的家世观念巩固了门阀势力，埋没了人才，客观上阻碍了社会的发展、技术的进步。这种传统观念至今还在某些人头脑中作祟，不时地左右着人材的使用、婚恋的匹配等等。有识之士深知片面强调家世给社会、国家乃至个人造成的危害，对此深恶痛绝。相比之下，今天人的家世观念比旧时淡漠了许多。

家风俗称门风，是指一个家庭（或家族）世代相传的道德准则和为人处世的方法。一个家庭所具备的家风是家庭中所有成员的思想、行为的集中表现。如果家中某人做了违背家风的事，不仅被唾骂为“败坏门风”，而且还会受到家法的惩处。

一个家庭的家风形成后，在全家人的维护下，可以世代承继，经久不衰，这就是说，家风具有很大的稳定性。在古代封建大家庭里，人们极其重视培养、维护好的家风，在不少家庭的家教著作中，都把家风的培养、维护作为重要内容，如颜之推的《颜氏家训》里就有专讲家风的《风操》篇。

当然不同的家庭，家风也不同。像宋代名将杨继业一家，几代人前仆后继，为保卫自己的国家英勇善战，宁死不屈。宋代为官清廉的包拯，死时留给子孙的遗嘱是：后代子孙做了官，如果犯了贪污罪，不许回老家；死了以后也不许葬进包家坟地。做个为百姓办事的清官就是包拯的家风。

无论古今，总有个别家风不正、世代作恶的家庭，比如道德败坏、嗜赌成性、偷盗抢劫、挥霍无度等等，但这种危害社会、败坏民风的家风为世人鄙视和痛恨，在社会上受到孤立。大凡正经人家不愿与之为邻，更不愿与之交往，而有好家风的家庭受到人们的尊敬和仿效，使好家风广泛传播开来。中国古今比较普遍的家风有勤俭持家、尊长爱幼、和睦谦让，善于交友、乐于助人、爱国爱家、吃苦耐劳及禁打架、禁斗殴、禁酗酒、禁赌博、禁偷盗……中华民族的好民风就是由世世代代千家万户的这些好家风汇聚而成的。

六、族长与族规

西方封建时代的家庭对父系母系一视同仁，连父系、母系亲属的称谓也没有区别，而中国封建家庭不同，为父系单系世系，母系是外姓人，处处事事都不能与父系混为一谈。而若干个具有亲近父系血缘关系的家庭又组成一个家族。家族凌驾于家庭之上，家庭要服从于家族，受家族的管辖，这在西方是没有的。

家族有强大弱小之分，强宗大族在政治地位、经济力量以及人丁兴旺等方面有优势，因而门第高、族望隆。有的可以控制本乡本土，几个强宗大族联合起来甚至能左右朝政。而门第较低，家世不显的家族，虽也拥有一定土地、财产和政治地位，但远比强宗大族低得多，被称为“寒家”、“庶族”，而受到排挤。

正如每个家庭有家长一样，每个家族也有族长。族长是全家族的最高首领，负责管理全家族的各种事务。一般来说，族长是由族中的长老或富贵者推举出来的，而他本身也是族中辈分较高、年龄较大者，同时又是有钱财有权势的强者。具备这些条件的无非是族中地富豪绅，平民百姓是绝对不可能的。

在族内众人的心目中，族长是宗族祖先的代表和化身，自然对他有一种敬畏之感，再加上族长在族内拥有至高无上的权力，族长实际上成了族内的“皇帝”。族长的主要权力有：主持祭祀祖先的典礼、宗谱的修续、负责宗祠的管理、主管族产、教化族人、惩罚违反族规者、处理族内纠纷、调停各种争端，甚至连族内各家大事如生子取名、儿女婚嫁、丧葬、分家、过继子女、招赘女婿等都要过问、裁决。总之族内一切权力都集中在族长一人之手，实际上成了一族的统治者，他与族人的关系也就成了统治与被统治，服从与被服从的关系。每个族人对于他的任何决定都必须绝对服从，不得有任何异议，否则就会受到族规的惩处。

每个家族都有十分严格的成文或不成文的族规，以约束全族人的言行。同时又是族长行使权力的依据。有的叫祖训，有的叫宗约，叫法各异，但实质相同，都是封建国家法律在家族内的延伸和具体运用，是束缚族人自由的紧箍咒。

族规的主要内容是依据封建礼教和封建国家的法律制定的，总括起来有：其一，要求族人绝对服从皇帝的统治，按时交纳赋税，做个安分守己的良民。其二，规定祭祀祖先的礼仪、推举族长或宗族首领的办法。其三，规定了族长的特权和族内各成员的等级、名分及行为准则。其四，强调一族之人同本同源，要求族人之间团结和睦、互助互爱。其五，为维护家族声誉，对族人的品德修养、所从事的职业等方面提出了要求，如不许从事"贱业"(像理发、唱戏)等，规定禁约，如禁奢侈浪费、不酗酒、不斗殴、不赌博等。其六，规定禁止异姓进入族谱和财产继承等问题。异姓入族的规定有不准女儿的孩子、妻子娘家人入族等。其七，规定违反族规家法，损害家族利益和封建国家利益，败坏纲常礼俗者的处罚办法。处罚办法依其情节轻重而定。比如对长辈尊敬不够、对父母奉养不周、不听教训、懒惰放荡等属于轻罪，一般受到训斥、罚跪、杖责等。杖责分几等，初犯打十板、再犯打二十板、三犯打三十板。轻罪者若屡教不改就会被革除宗籍，永不许入祠。重罪包括殴打父母长辈、盗祖坟、做贼放火、造反抗命、败坏伦常等严重违反族规国法的，或送官或用族刑。族刑最重为处死。当然族规对族长也有处罚规定，比如族长办事不公、行为不端、滥用权力或不称职等，轻者撤换，重者族人可以"公讨其罪"，削去族长永远不许再立。但执行时一般只是更换族长而已。

族规的制定有多种方法，有的照搬祖先遗训，有的由族中头面人物议定。由于每个家族的情况不同，族规的内容也各有特色。一些著名的族规，其作用和影响远远超出了本家族的范围。有的不仅影响了同时代的家族，而且影响到后代家族，甚至一直延续到中国封建社会解体。

七、家谱与宗祠

家谱是记录整个家族变迁情况的一本百科全书。又叫宗谱、族谱、谱书等。在封建时代，家族无论大小，都有家谱，可以说没有无谱之族。

家谱中一般详细地记载着全族已故和现存每个成员的名、字、号、婚配、生育、享年、葬地、世系流源、血缘关系；族田的数量、范围；族墓的地点、方位；宗祠的位置、结构及族规等内容。

家族成员的记载也依男子辈分高低排列，妻子不得载名，只以某氏列在其夫之后，所生女儿也不载名，只以第几女列在其父母和兄弟之后。对每个人的记载也有详略之别，凡光宗耀祖者如名宦、名士、名臣、孝子、烈妇、贞女等则十分详细地记录所有情况，有的家谱还给这些人附有画像、传记、著作、墓志等，既是对为家族赢得荣誉之人的表彰，又是对后代子孙的教育和鞭策。早期族谱不是全族每个人都可以入谱，比如从事贱业者就不得入谱，后代大都改为凡族内成员都可以入谱。

家族不断发展，家谱就要不断续修、补充，续修时间长短不一，有的十年一修，有的二十年或三十年一修，长期不修则会被认为是对祖宗不孝。每次修谱前，要通知迁居异乡的族人派人回祖籍参加续谱。届时还要在族长主持下举行隆重的修谱仪式，当然祭祀祖先是必不可少的。修谱所需费用有的由族内各家分摊，有的由族产或族内钱财多者支付。续谱结束时，还要举行秉告祖先的仪式，然后把家谱分发给各房各支甚至各家保存。

家谱从魏晋南北朝一直到清末都非常盛行。它把本家族几十代、几百代成员的血缘关系、婚姻关系、辈分高低梳理得极其清楚，使人一目了然，既能防止本族成员的血缘关系发生混乱，有助于族长对全族人的全面了解、管理、支配、使用，又对增强家族成员之间的团结，巩固家族制度起到很大作用。

为了让人一听姓名，就知道其在家族中辈分的高低，有的家族就在家谱中规定了表示辈分的字，作为族人取名字之用，比如孔子后人在家谱中最初规定了三十个字，并经清代乾隆皇帝钦定，这三十个字是：

希言公彦承，宏闻贞尚衍，

兴毓传继广，昭宪庆繁祥，

令德维垂佑，钦绍念显扬。

全国孔姓人取名字时都要使用。1920 年孔子第 76 代孙孔令贻又续了二十个字：

建道敦安定，樊修肇益常，

裕文焕景瑞，永锡世绪昌。

这样，"昌"字辈的人将是孔子第一百零五代孙。孟子、曾子后人也用孔家选定的表示辈分的字，这三姓人取名字时，就把家谱中表示自己辈分的字放在姓名(三个字)的中间，如"孔令贻"，"令"字是辈分，一看家谱便知他比"孔祥×"低一辈，比"孔德×"高一辈。这一取名习俗至今仍在很多家族中沿用。

一些大姓士族家谱如宋代欧阳修的欧氏谱、苏洵和苏轼父子的苏氏谱等在社会上流传很广，影响很大，至今对我们了解和研究古代家族仍有极大的史料价值。

宗祠是一组单独的礼制性建筑，俗称祠堂。它是一个宗族供奉、祭祀祖先的场所。

宗祠是从家祠、家庙发展来的。在古代，“士”以上可以建立家庙，家庙是以家庭为单位修建的，但不是独立的建筑，而是与居室相连的建筑。一般人家不能修建，只能在居室内设立神龛供桌，供奉祭祀祖先。自南宋到明初看到的都是家祠，而以宗族为单位建立的宗祠开始于元代，到明世宗时已允许民间修建宗祠。此后，城乡宗祠遍立，随处可见，不要说每个村镇都有，就连城市也常有数座林立。其规模虽不如坛庙宏大，却也精巧、华丽，尤其是豪门望族的宗祠，宏伟气派，富丽堂皇，像广州的陈家祠，是今天我们看到的祠堂中最突出的一个，建筑设计和装饰艺术都达到了很高的水平。

宗祠是家族的象征，无论哪个家族，都要尽全族最大的力量进行修建。反过来宗祠建筑的规格是一个家族政治地位和经济实力的最好象征，像广州的陈家祠，一看便可知其家族当年的显赫地位和强大的经济实力。

宗祠举行的祭祖仪式相当隆重，参加者不仅要衣冠端正，而且拈香行礼都要严肃认真。祭祀时要依尊者在前，卑者在后之序。族长主祭，族中年岁大辈分高者陪祭，其他人依辈分大小、地位的尊卑排列。行礼时，要整齐严肃，好像祖先亲临在上，不可戏谑谈笑，参差不齐。行礼不恭、随便离席、咳嗽、打哈欠等失容的举止要受到族规的惩罚。有的士族大家的祭祖活动非常隆重，有各种执事人员负责赞礼和奉献祭品，还配以钟鼓等。祭祖的目的主要是对族人产生巨大的凝聚力，使族人更加团结。

宗祠除用于祭祖外，还是族长处理宗族事务、执行族规和教育本族子弟的场所。族人的婚礼、冠礼，丧葬礼等有的也在这里举行。

八、家庭、家族观念

家庭是人们基本的生活单位，世界上无论谁，都离不开家庭，在家庭中出生，在家庭中长大。在中国封建时代，即使长大了也不能离开家庭，要和家人一起同吃同住同劳动，死后葬入家族的墓地。一句话，一生不离开家庭。个人的一切包括思想、情感、前途、命运等等都被拴在家庭这辆马车上，与家庭同荣辱、共存亡。家庭的一切如地位、利益、名声等都与自己休戚相关。因此为了家庭做什么都可以，哪怕是献出生命也在所不惜。这就使得中国人的家庭观念尤其浓重。于是有家难回、无家可归被世世代代中国人看作是极悲惨的事。不到万不得已，谁也不愿意离开生育、养育了自己的家。当战争或自然灾害迫使人们“背井离乡”时，没有一个人不是流着眼泪出走的，这叫“故土难离”。离开家无论多少年，没有人不为“思”家的痛苦所困扰，总盼望着有朝一日能回到自己的家。“落叶归根”和死后葬入“祖坟”成为离乡之人最终的追求，达不到目的将成为终生憾事，死也不能瞑目。

在封建时代，家族和家庭一样，每个人都不能离开，一个人，他(她)既是家庭中的一员，又是家族中的一分子，并与家族同呼吸共命运。封建国家也利用家庭、家族与个人的亲密无间的关系来控制每一个人。当族内某人显赫之时，就表彰奖赏全族；当族内某人犯罪时，就株连族人。这样就把个人与家族紧紧地捆绑在一起。使每个人都不敢做有损家族利益和声望的事，而只能做为家族添光彩的光宗耀祖之事。每当族内谁家有了大事，如婚嫁、丧葬及生孩子办寿日等，人们都把它当成自家之事，主动出来帮助。严重的家族观念有时也会使人的是非观念发生颠倒。过去常发生这样的事：当两个家族之间发生矛盾时，全族人不管谁对谁错，纷纷站出来帮助本族的人，导致两个家族之间引发一场惨酷的械斗。这是家族主义的一个弊端。

家庭、家族对个人限制越大，个人对家庭、家族的依赖性越大，相反独立性越差。当人一旦离开家庭时，就立即失去了安全感和后盾，无论心理上、精神上都感到不适应，总觉得“在家千日好，出门时时难”。极不愿意离开自己熟悉的家到陌生的地方去。相比之下，西方人的独立性、自主性都比较强，对家庭的依赖性比较小。云游天下、四海为家对他们来说既不可怕，也不困难。中西方这方面存在着的距离也是家庭观念强弱的一种表现。

九、当代家庭

1949年新中国建立后，国家政治、经济、思想、文化等方面发生的深刻变化，猛烈地冲击了旧中国赖以生存的封建家庭和家族制度。作为一种社会组织的家族制度很快被取消了，作为社会细胞的家庭虽然存在，但家庭的方方面面都发生了深刻地变化，家庭经济建立在社会主义公有制基础之上，家庭关系逐步形成了人与人平等的新局面，家庭生活丰富多彩，家庭职能中物质生产只存在于农村家庭和城市中的个体户家庭，随着计划生育政策的实行，家庭人口越来越少。

但是由于历史的原因，城乡家庭在上述诸方面发生的变化不是同步的，出现了新的差别。两者相比，城市家庭比较开放一些，现代气息浓厚一些；农村家庭含有封建家庭的陈规旧习多一些。当然，无论城市还是农村，家庭与家庭之间变化也是不平衡的。有的是全新的现代家庭，有的是封建色彩浓厚的家庭，后者主要存在于偏僻落后山区。就当代家庭的主流来看主要有以下几方面变化。

1. 家庭职能转向生活型

近十年，随着国家改革开放的步伐，家庭也进入一个新时期。在广大农村，农民以家庭为单位，向集体经济组织承包土地，并组织全家人在承包的土地上从事生产劳动；生产工具开始进入机械化或半机械化；耕作方法讲究科学化，这极大地提高了经济效益和家庭的生活水平。电视机、洗衣机、录相机、收录机及报刊、杂志进入千家万户，劳动之余，人们有时间、有条件从事娱乐活动，使得家庭生活方式向封建时代的单纯生产型告别，转为生产——生活型。

在城市，除少数个体户家庭组织生产外，绝大多数不负责生产，只负责全家人的生活，家庭成为全家人生活、娱乐兼学习知识的场所，成为完全生活型的家庭。创造一个优雅舒适的家庭环境、轻松愉快和谐的家庭气氛及平等、互尊、互爱、互让、互谅、互助的家庭已成为人们共同的心愿。仅满足于吃饱穿暖的时代已成为历史，有营养价值的饮食、款式新颖的服饰、丰富多彩的娱乐生活已成为当代人追求的目标。

在子女生育方面，传统的"多子多福"和"传宗接代"观念在城市已经淡化，"生男生女都一样"和"只生一个好"的新思想为人们普遍接受，绝大多数家庭只生一个孩子，极少数家庭因特殊情况生育二个，甚至个别家庭不愿意生孩子。在农村，封建的生育观念还有一定市场，再加上男孩子体力强于女孩，父母年老需要男孩赡养等问题的存在，人们不满足只生一个孩子，生二、三个成为广大农村的普遍现象，极少数家庭有生四个以上孩子的。但从全国城乡生育人口总量来说。每个家庭的生育数远比封建时代少得多，这就是说当代家庭的生育职能也减弱了。

2. 家庭结构小型化

在当代家庭中，无论城市还是农村，封建时代数世同堂的大家庭被二三代人组成的中小家庭所取代。据有关部门调查，四川农村一半以上家庭为 2—4 口人的夫妻家庭或夫妻加子女的两代人家庭。城市家庭结构比农村家庭更小，三四口人的两代人家庭占大多数，少数为夫妻的两口之家和三四口人的三代之家。另外，家庭人口的平均数也下降了许多。据 1982 年调查，农村家庭平均为 4.75 人，城市家庭平均为 3.95 人。

可见家庭人口少、层次简单是当代中国家庭的突出特点。

3. 家庭成员之间的权利义务平等化

新中国成立后，随着社会制度、道德观念的变化，封建家庭的夫权、父权、家长权和男尊女卑等旧传统、旧观念被否定了，代之而起的是家庭成员之间的男女平等、夫妻平等、长幼平等并相互尊重，彼此有平等的权利和相应的义务。当然，在中国实行了几千年的夫权、父权、家长权和男尊女卑的旧观念不可能一下子被肃清，仍不同程度地存在，相比之下，农村家庭比城市家庭残存更多一些。但与此同时，又出现了"妻管严"、"父孝子"、"媳管婆"等新的不平等及不愿赡养父母及其他老人的现象。但无论是封建家庭残余的传统观念还是新出现的家庭成员之间权利和义务的不平等的观念、行为，都会受到国家法律的约束和社会舆论的谴责，使家庭关系既合乎国家的法律又合乎当今社会的道德规范。

4. 家产继承方法多样化

家产的继承反映家庭成员的关系和家庭的道德观念。封建家庭家产继承法或反映长幼不平等、或反映男女不平等及嫡庶不平等。而今天，家庭成员的关系和家庭道德观念都处于变化之中，家产的继承方法也呈现出多样化。在农村，大部分家庭仍袭用封建时代由男子几人平均继承的方法，女子没有继承权。在城市大部分家庭改为子女平均继承。同时也出现了把家产捐赠给国家或集体、单位的新风。比如，有的老教授把自己珍藏多年的图书赠送给自己的学校或家乡的图书馆；有的科学家、作家拿出自己的稿费作为奖励本专业优秀人才的基金，提携后学；也有的把自己的全部家产交给国家。使用哪种分配方法，大多数开家庭生活会协商确定，或遵循长辈的遗嘱办理。

5. 家庭教育城乡两极分化

近十年，城市家庭对子女的期望值增高。据调查，希望子女达到大学文化水平的占三分之一，希望子女将来从事脑力劳动的占75%。父母的希望必然反映到家庭教育上。大多数家庭对孩子实行超前式教育，让三四岁的孩子学习弹(拉)琴、绘画、书法、外语、识字和背古诗等等。而广大农村正相反，大多数家庭希望孩子早点挣钱，认为孩子读完小学或初中就行了，个别家庭甚至不让到了入学年龄的孩子进学校，剥夺了孩子接受学校教育的权力。城乡家庭教育的方式不同，但指导思想和目的相同。前者是传统的“望子成龙”和“光宗耀祖”思想的影响，出发点虽有为子女前途打算的成分，但更多的还是为家庭和父母的名声、利益考虑。后者则仍是封建的“子女是父母私有财产”的思想作怪，父母决定子女的一切，而不给子女自由，其目的还是为家庭和父母的经济利益着想。

中国当代家庭发生了上述若干新变化，这些变化有些是新时代的新观念深入人心，激荡着人们的心灵，有些则是封建时代遗留的旧观念的另一种表现形式，这说明中国封建社会延续的年代长久，儒家思想的影响太深，封建家庭的观念习俗不同程度积淀在每个人的头脑中。尽管社会制度和法律都规定了人与人之间具有平等的地位、权利和义务，但家庭的旧观念、旧习俗不可能一下子被扫进垃圾堆。家族制度也是如此。据调查，近几年封建家族制度沉渣泛起，在湘南、湘中一些农村，被取消了四十多年的家族制度又死灰复燃，他们选族长、定族规、修族谱、立宗祠。有的族规规定：族内出现盗窃、行凶、强奸等恶性事件及族内外纠纷，一律由族长定处；家产传男不传女；结婚需经族长同意……可见，旧时代的家族、家庭观念和习俗在某些地区、某些家庭还顽强的存在着，还需进行不懈地斗争。但就中国当代家庭的主流来说，与曹雪芹笔下《红楼梦》中的封建家庭、巴金笔下《家》中的封建家庭毕竟发生了巨大的变化，与当今西方的家庭也有很大的不同，中国当代的大多数家庭应该说既有中国传统的美德，又有新时代的良好风尚，这就是中国当代家庭成为世界公认的最稳定的家庭的重要原因。

第十章　民间信仰篇

民间信仰是指宗教信仰以外的部分，它与宗教信仰不同，是由社会成员集体自发创造的，并由社会成员直接参加的信仰活动，它产生于民间，盛行于民间，活跃于民间，扎根于民间，成为广大民众精神生活和民俗文化的重要组成部分。了解一个国家的民间信仰对于了解那个国家国民的心理素质与价值观念，进而把握那个国家的文化是大有益处的。

中国民间信仰极为繁杂，既有佛教、道教等几大宗教的影响，又有中国古代高度发展的易学与阴阳五行思想的潜移默化地渗透，还有中国封建宗法制度的洗礼和封建统治阶级的干预，这一切使得民间信仰的起源不仅早于宗教，而且信众多。就其内容来说既没有高低之分，又没有系统可言。有的信仰为整个中华民族共同尊崇，有的则只限于某一地区甚至某一行业；有的流传至今，有的已被历史所湮没；有的有合理性，满足了人们精神上某些需要，给生活增加了色彩；有的则违反科学，纯属迷信，对人们的生活有害而无利，必然随着科学的发展逐渐被人们抛弃。但不管怎么说，中国民间信仰对于塑造中国文化起到了十分重要的历史作用。

中国民间信仰中占比重最大的、最核心的是神的信仰，与各大宗教相比，民间信仰的神缺乏体系，呈多元化，既继承了原始的自然神、图腾神的信仰，又有对人鬼、人神的信仰，其中包括祖先神灵、圣贤神灵，而且更重人神，往往把原始的自然神变成多重人格化的神。

一、自然神信仰

1. 天神地神

中国人对天神的信仰与西方人对天主的信仰是完全不同的。人们把地上人间的统治者皇帝看成是天上世界的主宰天神之子，他受命于天神，替天神统治天下万民。当人间统治者皇帝昏庸腐败之时，天神就会用自然灾害和异常天象给以暗示。朝廷改换时，人们就说是天意。对于天意，皇帝也不能违抗。这个信仰观念产生后，祭天神就成了皇帝的专利。"天子祭天，诸侯祭地"，连仅次于天子的诸侯都不能祭天，何况百姓呢。如果有谁祭天，必被怀疑谋反想当皇帝而引来杀身之祸。于是从远古的周天子开始，就把祭天列为国家祭典之一，直到清朝最后一个皇帝退出历史舞台为止。

周礼规定，天子祭天叫封，祭地叫禅，祭天之礼应在郊外举行。据说泰山之顶离天最近，于是历代不少帝王选中了泰山，仅夏商周三代就有七十二君主到泰山祭天，以后又有秦始皇、汉武帝、汉光武、唐高宗、唐玄宗、宋真宗等到泰山举行封禅大典。到泰山须经长途跋涉，劳民伤财，其目的就是为了表示自己受命于天，替天行事。南宋以后，历代帝王在首都修建祭坛，或为专坛，或与地神合坛。北京的天坛就是明清两代帝王祭天神的专坛，每年冬至日，皇帝必身穿祭服，前往跪拜天神。

汉代开始把天神人格化，说它是玉皇大帝，有人附会说姓张名角，渔阳人，俗称张玉皇、张天帝、张天翁等。道教把这位张玉皇请进宫观，并奉为最高神，以每年正月初七为其诞日。各地陆续修建了不少玉皇阁，供奉玉皇大帝。传说农历12月25日玉皇大帝来人间察善恶，大多临时举行一些祭祀活动。人们尊称天神为天公。天神信仰成为国家、道教、民间三方共有。

地神和天神相对，是地上最高神。人们信仰土地神，是因为土地能生长万物，特别是人类生存所必需的粮食。早在周朝，人们尊称其为社神、地母、后土等，并常把土地神与代表五谷的稷神合称为社稷神。那时，国家专有负责社稷祭祀的机构，管祭祀的官员叫大宗伯，管祭坛的官员叫小宗伯，协助日常祭祀工作的叫封人。祭典每年分春秋举行两次，分别叫春社和秋社。春社在春耕之前举行，目的是祈求社稷神保佑丰收；秋社在秋收后举行，以表示对社稷神的感谢，故叫春祈秋报。祭日叫社日。祭礼仪式有用牲血为祭和边歌舞边敲打六面鼓的灵鼓祭。国家有专坛——社稷坛。社稷坛是王朝的象征。旧王朝灭亡，其社稷坛被废，有时即使不废，也要用房屋遮起来，让它得不到阳光照射，得不到生机，以此作为亡国的教训。而新建立的王朝必修自己的社稷坛，故用社稷称国家。

社稷坛中级别最高的是国家的社稷坛，叫太社，是帝王祭祀土地神、稷神之所，供奉的是总管全国的土地大神。其坛的形制很特别，为方形平台，内填青、红、白、黑、黄五种颜色的土。东方为青色，南方为红色、西方为白色、北方为黑色，中间为黄色，即用黄土覆盖四色土之上，象征国家五方大地，最上面的黄色象征帝王的统治。坛的四周筑有矮墙，并植四季长青的松柏树等为标志。今北京中山公园内的明清两代社稷坛就完全是这种形制。

在未实行郡县制以前，天子以下各级都有社稷坛，诸侯的社稷坛叫国社，小于帝王的祭坛。帝王的祭坛广五丈，诸侯则半之。坛内土的颜色也不同，基本上为本地土，只有一包是帝王祭坛中本方位的土，这是帝王赏赐的。至于诸侯以下的祭坛，不用说完全是当地土。最低一等是乡村中十二家或二十五家、五十家乃至百家为一社的祭坛。

民间的社日只祭社神。据载，民间社日热闹非凡，像南北朝时荆楚地区，左邻右舍聚集一处，各自拿出酒和肉食，祭社以后或分祭品回家吃，或大家一起会餐。最热闹的大概要算唐宋时期，那时的社日就像是盛大的节日，各社纷纷杀鸡宰猪，做社糕社饼，准备全社人的社饭，祭毕大家欢歌畅饮，有的还表演社戏助兴。这种盛况在唐宋诗词中有不少描述。宋以后，乡村社稷渐废，代之而起的是大大小小的土地庙、土地祠等。据记载，明代全国土地庙数量最多，仅北京城内有名的就有40多座，在全国城市中居位第三。但祭土地神之日仍叫社日，祭祀活动十分热闹，鲁迅先生《社戏》就是对清末绍兴地区民间社日活动的真实描写。直到本世纪初，社日活动才完全废止。

民间的土地庙内供奉的神五花八门，江南为女神，北方多为男神或男女两神，分别尊称为土地爷、土地奶奶。最初的土地神是谁，有说是句龙（又作勾龙），是共工之子，因平九土有功，被黄帝选作土官，官名后土；也有的说是治理洪水有功的禹。女神大约是土地神的妻子。他们都有一副和蔼慈祥的面孔，让人感到是个亲近百姓乐于助人的神。每遇家中添丁进口、建房修坟动土或有人生病，都不忘祭土地神，以求保佑。当家人去世时，也要到土地庙报丧，足见土地神与人们关系之密切。

2. 日月星神

中国人对日月星神的崇拜古已有之。殷人祭日神的仪式在日出日落时举行。周人对日、月神分别祭祀。“祭日于坛，祭月于坎（坑穴）”、“祭日于东，祭月于西”、“祭日以牛，祭月以羊彘（猪）特（一头）”。方法是将祭品放在柴上，烧柴冒烟使祭物升天，这叫烟祭。北京的日坛、月坛就是明清两代帝王祭日神、月神之所。朝廷把祭日月神列为国家“中祀”之一。

自古祭日、月神是统治者的事情，唐代以后民间才有祭日神活动。相传二月初一是太阳星君生日，在清代，这一天日出时，北京城家家在院内设香案，遥向日出的东方焚香膜拜。北京城内左安门大街，明代还建有太阳宫。太阳生日人们前往进香，供品用太阳糕，供毕大家分吃。据说吃了太阳糕一年不头疼。本世纪四十年代以后北京一般人家不再祭太阳星君，但中秋节祭月神则一直沿续(详见《传统节日篇》)。不过，日月神在民间信仰中不占重要位置，因此也很少有日月神庙。

对星神的信仰范围广，上至统治者下至民间百姓都无一例外。据《史记·封禅书》记载，古雍之地(今陕西、甘肃、青海一带)有106个神庙，其中多数庙内供奉星神，而且有的还是星神专庙如辰星、荧惑、太白、岁星、二十八宿等。信仰星神大概与信仰玉皇大帝有关，星神都是玉帝的臣子，受玉帝委遣管理人间事情。如战乱、风雨、饥馑、疾疫、水旱及人的爵禄、寿夭或岁时丰歉都有星神分工主管，比如说太白星主杀伐，太一星主使十六神知风雨、水旱、兵革、饥馑、疾疫，北斗七星主管人间爵禄、寿夭或岁时丰歉……。道教则把北斗星请进宫观，设立星坛，道教认为人一年的命运如何，操在一位值年星宿手里。于是民间在"诸星下界"之日，纷纷祀星君。后世对牛郎星、织女星信仰比较广泛，这大概与牛郎织女的传说在民间广为流传有关系。每到七夕日家家户户举行祭祀活动(详见《传统节日篇》)。有些地方还建有织女庙，供奉织女神像，过去江苏太仓的织女庙就很有名气。

3. 气象神

气象神有风神、雨神、雷神、闪电神。在古代，人们对年景收成及人们生活关系十分密切的风、雨、雷、电等自然现象产生的原因不了解，认为每种现象都有一个神在主持，风有风伯，雨有雨师，雷有雷公，电有电母。人们为了能风调雨顺，减少灾害，也要祭祀这些神祇。据史书记载，人们称风神为飞廉，把它想象成动物形状，东汉的应劭说，风神是个有角的神禽，头似爵，身似鹿，尾似蛇，大如豹。唐宋以后把风神人格化，称为封姨、方天君等。庙内神像有男有女，称女性为风母或风神婆，称男性为风伯或风师。男神像为一个白须老翁，右手拿着扇子样的东西，左手拿着个轮子。有的地方有风神专庙，而大多数把风神、雨神、雷神、闪电神等合祀。汉代人的祭祀方法特别，有的在大路中间杀狗乞求风停，有的用焚烧黑狗的皮毛，让焚后的灰飞扬止风。

雨与农业关系更为密切，所以自古对雨神祭祀最勤。秦国建有国家级的雨神庙，此后雨神一直被列为国家祀典的神之一。对雨神的形像塑造不一，有的说成是神鸟，足能大能小，名叫商羊。有的说是仙人，叫赤松子，形像为蓬头光足，指甲长如利爪，全身黄毛。传说他神力很大，能随风雨上下，能化龙降雨。道教封其为雨师，为最高神之一。各地民间有很多雨神庙，庙内雨神为主神，其它气象神为配神。龙王能降雨能治水的信仰产生后，有些地方把雨神降为龙王的属臣，与其它气象神一起合祀在龙王庙里。

雷神有多种形象，《山海经》说他是龙身人头的动物，肚子像鼓。以后又有说他为猪头、猴头，也有把他说成是鬼形、力士等等，到明清基本统一为尖嘴猴脸的形象。

雷神专庙过去各地都有，仅北京就有好几座。在大大小小雷神庙中，最有名的是广东雷州半岛的雷神庙。庙内高大的雷神头戴冠冕，身穿红袍，两旁侍立天将、小雷神等几十个。宋元时得到皇帝封号“威德昭显王”，名声大振。明朝皇宫内也有专祀雷神的雷霆洪应殿。清代雍正皇帝下令为其建昭显庙。人们认为雷神是主持正义之神，能辨善恶，代天神惩罚有罪或做了坏事的人或物。这种信仰扎根于世代中国人的头脑中，至今人们常用“遭雷劈”咒骂做坏事的人，也常用“天打五雷轰”发誓。

闪电神在唐以前被尊称为电母或闪电娘娘，而且多把她看成是雷神的配偶。因为打雷时总有闪电相伴。对闪电神的信仰远不如雷神，一般没有专庙，而以配角出现在龙王庙、雨神庙或雷神庙内。

在历代文学作品中常出现闪电神，如元杂剧中说她是一位老妇人，两手各拿一面镜子，用镜子反射的日光代表闪电。这一形象广为流传，小说《西游记》、《封神演义》等都有描绘。

4. 山川神与水火神

山川与人们的生活关系极为密切。在中国民间信仰中，全国高高低低的山、大大小小的河都有神，只是他们的地位有高低之分罢了。山神中，地位最高、香火最盛的是五岳神，即东岳泰山神、南岳衡山神、西岳华山神、北岳恒山神、中岳嵩山神。五岳神以泰山神为首，首先是因为古代帝王到泰山举行封禅大典，都要祭祀泰山神并为之加封号。唐明皇封他为天齐王后，宋代皇帝又封其为东岳大帝。其次是道教的推崇，让泰山神既主宰世人生死贵贱，又管人死后鬼魂的命运，使人敬畏。除泰山外，各地也有东岳神，如北京的东岳庙是明代建成的。每月初一、十五都有祭祀活动。三月十八日东岳帝诞辰日的祭祀活动更为隆重，人们敲锣打鼓举着旗帜仪仗，抬着神像出游。清代皇帝还派皇太后、皇后、皇子、亲郡王等到北京的东岳庙祭拜。

中岳嵩山神也受过皇帝加封。唐代武则天封中岳神为天中王，后改为中天王。西岳华山神曾被唐玄宗封为金天王，又被宋代皇帝封为金天顺圣帝。位居第四的是南岳衡山神，虽未得到过皇帝的封号，但也时常得到朝廷的香火。特别宋代每遇兵事，朝廷必派官员前往祭祀，以便向“南岳神借兵”。北岳恒山神在五岳中居末位，但也能得到当地百姓的香火和膜拜。时至今日，五岳神在民间信仰中仍占重要地位。据统计，像地位并不太显赫的南岳神，仅 1988 年就有 120 万人祭拜，南岳神诞辰前后几天，香客极盛，一天焚化的香、纸钱和鞭炮等价值多达 40 万元。

除五岳神外，其它大小山也都有山神庙，分别受到居住在当地百姓的祭祀。像长白山神，当地各族民众大都信仰，清朝皇家还把他带到北京，王府及贵族之家都供有长白山神的牌位。当然对山神信仰最虔诚的还是在山上以打猎、伐木、采药、采菇为业的人，他们把山神视为本行业的保护神，而看不见山的平原地区则没有山神信仰。

水神包括河神、江神和海神。水神信仰出现很早，流传极为广泛，信仰程度也远远超过山神。这是因为中国历史上水灾频繁，水患成了上至朝廷下至百姓最为忧虑的大事。从甲骨卜辞中可以看出，殷人已有祭黄河、溿水、洧水、漳河、安阳河的活动。周朝以后，国家祭祀全国名川大河之神，百姓祭祀各自居住区域内的河神或江神，于是江神庙、河神庙遍及各地，而沿海人民则祭海神。史书对水神的记载较多，如屈原在《九歌》中提到了湘水神——湘君、湘夫人，曹植在《洛神赋》中谈到了洛水女神——洛嫔，《山海经》和《穆天子传》等书提到了黄河水神——冯夷。此外，黄河沿岸还信仰黄大王，说他是河南人，姓黄名守才，清代皇帝还加封他为灵佑襄济显惠王。四川人敬奉的李冰父子，是汉代治水有功的地方官。东南沿海普遍信仰女海神妈祖——林默娘，说她因救落海渔民而累死，把她奉为航海保护神。

对河神、水神的祭祀方法除焚香上供跪拜外，各地还有不同的祭法，有的地方把祭品扔到河里，有的把祭品放在水面上任其漂流。祭品不仅有牲畜、物品，有的还有人祭。最荒唐可笑的是为河神娶妻。据史书记载，战国时魏邺(今河北临漳县)有为河伯娶妻的习俗。每年从民间选一个新娘，安放在花床上，然后把床推到河里。这种极为残忍的祭祀习俗后来被县令西门豹革除了。

水神中地位最高的是龙王。龙王信仰是在佛教“龙降雨”和道教附会佛教的“召龙求雨”之说影响下出现的。龙王信仰确立后，不仅占据了雨神的地位，也占据了河神、江神等的地位。特别是唐宋皇帝十分推崇龙王，宣扬凡是有水的地方都有龙王居住。俗话说“水不在多，有龙则灵”，于是大小河流便都有了人们崇拜的龙王。清朝皇帝更甚，起初加封道教创造出的四海龙王：东海龙王为显仁，南海龙王为昭明，北海龙王为崇庆，西海龙王为正恒。顺治时又封黄河水神为金龙四大王。雍正皇帝时命令各省派员到京迎接一大一小两个龙神像，回去建祠供奉。皇帝如此厚爱，臣民纷纷效法，于是龙王祠(庙)大增，总数居全国各类神庙之首。再加上佛、道寺观里的龙王殿，祭龙王的场所到处都有。人们祭拜龙王的目的是祈求风调雨顺，消除水旱灾害。

民间对火神信仰也很普遍，火神庙各地都有。但各庙所祀火神不完全相同，有的是神话传说中的祝融，据说他能保存火、能利用火并改革了取火方法。有的是传说中管理火种有功的阏伯，还有的是道教之神王灵官，等等。其中供奉王灵官的火神庙最多，这是因为道教称他为“火府天将”，明朝皇帝朱棣又加封他为“隆恩真君”，于是名气大振。供奉王灵官的火神庙有灵官殿、灵官庙或天将殿等。有的地方同时并存几个火神，像北京既有祝融的庙，也有灵官殿，后世信仰火神、到火神庙祭拜的人很多，其中有为免受火灾的，但更多的是为求治疑难病症而来，这说明火神的功能在信仰中增加了。

5. 动植物神

动物植物与人类的生产、生活息息相关，于是人们把生产和生活所依赖的某些动物、植物当作神来信奉。在中国民间信仰中被立庙祭祀的有马神、牛神、蚕神、蛇神、青蛙神、田苗神、谷神、花神等，其中以马神、牛神信仰最普遍。

从记载看，最初信仰牛神是为了保护家畜不得瘟疫，就是说牛王是驱除瘟疫的神，后来牛被大量用于耕田，于民有功，信仰牛神既有感谢之意，又有祈求牛神保佑来年丰收之意。于是大小村镇遍建牛王庙。牛王庙内的牛王神像有几种。有的人身牛头，保留着动物的某些特征，有的则完全神化。宋以后把牛王人格化，说他姓冉，名耕，字伯牛。有的庙内墙上画百牛，而“牛王居中间”。民间传说7月15日为牛王诞辰，因正值农忙，有的地方改为10月1日，有的改为4月8日，但无论哪一天，总有祭牛王日。祭法各地不同，北方一些地方，凡养牛人家都让牛休息一天，并喂上等饲料。还要举行热闹的庙会，祭祀牛王之后，看戏买东西。在以养牛著称的四川洪雅县，把牛王、观世音、祖先一起祭祀，以祈求耕牛健壮，同时还举行"赛牛"活动，看谁家的牛养得好，晚上还要跳牛灯舞。

马神的信仰在周代就超过牛神信仰，这与古时候马的用处比牛多有关。官方有春夏秋冬四时祭马神的制度；春祭马祖神，夏祭教人放牧的先牧神，秋祭最早乘马的马社神，冬祭马步神，求他不要给马带来病灾。旧时北京有十来座马神庙，最有名的是明朝廷御马监的马神祠。清朝规定6月23日为马神祭日，每到此日，骑马、养马之人都纷纷前往祭拜。传说马王属伊斯兰教，故而祭品不用猪肉而用羊肉。太行山区把7月15日作为马王爷生日，这一天人们五更起床，牵牲畜到野外吃露水草，为的是给牲口消灾免病，然后让牲畜休息一天。妇女们做面蛇、蒸供果，祭拜马王爷，既贺其生日，又求其保佑六畜平安。马神庙(祠)中的马神像也有多种，有的似头上无角的龙，身上有鳞，有的为四臂三目，样子很吓人。

蚕神从周代至清代的三千多年中一直是国家祭祀的对象之一，且多设专坛祭祀。朝廷祭祀的是先蚕神。据载每年8月，王后或皇后带领妃嫔数人前往先蚕殿祭祀，祭品为少牢(羊豕)。明清时北海公园内建有先蚕坛，坛内有先蚕神殿，清代皇帝常亲自前往祭祀。民间祭祀的是保护自己养好蚕的蚕神，流传最广、影响最大的蚕神是马头娘，俗称马明王。大多把蚕神当作女性，所以有蚕姑、蚕花姑娘、蚕皇老太等多种称呼。少数地区信奉的是男性蚕神，称"蚕花五圣"。女性蚕神像有一个女子骑着马的，也有三个女子共骑一匹马的，还有一女子端坐，旁立一匹马的……。道教还把民间信仰的蚕神请进道观，于是蚕神成了朝廷、道教、民间百姓三者共同信仰的神。但是民间信仰蚕神的主要是养蚕地区。比如蚕桑业十分发达的浙江嘉兴、湖州等地，祭蚕神次数多，蚕过三眠时，蚕茧收成已成定局，蚕农家家做一种米粉小汤团，俗称"茧圆"，用以祀蚕神，表示感谢蚕神的保佑。卖茧、卖丝之后，再祭一次蚕神，祭毕吃用红豆、枣、栗等和米煮熟的蚕花饭，因形似蚕花而得名蚕花饭。他们认为吃了蚕花饭,来年蚕茧会丰收。

蛇神的信仰来源于古人对蛇的畏惧,信仰的目的是求它远离自己、不要伤害自己。各地称呼蛇多用尊称,以免招来灾祸。特别对家庭住宅内的蛇尊称就有“小龙”(北京)、“大仙天龙”(浙江)、“苍龙”(江苏宜兴)、“家龙”(安徽)、“祖宗蛇”(江西)等多种。专祀蛇神的庙(祠)据载宋代最多。传说4月12日为蛇王生日,每到这一天,许多人纷纷到蛇王庙焚香叩拜。在苏州,过去祭过蛇神后,还要买回蛇王符贴在家里的门窗上,以驱除蛇毒等五毒。宋以后一些地方把蛇神人格化,如福建漳州南台庙(蛇王庙)中的蛇神是个僧人打扮。其它地方也有的说蛇神叫伯成,宋朝人,死后成了神。吴地却说蛇神叫方正学,等等,众说不一。蛇神信仰主要是南方蛇多地区。

青蛙神信仰主要是水多蛙多的江南各地。据说青蛙能给人带来祸福,凡祭拜者都可得到蛙神的保佑消灾灭祸。青蛙神信仰大概以古代杭州为最。据记载,杭州有青蛙神专庙,人们常用鼓乐到神庙请神到自己家里,然后再用鼓乐将神送回。富有之家请到家时还要演出戏剧敬神。各庙内的蛙神不同,有的就是青蛙,数量多的不知几百千万,颜色有的嫩绿,肥大重三四两,有的背上有七个金星。据说青蛙神每天要改变几种颜色(俗称换袍),有的地方还根据其颜色占卜凶吉,以黑色为凶,以绿色为吉。另一类青蛙神为人形,脸为紫黑色。

植物中被崇信为神的远比动物少。其中地位最高的神是稷神(五谷神之一),与社神并列,为朝廷祭祀的对象(详见《社神》),其次是田苗神,也受到朝廷的祭典。在民间,哪个农作物种植多就崇拜哪种为神。在陕北,种植谷子为主,故信仰五谷神。苏州种植棉花、水稻,故有棉花生日祭、水稻生日祭。北方有的地方有青苗神之祭。但这些信仰既无神像又无神庙,祭祀也不很隆重。如陕北在谷场祭五谷神。每当第一场谷子扬出后,在谷堆上插上木锨,摆上供品，焚香烧纸、磕头跪拜，并燃放一些鞭炮。植物神中信仰范围广又有专庙祭祀的只有花神。花神庙南北方都有，有的称花神为“姑”，有的称她为“姨”；有的说她总管百花，有的说她主管春夏长养。后世又有把善养花之人奉为花神的。当然对花神祭祀最勤的是各地花乡，像北京的丰台、江苏的苏州、上海的嘉定等。花神祭日在2月12日（有的地方为2月15日），传说这一天是花王诞日、百花生日，俗称花朝节。唐代武则天时，每到花朝节便令宫女采百花和面捣碎，蒸成花糕赏群臣。宋代浙江人喜欢这一天外出游玩赏花。清代北京人则外出赏牡丹。苏州姑娘多剪五色彩绘、贴花枝作护铃。旧时丰台花农则先去花神庙进香献花，附近花会还到庙内献艺以“谢神”。

花神庙内的神像一般为女性，但北京颐和园内的与众不同，是男性，且庙内有三个神像，两旁为土地神和山神，中间为花神，足见对花神的重视程度。当然有男有女也不奇怪，《月令广义》说，凡是善于种花、养花之人都可以成为花神。

二、城池守护神

守护城池之神叫城隍神，起源于周代除夕祭祀的八神之一——水庸。唐以前只有少数城池有城隍信仰，最早的大概是三国时的芜湖城隍和北齐时的郢城（今河南信阳）城隍。唐以后，尤其是宋代，城隍神信仰广为传播，全国大小城镇无一不有城隍神。从五代起，城隍神受到帝王的重视，此后历代不断为城隍神加官晋爵，并使大小城镇的城隍神有分明的等级之差。第一个把城隍神封王的是后唐末帝李从珂，为宋元等历代皇帝仿效，明太祖朱元璋还为首都城隍神加封帝号，等级最高，另外又封开封、东和、临濠、平滁四城城隍为王。府城隍低于四城城隍，封为威灵公，官二品。再下一等是州城隍，为灵佑侯，官三品，最低一等是县城隍，为显佑伯，官四品。府城隍以下的城隍职责都是“监察司民”。这些城隍的封号、爵级基本依照地方官吏的等级制度。各级城隍庙中神像的冠带礼服依各自的封号爵位而异。各级地方官上任，都要先祭城隍，后进官府主事。每月初一、十五日，府、州、县官府长官或亲临或派人穿赤服祭拜城隍神。城隍神逐渐变成帮助皇帝统治百姓的工具。明成祖朱棣说城隍的任务是“监察民之善恶而祸福之”。朱元璋明确地道出尊奉城隍的目的，是要“使人知畏，人有所畏，则不敢妄为”。但民间对城隍神的信仰则不同，在大部分地区人们常为占风祈雨而祭城隍。

城隍神多为人死后被奉为神灵的。被奉为城隍神的大体有以下几类人：其一是历史名人。如战国时楚国的春申君、楚霸王项羽、汉代丞相萧何、霍光、南宋丞相文天祥等。其二是于当地有功者。如桂林城隍神苏缄，因外族入侵时勇敢抗敌而被奉为城隍神。这两类在城隍中占大多数，其他还有因某种偶然机缘被供进城隍庙的，也有用钱买个城隍爷当的。后者多发生在清朝末期。

一般一个城只有一个城隍神，个别城有几个城隍神，也有的城市的城隍神经常更易。一般各城有自己的城隍神，但也有的如文天祥被几个城尊奉为城隍神。由于被奉为城隍的人不同，祭日也就不一。祭法一般是在祭日抬着城隍神像出巡（围城市主要街道走）。届时，铜锣开道，前面是各种旌旗伞扇，中间是八人肩抬着城隍爷，后面是秧歌、高跷、五虎棍等香会相随。边走边表演，谓之献神。抬回庙里后，地方往祭官员人等，立即上香焚表，祈祷城隍爷保佑“风调雨顺，国泰民安”。

三、行业保护神

在生产能力低下的时代，许多行业的工作都很艰难、危险，人们希望得到具有超人力量的神的帮助和保佑，由此产生了行业神。

民间信仰的行业神数量多，不胜枚举，仅郭立诚《行神研究》中列举的行业神就多达108行。可以说，几乎行行有本行业的守护神或祖师神。如土木建筑业——鲁班、造纸业——蔡伦、造酒业——杜康、制陶业——范蠡、染坊业——葛洪、制笔业——蒙恬、冶铁业——尉迟恭、玉器业——邱处机、理发业——吕洞宾、评话业——柳敬亭、茶神——陆羽、药王——孙思邈、医王——扁鹊、戏曲界梨园神——唐明皇、教育界——孔子、狱神——皋陶、航海守护神——妈祖、染布业——梅葛二圣、船神——孟公孟姥、厨行——灶君、造字之神——苍颉、纺织业机神——黄道婆、娼妓业——管仲等等，就连以偷盗为生的扒手也有行业神——时迁，足见行业神之多，无处不有。

这些行业神中有的是本行业的创造发明者，如蔡伦、杜康等；有的是本行业的技术高手如陆羽、孙思邈等，有的是传授本行业技术的人如范蠡等。历史上的真人，在行业神中占多数，另一些是与本行业关系不大或无关的，其中不少是神话传说中的人物，如苍颉、女娲(wā)、舜、轩辕氏、梅葛二圣等，有些则是佛教、道教中的神，如珠宝店信仰的弥勒佛是佛教的，玉器业信仰的邱处机、墨匠信仰的吕洞宾、染坊业信仰的葛洪、商业信仰的赵公明等都是道教的。还有两个是封建皇帝唐明皇和汉宣帝。据说唐明皇教人学过戏，汉宣帝当皇帝前曾卖过饼，被关中一带饼店信仰为神。

行业神信仰也很繁杂，有的一个行业信仰一个神，有的一个行业同时信仰几个神，有的行业神因地区而异，比如药王，山西为孙思邈，河南郑州的药王庄则为扁鹊，有药都之称的河北安国药王庙里的主神是东汉时当地人邳彤，配神是扁鹊、孙思邈。邳彤曾被宋徽宗加封为"灵贶公，北京的药王庙内主神有黄帝、伏羲、神农，而秦以后的名医孙思邈、扁鹊、华佗等12人只作配神。

有的神被几个行业信仰，信仰地区最广、行业最多的是春秋时代著名工匠鲁班，被木匠、瓦匠、石匠、油漆匠，甚至铁匠等多种行业奉为“先师”。人们亲切地称他“鲁班爷”,自称“鲁班弟子”。据说鲁班一生从事土木建筑工作,不仅技术高超,而且发明了许多木工工具,被誉为“天下之巧工”。传说他做的木鸢飞上了天,许多著名宫室楼桥出自鲁班之手。旧时各地有不少鲁班庙,人们不仅在这里祭祀鲁班,而且还在这里举行拜师招徒仪式,商议本行业的重大事情,如定工价、行规等。鲁班祭日各地不同,有五六个之多。北京旧时极乐林的鲁班殿以5月7日为其诞辰日,5日瓦木匠、棚匠、彩行的同人聚此“摆斋”,祭祖师。7日本行业组织花会太狮、少狮等献艺谢神。香港的鲁班节在6月16日,每到这一天,建筑工人放假去祭鲁班,夜晚还要喝鲁班酒,据说喝了先师的诞辰酒,能保一年平安无事。

四、家庭保护神

家庭保护神中最重要的是祖先神,其次是门神、财神、灶神、厕神、守墓神、水井神等等。

1. 祖先神

祖先神在民间信仰诸神中是最受重视的,特别是自家祖先,对“已”来说是自己的本源,与己有血缘关系,且辈分又高于自己,可以说,没有他们就没有自己,感激、敬仰之情使人们内心有一种本能的折服和归依感;反过来,认为自己是祖先的后代和继承人,是祖先最爱的人,因此祖先必然会尽最大力量保护自己,于是把血亲祖先看作是最好的、最可靠的、最有力的精神寄托者,是最该供奉的对象。在历代皇帝那里,专有祭祀自己祖先神灵的宗庙。周代把宗庙列为国家的中祭,隋唐后上升为大祀,每年春夏秋冬四时祀和元旦、清明两大节日祭,皇帝必亲自前往举行祭祀。上行下效,民间每个家族或宗族都有供奉本家族祖先的宗祠(多称祠堂),定期祭祖,有大事告祖,重温祖训、学习宗约、家规,对不孝之子实行审判惩罚等；每个家庭都有祖先牌位，每到祖先的诞辰和忌日或逢年过节、婚生寿喜日、或遇其他大事，必焚香祭拜以求得保佑庇护。祖先神灵在中国民间信仰的众多神灵中是受重视程度最高的、接受祭祀最多的。而且历代每个中国人都这样对待自己的祖先，就连皈依了宗教的人，甚至皈依了只信仰一神的天主教的人，仍不中断对自己祖先的祭祀，有的还把祖先神像与天主像共奉一处。这种违反天主教教规的信仰曾引起了天主教内部的争议，争议的中心就是是否允许中国教徒祭祖和祭孔。这场争论进行了近百年，但也没有改变中国教徒对祖先的信仰。这说明对宗教并非坚信，对祖先却坚信不移。

还有一类祖先神是汉民族的始祖神，主要是黄帝和炎帝，传说他们是上古部族首领和文化英雄，是中华文化的创始者和总代表，被后世尊奉为华夏始祖。上至皇帝，下至百姓，无不认为自己是炎黄子孙。历代不少帝王上台后先到黄帝陵前举行朝拜之礼，远在海外的华人至今还把祭拜黄帝陵看作是认祖归宗。可以说，对炎黄二帝的共同信仰把居住在世界各地的华人紧紧连在一起。

世代中国人对于祖先神的信仰不仅仅表现在修庙、祭祀等方面，而是更多、更深刻地扎根于每个华夏子孙的心灵深处，支配着社会生活、家庭生活乃至个人生活。这种支配作用常常成为家族、民族的凝聚力、社会前进的推动力。但是这种信仰有时也会束缚人们的手脚，成为社会前进的阻力，特别是当新事物出现时，迷恋于祖先崇拜的守旧势力，往往会打出“祖宗”旗帜，用“有悖祖制”、“祖宗之法不可逾越”加以反对。甚至连清朝末代皇帝因近视戴眼镜这点小事，也因从前的皇帝没戴过，有违祖制而遭到多方的反对。他们把祖先的言行当作一把尺子用以衡量后人，与之相符则正确，否则就是错误。

2. 财神

财神是家庭经济保护神，人们尊称其为财神爷（男性）和财神奶奶(女性)。古代无论家贫家富无不虔诚地供奉财神。贫者求其赐给发财机会,富者在感谢赐财之时,祈求财源不断,祭财神就成了每个家庭的大事。

祭品讲究很多。富贵之家都用五宗大供:整猪、整羊、整鸡、整鸭和活鲤鱼。用活鱼和羊有说道儿,因为“鱼”和“羊”两字合在一起为“鲜”字,寓意新财神会降临家门,预示会发新财。祭毕,要把活鱼放到水缸里养着,取“年年有余”之意。

每年迎财神在除夕日,到了这一天,登门送财神像的人络绎不绝。送到谁家,都会笑脸相迎,即使家里已有了好几张,也一样会受到欢迎,谁也不愿把财神拒之门外。正月初二为财神祭日,人们不仅在家里祭财神,而且还要到财神庙去祭拜。像北京广安门外的财神庙这一日人山人海,香火极盛。祭拜者祭毕买几个庙中做的纸元宝带回,表示向财神爷“借”到了元宝,今年会发财。

财神后世也流传着几个,有范蠡、比干、关羽和道教神赵公明。前两个财神在民间年画中为文官打扮,头戴宰相纱帽,身穿蟒袍,手捧如意,足蹬元宝,面目严肃。后两者多为武将打扮。如赵公明神像头顶盔,身披甲,着战袍,黑脸浓须,一手执鞭,一手捧元宝,神态威武。各地民间有的供奉文财神,有的供奉武财神。像北京民家一般供文财神比干像。而商家多供几个财神,以关羽神像为首座,其次是赵公明、比干。

3. 灶神

灶神传说是天神玉皇大帝派到各家,接受一家香火,保一家康泰,察一家善恶,奏一家功过的神。如果灶王向玉皇大帝汇报谁家有恶,大错者将减寿二百日,小错者也要损寿一百日,于是人们把这个决定着一家祸福的灶神尊奉为“一家之主”,亲切地称其为灶君、灶王、灶王爷等,全国上至天子,下至百姓,家家户户无不供奉。

祭祀灶神的祭品是精心安排的。古时用黄羊,后民间改为用南糖、关东糖、糖饼等,宫廷里仍沿用古俗。用黄羊传说表示希望得到富裕的生活，用糖是为了让灶神吃得嘴甜，汇报时多说好话，丑话少说。贴在灶神像旁的对联为“上天言好事，下界保平安”。这表达了人们渴望得到幸福生活的美好愿望。灶神民间一般常年供奉，腊月二十三（有的地方为二十四）祭拜后，将神像焚化送其上天，除夕日再贴一张新的。但也有的如北京富贵之家平日不供，只是除夕日供奉。

灶神是谁？说法纷杂。有的说是“炎帝于火，死而为灶”，有的说“黄帝作灶，死为灶神”，还有的说是颛顼之子，也有说灶神姓张，名单，字子郭。上述都是男神，也有说是女神。民间张贴的灶神像有男有女，男神称为灶王爷，女神称为灶王奶奶。

灶神还被厨行奉为祖师，故有灶君庙，每年八月初三，厨师们纷纷前往祭拜，并摆酒席宴请同行等。

4. 门神

门神是阻止妖魔鬼怪进入的守护神。早在周代已广为信仰。

起初门神是在桃木上雕刻个人形叫桃人，或在桃木板上画个神像，把桃木板挂在门两旁，叫桃符。后来把门神的像专门贴在门上。最早的门神像叫神荼、郁垒，传说他们能吃鬼。从出土的汉代画砖看，相貌凶恶，十分可怕。唐代开始把唐代武将秦琼（叔宝）、尉迟恭（敬德）作为门神。后世各地民间张贴的门神像不同，如北京、陕西等地仍贴秦琼、尉迟恭，河南有贴赵云、马超像的，还有的地方贴钟馗像，也有的地方把门神像改为一文官一武将，看不出是谁。有的因门设神，不同的门贴不同的门神，如北京旧时，前门贴秦琼、尉迟恭，后门贴魏征，而羊猪马牛等家畜的栏门又贴其它神像。门神与其它家神所不同的是，从来不受香火，不享受供养祭拜。

5. 水井神

水井神在远古时代就同门、户、灶、土神一起被列为五种祭神之一，但后世既无庙宇，也极少有塑像。有的仅在井旁建一座神龛，有的立一块雕有井神像的石头，有的地方还分男女井神，分别称为

“水井公”、“水井妈”。各地一般除夕封井，初一不许挑水，说挑水会破财，初二挑水时有的地方须先祭井神，有的地方说谁挑水早，谁抢的财多，故称之为“抢财”。苏州吴县封井到初三或初五，焚纸送神后，汲水时以指蘸水拭目，传说可令目不昏，此俗近年仍在老年人中盛行。有的地方每遇节日祭井神，也有的地方家中有新媳妇进门或生孩子添丁进口之事也要祭告井神。祭品为甜食，以祈求井水充足，水质清甜。

6. 厕神

各地旧时的厕神有紫姑神、坑姑娘、三霄娘娘等称呼，但都是女神，所以祭厕神是妇女之事。

厕神紫姑是武则天封的。传说她是唐代山东人，姓何名媚，因被丈夫的大老婆杀死在厕所，故受封为厕神。唐宋时流行正月十五夜祭紫姑，人们用纸剪出神像或画神像，迎于厕间和猪栏边，道教还把厕神请进道观，成为道教所敬的神。旧时民间也有卖厕神像的，祭祀后将其焚烧即可。这时紫姑神的信仰主要用于占卜祸福。

此外每个家族或家庭的墓地还有墓地守护神，民间多把道教的土地神后土信仰兼任墓地守护神。史书记载，唐代人们在造墓、迁葬等活动之前，先要祭守墓神，祈求后土保护工程平安顺利。宋代清明节扫墓和祭祖时也要先祭后土，不过，墓地没有神像，讲究的在坟左立一块刻有“祀神所”或“后土”、“山神”、“龙神”、“福神”等文字的碑，也有的人家仅在坟左右各立一块后土碑。

五、人生保护神

人生旅途坎坷不平，困难与挫折不断，为了借助神的力量使自己一生平安幸福，人们崇拜象征幸福的福神，象征官禄的禄神、象征长寿的寿神、使婚姻美满的爱神和喜神、送子神和佑子神、功名利禄神等等。

1. 福禄寿神

在古代，岁星（即木星）为福星，文昌宫第六星为禄星，二十八星宿中的角亢二宿为寿星，后世把这三星人格化为三神。

福神信仰在民间很广泛，有祭道教“赐福天官”的，神像为吏部官员模样，穿红色朝服，龙绣玉带，手拿如意，脚穿朝靴，慈眉善目，给人以喜颜悦色之感。在古道州（今湖南道县）供奉唐代刺史阳成为福神，因他曾为保护当地侏儒而同皇帝抗争。后世把五代时四川眉山张远霄奉为禄神，称为张仙，还有的说后蜀皇帝孟昶是禄神。所以禄神像也是官员打扮。寿星的形象很独特，虽是个慈祥的老头儿，胸前飘着白胡须，一手拄拐杖，一手拿着仙桃，可头上有个光亮凸出的大脑门。自周代开始至明代，祭祀寿星一直是历代皇朝国家祀典之一。在民间，老人过生日，要挂寿星像、拜寿星，以祈长寿。人们称寿星为南极老人、南极仙翁，称过生日的老人为寿星老或老寿星。

福禄寿三神常被画家作为风俗画、年画的题材和日用品如盘、碗等装饰图，有的画着三神像，有的则用鹿、蝙蝠、松（或鹤、龟、仙桃）等表示，象征长寿。崇拜福禄寿及财神的多为男子。

2. 爱神

民间信仰中没有一个统一的爱神，“爱神”这个词也极为少见，但实际上存在着几个与婚姻有关的神。比如旧时江苏太仓有个织女庙，人们把传说中自由恋爱的牛郎织女当作保佑自己婚姻幸福的神来祭祀。在浙江宁波则把文学故事中自由恋爱的梁山伯与祝英台当作膜拜对象。在我国南方和台湾一带民间曾盛行崇拜七娘妈，说人间男女婚姻的结合都是由她造出花名册，由月下老人负责审查男女的相貌脾气秉性及彼此之间的缘分，把他们组合成一对一对的夫妻登入婚书的。有些地方崇奉月下老人，传说是他为男女牵婚姻红线的。如杭州西湖边上曾有过“月下老人祠”，祠内正屋中央的神龛里坐着月下老人，一大把白胡须，粉红色脸膛，满面笑容，头戴红风帽，身披红披风，颇似旧戏中的老员外。神龛两旁的黑漆对联为："愿天下有情人都成了眷属，是前生注定事莫错过姻缘。"在苏州一带则崇信和合二仙，祭拜他可以使夫妻和睦同心、调和顺利。

喜神是吉祥神，与其它神不同，既没有偶像也没有固定方位，祭拜时须临时请阴阳先生确定方位。人们结婚办喜事时离不开喜神，新娘坐立须对着喜神所在方位，花轿轿口也须如此，有的地方新郎新娘必拜喜神。后世的喜神也有画像，和福神差不多，也是身穿官服，面带微笑，手中拿着个双喜字。

3. 送子神与佑子神

佛教让观音菩萨兼任送子之职，道教让碧霞元君和九天玄女两位大仙负责送子。观音庙数量后世猛增，与关帝庙并列为全国第一，大概主要是送子之职造成的。道教的碧霞元君多为北方人信仰，北京明代供奉碧霞元君的庙遍及京城，到清代仍很多，最著名的就有七座。在广州则不同，普遍信仰的送子神是金花夫人。送子神除女神外还有男神，宋到清一些地方信仰的送子神张仙就是男神。

只有送子神还不够，在多灾多病、医疗条件低下的古代，难产常造成母子双亡，各种疾病常夺去幼儿的生命，为了让孩子顺利出生并健康成长，人们祭祀保佑生产顺利和除疾育儿的子孙娘娘。子孙娘娘各地众多，分工极细，仅北京著名的东岳庙内就有九位，什么送生娘娘、催生娘娘、眼光娘娘、乳母娘娘、斑疹娘娘等等。而福州的注生娘娘庙内在主神两侧，竟有 36 位婆姐(即娘娘)，其它庙祠一般也有 12 位之多，分别负责注生、注胎、监生、抱送、守胎、转生、护产、注男女、送子、安胎、养生、抱子等等。前往庙祠祭拜的多是民间妇女。

4. 功名利禄神

功名利禄神为历代读书人所信奉。起初，人们信仰天上两颗星

——奎(或魁)宿和文昌星主管文运,后来把西晋时四川梓潼县的张亚子奉为梓潼神,说是玉皇大帝派他掌管人间禄籍的。唐玄宗避安史之乱逃到四川时,封他为左丞相,唐僖宗又封他为济顺王。道教把梓潼神请进道观,与文昌星同为功名禄位神,后又将二者合一。元朝仁宗皇帝封梓潼神为"文昌帝君",就这样,文昌帝君成了全国读书人普遍信仰的大神,在各地大小科场内,普遍建立其宫(祠、阁等)或魁星楼(阁)等。参加科举考试的人,要祭拜文昌神和魁星。有的科场外,出售泥塑魁星。考生纷纷捧着魁星入场,也有出售魁星图的,考生把魁星图贴在座位右边,保佑自己进学中举。

六、凶吉信仰与禁忌

中国民间信仰中除去对上述各种各样的神信仰外,还有许许多多、形形色色的凶与吉的信仰,并由凶的信仰产生了禁忌。有的不乏合理的内核,如保护树木、动物等,有的有一定科学道理,但由于是建立在"万物有灵"观念之上的,是在自然压力之下产生的,必然会带有强烈的迷信色彩,束缚人的思想,对社会产生消极的作用。

1. 饮食

凶吉信仰与禁忌在饮食习俗中表现最多。比如吃鸡,广州人待客一定要杀鸡,做熟后按照活鸡的样子在盘内摆好鸡头、鸡尾、鸡翅及鸡身等;端上桌时,鸡头对准谁,谁就会走好运,一般应对准坐在上座的长辈;吃时不许吃鸡头、鸡翅、鸡尾,要留到下一顿给长辈吃。山东人在红焖鸡块上摆个鸡头,依俗鸡头对着客人。人们信仰"万物以头为贵",向客人敬鸡头是当地习俗。当客人夹起鸡头时,在座的其他人才能开始吃菜。湖南不同,敬献给长者的是鸡尾。北京人则把鸡大腿敬献给客人和长者,鸡头不能给客人,让客人吃鸡头不礼貌。

"鱼"谐音"余",又近似"玉",故把鱼看作吉祥之物。特别是过年桌子上一定要有鱼,过去无钱买鱼的就做个木头鱼。有的地方这条鱼不能吃,应留到明年再吃。有的地方用活鱼,家宴结束后把鱼放在水缸里养着或放回河里。这些都是为了得到"年年有余"的吉兆。有的地方婚宴桌上也有鱼,但只可以吃中间的鱼肉,鱼头鱼尾和中间的骨头不许动,原样放好,以祝愿新婚夫妇白头偕老"有头有尾"。在打渔为生的地方,吃鱼时忌讳把鱼翻过来,因为寓意翻船。

广州人过年要做一盆发菜汤,借"发菜"与"发财"谐音,表示祝愿新的一年里"恭喜发财"。江南有的地方用"元宝茶"敬客,杯内放两颗青果(橄榄)或金桔,表示"新春吉祥"。

使用碗筷也有禁忌,比如忌用筷子敲空碗,因为这是讨饭者的行为;忌把筷子竖直插在盛满饭的碗中央,那是死人的倒头饭。有的地方忌把饭碗扣在桌面上,因为病人服药的碗才那样放,表示今后不再生病吃药。若反扣别人的碗,被看作是咒人生病。

山东人待客的第一顿饭忌用水饺。为客人送行才可以吃水饺,俗称"滚蛋包"。若让刚进门的客人吃水饺,客人以为不欢迎他。

2. 建筑

建筑中的凶吉信仰主要表现在房屋和坟墓的选址上,应选风水宝地,避开凶地。什么样的地方才算是风水宝地呢?说法很多。明代《营造门》记载:凡住宅左有流水、右有长道、前有污池、后有丘陵是最贵之地。地形东高西低,生气降基。东低西高,不富即豪。前高后低为凶地,家剩寡妇孤儿,门户必败。后高前低,主多牛马。又说住宅东有流水达江海者吉,东有大路主贫,北有大路凶,南有大路富贵。若住宅在宫观仙居侧近之处,主益寿延龄,人安物阜。而塔冢、寺庙、祠社、炉冶……草木不生,正当流水等处不宜居住。等等。总之都是对周围环境和地形地势的选择,据说选择了风水宝地,会使家庭人口兴旺、财源不断,甚至会出个贤人、圣人或皇帝。

选择了凶地，住宅会闹鬼、病人不断、门户衰败、甚至断子绝孙。上述凶与吉的说法有的有合理因素，如宅旁有流水吃水方便，宅旁有大道交通便利，宅后有丘陵不仅地势高，而且房子向阳等。但大多数是违反科学的迷信之谈。

其次是建造过程中的信仰，比如选吉日动工、吉时上梁等。房屋的高度要与前后左右已有房屋相同。墙中或基石下要放镇物，如山东等地流行“泰山石敢当”(或“石敢当”)信仰，就是建房时在墙里或墙下、房前等处放一块石头，作为让鬼怪害怕的镇物。

3. 生育

孕妇禁忌很多。首先是忌口，就是忌食某些食物。比如有的地方不许吃兔子肉，说吃了兔肉婴儿会长兔唇；不能吃鲜姜，不然孩子长“六指”；禁吃狗肉，认为狗肉不洁，食后会难产。山东一些地区孕妇忌吃豆角和带弯的蔬菜，说吃了这些蔬菜婴儿以后不能直立生长。扬州一带孕妇忌吃螃蟹、胡椒、龟鳖、鸭头、野兔，也不能喝酒，说是吃了鸭头生下的孩子摇头摆尾；吃了螃蟹孩子会吐白沫；吃了胡椒孩子会秃头；吃了龟鳖孩子缩头缩脑；喝酒会使孩子呆傻，等等。

其次是行为禁忌。有的地区不许孕妇夜间外出，怕鬼煞邪气冲了胎儿之神；不准看月蚀、月虹(月亮周围的亮圈)，说看了就会冲犯月神，造成难产、流产或婴儿四肢不全等。孕妇居室内不许用剪刀针线，不然婴儿会瞎眼。不得在孕妇室内钉钉子、木桩等，怕使小孩小便不畅或四肢不全等。

孩子顺生一般以为吉利，寤生为不吉。若孩子畸形或怪胎，则多耻骂其家人做了缺德之事。

产妇饮食普遍禁吃生冷食物，有的地方还忌酸、咸、辣等。福建一些地方忌吃豆腐、白菜、白粥，喝白水，怕吃了会拉肚子。产妇行为禁忌以一个月为限，在这个月内到寺庙会冲犯神灵；到他人家里会给人家带来秽气。

孩子出生后，各地普遍有“踩生”信仰。据说谁第一个进产房，以后这个孩子的性情就和谁一样。家里往往主动找一个性格好的人踩生。

孩子能吃饭以后，有些地区不许孩子吃鸡脚、鸡翅、猪尾巴、猪耳朵、猪脑、鱼卵等。

为了孩子能健康成长，人们给孩子取容易养活的名字，如狗儿、猫儿等；有的请算命先生看看孩子在金、木、水、火、土五行中缺哪个，就用名字来补哪个，比如缺水，名字中就用有三点水（氵）旁的字，缺水很多，就用整个“水”字。

4. 婚姻

在古代，男女两人的属相和生辰八字相合才可以结婚。对于十二属相相合与相犯的说法在民间流传很多，比如“红蛇白猴满堂红，福寿双全多康宁”；“青兔黄狗古来有，万贯家财足北斗”；“黑鼠黄牛两兴旺，青牛黑猪喜洋洋，龙鸡更久长”……这是相合的属相。“白马怕青牛，羊鼠一旦休，蛇虎如刀错，龙兔泪交流，金鸡怕玉犬，猪猴不到头”及“两虎相斗，必有一伤”……这些是相犯的属相。此外对于女子的属相说法最多，什么“女属羊，守空房”，是说属羊的姑娘婚后会死丈夫，成为寡妇；“虎丫头必缺一角”是说属虎的姑娘婚后不是死丈夫，就是死公婆，或无子。

婚礼中的哭嫁、射箭、跨火盆等活动和全福人、好命人等也都反映了人们的信仰。此外各地还有不同的信仰，如陕西绥德县人认为晴天娶的媳妇聪明，阴天娶的媳妇糊涂，雨雪天娶的媳妇会带来晦气。浙江余杭一带，新郎新娘拜堂时，禁止新郎笑，认为笑是不吉利的，会冲走财气，于是拜常前在新郎嘴里放两颗大桂圆堵上嘴。在陕西延安地区新婚之夜，新娘不能入睡，想办法和新郎说话，若是不这样的话，生下的孩子就会是哑巴。在福建花乡，用石榴祝新人早生贵子，用桂花祝新人富贵，用辟邪的茉莉花祝新人平安家庭和睦，用美人蕉祝新人貌美，用“万寿菊花”祝新人健康长寿、白头偕老。

5. 丧葬

无论哪个国家或民族，丧葬活动都是在灵魂信仰支配下进行的。中国庄严隆重的葬礼，名目繁杂的葬俗包含着中华民族"慎终追远"的美德，以及后代对长辈的孝敬和思念之情，期望死者在阴间世界生活得美满，保佑后代幸福。中国古代认为阴间世界与阳间差不多，汉墓发掘出镇墓文，上面写道："上天苍苍，地下茫茫；死人归阴，生人归阳；生人有里，死人有乡。"连官制阴间与阳间也是一样的。佛教、道教出现后，宗教神学观念对民间灵魂观念产生了极大的影响。汉代后期及以后的民间丧葬活动是在宗教神学和原始灵魂信仰的混合体支配下进行的。特别是佛教的"地狱说"和"轮回说"的影响很大。人们相信，德高望重的长辈、身居高位的帝王将相、多作善事的人死后灵魂升入天堂；一般人的灵魂则进入阴间，再度转生为人；而作恶之徒死后其灵魂被打入地狱，受尽折磨后转生为畜类。这也是善有善报、恶有恶报的因果报应观念。还认为，死亡方式不同，灵魂受到的待遇不同，说是凶死（吊死、溺水死、雷击死等）的灵魂是恶鬼。其鬼魂三年内找到一个死亡方式相同的替死鬼，才能转生，因而被人们厌恶。对凶死者既不举行隆重的葬礼，也不许葬入祖坟，更没有什么随葬品。把年老病死说成是寿终正寝，是喜丧，要举行隆重的葬礼，尽力办得热闹些。

丧葬中的禁忌很多，如忌病人死在床上或炕上，不能给死者穿双数寿衣，怕出现双丧（死两人）；不能给死者穿皮衣，说穿皮衣会转生为兽类；忌哭时眼泪滴在尸体上，说这样会使死者灵魂留恋不走或出现僵尸；忌猫接触尸体，不然会诈尸；服丧期间忌化妆、华服、婚嫁、生育等等。忌把亲人故去说"死"，应说"走了"、"去了"、"去世了"、"过世了"等。

中国民间信仰认为人的寿数由阴间的阎王爷掌管，所谓"阎王叫你二更死，绝不会拖到三更天"就是这个意思。还认为人的寿命可因自己的行为增减，平日积善能增寿，作恶则减寿。而且寿数还可以挪借。当一个人生病用药不见好转时，就在亲友中借寿，自愿借寿给病人的要到庙里焚香拜神许愿，祈求神减少自己的寿命，延长病人的寿命。在江苏淮安等地，传说愿借寿者必须有10人，每人必须完全自愿才灵验。

6. 生产

在中国古代，生产活动主要是农业、牧业、渔业、打猎、伐木、养蚕、采矿及各种手工业。为了保证生产顺利进行和人身安全，除祭神外还有许多禁忌。

农业。人们除按时祭祀与农业生产有关的各种神外，还有许多习俗禁忌。比如浙江丽水一带，浸谷种时，要在箩底垫上桃枝（或把桃枝放在谷种上）以辟邪。插秧后，秧田周围也要插桃枝避邪护秧。而宁波一带，浸种时则谷种上放一张红纸，纸上压一把镰刀，也是为了镇邪。插秧时，嘉兴一带人与人之间不可随便传递秧苗，必须先把秧扔到水里，插秧人忌把秧甩到种田人身上，因为被甩中叫“中秧”，意为遭秧。在金华、衢州等地，插秧活动结束时，带回一小撮秧苗扔到自家屋顶，这样屋顶不会生小毛虫。不少地方禁止用插剩下的秧苗喂牛，说是喂牛后会使牛爱吃稻秧。

渔业。人们不仅认为龙王主宰江河湖海，而且海里的海龟、海豚、海蚌、鲨鱼等也是惹不得的。在山东荣成海岛上，渔民把海龟、海豚敬之若神，称海龟为“老爷子”。当收网发现捕到了海龟时，立刻朝它作揖，连声说：“老爷子，怎么把您挂上了，我给您弄出来。”于是海龟被放回了大海。如果海豚落在捕鱼的网上，人们立即压低渔网，让海豚游走。

沿海渔民出海前都要先祭神，或祭海神娘娘妈祖，或祭龙王和关老爷（关羽），祈求神的保佑，一般船内都供神像或立有神的牌位，以便随时祭祀。有的地方如黄海渔民过去出海前要占卜凶吉，其方法叫“破膀”，就是用“法刀砍左臂，血中如有血泡，寓意丰收；

血流痕迹不长，表示鱼不多；血痕岔开，预示不吉”。占卜后两个人手拿火把从船头走到船尾，以驱邪。出海捕鱼忌大声叫喊，忌在船上向远处用手乱指，禁说“翻”、“倒”等。总之与翻船有牵连的词语不能说，事情不能做。在内地江、河、湖上捕鱼的船家也是这样，比如太湖渔家除忌说“翻”、“沉”外，还忌说“搁”（因象征搁浅）、忌说象征烧船的“起火”和落水溺死的“浮尸”等。行为禁忌有禁止在船头撒尿，以免得罪水神等。

在蚕乡，养蚕禁忌更多，比如忌油、油漆、烟、酒、醋味和腥、臊等气味。忌在室旁舂捣、叩门、在室内哭泣等声音。忌在室内扫尘、室外附近有污秽等。忌带孝者、孕妇、产妇等不洁之人进入蚕室。不能说“酱”，因“酱”与“僵”谐音，“酱油”不叫酱油，叫“颜色”；忌说“筝”，因“筝”谐音“伸”，怕蚕伸直而死；忌说“葱”，因“葱”谐音“冲”，怕冲去蚕花，所以“葱”不叫葱，叫“香火”；忌说“虾”，因方言“虾”意为浮肿，故把虾改叫“弯转”等等，不一而足。

狩猎，要祭拜山神，各地所祭山神不同。湖南有的以梅山猎神为始祖，进山前要先祭梅山神。传说梅山神是女性，如果上山打猎路遇的第一个人是女性，则预示不吉，须另择吉日上山。进山后不许大声说话，更不许说对打猎不吉利的话。浙江一些山区打猎时忌穿白衣服，不准发出声响，也不准吸烟。吉林长白山区的猎人以老虎为山神，猎得第一个野兽要取其肝脏和好肉煮熟献祭山神，祭毕方可吃，因此这一带忌讳捕猎老虎。

采矿。禁忌也不少。过去浙江温岭采石矿的工人，禁止洗碗，只用布擦碗，因为“洗”字与“死”字音近。不许倒扣饭碗，因为“倒”字也读 dǎo，预示矿洞倒塌。进矿洞不许大声说话，恐怕惊动山神受到惩罚。

窑匠行业。瓷窑、陶窑、砖瓦窑、炭窑等都有不同的禁忌。在江苏宜兴陶窑，旧俗装窑坯时不能随便说话，更不能乱开玩笑，违犯禁忌会招来鬼煞，使窑神发怒，烧窑不吉利，烧出的器具不是坏了，就是歪嘴瘪肚。在瓷都景德镇,旧俗建窑前要请风水先生择吉地、吉日动工,要先祭窑神。禁止儿童妇女进入窑地,也不许挑粪桶的人从窑地经过;吃饭时不许窑工说话,不许碗筷碰响桌子,不许把筷子放在碗上等。

酿造业。如贵州茅台酒房,每次烤出初酒时,老板要亲自供奉祭拜杜康先师。为了保证酒味纯正,禁忌妇女往酒房送饭。酒房最忌讳"酸"字,是绝不许说的。

7. 动物与植物

人们常常把一些动植物作为吉祥的象征,而把另一些动植物看成是不吉祥的征兆。古代中国人称"麟"、"凤"、"龟"、"龙"为四灵,其中龙、凤、麟都是汉民族想象出来的,龙前面介绍过。麟即麒麟,是传说中的仁兽,常把它放在建筑物前面,象征祥瑞。凤传说是神鸟、瑞鸟,是百鸟之王,"见则天下大安宁"。所以帝王坐的车要绘上凤叫凤辇,仪仗用的伞叫凤盖,书写用的纸上绘有金凤,叫凤纸。后来用龙象征帝王,用凤象征皇后。龟是长寿和财宝的象征(以龟壳为货币),有谁得到有名的龟,就预示"家必大富至千万"。传说神龟在林中,"兽无虎狼,鸟无鸱枭,草无毒螫,野火不及,斧斤不至"。得到这样的神龟,匹夫可为人君,诸侯可做帝王。如果谁杀了这样的龟,则会身亡家破。狮子被认为可以驱邪恶,故古桥上、门前多有石狮。喜鹊的谐音为报喜的吉祥鸟。喜鹊落在门前,预示喜事将到。乌鸦为不吉之鸟。猫头鹰为报丧之鸟,听到它的叫声,会有人死亡。黄鼬被称为黄仙,以之为凶兽。相信鸡有驱鬼的本领,天亮时鸡叫妖怪就没有了,民间常把纸剪的鸡贴在门窗上。鸳鸯总是成双成对,常用以象征夫妻;狐狸被认为能修炼成仙,化为人形,与人来往,故称之为狐仙……。

植物中以牡丹为富贵之花,以莲花为"花中君子",象征繁荣昌盛,美好幸福;松树、桃树都是长寿的象征,"桔"与"吉"谐音,是吉祥的象征;石榴多籽象征多子等等。

人们还常把吉祥物组合在一起，联结成一句吉祥语。如用三只可爱的小白羊组成"三阳开泰"；梧桐树上落着一只喜鹊叫"同喜"；一只豹和一只喜鹊组成"报喜"，一枝盛开的梅花和一只喜鹊寓意为"喜上眉梢"，一只鹭鸶与莲花、荷叶组成"一路荣华"；一只鹭鸶与牡丹组成"一路富贵"；几条金鱼组成"金玉满堂"，鹌鹑在落叶之上为"安居乐业"；蝙蝠、桃、灵芝组成"福寿如意"等等。

民间还普遍信仰"物久则灵"，无论鸟、兽、树木、花草、山石等等，只要时间久了，就会有灵性，成为精灵活跃在人间，或祸害好人，或为冤死者报仇，这种信仰在中国古代文学作品中有不少，比如鲤鱼精、狐狸精等等。

8. 天体

在古代，人们常把太岁星和彗星的出现看成是不详之兆。传说太岁所在方位为凶方，而且它所在的方位变化不定，如果在太岁方位建造房屋、墓地等土木建筑，必招来灾祸：或家中有人生病，或家人打架不和等等。故上至帝王下至百姓，动土前，须请阴阳先生确定太岁方位，以便避开，民间有"不敢在太岁头上动土"的说法。拖着长长尾巴的彗星让人感到神秘，春秋战国时代就把它的出现与诸侯各国之间的战争相联系，认为"彗星现"则"战乱(见《史记·天官书》)。后世百姓则把彗星的出现与世上的自然灾害联系起来，认为自然灾害是彗星带来的，彗星俗称扫帚星，人们常骂把事情做坏的人是扫帚星。另外日蚀月蚀也被看成是凶相，会有天灾人祸发生。日蚀月蚀出现时，人们就敲锣打鼓，用声音救日、救月。

9. 时间

中国古代，认为正月是一年之始，是万物生长之时，不宜杀生，连祭祀也不许杀母牲畜，不能用兵打仗，更不能杀人。史书记载，东汉皇帝把审理处决犯人定在秋季，故叫秋审，称刑部为秋官。古代还把正月和五月视为恶月，《风俗通义》、《论衡》、《后汉书》等书中有讳举正月和五月的记载，就是不要把这两个月出生的孩子养大，认为这两个月出生的孩子不吉利。若要是五月五日生的孩子就更不吉利,因为五日又是恶日。据载,战国时齐国的孟尝君田文就出生于五月五日,他父亲就不让家人养活他。后世《浦江风俗》说上海严禁五月给小孩剃头。

吉日吉时信仰在民间广为流传。凡有婚丧、建房、出远门等活动都要选择吉日进行。比较多的地区以双数日为吉,有的地方以"6"为吉日,如北京有的农村结婚日多定在 6 日、16 日或 26 日,这是取"六六顺"之意。更讲究的人家,看"黄历"上所写的吉日,或请阴阳先生计算出吉日吉时等。

10. 数字

数字信仰有几种,古代以"9"为吉祥数字,认为"9"既是天数、象征极限,又与"久"谐音。皇帝用"9"以表示地位至高无上,所以与皇帝有关的建筑、器物等无一不是"9"个或"9"的倍数。更有甚者,为庆贺清乾隆皇帝七十大寿而选的佛像也是 9 的倍数,为 200691 尊(2299 个"九"),为之表演的节目为 81 种(9 个 9),故称"九九庆会"。今天,一般人也以 9 为吉祥数,如果车牌号、电话号中有"9"最好,若是为"9999"更好。第二是以"8"为吉祥数字,因为"8"谐音"发",认为是发财之意,如果车牌号码或电话号码中有"8",会很受欢迎。若有 18(谐音"要发")、168(谐音"一路发")、518(谐音"我要发")、888(谐音"发、发、发")更受青睐。第三是以"6"为吉祥数字,如"66"、"666"、"6666"等都是顺利的意思。所以,一些人宁愿出高价购买吉祥数字的号码,此风近几年从南向北刮过来,而且风势越刮越猛。比如 1993 年 3 月 31 日上海市拍卖电话号码时,尾数带"8"的最高卖到 4.6 万元,而"8888"卖到 6 万多元。"6666"也卖五、六万元,"9999"更高,卖到 7.3 万元。又如南方人送礼,钱数多有"28",或 28 元或 280 元。认为"28"谐音"你发"。第四以"4"为不吉利数字,因为粤语中"4"谐音"死"。车牌号码、电话号码尾数有"4"的就不受欢迎,尤其"14"(谐音"要死")、"54"(谐音"我死")、44、

444、4444 等更不受欢迎。

人的岁数也有禁忌，大多把“73 岁”、“84 岁”看作“年龄槛儿”，认为是生命的关口，很难活过去。所以凡到了这两个年龄的人，或多说一岁，或说去年××岁，或说明年××岁。有的地方认为 100 岁是人的生命极限，到了这个岁数就会死，因此忌说 100 岁而说 99 岁。旧时北京地区多把 55 岁、66 岁也看成年龄槛儿，故有“人活 55，阎王爷数一数；人活 66，不死也掉块肉”的说法。浙江一些地方也有这种说法，所以 66 岁生日时要吃肉。山东人还认为男人 41 岁是妨妻之年，故多说一岁，躲过 41 岁。

11. 节日及其它

因为节日是喜庆日，故禁忌也最多。比如春节期间，忌说不吉利的话，如“死”、“病”、“杀”等；忌打破器物，如果打破时，须立即说“岁(与“碎”谐音)岁平安”，可以转凶为吉。正月初一忌扫地倒垃圾，认为扫地倒垃圾会把财气扫出去倒掉。北京有的地区已婚妇女回娘家，忌在娘家过夜，认为让丈夫守空房不吉利。二月二日为龙抬头日，不少地方忌动用针、刀、剪子等，恐伤着龙的眼睛招来灾祸。中秋节是团圆节，供月神的水果中忌用桃和梨，因为桃不能接近神，“梨”谐音“离”，团圆之日不能用“分离”之意，分吃瓜时必切成犬牙交错的莲花瓣形，取其吉利。

除以上所述信仰、禁忌外，还有其它一些，比如人的禁忌，就是把一些人看作是吉祥者，把另一些人看作是不吉利或不洁者，吉祥者如《婚礼篇》提到的全福人、好命人等，因为她们有子女、有父母、有丈夫就成了有福之人、好命运的人。而妇女特别是经期妇女、孕妇、产妇、寡妇及带孝者都被看作是不吉利或不洁之人，禁止她们参加某些活动。把妇女看作不洁者的信仰最普遍，比如说院子里晒晾女子衣裤时，不许男孩子从下面经过，认为从妇女衣裤下经过丧气；忌男孩子做女子应做之事；像打扫厕所、房间、端尿盆等，怕妇女的“晦气”冲了男孩子。过去民间流传许多顺口溜：“妇女上房房准塌，妇女上船船准翻”就是这种信仰的表现。

又如生病以天花的禁忌最多：不许炒豆、不许点灯、不许泼水……，不仅民间，就连一国之君——皇帝也如此。据张宸《清琱集》说，清顺治皇帝出天花时：“传谕民间毋炒豆、毋燃灯、毋泼水，始知上疾为出痘。”就是说皇帝出了天花，全国人都要遵守这个禁忌。

又如祭神，忌不洁者参加祭祀，以免触怒神灵，祭祀无效。祭品不许用狗肉、牛肉。因为牛、狗对人有功。忌用无皮无麟的鳗鱼、鳝鱼，祭祀用的鱼不要去鳞去腮，那样鱼不全。忌用吃过的东西和冬瓜、苦瓜、石榴等做祭品。供桌上的盘、碗须为单数，忌用双数，忌用手指或用手触摸神像等。

从以上这些凶吉信仰和禁忌的内容看，大部分违反科学，迷信色彩很浓，这是因科学不发达、人无法与自然界抗争又不愿意承受各种灾难而采取的趋吉避凶行为。但有些作法有一定道理，如正月忌杀母牲畜、对于保护牲畜繁殖有利，养蚕的禁忌，有些是为了讲卫生减少蚕病而形成的。但这些往往与迷信的内容连在一起，有时把事前事后出现的偶然现象，当作普遍现象、变为一种好坏的征兆，虽然荒唐，可人们相信。征兆又称兆头，通常有梦兆、人体兆、天体兆等等。梦兆即把人睡觉时所做的梦作为推测吉凶的征兆。对于梦兆，一般用相反或相似的方法，如梦见树木枯死认为是凶兆，而梦见人死、自死是吉兆，梦见丧事为喜事等。人体兆主要有用心惊、眼跳、耳鸣、打喷嚏、脸热等来推测吉凶，如“左眼跳财，右眼跳灾”，打喷嚏是亲人想念等。天体兆，从反常的天象来推测吉凶，如无云下雨、无云打雷、夏天下雪等都被认为是凶兆。上述这些是先有兆，根据先兆来预测吉凶，还有一种是在无先兆的情况下，用人为的方法去探求兆头，然后根据获得的兆头对未来吉凶作出判断。这种得兆方法叫占卜。占卜各国都有，但占卜方法和吉凶信仰不同，中国古代最著名的是龟卜和骨卜。占卜所用的龟骨和兽骨在考古发掘中有大量发现，古人就是用被火烧过的龟骨、兽骨的裂纹状象来判断吉凶的。占卜的内容极多，既有对祖先与自然神的祭祀与求告，又有对风、雨、水及天象、农事、年成的关注，还有对战争、疾病、生育、祸福及国王田游等的占问等。另一种占卜是利用“术数”进行占算，俗称算卦，卦也是一种兆，古代术数家利用阴阳五行学说创造并使用的八卦成为我国传统占卜最初的术数。八卦是八种记事符号，用“-”表示阳，用“--”表示阴，把这两种线条排列组合出八卦，再用八卦相叠出64卦，用这个64卦象征自然现象和社会现象的种种变化和发展，但能用八卦占算的只是极少数阴阳家，就连后来流行的八字算命术也非一般人能掌握的。于是就成了阴阳先生谋生的手段。另外相宅(包括墓地、住宅)、相面、相手、测字、相名、相印等也都是阴阳家的伎俩，但要比前几种简单些，在民间广泛流行着一些通俗的方法，比如手相很简单，就是看手指指纹的斗箕构成和手掌纹路的构成，民间广为流传着指纹的顺口溜有“一斗穷，二斗富，三斗四斗开当铺，五斗六斗编花篓……。相面是看人的五官形状和整个脸的形状，民间流传的顺口溜是“耳白如面，名满天下”、“耳长无轮，祖业如尘”、“眉交不分，早岁归坟”、“口角如弓，位至三公”等等。还有一种简单的算命方法是属相算命，人们把每个属相的人的性格、爱好、财运、官运等如何都写在命相书上，由于把世上所有人的情况仅分为12种，就太难以让人信服了，所以在民间最有诱惑力和吸引力的仍是比较难的算卦和八字算命(测八字)，但无论哪种方法，也不管是看兆还是占算，都是抛开个人的主观努力和社会发展对个人的影响，单从某些自然现象或固有因素(如出生年月日时等)作出推测判断，是没有科学根据的，当然不排除有偶然性的巧合。此外，在中国民间还盛行多种用于治病或驱鬼镇邪的迷信手段，如咒语、符箓、蛊(用毒虫作祟害人)等，这些巫术都成了江湖术士、巫医神汉借以愚弄百姓骗钱的手段。上述种种迷信随着社会的进步、科学的发展，相信的人会越来越少，迷信活动的市场也会越来越小。

七、民间信仰的特点

1. 多元性

从以上介绍可以看出，中国民间信仰对象繁杂纷乱，漫无边际，涉及万事万物，不仅有自然物、动植物，还有灵魂以及完全是人们想象中的种种事物，五花八门，不计其数。这就是信仰对象的多元性。这种多元性表现在许多方面，比如神的来源，有的来自宗教——佛教神、道教神；有的是由古代神话传说、志怪小说中的人物演变而来；有的是自家祖先或古之圣贤，等等。神的功能也呈多元化，其中不少神有多种司职，如神庙最多、分布地区最广的关帝、观音等；某一种司职有许多种神，如管治病、治水的神就有许多；有的神较为模糊，信仰出自原始的精灵观念，而大部分神则已被人格化，且有姓有名甚至有家室。不同地区的信仰对象有异有同，有各自的中心。信仰中心也呈多元化，比如东南沿海地区以海神妈祖的信仰为主，靠山吃山的人以山神信仰为主，干旱少雨的山西北部地区则以降雨神——龙王为主等等。

2. 务实性

中华民族自古是个非常注重实际的民族，民间信仰也毫不例外。这表现在几个方面。首先是造神。中华民族自己创造的神都是祈求对人的现实生产或生活某方面有帮助的神，如行业保护神、家庭及人生保护神等。而不去创造那些使自己死后灵魂到什么彼岸世界的神。就是外来宗教中帮助世人脱离苦海到彼岸的神也被改造成为解除人们现世生活苦难的神。如佛教的观音，被加上治病、送子佑子等职能。其次是拜神，往往从自己切身利益或一家一户的实际利益为出发点去祭拜某神，比如想升官发财就去拜禄神、财神；想生儿子就拜送子神；想长寿就拜寿星；今天生病了就去拜能治病的神，明天病好了就不再去拜……就是说，为了有所得才去拜某个神，没有所求就不去拜，这种情况在中国古代几千年中是极为普遍的。另外拜神时都希望神能给予帮助，表现得极其虔诚和尊敬，但是当神没有显示出神威之时，就是说不灵验时，敢对神做出极为不敬的行为。据载，1959 年山西上党地区曾发生一件事。因干旱无雨当地人开始祭拜龙王，前三天给神穿上黄袍，摆上丰富的供品，当地叫"敬龙王"。三天后无雨，人们把龙王抬到干枯无水的河里转了一圈，叫"晒龙王"，到第九天仍无雨，人们非常生气，剥掉了龙王身上的黄袍，把神像扔到干河滩上，并往它身上撒尿，叫"尿龙王"，直到下雨才把它抬回庙里。这种从敬到不敬甚至惩罚的转变，明显表现出了这种崇拜的务实性。还有一个例子，天主教教士法国人李明的《中华现势续录》中说，一个信仰基督教的中国人对没发生作用的神骂道：'你这个狗杂种(他们时尔这样说)，我把你放到这么好的庙里供起来，给你涂上金，供你吃，供你看，我们这么慷慨地侍候你，你却是这么个忘恩负义的东西，竟不肯给我们想要的东西……'神像被他们用绳子捆起来在街上拖，沾满了泥和各种脏物。"李明还记述了一个南京居民，因一个僧侣没能治愈他病弱的女儿，把那个僧侣所居住的庙宇捣毁，所属和尚们也受到了惩罚的事。虔诚的宗教信徒尚且如此，更何况其他人呢，实际上这种遭遇就连被摆在第一位的祖先神也逃不掉，当家中发生不幸之事时，人们对时常祭拜的祖先神极为不满意，责怪它毫无用处，并不保佑后代子孙，这类情况在中国民间不是个别现象，而是极普遍的事。有人把这种务实性称作功利性或实用主义，我想也未尝不可。

3. 调和性

中国民间信仰的调和性首先表现在不排斥宗教信仰，而且把宗教信仰对象吸收到民间信仰中来，如佛教的观音菩萨、弥勒佛和道教的财、福、禄、寿神等；在民间修建的神庙里，佛教神、道教神和民间信仰的神常被合祀在一起。日本人在三十年代调查华北信仰与风俗时发现，河北顺义沙井村的观音庙内，"第一层：关帝；第二层娘娘、财神、龙王、土地、青苗神、二郎爷、托塔天王围抱；第三层：佛、文殊、普贤、圣人”。在一般百姓家里，供奉的神有祖先、土地、财神、灶神、观音等。另外从祭拜的神看，民间百姓对佛、道两教的区分并不那么清楚，一般是见庙就烧香，见神就拜；生了病既拜佛，也拜道，还拜民间信仰的神。就连国家祀典也如此，如清朝的大祀为天地、太庙、社稷；中祀为日、月、先农、先蚕、历代帝王、先圣先贤、关帝、文昌、太岁；群祀分群祠，祭忠烈名臣，群庙祭先医太昊（伏羲）、炎帝、黄帝等。中国人对神的信仰就象调和中国菜一样，把各类神调和到一起，包括宗教神和世俗神，让他们和平共处，携起手来，为人们的各种需要效力，就连某些宗教的教民也是如此。在佛教、道教、甚至基督教、天主教徒的家里，既有宗教神像，也有祖先、灶神、财神等牌位。在丧葬礼中，既充满了民间的鬼神信仰和凶吉信仰，又请来佛教的和尚、道教的道士、番的喇嘛。这与欧洲人把宗教与世俗信仰截然分开是完全不同的。

4. 随意性

中国民间信仰的随意性主要表现在造神的随意、改变神的随意和信仰神的随意三个方面。

造神在中国随意性极强，可以毫不夸张地说，谁都可以造神，而且随时随地可以造神。在原始阶段，各国都如此，把万物都看成是有灵的，自然就造出一大批自然神。但中国所不同的是封建文化把自己的道德准则、价值观念注入到民间信仰中去，用道德化、礼教化的人格神（大多数是真实历史人物神化）不仅取代了原始信仰的精灵，而且创造了许多新神。另外，中国民间信仰的务实性常把发现不灵验的神抛弃，而转向新的神的信仰，但旧的神和新的神只是接力，不是替代，这也使神的数量增加。这些新增加的神大都是历史人物，如先贤先圣、忠烈名臣、节妇烈女孝子等，但把谁奉为具有某种功能的神完全随人意，因为与其生平、身份并不一定有联系，如有的地方把岳飞奉为土地神等。更有意思的是，西方天主教的来华传教士也被奉为某方面的神来信仰。比如1583年在中国内地传教的利玛窦，他是第一个把欧洲钟表计时送给中国人的，于是上海的钟表匠们奉其为行业守护神。还有一个西方传教士方德望1635年在山西南部乡村间传教时，传说他挥洒圣水驱散了蝗虫，也被汉水上游河谷的这座偏远小村的村民奉为土地神。在中国古代小说中也常有关于造神的故事，如南宋刘敬叔的《异苑》中说，一个卖鱼人路过一棵大树，树洞里因下雨积满了水，他随手把一条活鱼放在树洞里就走了。后来路过的人看见了就说是神鱼，于是周围几十里的人都来给这条鱼烧香叩头。以上几个事例足以说明中国民间造神的随意性之大。

神在信仰过程中各个方面也常发生变化，人们可以随意给其增加功能。如佛教的观音，来到中国后不断增加新的功能：救苦救难、济世造福、扶正除邪、送子送神、去病消灾等。再如关羽，皇帝封他为"伏魔大帝"，佛教让他做寺庙护法神，明清时代又给其增加了管命禄、佑科举、治病除灾、驱邪避恶、招财进宝等职，使他成了全能之神，关羽的功能随着时间的推移而逐渐增加。另外民间信仰中的人格神也常常易人或将神的姓名、性别、形象等诸方面随意改变。如佛教的观音，佛经上说是男性，到中国后变为留着长发穿汉装的中国女人，且说她是中国春秋时期楚庄王的第三个女儿，叫妙善寺等。也有的神由原来的一个变化为几个，如财神，后世民间信仰的有文财神（两人）、武财神（两人）和五路财神等。有的给原来的神增加一个配偶神，如为土地爷配个土地奶奶，为灶王爷配个灶王奶奶等。也有的从一个神化身出几个神，如道教的送子娘娘天后圣母，在天津的天后宫里，主神两旁侍立的有眼光娘娘、子孙娘娘、耳光娘娘、斑疹娘娘、千子娘娘、引母娘娘、乳母娘娘等。人们对神像的塑造也随意。经济条件好的地方，庙宇雄伟高大、神像雕塑精致，甚至涂金，但条件不太好的地方或随便塑个像，或找个木板写上神的名字就行了。有的尽管庙内塑像非常难看，但祭拜的人不一定少。

民间百姓对神的信仰、祭拜随意性也极大，信哪个神不信哪个神，拜哪个神不拜哪个神，完全看自己的需求和兴趣。一般人用着哪个神拜哪个神，所以专一信仰某个神的恐怕几乎没有。人们的信仰也常常相互影响，所以民间信仰往往表现为群体的事情，或全家、或全村、或者全地区，别人信我也信，别人不信我也不信，常常有一个人说某神不灵验，于是大家的信仰都转移，这就说明虔诚的信仰者不多，大都是信不信两可。

以上四个特点是相互依存、相互关联的，而不是截然分开的，但最根本的是务实性，就是说多元性、随意性、调和性都是由务实性衍化而来的。

中华民族轻玄想重实际的民族性格是由本民族独特的地理环境养成的，这种性格又直接影响信仰。任何信仰无不期求一定的实效，或求物质的效益，或求精神上的解脱和满足，而中华民族重实际的性格使大部分人对信仰期求的是直接的物质效益，只有极少数人追求精神上的解脱和升华。而信仰本身就是建立在虚幻的神灵信仰之上的，是不会有灵验的。所以这种期求物质利益为主的中国民间信仰，是极其脆弱的，是容易发生动摇和改易的，从而使信仰必然呈现出多元性、随意性和调和性的势态。

当然中国民间信仰形成这四个特点还有其它原因，恐怕最主要的是中国无神论传统的影响。

众所周知，中国有神观念产生很早，山顶洞人时期已经存在，到夏、商、周时期，已在多神崇拜基础上产生统一至上神(天)的崇拜。而无神包括无鬼观念虽比有神观念产生晚得多，但商周时期已经萌芽，西周末年已明显表现，理论形态的无神论到战国后期已经完成，和其它国家相比，中国无神论产生比较早。战国时人公孟在与人辩论鬼神有无时，明确提出“无鬼神”。生活于春秋末期的儒家创始者孔子的鬼神观是：“子不语怪、力、乱、神”，“敬鬼神而远之”，

“未能事人，焉能事鬼”，“未知生，焉知死”等，他虽未否定鬼神存在，但不迷信鬼神、不侈谈鬼神，并强调重生与人事。战国后期的荀子和韩非子也坚信无鬼神，荀子明确否定鬼神的存在，指出鬼神是人的幻觉，韩非子认为人无内害外祸之时则不会相信有鬼。此后无神论对有神论的否定与批判从来也没有停止过，最突出的有汉代的王充、南朝的范缜等。王充在他的战斗性的无神论著作《论衡》中论证了人死后没有脱离肉体而独立存在的鬼神，并否定鬼神能祸福于人，认为人事“在人不在鬼，在德不在祀”，并对种种世俗迷信形式如祭祀、相术、风水、卜筮、祈禳、忌讳等巫术与术数逐个进行驳斥。指出产生迷信的共同根源是“衰世好信鬼，愚人好求福”、“凡天地之间有鬼，非人死精神为之也，皆人思念存想所致也”。对有神论进行了全面的批判。范缜为否定有神论著书《神灭论》，从理论上摧毁了神学赖以存在的基础，对宗教神学及一切鬼神迷信予以沉重的打击，把无神论推到新的阶段。这场贯穿中国社会几千年的论争，及历代名家关于鬼神的认识对民间信仰产生了巨大的影响，使民间信仰大厦的根基被摇动了。真正坚信不移的人数并不太多，而大部分人抱着“不可信其有，也不可信其无”、或“宁可信其有，不可信其无”和“敬鬼神而远之”的态度，他们认为信鬼神即使得不到好处也不会有害处，这就使得信仰不坚定、不虔诚、时信时不信、若即若离，甚至和神鬼保持一定的距离。不仅下层百姓如此，就连最高统治者皇帝中也大有人在，如清朝康熙皇帝曾开玩笑说：“至于我本身对于彼岸世界的这些事情几乎没有任何兴趣，并且对于决定这些无形的神灵的活动根本不关心。”从上到下对鬼神信仰的不坚定性，也是中华民族未能形成特别尊崇某一神灵或某一宗教信仰的原因之一。

第十一章 传统节日篇

一、春 节

中国一年中有许多传统节日，在这些节日中，春节是最隆重的节日，也是最受人们重视的节日。它不仅历史悠久，涉及民族多（汉、壮、布依、侗等十几个民族），而且持续时间最长，节日内容也最为丰富。

中国古代使用的是农历，实际上是阴阳历，故春节（农历正月初一日）人们叫阴历年，与世界上目前大多数国家采用的阳历一月一日的阳历年时间上相隔一个月左右。阳历年在前，春节在后。中国人对于阳历年，城市居民过得很简单，只作为一般的休息、娱乐的节日，在广大农村，大都不把它作为节日。中国人重视春节，既有传统因素，又与国情有关。中国是个农业国，一直按农历安排农业生产，春节不管对南方还是对北方，都是农闲季节，人们有较充裕的时间过年。春节一过，一年紧张的生产就要开始，这是个调节休整的阶段。从经济角度来说，春节在粮食等农作物收获之后，给人们过年改善生活提供了条件。从习惯来说，过春节已有几千年的历史了，而中国人采用阳历仅有几十年的历史，故阳历年只被看作一般节假日，而春节则隆重异常。

春节持续时间很长，一般从农历十二月二十三（俗称小年）到正月十五前，所以节日的习俗最多，主要有过小年、祭灶、扫尘、买年货、贴春联、放鞭炮、除夕守岁、拜年等等。过小年和祭灶习俗在

《民间信仰篇》已介绍,这里略去不谈,其它习俗简介如下:

1. 扫尘与办年货

扫尘,用今天的话说就是打扫卫生,这个习俗很早就有。宋代《梦梁录》记载,那时每到十二月末,所有人家都扫尘土,净庭户,以祈求新岁之安。至今民间仍流传顺口溜"腊月(即农历十二月)二十五,扫房又掸土;腊月二十七,里外洗一洗;腊月二十八,家什(餐具)擦一擦;腊月二十九,脏土都搬走。"为的是"干干净净过春节",这个习俗体现了我国人民爱清洁、讲卫生的好传统。打扫卫生的同时,人们开始置办年货。年货就是过春节用的东西,包括吃穿用及娱乐等几个方面。比如给孩子大人添置几件新衣服;购买新的家具、餐具、床上用品、鞭炮、年画、神像、对联、果品;杀猪宰羊、做过年吃的饭菜等等。其中做过年的各种吃食南北方不同。北方大都蒸制馒头、豆包、年糕等。东北人做的年豆包极特别,是用黄糜面包上红豆馅,放在垫有紫苏叶的锅里蒸熟的,又香又甜。江南则不同,像江西多做年糕、点心、米酒及各种腊味等。安徽中南部多蒸年糕,做米花糖,打豆腐等。广州和香港等地多做煎堆、油角、年糕等。年糕有的用黏性的高粱或黏黍子面做成,里面有红豆或红枣,这是北方的特点。有的用糯米面做成,南北方都有。南方还有另一种年糕叫水磨年糕,是用大米面做的,做成后泡在水里,随吃随捞出。过年的吃食旧习惯要做很多,像北方富裕人家大多要蒸熟够吃一个正月的,一般人家则尽其所有,能做多少就做多少。蒸熟后装入大缸中,放在院子里冻起来。江浙一带大多要做出几十、几百斤水磨年糕,泡在装着水的大缸里,可以吃很长时间。

2. 贴春联

春联是对联的一种,因是春节时贴,内容又与新春有关,故称春联。对联是中国文艺园地中的一朵别致的小花。分上联下联,上下联是对偶句,不仅字数、音节、词义要对等,而且上下联的词义要对立、对比、对应。对联有许多种,依其字数可分四言、五言、六言、七言乃至更多。从联语的内容和功能看，有名胜、题赠、喜庆、哀挽、谐讽、行业、文学、集句等等。春联属于喜庆类对联。可见对联不只是一种装饰品，还是一种精神食粮。像春联，表达了人们对美好生活的向往，给人们一种鼓舞，一种力量。对联离不开书法，最多的是行书，篆书次之，近代印刷体比较普遍。这些精心制作的对联称之为艺术品不为之过。

贴春联习俗产生于何时呢？据说古时人们春节用"桃符"，就是在桃木片上写上人们认为能驱鬼的神的名字，或画上他们的像，张贴或挂在门首，以祈福灭灾。第一副春联产生在公元964年的春节，由后蜀国孟昶题写的："新年纳余庆，嘉节号长春。"有人认为春联产生的更早，晋代大书法家王羲之（公元303—361年）就曾写过"福无双至今朝至，祸不单行昨夜行"的春联。而清人陈尚古又说，春联之设始于明太祖。始于明太祖的说法屡见于清人的笔记小说。

虽然春联产生的年代众说纷纭，有待进一步查考，但有一点是可以肯定的，春联是随着对联的出现产生的。因为春节贴上对仗工整、书法优美、含义深刻的对联，远比贴神的名字或神像更有意思。春联作为辞旧迎新、美化环境、增加喜庆气氛的一种新的艺术形式，必然受到人们的喜爱。于是纷纷效仿，家家贴，年年贴，也就变成了一种习俗流传了下来。这个习俗还影响到一些少数民族。

传统春联中有不少名联佳作，有的流传到今天。当然随着社会的发展，反映新的社会内容的好春联也层出不穷，比如传统春联：

一元复始

万象更新——佚名

这副春联的含意是，在新的一年里，一切从头开始，万事万物都得到了新生和发展。

三阳开泰

六合同春——佚名

其含意是春天从此开始了，到处都充满了春的气息和生机。

有天皆丽日

无地不春风——佚名

表面意思是天空晴朗，丽日高照，春回大地，春风吹遍人间。深层意思是对国家政治清明，天下太平的颂祷。

爆竹一声除旧

桃符万户更新——佚名

这副春联利用春节有代表性的爆竹和桃符，表达了除旧迎新的欢乐气氛。新春联如：

春满九州，大庆欣逢卅五载

人迎四化，小康定看二千年——苏步青

这副春联是数学家、诗人苏步青教授于 1984 年春节前撰写的，既写出了对新的一年的祝贺和喜悦之情，又写出了对四化建设宏伟目标实现的信心和祝愿。

春节除了在门框上贴春联外，还在屋里屋外许多地方贴春条、斗方、福字等。春条所用词句浅显易懂，无上下联对仗形式，内容也都是迎春、祝福的意思。比如屋门上方贴"抬头见喜"，屋门对面贴"出门见喜"，院子的墙上贴"满院生辉"，牲畜棚贴"六畜兴旺"或"牛羊成群"，猪圈上贴"肥猪满圈"，鸡鸭窝上贴"鸡鸭满架"，粮仓上贴"五谷丰登"、"粮食满仓"，室内贴"合家欢乐"、"人丁兴旺"、"万象更新"等，水缸上贴"年年有余"或一个"鱼"字，因为"鱼"、"余"谐音。斗方是在一个正方形的红纸上，写上"招财进宝"、"黄金萬两"等，写法特别，把这四个字写成一个字，贴在箱子、柜子上。另外就是在四方纸上写或剪一个"福"、"萬"、"喜"等字，贴在门中央、墙壁上、箱柜上等。"福"字一般倒着贴，用"倒"、"到"的谐音，表示"福到了"。这些大小不等的斗方、福字，给节日增加了喜庆气氛。旧时北方过春节，还用红、绿、黄等彩色纸剪成图案或"迎春"、"吉祥"等词语，人们把这些象征吉祥如意、四季平安的剪纸（北京叫挂钱）

贴在门楣、窗框上边。这一切都表达了人们对美好生活的向往和祝愿。

3. 贴年画

年画故名思义，就是过年时贴的图画。据有人考证，年画起源于画门神像的桃符，后来人们把门神像专门贴在门上，而室内墙上贴年画。关于门神见《民间信仰篇》，这里不再赘述。

目前看到的最早的年画是南宋时期的两幅木版年画。一幅是中国历史上四大美人(班姬、赵飞燕、王昭君、绿珠)的立像，另一幅是三国名将关羽、关平(关羽之子)等五人像。这两幅年画是1909年在甘肃一个古塔中发现的，足见年画历史之久、流传之广。

宋以后，尤其明清两代，年画发展很快，无论是在内容还是在种类上，都有很大变化。不仅式样上出现了单幅年画、四条屏等，而且内容、题材更加广泛，大体可分为五大类：第一是反映吉祥喜庆的，如求福、求寿、求平安等。第二是驱凶避邪的神像，如门神、财神、灶神、观音等。第三是表现习俗风景的，如西湖十景图、拜月图、闹花图等。第四是神话、历史故事，如牛郎织女、白蛇传、花木兰、武松打虎、三国演义、杨门女将、岳飞等。第五为花鸟鱼虫等。这些年画的色彩鲜艳、画面热闹，贴在室内墙上显得气氛喜庆活跃。现在不仅广大农村的农民买年画贴年画，而且城市家庭也渐渐恢复贴年画习俗，如今年画已发展成为绘画中的一个门类。

为了给节日增加更浓重的喜庆气氛，很多地方还有在窗上贴窗花的习俗，窗花是用大红纸剪成的，图案有动物如鸡、猪、兔等，也有花鸟鱼虫以及花草图案等，使人看后感到兴奋。

4. 守岁与年夜饭

农历一年最后的一天叫除夕，这一天夜里是不能睡觉的，于是人们就边吃边玩，迎接春节之日的到来，这就叫守岁。

每当除夕日的夜幕降临之时，万家灯火通明，大人们忙着准备除夕晚宴，孩子们手提各式彩灯追逐嬉笑，劈劈啪啪的鞭炮声和放鞭炮之人的欢笑声不绝于耳，此时全国上下老老少少都沉浸在节日欢乐的气氛之中。

除夕的晚宴（有的地区是午宴）是一年中最丰盛的一顿家宴，即使平时省吃俭用的人家，也要尽力做上几样美味食品菜肴，什么“全家福”、“如意卷”、“龙凤呈祥”、“满园春色”、“四喜丸子”、……全是吉祥的菜名，全家老少围坐在餐桌旁，又是碰杯，又是欢笑，好不欢欣。

除夕的家宴菜肴各地有自己的特色。北京、天津旧时一般人家做大米干饭，炖猪肉、炖牛羊肉、炖鸡，再做几个炒菜。陕西家宴一般为四大盘、八大碗，四大盘为炒菜和凉菜，八大碗以烩菜、烧菜为主。安徽南部仅肉类菜肴就有红烧肉、虎皮肉、肉圆子、木须肉、粉蒸肉、炖肉及猪肝、猪心、猪肚制品，另外还有各种炒肉片、炒肉丝等。湖北东部地区为“三蒸”、“三糕”、三丸”，“三蒸”为蒸全鱼、蒸全鸭、蒸全鸡。“三糕”是鱼糕、肉糕、羊糕，“三丸”是鱼丸、肉丸、藕丸。哈尔滨一带一般人家炒 8 个、10 个或 12、16、20 个菜不等，其主料无非是鸡鸭鱼肉和蔬菜。赣南的年夜饭一般为 12 道菜。浙江有些地方一般为“十大碗”，讨“十全十福”之彩，以鸡鸭鱼肉及各种蔬菜为主。江西南昌地区一般十多道菜，讲究四冷、四热、八大菜、两个汤。

各地除夕家宴上都有一种或几种必备的菜，而这些菜往往具有某种吉祥的含义。比如苏州一带，餐桌上必有青菜（叫安乐菜）、黄豆芽（如意菜）、芹菜（勤勤恳恳）。湘中南地区必有一条 1 公斤左右的鲤鱼，称“团年鱼”，必有一个 3 公斤左右的猪肘子，称“团年肘子”。皖中、南餐桌上有两条鱼，一条完整的鲤鱼，只能看却不许吃，既敬祖又表示年年有余，另一条是鲢鱼，可以吃，象征连子连孙，人丁兴旺。祁门家宴的第一碗菜是“中和”，用豆腐、香菇、冬笋、虾米、鲜肉等制成，含义为“和气生财”。合肥的饭桌上有一碗“鸡抓豆”，意思是“抓钱发财”。管家人要吃一只鸡腿，名为“抓钱爪”，意味着明年招财进宝。安庆的当家人要在饭前先吃一碗面条,叫“钱串子”。南昌地区必食炒年糕、红烧鱼、炒米粉、八宝饭、煮糊羹,其含意依次是年年高升、年年有鱼、粮食丰收和稻米成串、八宝进财、年年富裕。若红烧鱼为桂鱼做熟的,则寓意富贵有余。浙江一些地方必有鱼丸,取“团圆”之意,有青鱼,表示“清清洁洁,有吃有余”。这些习俗南方比北方盛行、讲究。

吃完除夕晚宴,全家老少下棋、打牌、讲故事,又说又笑又玩。近些年,电视普及后,观看中央电视台的春节联欢晚会节目成为人们除夕夜的一大乐趣。当午夜十二点的钟声敲响时,大街小巷鞭炮齐鸣,烟花四起,震耳欲聋,表达了人们辞旧迎新的喜悦兴奋之情。

午夜十二点,人们还要再吃一顿年夜饭。这顿年夜饭也很有讲究,除部分地区吃粽子、年糕、面条或汤元外,大部分地区都吃饺子。

有人考证,饺子最初叫“角子”,三国时魏国张揖的《广雅》一书中曾提到。从三国到现在,已有一千六百多年了。1968年,考古工作者在新疆吐鲁番的唐代墓葬中发现了饺子实物,形状与今天的饺子完全一样。从人死后用饺子陪葬这一点可以知道当时人们对饺子的喜食程度。在古代,饺子的叫法有多种,因时代因地区而异。在北齐颜之推的文集中被称为“偃月形馄饨”,到唐代又叫“汤中牢丸”,南宋时又叫“燥肉双下角子”……逐渐演变到今天的称呼。当然,对饺子的由来也有另外的说法。按照古代甲子计时法,夜里11点—1点是子时,也是新年与旧年交替的时候,于是人们称之为交子之时。后来就把这个时候吃的食物叫“交子”,由于是食品,就加了个“食”字旁,成为“饺子”。

除夕午夜吃饺子这种习俗,寓意团结,表示吉利和辞旧迎新。为了增加喜庆气氛和乐趣,历代人们在除夕的饺子馅上想出许多花样。比如,在饺子里包上钱,谁吃到第二年谁就会走运发财。在饺子里放上糖,表示吃到者来年生活甜蜜幸福。还有的放点花生,用花生又名长生果，祝愿人们健康长寿。

饺子在流传过程中，品种不断增加，到今天已达一百多种。按馅的用肉不同分为猪肉、牛肉、羊肉、鱼肉饺子等。因成熟方法不同分为煮饺（俗称水饺）、蒸饺、煎饺（北京称锅贴）等等。仅水饺按馅皮又分三鲜水饺、红油水饺、高汤水饺、水晶水饺等几十个种类。

5. 拜年

拜年是春节又一习俗，就是人们相互走访祝贺节日。在今天，又成为人们交流思想、联络感情、增强团结的一种途径。从晋宗懔的《荆楚岁时记》知道，当时荆楚地方鸡鸣而起，先燃爆竹，后“长幼悉正衣冠以次拜贺”，说明拜年习俗起源很早。

拜年由晚辈向长辈行跪拜磕头礼，并说“过年好”、“恭禧发财”、“祝贺健康长寿”等祝福语。首先从家庭内部开始，按长幼次序跪拜，长辈还要给未成年的晚辈压岁钱。然后是亲族、亲戚之间，从正月初一早上开始，一直持续几天。拜年时，人们都穿上最好的衣服互相串拜。今天农村，拜年习俗除废除磕头礼外，其余一切照旧。城市则不同，除给族人亲戚拜年外，徒弟、学生还要给师父、老师拜年，表示对他们的感谢之意；领导要去看望下属，以示关怀；同事之间互访，增进友谊。

拜年习俗除登门当面表示祝贺之意外，还有送贺年片的。“贺年片”的名称是辛亥革命后产生的。古时曾有“刺”、“名刺”、“名帖”、“拜年帖”等名字，明清时还叫“红单”、“贺年帖”。最早的刺、帖和今天的名片差不多，上边写着受片人的姓名和贺者的名字，后来在上面加上了祝贺春节之辞，成为贺年帖。贺年片的形状、种类也随着时代变化，不仅有单片、合页、连页、书笺等多种式样，而且还有在贺辞周围印上精美的花鸟鱼虫等漂亮图案，或在封面上贴上色彩鲜艳的绢花，近几年又出现了把加工后的鲜花贴在上面的。人们向不在身边的亲戚朋友寄上一张贺年片，以示祝贺新春之喜。1989 年仅杭州邮局为人们递送互致新年祝福的明信片、贺年片竟高达九吨之多。

长辈给未成年晚辈压岁钱的习俗不知源于何时，从文字记载看，明清时已很盛行。大概最初仅是给孩子几个零花钱，让孩子在喜庆之日买个自己喜欢的玩艺或食品。但近些年价码越来越高，由过去的块儿八角涨到十块八块，甚至几十、上百元。1988年《中国儿童报》曾报导南京一个小学的570名学生收到压岁钱竟高达四万零三百二十元，其中有一个学生得到六百多元。1988年《北京晚报》有条消息说，有个三年级小学生收到五千多元压岁钱。这种情况使许多人大吃一惊，纷纷投书报社电台，批评"压岁钱"是陋俗，对孩子成长会造成不良影响。

6. 放爆竹

过春节放爆竹已有一千多年的历史了。旧时放爆竹有两个意思，一是为了驱鬼迎神、祈祷五谷丰登。二是为了增加节日欢乐气氛。今天恐怕大多只剩后面这个含意了。

放爆竹最早很简单，把竹子放在一起点燃，燃烧时发出劈劈啪啪之声。后来随着火药的发明使用，才产生了用纸卷上火药的爆竹。现在爆竹的品种、式样很多，有的为了听声音，有的为了看燃放出的各种色彩鲜艳的花朵，还有的既有声音又有花朵放出。现在不仅中国人喜爱烟花爆竹，而且在世界不少国家的重大节日如国庆、新年、圣诞节等也燃放。被誉为烟花城的广东东莞县能生产出500多个烟花品种，远销美国、法国、日本、德国等50多个国家。

近十几年，随着人民生活水平的提高，春节用于购买爆竹的钱也逐年增加。据报载，1986年春节，北京农村某专业户，一次买爆竹用去4000元，当然这是个别现象，但一般人家也要买几十、上百元的爆竹，为的是图个吉祥喜庆气氛。但爆竹燃放多了污染空气，稍不小心还会引起火灾、炸伤人员，因而又被人们称为"年祸"。据北京同仁医院统计，从80年到87年春节共收治被炸伤的人1785人，其中49人被摘除了眼球，造成了终生残废。爆竹给人们带来的危害已引起了人们高度的重视，不少人提出此俗利少弊多，应该禁止，但是传统习俗的力量很大，若要立即杜绝很难，但 1993 年北京市作出了禁止燃放烟花爆竹的规定后，绝大多数市民是拥护并认真执行的。

二、元　宵　节

农历正月十五日为上元节，这天夜晚为元宵节，又称“元夜”。

元宵节起源于何时，众说纷纭，有的认为始于汉代，汉文帝把周勃勘平“诸吕之乱”的日子——正月十五日定为元宵节，以示纪念。有的认为形成于唐代，因为《旧唐书》中记载着公元 707 年（景龙四年）上元夜皇帝与皇后“微行”看放灯一事。还有的认为起源于佛教、道教等等。既然是夜晚的活动，就要与灯发生关系，于是逐渐形成了张灯、观灯、猜灯谜，再加上吃元宵、看民间花会表演等活动，使节日气氛十分浓重。

1. 张灯与观灯

元宵节又叫灯节，有“正月十五闹花灯”之说。张灯习俗有的说源于佛教，因为为纪念佛祖神变而举行的燃灯法会正是正月十五日。有的说与火的崇拜有关。从史书记载看，隋唐时张灯、观灯活动已很盛。唐玄宗时，元宵节有人做高 80 尺的百枝灯树，立在高山之上，点燃后周围百里都能看到，可与明月争辉。

元宵节张灯习俗之所以能传承下来，原因之一是朝廷和官府的重视。他们认为，张灯结彩可以显示百姓安居乐业，天下太平。为粉饰太平，表示与民同乐，朝廷甚至还嫌一个夜晚不够，一再延长张灯观灯时间。据记载，唐太宗时张灯 3 天（14 日—16 日），北宋太祖时改为 5 天（14 日—18 日），明太祖增到 10 天（8 日—17 日），清代改为皇宫里 7 天，民间 4 天（13 日—16 日）。明代不仅张灯时间最长，而且张灯时还赐百官节假。永乐七年，元宵节给百官假 10

日，明末崇祯时灯市10天，赐百官假5天。上行下效，各地官府也命令百姓扎灯张灯。据说宋代福州太守蔡君谟下令元宵节每家必挂七盏灯。这对当时生活贫困的人家来说实在难以做到，于是有个叫陈烈的人写了一首诗：

富家一盏灯，太仓一粒粟。

贫家一盏灯，父子相对哭。

风流太守知不知，惟恨笙歌无炒曲。

批判了蔡君谟只知元宵节没灯不美，而不管穷人的死活。

当然广大群众对张灯观灯活动的喜爱，也是一个原因。《大唐新语文章类》记载，唐神龙（公元705—706）年间，京城上元夜观灯人如潮涌，其中即兴作诗者就达数百人。因此唐诗人崔液写下"谁家见月能闲坐，何处闻灯不看来"的诗句。到了宋代，灯会盛况比唐代有过之而无不及，这从辛弃疾、王安石、曾巩等许多人的诗词中可以清楚地看出。如辛弃疾的《青玉案·元夕》：

东风夜放花千树，更吹落，星如雨。宝马雕车香满路。凤箫声动，玉壶光转，一夜鱼龙舞。　蛾儿雪柳黄金缕，笑语盈盈暗香去。众里寻她千百度。蓦然回首，那人却在，灯火阑珊处。

明代北京在东华门外设灯市，每年正月八日至十八日，举行灯市10日，当时"富者灯四夕，贫者灯一夕止"。清代北京元宵灯以东四牌楼和地安门最盛，用纱绢、玻璃等做成各种各样的灯笼，上面画着古今故事，供人玩赏。还有走马灯，利用蜡烛点燃后，流动的热气使灯笼内轮子转动，带动灯笼剪纸绘画的各色人物转动，极为有趣。此外还有狮、狗、兔、羊、鱼灯等特别受孩子们欢迎。农村过元宵节所做的灯有自己突出的特点。比如山东、安徽、河南、江苏等地农村，喜欢制作面灯和萝卜灯。把面粉做成各种形状，把萝卜雕刻出各种花样，倒上油，插上灯芯点着，也很有风味。有些灯还有不同的寓意，像用面做成形象逼真的十二生肖灯，有消除病灾，使人丁兴旺之意;代表十二个月的月灯,预祝该月的农作物、水果、蔬菜获得丰收等等。

做灯、观灯不单纯是一种娱乐活动,还是雕刻、剪纸、绘画、裱糊、刺绣等民间艺术的大融合,同时又是民间各种审美观念的一次大交流,所以时至今日,久盛不衰。北京近些年每年都举行"元宵灯会",把观灯、赛灯合在一起,而且还运用现代科学技术(电动、激光等)制做各种科技灯,绚丽的色彩,逼真的形象,配之以动作、声响,令人惊叹不已。此外冰灯会越来越被人们注目。1988 年北京龙庆峡冰灯会吸引了中外游客达 30 万人之多。近几年北海公园、龙潭湖公园、圆明园竞相举办。在全国名声最大的当属哈尔滨冰灯会。用冰雕成的冰灯有各种各样的形象,小巧玲珑的盆景、高大雄伟的建筑、四通八达的冰洞、密密的冰林等等。与灯光巧妙结合,形成一个集雕塑、建筑、设计造型于一体的水晶世界,华灯照耀,玲珑剔透,光彩夺目,使人有置身琼瑶仙境之感。

2. 猜灯谜

灯谜是谜语的一种形式,也是灯节活动的一项内容。人们把写好的谜语贴、挂在灯上,让观灯的人边赏灯边猜谜。谜语分谜面和谜底两部分,谜面是一种隐喻的话,谜底就是谜面所指的事物。猜谜时,谜面公开,人们依据谜面猜谜底。猜字的称字谜,猜物的称物谜,猜事的叫事谜。举例物谜:

有时像圆盘,
有时像小船,
白天看不见,
夜晚常见面。——谜底:月亮

谜语运用的是语言技巧,有的通俗易猜,有的用辞文雅,非常难猜,灯谜多属于后者,故古人常用"老虎难射"来形容它,称之为"灯虎"、猜灯谜为射虎或打虎。远在宋代杭州已有猜灯谜,《东京梦华录》载杭州元宵节"多以谜为猜灯,任人商略"。明代已有善于治谜的艺人，如钱塘人杨景言。明末阮大铖的传奇剧《春灯谜》更是详细地描写了当时灯谜活动的情况。可见猜灯谜活动历史悠久。

猜谜这项活动既有趣又有益，既锻炼了大脑的思维能力，提高思考力和想象力，又寓教育于娱乐之中，对于成人是一种健康的娱乐，对儿童智力的成长具有重要作用，所以至今仍为广大人民群众所喜爱。

3. 吃元宵

元宵这种食品历史上曾有过汤团、圆子、汤圆、浮圆子等多种称呼，现在南方有些地方仍叫汤圆、团子、圆子等。

元宵节为什么要吃元宵呢？一首台湾民歌《卖汤圆》唱道："一碗汤圆满又满，吃了汤圆好团圆。"生动形象地唱出了吃元宵的含义——寓意家人的团圆。

元宵的制作方法独特，一种是把做好的馅切成小方块或揉成小圆球，过水后立即倒入干糯米粉里，来回摇动，使面粉包住馅，然后再过水放面粉中摇动，如此反复多次，使面粉一层一层沾上，故而叫摇元宵。另一种是把沥干的水磨糯米粉捏出小窝，把馅放在窝里包上，再搓揉成圆形。过去北方的元宵都是用干粉摇成的，南方都是用湿水磨粉捏成的，前者很硬，需煮很长时间，后者面软易熟。

元宵因馅的用料不同，味道各异。甜的有豆沙、枣泥、什锦等多种，咸的有虾仁、火腿、鲜肉、青菜等等。成熟方法有煮、炸、煎、蒸等。蒸煮的元宵柔软不沾牙，煎炸的元宵外焦里嫩，各有千秋。此外还有不包馅的元宵，煮熟后在元宵汤里放点糖。

古代元宵珍贵，只有元宵节才能吃到，所以宋代诗人姜白石称它为"珍品"。而今天，元宵不仅是节令食品，而且已成为春夏秋冬四季皆备的风味小吃。随着社会的发展，人民生活水平的提高，元宵的品种、数量都有很大的发展。1988年元宵节，仅北京上市元宵就高达一百五十万公斤，其中既有传统品种，又有新推出的鲜桔子、鲜香蕉、番茄和八宝莲子等多种新产品，使北京人大饱口福。

4. 花会

花会最早是在庙会上表演的艺术，后来发展到元宵节前后在大街小巷表演，为节日生辉助兴。

花会的历史悠久，种类繁多。据记载一千多年前开封在元宵灯节时，就有“奇术异能，歌舞百戏”俱全的花会，后来逐渐分出舞龙、舞狮、高跷、旱船、秧歌、大小车会等许多种。在各地花会中，北京花会种类繁多，特色独具。有人把它分成五大体系——少林会体系、音乐演奏体系、秧歌高跷体系、车船竹马体系、幡会体系。

第一，舞龙。中国人崇拜龙，“舞龙”也就成了大型娱乐活动中必不可少的一项。舞龙又叫龙灯舞。常见的有龙灯、布龙、火龙、草龙、百叶龙、板凳龙等多种。一般用竹子做骨架，木头做柄，外面围上布，布上绘有鱼鳞图案。分若干节，长短不一。每节有一个木柄，第一节为龙头，最后一节为龙尾。晚上舞的龙里面放上蜡烛，所以叫龙灯，白天舞的龙不放点燃的蜡烛，所以叫布龙。舞龙时，表演者每人手握一个木柄，在锣鼓声中使龙上下翻滚、摇摆、起伏、跳跃等，似真龙飞舞一般。有时一条龙前配一个彩球，这叫“龙戏珠”，有时两条龙配一个彩球，叫“双龙戏珠”或“双龙抢珠”。过去元宵节前后各地的节日娱乐活动中都有龙在飞舞，现在，这项活动已不限于元宵节。1988 年 7 月初，北京首次举行了全国舞龙大赛，来自全国八个省市的 15 支舞龙队组成七条巨龙进行激烈的角逐，最后由久负盛名的铜梁队夺魁，这条龙由 24 节龙身组成，全长 50 米。另外新店开业、新路通车等各种喜庆活动也常有舞龙活动。

第二，舞狮子。舞狮子的主要内容是表现一个青年勇敢地与狮子搏斗的情景。有人考证说，舞狮从西域传入内地，已有一千多年的历史了。但传入后受到各地习俗的影响，形成了多种特色和风格。如江西为“手摇狮”和“板凳狮”，安徽为青狮，广东是醒狮，湖南为武打狮，太原则为狮子滚绣球，北京为单狮，河北保定为双狮等等，种类繁多，不胜枚举。

狮子的结构比较简单。一张长着棕黄色毛的狮子皮和一个张着血盆大口的狮子头，头上有一对碗大的眼睛，显得十分威武。大狮子由两个人扮演，小狮子一个人扮演。

表演时，演员钻到狮子皮里，模仿狮子的各种动作。根据动作又分为“文狮”和“武狮”。文狮的动作细腻，表现狮子温顺善良活泼的神态和善于嬉戏的性格。动作有摇头摆尾、蹦跳、卧倒回头舔毛搔痒等。整套动作和谐优美。武狮则通过跳跃、腾转、跌扑、登高、踩球等表现狮子勇猛威武的性格。也有把文武狮的动作结合在一起的。

第三，踩高跷。高跷旧时也叫高脚，清代还叫高跷秧歌。高跷一般用二、三尺长的木棍做成，上面有个脚踏装置。由于表演难度大，表演者多为二十几岁的年轻小伙子。他们表演的多为传统戏剧。表演者脚踩高跷，表演各种古代故事，如《打渔杀家》等。按所表演的故事要求打扮成生旦净末丑各种角色。如《打渔杀家》，一人为老渔翁装束：头戴斗笠，肩披斗篷，胸前飘着长长白须，手握钓鱼杆，做各种钓鱼的动作等。其余演员有的扮作公子，手拿扇子，有的扮作药公，手握串铃，还有的背着腰鼓或手敲锣、钹、镲等。整个队伍踩着鼓点，边跳边舞，表演各种动作，忽而翻筋斗，忽而单脚跳起，忽而双腿叉开平坐地上，一纵身又跃起双脚站立，动作利索、优美和谐，表现出高超的踩跷技能。高跷形式自由活泼，不受舞台限制，大街小巷均可表演；没有完整的故事情节，仅有一些大的动作，给人创造一个热烈欢乐的节日气氛。因而流传二千多年，至今仍受到广大人民群众的喜爱。

第四，小车会。这也是一种民间艺术形式，道具简单，一个用竹竿或秫结扎成的车骨架，外边蒙上彩布。只需四、五个演员：一位坐车的，新娘子打扮；一位推车的老翁，留着长白胡须，头戴一顶宽沿大帽；一位拉车的，打扮成天真活泼的小伙子模样；再加上一个（有的为两个）年轻公子和一个丑婆子。表演者全都穿着古装戏服。坐车的新娘其实并没坐在车上，而是站在车中间，由于彩布挡住了腿和脚，看上去好像坐在车上一样。

整个表演没有故事情节，没有说唱，演员只是在锣鼓声中表演各种逗笑的动作。年轻公子忽而车前，忽而车后，不停地与新娘子和车边的丑婆子调情；推车和拉车的一会表演上坡吃力的推拉动作，一会儿表演下坡轻松自如的样子。他们相互配合，动作幽默和谐，生活气息浓厚。

富有民族传统文艺形式的花会在“文革”时期被列为“四旧”而“扫除”，最近几年才逐渐得到恢复，陆续出现在北京的各大庙会上，如地坛庙会、龙潭湖庙会、大钟寺庙会等。1988 年的龙潭湖庙会上，来自五个省市近 100 档花会参加了演出，这些多年不见的民间艺术深受国内外游客的喜爱，十天就有一百多万人观看，其中各国友人就达四千多人，他们看后赞不绝口，来自加拿大的玛德琳和黛安娜异口同声说：“我们第一次来中国，中国的文化太悠久，太丰富了！”

三、清　明　节

清明节一般在农历二月中，阳历四月五日前后（多为五日，有时为四日或六日）。清明节有两个含义，一个是节气，一个是节日。在一年的二十四个节气中，只有清明节演变为节日。清明节前一、二天是中国的传统节日——寒食节。寒食节要禁火三天，就和清明节连在一起了，后来这两个节日并为一个节日——清明节。

清明节的习俗活动主要有禁火寒食、上坟扫墓、插柳戴柳、踏青、放风筝、荡秋千等等。

1. 禁火寒食

据说寒食节是为了纪念春秋时代的介子推。相传晋国国君晋文公当国君前，曾长期流亡在外，介子推一直跟随他忠贞不二，但晋文公做了国君后，却忘了介子推。介子推隐居到绵山。后来晋文公经别人提醒想起了介子推，就命令他出山。介子推执意不从，晋文公就派人放火烧山，想逼他出来。谁知介子推宁愿被火烧死也不出山。三天后大火熄灭了，人们发现介子推抱树而死。为了纪念介子推，晋文公改“绵山”为“介山”，并把这一天定为寒食节。这个故事在许多史书上有记载。但在《左传》、《史记》中却无记载，可能禁火寒食的习俗产生在春秋之后，是伴随着介子推被人崇敬和故事的流传而出现的。三国时，魏武帝曹操曾下令“绝火寒食”。唐代的《岁时广记》说：“迄今天下皆如此。自洪河之北，尤重此节。先期数日，具膳火封灶，无少长，咸食冷食。”宋代诗文中也记载了这个习俗，但看起来似乎不如唐代盛行。

各地对寒食节的重视程度随着时间推移也有很大变化。如山西太原寒食时间最长达一个月，以后改为三天，最后仅剩清明一天。到明清两代，记载节日习俗的书中已很难看到这个节日活动情况的有关记载。如清《燕京岁时记·清明》说，这个习俗“古人最重之，今人不为节”。今天恐怕连知道这个习俗的也不多了。

2. 戴柳插柳

传说介子推死后的第二年寒食节，晋文公带领群臣到介山祭祀介子推时，发现他抱过的那棵柳树死而复活，且枝叶繁茂。于是折下柳枝编成圆圈戴在头上，随祭的人们也纷纷仿效，每人头上都戴了一个柳圈。元代《析津志》说，唐高宗时，赏赐群臣柳圈各一，说是戴上它可以免去虿毒。清《燕京岁时记》说，当时人戴柳是仿效唐高宗的做法。民间的谚语也说“清明不戴柳，来生变黄狗”，因此每到清明，人们都“摘新柳佩带”。可见，戴柳在清代又有祈求来世幸福之意。据载，旧时苏州清明日，街上叫卖柳条之声不断，人们卖后插在门头。也有妇人用柳条结成球挂鬓边。有歌反映了当时的情况：“清明一霎又今朝，听得沿街卖柳条，相约比邻诸姊妹，一枝斜插彩云翘。”今天，不少地方清明节门前插柳，儿童喜欢折柳枝编圈戴在头上。

3. 扫墓

南北山头多墓田，清明祭扫各纷然。

纸灰飞作白蝴蝶，泪血染成红杜鹃。

这是唐代诗人高菊裥写的清明诗。仅四句话，就把清明节扫墓习俗生动形象地描述出来了。像这种描写清明扫墓情景的诗文在中国古籍中有多少，恐怕谁也说不清。

扫墓是中国人祭奠已故祖先和亲人的一种方式，但古今不同，各地有别。在古代，清明节子孙后代纷纷来到墓地，摆上供品，焚香烧纸钱，磕头祭拜，再给坟头添加些新土。解放后，即使在农村，扫墓中的迷信内容也少多了，一般仅为坟添加新土，献上一个花圈。城市实行火葬的，像北京大多把死者骨灰盒存放在八宝山公墓的灵堂里，清明节后代到灵堂给骨灰盒献上一束鲜花或一个小花圈，表示哀悼之情。

无论古今，中国人对清明节扫墓习俗都是极为重视的。南宋吴自牧《梦粱录》记载，当时杭州的清明节，上至官员下至百姓，无人不去扫墓。而且官员子弟学校“太学”，清明放假三天、“武学”放假一天，让师生去扫墓或郊游。清《帝京岁时纪胜·清明》记载，清明节扫墓时，北京全城男女老少，提着酒，拿着祭品，纷纷出城到四郊扫墓。今天人们仍重视清明扫墓，1988 年的清明节，仅北京到八宝山公墓扫墓的就多达 15 万人，使公墓灵堂人满为患，地铁和公共汽车拥挤不堪。近几年清明祭灵费用高得惊人，仅青岛市清明日买香、纸钱、纸扎供品等开销就在 50 万元以上。

人们如此重视扫墓，与儒家“忠”、“孝”思想的影响分不开。儒家认为，父母在世，要尽孝道，父母过世，除按规定守孝外，还要按时祭祀，使父母的亡灵也能得到子孙的供奉，让子孙永不忘本。

中华人民共和国成立后，每年清明节，人们为了缅怀那些为国家、为人民做过好事或献出生命的先烈也举行扫墓祭典活动，像北京天安门广场的人民英雄纪念碑以及各地数不清的烈士陵园，前来扫墓的人络绎不绝。大中小学生还在此举行各种活动，表示他们继承先烈遗志、为祖国学好知识和本领的决心。

4. 春游

春游是今天的称呼，旧时叫踏青、探春、寻春等。《旧唐书》记载，唐大历二年(公元 767 年)，代宗皇帝李豫到昆明池踏青。唐代著名诗人杜甫也曾写下了“江边踏青罢，回首见旌旗”的诗句。宋代以后，清明节踏青活动盛况空前。《武林旧事》记载，南宋都城杭州清明前后十天，城中男女浓装艳抹，珠翠闪烁，接踵联肩，翩翩游赏。明清两代的北京，清明节踏青的游人数以万计，去高梁桥游玩的人群有三四里长。在高梁桥，人们还可以观赏到各种技艺如扒竿、斛力、马戏和魔术等等。

近几十年，春游无论在内容还是在方式上都超过了历史。从清明节前后到六月中下旬，各地的工厂、机关、学校等都由工会组织集体春游，不是观赏名胜古迹，就是游览名山大川，大家在一起游玩，既增加了乐趣又联络了感情。此外还有家庭春游，全家人利用节假日一起到公园或名胜游玩野餐，别有一番情趣。

近几年，在春游的影响下，又出现了秋游。比如北京秋天天高气爽，气候宜人，不少单位和家庭，利用这一年中最好的季节外出郊游，欣赏美景，陶冶情操。

5. 放风筝

举世公认，中国是风筝的故乡。据载，春秋时代著名工匠鲁班制作了世界上第一个木头风筝叫木鸢。这个喜鹊式风筝不是为了玩，而是侦察敌情。汉代出现了纸做的风筝——纸鸢，西汉的韩信曾用纸鸢测量汉宫的距离。明人陈沂说，五代后汉的李邺，在纸鸢头上加了一个竹笛，纸鸢飞上天后被风一吹，发出呜呜之声，犹如筝鸣，于是改称纸鸢为风筝。这大概就是风筝名字的来历吧！

中国制作风筝不仅历史悠久，而且独特的制作技术在世界上享有盛名。

首先是做工讲究。尤其在竹片的选择、骨架的扎结、图案的设计及彩绘等几个方面有绝技。如哈亦琦大师制作的沙燕风筝不仅能在空中上下翻飞，而且能不时发出喃喃燕语；他在双翼上绘画的五对红金鱼的眼珠能迎风转动，闪闪发光，完全不像是绢糊的，倒像是一只有生命的真燕。这只风筝获得了美国旧金山国际风筝表演赛的最高荣誉奖——特别奖。他爷爷哈长英1903年制作的四只风筝至今珍藏在美国博物馆里。在联合国的大厅里，中国的蝴蝶风筝像国画、壁画一样被高悬在墙上。由于中国风筝制作技艺高超，现已远销美、英、法、印度等许多国家，被风筝行家所收藏。

其次是种类多，形状各异。有蝴蝶、蜻蜓、燕子、龙、熊猫、蜈蚣、鹦鹉等几十个品种。大小不等。大的串式风筝长达二百多米，小的微型风筝——蝴蝶，只有近3厘米。

清明节为什么有放风筝习俗，这大概与天气有关。这个时候天气晴朗，有风但风力不大，最适宜放风筝。据清《帝京岁时纪胜》说，北京人扫墓时，每人带着纸鸢线轴，祭扫结束后，就在坟前放飞。现在人们仍沿习旧俗。1984年我国山东潍坊在清明节前后举办了第一届国际风筝节，以后每年届时举行一次。在1988年的第五届国际风筝会上，国内有22个实力雄厚的代表队参赛，国际上也有十三个国家和地区的风筝代表队及个人参加。比赛结束时，国内外代表队一致推选潍坊为“世界风筝都”。继潍坊之后，北京成了第二个每年举行风筝比赛的城市。每年清明一过，北京就在大兴、门头沟两地分别举行放风筝比赛。参赛的风筝除有传统的奇禽怪兽外，还制作出了富有情趣的“猪八戒吃西瓜”等新颖别致的风筝。在风筝的制作上也突破传统，制作出了塑料风筝和无骨架风筝，受到各国同行和几十万国内外游客的称赞。

为了弘扬民族传统文化，培养研制风筝的专门人才，1989年在潍坊创建了世界第一座风筝学校，使过去被看作儿童玩具的风等也登上了学府的讲坛。

清明节除了上述五种习俗外，还有荡秋千、踢球、植树等等。荡秋千活动曾盛行于辽代清明节，明代以后渐弱，今天仅是儿童的一项娱乐活动。而植树活动被历朝历代所倡导，1915 年我国曾定清明节为植树节，以后虽多次更改植树节的日期，但每年的植树活动一般仍在清明节前后几天进行。1988 年清明节前一天(四月三日)，仅北京城区就有 150 万人参加了义务植树活动，植树近二万棵。

四、端 午 节

农历五月初五日是端午节，因为"初"有开始的意思，"端"也有开始的意思，所以初五又叫端五。又由于唐玄宗是八月初五生，为了避"五"字讳，就用同音字"午"代替"五"。于是"端五"就变成"端午"了。此外，还有重午、端阳等名字，也各有来历。比如重午，古人用十二地支纪月，农历(即夏历)是把寅月作为正月，向下排列卯辰巳午。五月正好是"午"，再避讳"五日"，五月初五就"午"、"午"相重了，故叫重午。而"端阳"是古人把"午"时当作"阳辰"而得名的。

农历五月五日为什么作为节日说法不一，至少有屈原说、龙节说、恶日说和夏至说四种。

"屈原说"认为端午节是为了纪念爱国诗人屈原而产生的。屈原是战国时代楚国人，大约生于公元前 340 年。《史记》记载，他是一位热爱楚国，一生与奸佞斗争不息的人，曾担任左徒，为楚国做了许多好事。后来楚王听信谗言，把他削职流放。秦国发兵攻楚，屈原因无力挽救楚国，于公元前 278 年端五这天抱石投汨罗江而死。百姓纷纷划船打捞他的尸体，往水里扔粽子，使鱼龙饱食，不再吃他的尸体，这就是端午节和这一日吃粽子的来历。此说最早的文字记载见于公元 500 年南朝梁的《荆楚岁时记》和《续齐谐记》。唐代也很流行这种说法，文秀的《端午诗》中说："节分端午自谁言，万言传闻为屈原。堪笑楚江空渺渺，不能洗得直臣冤。"说得非常清楚。宋代朝廷追封屈原为"忠烈公"，定五月五日为端午节，并谕知全国纪念屈原，从此以后，纪念屈原就成了端午节全国各地活动的核心，直到今天。

龙节说、恶日说和夏至说是对于端午节来历的新说法。龙节说是由闻一多先生提出来的，并得到学术界大多数人的认可。他考证后说，在古代江南的吴越地区（今浙江一带），五月五日是祭龙的龙子节，竞渡（赛船）和吃粽子都和龙有关系，竞渡用的不是一般的船，而是龙舟（龙形的船），粽子扔到水里又常被蛟龙所偷吃。1982年有人提出了"恶日说"，其理由是古人把五月五日看作"恶日"，古书中有"不举五月子"的记载，就是忌讳五日出生的孩子，不要把他抚养成人，所以战国时曾发生父亲不让家人抚养他亲生儿子的事。另外粽子是民间的普通食品，龙舟竞渡最初也并未固定在五月五日。1983年又有人提出了"夏至说"。认为记载岁时风俗的最早权威专著《荆楚岁时记》说，当时夏至节吃粽子，端午没有这个习俗；竞渡也是夏至节的一项娱乐活动，不一定是为打捞投江的屈原。

端午节活动习俗，宋代诗人刘克庄在《贺新郎·端午》词作了详细地描写：

> 深院榴花吐，画帘开、练衣纨扇，午风清暑。儿女纷纷夸结束，新样钗符艾虎。早已有、游人观渡。老大逢场慵作戏，任陌头、年少争旗鼓，溪雨急，浪花舞。　灵均标致高如许，忆生平、既纫兰佩，更怀椒醑。谁信骚魂千载后，波底垂涎角黍。又说是、蛟馋龙怒。把似而今醒到了，料当年、醉死差无苦，聊一笑，吊千古。

词中提到的剪钗符、插艾虎、赛龙舟和往水里扔粽子都是端午节的习俗。这些习俗在流传过程中有些变化，剪钗符未流传下来，插艾虎在一些农村还有，端午早上割艾草插在门口，待凉干收起。艾是一种药材，有防风作用。但插艾活动越来越淡漠，今天只剩下赛龙舟和吃粽子两大习俗盛行。

1. 赛龙舟

龙舟是指装饰成龙形的船。赛龙舟也叫龙舟竞渡，是一项历史悠久的水上游戏。《事物原始·端阳》考证说，越地(今浙江绍兴)一带传说，竞渡起源于越王勾践。如果从越王勾践算起来，到现在已有两千多年的历史了。

龙舟的造型极为优美，船头雕成龙头，船尾雕成龙尾形，船头船尾高高翘起，犹如一条巨龙钻出水面。竞渡用的龙舟细而长，有的是把细长的船装饰成龙的样子，讲究的却是用一根整木雕刻而成的。像福建雕刻的龙头，口能开合，舌能转动，跟真的一样。龙舟一般要进行彩绘，所以有青龙船、赤(红)龙船、黄龙船等等。

龙舟竞渡的方式很特别。同一条船上的划手穿相同的衣服，衣服的颜色和上边彩绘的精美图案都一样，不同的船上划手的服装则完全不同。比赛时，每人手里握着细而长的船浆，嘴里呼着“嗨、嗨”的整齐号子，手随着号子的节奏用力划浆。有的赛场，每条船的船头上站着一个人，用力擂鼓，划手们随着鼓点一齐用力。竞渡比赛一般是先到终点为胜，然而最有趣的是夺标为胜比赛。

夺标比赛的方法是在终点设有投标船，当赛船快到终点时，投标船把“标”投到水里，让各船争夺，从水中拿到“标”者为胜。标有铁标、鱼标、鸭标等。铁标容易沉入水底，很难找到，鱼标、鸭标是在活鱼、活鸭身上系上红布，扔到水里后更难捉到。这种投标比赛要求更高，不仅每条船上要有好的划手，而且还必须有游泳的高手。

此外还有夜龙舟，《江南志书·武进县》记载，比赛时每条船四面挂着小灯，照亮水面。这种竞渡中华人民共和国成立后浙江等地还举行过，不仅船上装灯，两岸也张灯结彩，灯火通明，甚为壮观。

自古以来，端午节的龙舟赛以江南水乡为最。北方则稍有逊色。但北方有些搞的也很红火，如北京，清代曾在京东运河上举行过，这次比赛从五月初一到端阳日，斗龙舟夺锦标延续五天之久。不仅民间举行，皇宫内也举行。据载，从金元到明清的几百年间，几乎年年端午节都用龙舟赛酬节，皇帝皇后也都出宫去观赏。清乾隆皇帝还为此写下了诗篇。今天的北京人仍喜欢龙舟赛。1988 年端午节，在龙潭湖公园举行了建国以来规模最大的一次龙舟赛——国际龙舟大赛。历时八天，比赛一百二十场。参赛的国内各省的代表队就有二十四个，还有香港代表队，来自澳大利亚、新加坡的代表队，北京语言学院的各国留学生也组成代表队参赛。观看比赛的中外游客达到 20 多万人。

2. 吃粽子

最早的粽子叫筒粽，就是把糯米装进竹筒里煮熟。后来改用一种有香气的艾叶包米，现在多用竹叶或苇叶包裹，外边缠上丝线，包成三角、四角等形状，因此古时又称角黍。《岁时广记》记载，唐代粽子已有角粽、锥粽、菱粽、九子粽等多种，还出现用各种不同馅做的粽子。今天粽子的品种多达上百个，有京式、广式、川式、沪式、滇式等不同地方风味；有火腿粽、猪肉粽、香肠粽、豆沙粽、八宝粽、鸡肉蛋黄粽等不同原料作馅的粽子。地区不同，用料不同，使粽子的风味各具特色。比如闻名全国的浙江嘉兴火腿粽子，北京的小枣粽子、果脯粽子、豆沙粽子均可列为上品。1988 年端午节，仅北京龙潭湖公园就会聚了全国几十种特味粽子让游客品尝。什么鸡肉蛋黄粽子、猪肉夹沙粽子等等，色味俱全，品尝的人赞不绝口。

古时候做粽子往水里扔是为了纪念屈原，以后逐渐演变为端午节吃粽子的习俗。今天人们不仅端午节吃粽子，一年四季都可以吃到粽子，粽子已成为日常食品。

端午节除了吃粽子外，有些地区如河南、江苏、浙江、湖南等还有喝雄黄酒、吃大蒜等习俗。喝雄黄酒在古代很普遍，据说能防病，因此还有把雄黄酒抹在孩子身体上某些部位的。杭州一带端午节要吃“五黄”、“三白”，即雄黄酒、黄鱼、黄瓜、黄泥蛋

（咸鸭蛋）、包在粽子中的黄豆瓣（或黄鳝）及白酒、白切肉、白蒜头，为的是避邪、解毒。河南民间端午节早饭有吃煮鸡蛋的，有吃大蒜、鸡蛋和烙油馍的等。湘中人端午日必吃大蒜烧肉或将大蒜捣碎拌上盐、醋的。

五、七　夕

七夕就是农历七月初七的夜晚，传说是牛郎织女相会的日子。

在很早很早以前，南阳城西牛家庄，有个放牛的男孩，人称牛郎，父母双亡，他忠厚、勤劳，哥哥嫂子待他很不好，不久，哥哥嫂子和他分了家。他只分得一头老牛，他牵着老牛来到一座山下安了身。白天放牛，晚上伴牛睡觉。有一天，老牛突然说话，告诉他一个秘密。他按照老牛的话来到湖边的树林里藏了起来。过了一会，从空中飘下来七位仙女，脱下羽衣，跳进湖里洗澡。牛郎按老牛的话悄悄把一件粉红色羽衣拿走藏在树林里。天快黑了，七位仙女上岸穿衣，最小的七仙女找不到自己的衣服。其他六位仙女因怕回去迟了受惩罚只好先飞走了。牛郎急忙从树林里走出来，恭敬地把衣服送还给七仙女，并留她结为夫妻一起生活。七仙女见牛郎面貌英俊，老实厚道，想到天上生活寂寞难堪，就愉快地答应了。结婚后男耕女织，七仙女叫织女，善于织布绣花。第三年织女一胎生了两个孩子，一男一女，一家人生活得很幸福。

地上三年，天上三天。王母娘娘发现织女留在了人间，立即派天兵天将把织女抓回去。牛郎得知织女被抓走的消息时，便依照老牛临死时对他说的话，把两个孩子分别放进两个筐里，披上牛皮，挑着两个孩子腾空而起。王母娘娘见牛郎追来，就从头上拔下簪子一划，一条汹涌的大河挡在牛郎面前，这就是天上的银河，把牛郎和织女隔在银河两岸。后来王母娘娘允许他们每年七月七日的夜晚见一次面。每到这一天，许多喜鹊就飞到天河上搭起鹊桥，让他们在鹊桥上会面。传说，这个时候如果在葡萄架下，还能听到他俩的谈话声呢！

其实这个故事是人们根据隔银河相望的两颗星——牵牛星(即河鼓星)和织女星想象衍化而来的。

最早提到这两颗星的是《诗经·大东》，诗中说牵牛不驾车，织女终日织不成布。《迢迢牵牛星》把织女织不成布的原因归结为与牵牛相望不能相会而造成的忧伤所致。曹植《九咏注》又把牵牛与织女说成夫妇，隔河相望，只能七月七日会面一次。应劭《风俗通义》说，织女渡河时，使鹊架桥。以后，又有许多文人不断进行加工，使这个神话故事的内容逐渐完整和丰富起来。由于这些文人的想法各异，也就使得牛郎织女这个故事出现了几种说法。

如唐《岁时广记》引张天觉《七夕歌》说，织女是天帝的女儿，住在天河东边，每天织布却无笑容。天帝就把她嫁给河西的牵牛郎。由于她婚后贪图爱恋，不思纺织，天帝大怒，惩罚他们分离，只许每年七夕见面。

而另一种说法如《日纬书》，说牵牛娶织女时用了天帝的钱，婚后久不归还，被天帝惩罚分离。

此外还有一些说法，不再一一列举。在民间流传的说法就更多，象黄梅戏《天仙配》，说牛郎是人，叫董永，和神(织女)结婚。本节开头介绍的故事也属这一种。尽管人们对故事的想象不同，但有一点相同，那就是对牛郎织女的生离都给予了极大的同情，对王母娘娘、天帝破坏他们的幸福进行了批评，表现了人们对自由美好生活的向往。

伴随着牛郎织女故事的产生和流传，七夕出现了乞巧活动。由于妇女们非常羡慕织女的织布绣花技术，于是就趁织女和牛郎相会高兴的时候，乞求织女赐给她们高超的技术，变成巧手。

在古代，乞巧活动主要有两种，一是卜巧，一是赛巧。此外还有吃乞果活动。

1. 卜巧

卜巧就是通过占卜，知道自己是笨是巧。卜巧的方法有好几种。《荆楚岁时记》载，当地妇女于七月七日夜，把瓜果放在院子里让蜘蛛在瓜上结网，谁的瓜果上有网说明谁巧。唐代《开元天宝遗事》记载，唐玄宗与杨贵妃，七夕在华清宫夜宴，宫女们把蜘蛛放在盒子里，第二天打开盒子，看谁的蛛丝密，越密越巧，越稀越笨。清代北京妇女是日每人拿一碗水放在太阳光下晒，然后把针放在水面，看针在水底的影子，有的散开像一朵花，有的像一片游动的云，有的细如一根线，有的粗像椎……，然后根据这些形状各异的影子判断是巧还是拙。在河南有些地方，七夕夜自由结伙的七个未婚姑娘，用七种时令果品和七个煮熟的大饺子作为供品，不过大饺子里分别包着用树叶剪成的女工用具针、剪刀、织布梭、弹花锤等，供过之后，把装有大饺子的小筐放在中间，七个人背对小筐围坐一圈，然后闭上眼睛转身去摸饺子，据说，摸到包有哪种工具的饺子，将来在哪方面手巧。

2. 赛巧

赛巧就是七月七日夜晚，妇女们比赛在月光下穿针，看谁穿得快，谁穿得快谁手巧。

早在一千七百多年前的晋代，荆楚地方妇女七夕就有结采缕穿七孔针的习俗。到了一千四百多年前的南北朝时，齐国的妇女七夕专门设穿针楼，在楼上进行穿针比赛。唐明皇时，宫中赛巧规模空前，用锦彩结楼殿，楼高百丈，上面可容纳几十人，楼上摆设瓜果酒肉和坐具，用以祭祀牛女二星，嫔妃举行穿针比赛时，还有音乐演奏曲调，宴乐达旦，非常热闹，士民都仿效这种赛巧活动。有许多诗人为此挥毫作诗，如唐代诗人祖咏的《七夕》诗说：

向月穿针易，临风整线难。

不知谁得巧，明旦试相看。

卜巧全是靠运气，而赛巧中取胜全凭真本领。这种乞巧活动一直流传到明清。从记载明清民俗的书可以知道，当时伴随卜巧、赛巧活动的盛行，还出现了乞巧棚、乞巧市、乞巧果、乞巧厢、乞巧图等等。人们不仅乞巧，还乞聪明、乞富贵、乞婚姻美满等等。

3. 吃巧果

在江苏、浙江、湖北等地有吃巧果之俗。巧果是用面粉加糖制成的，经油炸或汆后食用。江苏多做成苎结形或飞禽走兽状，杭州一带多做成各种小动物和植物形状，做好后七夕夜先祭牛郎织女，然后食用。吃巧果之俗至今存在，不过有些地方的巧果已变成了日常食品。湖北一些地方也吃巧果，不过以菱角代替。浙江台州一带还有送巧人之俗。巧人的做法同巧果，只是做成织女身形，头尾染成红色，舅舅、姑母、义父将巧人送给外甥、内侄、义子等，含意很明确，祝愿他们找到像织女一样的妻子。陕西关中地区七夕日要蒸两种花花馍，一种形状如砚台，上面有琴、棋、书、画、文房四宝等图形送给男孩。另一种花馍上面有尺、剪、布、针、线等图形，送给女孩，鼓励男孩好好学习本领，女孩学好女工。

六、中 秋 节

每年农历八月十五日是中秋节，农历七、八、九为秋季，八月居中，故称中秋。有人认为，每季三个月依次按孟、仲、季排列，八月为仲秋，“中”通“仲”，故名中秋。十五日夜的月亮最圆，八月秋高气爽，月亮显得格外皎洁明亮。人们因月圆联想到家人团圆，所以又称团圆节，于是晚上有吃月饼、赏月、拜月的习俗。其中大部分习俗流传到今天。

1. 拜月、祭月和赏月

中国古代把月亮尊奉为月神。秦代规定每年祭祀八神，月神就是八神之一，称为月主。后代帝王祭月有月坛，今天我们看到的北京月坛，就是明朝嘉靖 9 年(1530)专为皇帝祭月修建的。

月亮皎洁、盈亏，月中的阴影形象给人们提供了许多想象的素材，于是产生了许多美好的神话故事，如“嫦娥奔月”、“玉兔捣药”、“吴刚伐桂”等。民间拜月、祭月的习俗与帝王祭月的影响及神话故事有着密切的关系。根据中国阴阳五行说，太阳为阳，月亮为阴；男人为阳，女人为阴，所以拜月、祭月往往是女人的事。清代北京有一种说法“男不拜月，女不祭灶”，这大概与月神是女性，拜月、祭月时祈求祷告的内容多与女儿的爱情婚姻之事有关。中国戏剧小说中描写少女在月下焚香诉说心事，或祈求得到一个称心如意的伴侣，或祈求保佑心上人，或祈求未来婚姻幸福；已婚妇女则祈求保佑丈夫、子女、全家和美幸福等等。当然在不同的时代、不同的地方习俗也有所不同。《新编醉翁谈录》记载，南宋京城杭州中秋之夜，全城男女老幼都参加拜月。拜月时孩子们要穿上成人衣服，或登高楼，或在庭院里焚香拜月。男孩子希望“早步蟾宫，高攀仙桂”——即希望将来长大科举考试能高中；女孩子则祝愿自己长得像嫦娥一样漂亮、能有个好丈夫。

秋季是收获的季节，供选择作祭品的瓜果等相继成熟，所以在祭品选择上非常讲究。明代《帝京景物略》说祭祀用的果饼必须是圆形的。清《帝京岁时纪胜》详细记载了这些圆形果饼：西瓜、香果、李子、石榴、葡萄、毛豆、梨、柿子和圆月饼等等。有钱人家更讲究，不仅祭品是圆形，就连赏月时所用的桌椅也都是圆形的，清代小说《红楼梦》中的贾府中秋节就是这样讲究。

中秋节赏月风俗在《晋书》和《开元天宝遗事》中都有记载，看来已很普遍。不过宋代更加盛行。孟元老的《东京梦华录》记载，京城开封中秋夜晚，家家户户在高台、酒楼设酒赏月。南宋杭州赏月之盛超过开封。吴自牧的《梦粱录》描写这个夜晚，秋风凉爽，露珠晶莹，丹桂飘香，银月明亮，贵族子弟和富豪之家，没有谁不登高楼、殿堂前的平台观赏月亮，有的在响亮而有节奏的乐曲声中，举行丰盛的宴席，人们边喝边唱，通宵达旦，至于没有钱的人家，也要在人工搭的露天平台上安排家宴，阖家团聚，不愿虚掷这美好的时光。这一夜，大街上通宵买卖，玩月的游人来往于市，直到天亮。中秋拜月赏月往往是结合在一起的。全家人一起畅饮团圆酒，品尝着团圆饭，正如清《燕京岁时记》说的，皓月当空时，传杯洗盏，儿女喧哗，真是所说的佳节呀。当然也有和朋友一起赏月宴饮的。如明《淄川县志》记载："中秋皓月临空，碧天如水，友朋欢宴，竟夜如常"。

2. 吃月饼

月饼早时叫小饼或甜饼，因是中秋团圆节所专用，故又称团圆饼。

据说早在唐代，已有专门制作月饼的店铺，但是也有人认为宋代才开始有，而作为中秋节的节令食品，则开始于元代。传说元朝末年，朝廷为了巩固统治，防止百姓造反，下令十户人家只允许有一把菜刀，这个做法引起了人们的不满。领导农民起义的首领为了组织起义，把写有起义时间的纸条夹在饼里，送到各家。中秋之夜，人们看到了饼中的字条，一齐动手举行了起义。后来就出现了中秋节吃月饼和送月饼的习惯。

明《酌中志》记载，当地每年八月从初一开始，就有卖月饼的，到十五日家家用月饼供月神。在兰州武威地方，拜月后不能立即吃月饼，须等到月亮偏西以后才可以吃。而凉州地方更有意思，他们认为月饼是天上月圆和人间团圆的象征，月圆的中秋夜不能吃月饼，待到月亮开始亏时方可以分吃。中秋节的月饼不仅是祭月的供品，而且也是互相赠送的节日礼品。这在《西湖游览志余》、《燕京岁时记》都有记载。今天的中秋节，家家买月饼，但是这些月饼一般不再作为祭月的供品，而是节日食品和节日礼品。

月饼的制作方法很讲究。据载，清代名师刘方伯制作月饼，用山东飞面作酥皮，中间用松仁、核桃仁、瓜籽仁的末，加入冰糖和猪肉做馅。吃着不觉太甜，而香松柔软光滑。明代府家做的花边月饼，是用生面拌猪油，经多次按压后，才放入枣肉做成馅，大小如碗，用手压出四边为菱形再烤熟。枣不去皮，取其鲜，油不熬，取其生，放入口中即化，甜而不腻，松软易咽。清代北京的月饼以前门致美斋的最好吃。供月用的月饼，大的有一尺左右，有的上面绘着月宫蟾兔的形状。有祭完就吃的，有放到除夕日才吃的。

今天月饼品种多，而且各地都有自己独特风味，其中著名的就有广（广东）式、京（北京）式、苏（苏州）式、宁（宁波）式、潮（潮州）式、滇（云南）式等。里面的馅又有五仁、豆沙、火腿、莲蓉等。月饼上多绘有精美的图案，有九龙戏珠、嫦娥奔月、天女散花、银河夜月、西施醉月、平湖秋月等等，不胜枚举。总之，月饼以它新颖大方的外形、独特的风味和寓意团圆而受到中国人民世世代代的喜爱。1988年中秋节，仅北京市投放市场的月饼就高达6250吨。现在不仅中国人喜欢吃月饼，就连来自世界各地的外国朋友也很喜欢品尝中国的月饼。

七、重　阳　节

中国人自古把“九”看成阳数，九月九日是两个阳数相重，所以叫重阳，又叫重九。

重阳节源于何时，目前我国民俗界有几种看法，我以为，民俗学家张紫晨先生提出“起于汉”的说法准确。根据之一是梁《续齐谐记》记载东汉桓景的故事。桓景随费长房游学。一天，费长房告诉他：九月九日他家将有灾祸，要他回家，让家里每人做一个红布袋，里面装上茱萸，系在手臂上，登高喝菊花酒，就可以消除灾祸。桓景按照费长房所说的做了。待全家人登山归来，见家中鸡、犬等都死了。费长房解释说，这是牲畜代替人受祸。根据之二是汉末魏文帝曹丕的《九日与钟繇书》。书中说，九为阳数，九月九日是日月两个阳数对应，含有长久的意思，因此九月九日要举行大的宴会。根据之三是隋杜公瞻曾说：九月九日宴会，未知起于何代。自汉世以来未改。现在北方人也重视此节，近代多设宴于台榭。唐《岁时广记》引用过上述三个材料。从中还可以了解到古人对重阳节的重视程度以及重阳节有登高、饮菊花酒、带茱萸等习俗。

1. 登高

西汉《长安志》说，长安附近有一座高台，每到重九等节日，就有很多人登上高台观景游玩。与桓景家登高避祸不同，这里讲的是为了观景游玩。重阳节登高习俗一直非常盛行，唐《岁时广记》引《临海记》记载，郡北四十步，有湖山。常有三四百人登山宴饮菊花酒。清代的北京人每到此时，都提着酒壶带着酒杯出城登高。清《帝京岁时纪胜》记载，居住在北京北城的人大多到阜城门外真觉寺五塔金刚宝座台上登高，居住在北京南城的人多在左安门内法藏寺弥陀塔登高。历代帝王也很重视登高活动。唐《岁时广记》中就引述了不少古代帝王登高宴饮之事。《南齐书·武帝记》有齐武帝于永明5年(公元488)登九日台宴请群臣。《武林旧事》里有南宋宫中九月八日饮宴，九月九日隆重游乐一番的描述。《养吉斋丛录》卷十四说，明朝皇帝每年重阳节或在御园，或登香山。

古人重阳登山活动情况，还可以从历代文人的诗词中看到，仅以唐代为例，许多大诗人如孟浩然、岑参、李白、刘禹锡、杜甫、白居易等等都写了重阳登高诗，其中杜甫一人就写了十几首。九月正值秋高气爽，新谷上场，黄菊盛开，红叶初缀，登高远眺饮酒写诗，是文人的雅兴。但人们的处境遭遇不同，其诗表现的情景也不相同。王维的《九月九日忆东山兄弟》：

独在异乡为异客，每逢佳节倍思亲。

遥知兄弟登高处，遍插茱萸少一人。

表现了作者身处异地，思念亲人的思想感情，而邵大震的诗：

九月九日望遥空，秋水秋天生夕风。

寒雁一向南飞远，游人几度菊花丛。

则写出了重阳的天气景色和游人。

重阳节登高活动，至今还受到人们的喜爱。1988年重阳节前后，北京八大处公园举办的重阳游山会，仅九月初九这一天就有十万游客，兴致勃勃登上高山。香山公园举行了首届“红叶杯”老人重阳登高竞赛，230名老人喊着笑着，向香炉峰攀登，许多游人为他们擂鼓敲锣助兴，祝福登山老人健康长寿。今天广泛流行的秋游，或许是对古人重阳登高的继续和发展吧！

2. 赏菊

有人考证，中国是菊花的故乡，是世界上最早栽种菊花的国家。到八世纪的唐代，传到日本，十二世纪进入英国，十七世纪传遍欧洲，到十九世纪，美洲才开始种菊。中国在两千多年的栽培菊花过程中，不断研制出新品种。宋代成书的第一部《菊谱》中，就记载着名菊35种。到明代，李时珍在他的《本草纲目》中说，菊花有九百种。据说今天已达到三千多种。

种菊是为了赏菊。孟元老的《东京梦华录》中记载了北宋开封“九月重阳，都下赏菊”的盛况。清《帝京岁时纪胜·赏菊》记载，北京秋日家家盛栽黄菊，品种极多。酒店茶设，也大都栽种黄菊，并在街巷贴广告说：某馆肆新堆菊花山可供观赏，以此招徕顾客。北京人管菊花山又叫九花山子、九花塔。清《燕京岁时记》说，每年重阳节，富贵之家有九花数百盆……望去好像山，叫九花山子，四面堆积的叫九花塔。据说清代有的地方重阳节前后还举行过菊花大会。

中国人对菊花的喜爱，还在历代文人故事和诗词、绘画中表现出来。东晋大诗人陶渊明被后人称为“菊迷”，他爱菊、种菊、赏菊、写菊。每到重阳节，携酒菊丛，一面饮酒，一面赏菊，满手握菊，爱不能释。他写的不少诗中都提到菊，“菊花如我心，九月九日开。客人知我意，重阳一同来”。《饮酒》诗中的“采菊东篱下，悠然见南山”是被历代传颂的名句，意境悠远，形神兼备，后世许多画家以此为题作画。其他如宋代范成大写的“世情儿女无高韵，只看重阳一日花”。唐代王勃的：“九日重阳节，开门见菊花”。孟浩然的“待到重阳，还来就菊花”。等等。人们爱菊花，还赋予菊花不怕天气寒冷，百花俱谢它独放的性格和高洁的品质。所以爱菊成为一种传统，现在每到秋天，全国各地大大小小公园纷纷举办菊花展。像北京1988年的八大处公园的重阳游山会上，有规模空前的菊花展，各色菊花争奇斗艳，色彩纷呈，前去观赏的人摩肩接踵。首都北京、广东省中山县和河南开封的市民还把菊花选为自己的市花。

近代植物学家研究发现，菊化能吸收有害气体，起到净化空气保护环境的作用。尤其是白母菊，即使在二氧化硫浓度很高的地方也能枝叶繁茂，所以许多工厂大量种植菊花，以便减少污染。

3. 饮菊花酒

古人认为，“九”有长久的意思，“九”、“酒”谐音，所以重阳节必用酒。菊花酒早在汉代就已能生产，汉代刘歆在《西京杂记》中说：“菊华舒时，并采茎叶，杂黍米酿之，至来年九月九日始熟就饮焉。”宋《梦粱录》说，今世人以菊花、茱萸，浮于酒饮之。因为茱萸名叫辟邪翁，菊花为延寿客。重阳节登高饮菊花酒，显然是为了延寿益年。现在的研究表明，菊花有明显祛风、清热、明目、解毒等作用。人们不仅用它做酒，还用它做茶。如浙江杭菊做成的菊花茶享有盛名。近些年，我国又研制出了一系列菊花饮料，如菊花晶、菊花露、菊化汽水等等。这些饮料醇香爽口，能防暑降温，深受广大顾客的喜爱。

4. 吃重阳糕

“糕”与“高”谐音，意思是百事皆高，于是形成了重阳节吃重阳糕的习俗。唐《皇朝岁时杂记》记载，当时的重阳糕里都有大枣、栗、肉等。宋《东京梦华录》卷八说，开封人用面粉蒸糕，糕上插小彩旗，里面掺入各种果实。元朝时出现了用菊花做的菊花糕。清《帝京岁时纪胜·重阳》记载，京师重阳花糕极胜。有油糖果炉作成者，有发面累果蒸成者，有江米、黄米捣成者，都剪五色彩旗插在糕上以为标帜。

重阳糕也像月饼、元宵等其它节日食品一样，作为礼品相互馈赠。宋代的《东京梦华录》和清《帝京岁时纪胜》等书中都有记载。

明代北京人管重阳节又称女儿节。《帝京景物略·春场》说，这一天，父母家必须把已出嫁女儿接回吃花糕，若不接她，母亲认为是耻辱，女儿也感到惊讶，而小妹则为之落泪悲伤。清以后吃花糕习俗逐渐消失，近几年北京的重阳花糕又出现在街头，深受到人们的喜爱。

八、节日的特点

相对来说，中国五千年文化受到异族文化的影响比较少，因此，在节日的类型、节日的时间、节日的起源、节日的习俗、节日的传说等一系列问题上表现出强烈的民族性。

1. 节日的类型

世界上的节日有许多，有人把这些众多的节日按内容分成四大类——庆贺节日、纪念节日、社交游乐节日和祭祀节日，具备其中一个内容的叫单一性节日，兼有两个或两个以上内容的叫综合性节日。按照这个划分方法，中国的民间传统节日绝大部分属于综合性节日，像清明节和端午节，虽含有纪念意思，但与单纯性纪念节日是有差别的。

节日是人类的一种群体活动，有的节日是一个民族的节日，有的节日是一个国家的节日，还有的节日流行许多国家，成为跨国家的节日。中国的民间传统节日大都属于全国性的节日，如春节、清明节、端午节、中秋节、重阳节等等，除汉族外，还有二十多个少数民族过这些节日。世界上跨国家的节日有基督教的圣诞节、复活节；伊斯兰教的开斋节、古尔邦节；小乘佛教的泼水节等等，这些节日成了不少国家的全国性节日，像圣诞节、复活节就流行欧美及亚洲的不少国家，但是由于中国节日有自己一套相对独立的体系，在中国只有信仰基督教的人才过这些节日。有人可能说，近几年圣诞节前后，在中国的一些大城市可以看到各种漂亮的圣诞卡，这一方面是由于改革开放，中国人尊重他人的节日，为其他国家或民族的信奉者祝贺，另一方面圣诞节离元旦较近，在预祝元旦时加进了圣诞的内容。目前主要是大中小学生的一项活动，恐怕还算不上是过节吧！

2. 节日的时间

有人说，在一年中，世界上每天都有人过节。实际上，有时一天同时是几个节日。这些节日时间如何选定的，一般来说，民间传统节日的时间是人们在长期的生产和生活中逐渐形成的，当然在形成过程中不可避免要受到那个国家的历法、气候、观念、思维方式等多种因素的影响。所以不同的国家的民间传统节日时间的特点也就不同。中国民间传统节日在时间选择上的特点主要是：

第一，与夏历历法和节气有关。大家知道，中国自古以农耕为主，在长期的农业生产中，人们总结制定了夏历历法和二十四节气，根据历法和节气安排生产和生活活动。所以民间传统节日与夏历历法和节气关系密切。比如一年中最大的节日"年"——春节，就定在夏历历法的岁末岁首。另外反映中国气候变化的节气也常常被定为节日，像清明节既是节气又是节日。

第二，每月的朔、望日多为节日。古人把每月一日叫朔日，十五日叫望日。朔日地面上看不见月亮，望日月亮圆满。许多活动与这两个日子有关。比如，在汉代，有朔望朝谒之礼，就是朔望日必行拜见礼。晋代出现朔望之祭，凡这两日都要举行祭祀活动。因此朔望日被确定为节日的较多。像正月一日为春节，十月一日为祭祖节，正月十五日为元宵节（又叫上元节），七月十五日为中元节，八月十五日中秋节，十月十五日下元节。一年 24 个朔望日中有 6 个成了全国性节日。

第三，月、日数字重复的日子常被确定为节日。如正月初一日是春节，二月二日春龙节，北京叫龙抬头日。三月三日上巳节。有的地方叫祭蚕日。五月五日端午节，六月六日姑姑节，又叫闺女节。这一天要接出嫁的姑娘回娘家过节。七月七日七夕，九月九日重阳节。一年 12 个月日重复的日子有 7 个成为节日。

第四，节日的日期一旦固定下来，千古不变。从前面讲过的传统节日看，每个节日都有一、二千年的历史，尽管王朝更迭频繁，但节日的时间始终未变。

3. 节日的起源

由于中国民间传统节日多为综合性节日，节日的目的、内容很复杂，所以单纯起源于某个方面的节日也就很少。而在中国少数民族的传统节日中比较多。如藏族的洗澡节、蒙古族的那达慕大会、苗族的龙船节等起源于社群娱乐活动，侗族的林王节是为了纪念侗族农民起义领袖林王，苗族的吃新节、台湾高山族的丰年祭等起源于宗教或祭祀活动。

从中国民间传统节日起源时间看，普遍比较早，大部分可以追溯到春秋战国或两汉，少数为唐宋，这恐怕与中国历史悠久有关。但由于起源久远，起源的具体时间和原因也就越难说清楚，这是中国民间传统节日的又一个特点。

4. 节日的习俗

中国民间传统节日的习俗归纳起来有以下几个特点：

第一，每个节日都有一套特定的饮食和娱乐习俗，这些习俗互不重复，各具特色，使得中国民间传统节日内容丰富多彩。由于人们在每个节日得到的感受不同，尽管这些节日年复一年，但是每到一个节日，仍然能够给人们一种新鲜的感觉。

第二，像春节、元宵节、中秋节、重阳节等许多重大节日都强调全家人一起过节，特别是春节，即使远在千里之外，也要尽可能在过年这天赶回，与家人团圆。另外亲朋好友之间要互相拜访看望，这表现出中华民族强烈的家人团圆观念和社会群体意识。

第三，虽然传统节日中单纯祭祀的节日少，但对祖先和神灵的信仰观念却很强烈，所以祭祀祖先、神灵和驱邪灭灾祈福的活动几乎每个节日都有。

第四，许多节日的习俗都与月亮、星星等天体有关，像元宵节、中秋节与月亮有关，七夕与牛郎、织女星有关。

第五，中国民间传统节日中丰富多彩的习俗活动常常与汉语的同音字、谐音字字义有关。像春节交子时吃的食物叫饺子，吃鱼寓意年年有余；用元宵、月饼的圆形庆祝家人团圆；倒贴福字，谐音福到等。

5. 节日的传说

中国民间传统节日和节日习俗几乎都有传说，有的节日或习俗甚至有几个传说。这些传说有的在流传过程中发生了变化，产生一个或几个变体，这是中国民间传统节日的又一个显著特点。比如春节有关于“年”的传说，元宵节有“元宵姑娘”的传说，七夕有“牛郎织女”的传说，中秋节有“嫦娥奔月”的传说等等。传说主旨在向人们解释节日或习俗产生的原因，这些解释往往没有文字记录的历史查考，而是人们主观想象的结果。当然这种想象决非某个人的主观臆造，而是经过许多人，甚至是多少代人的不断补充修改而成，所以这些传说既带有神话色彩，又不脱离人们的现实生活，给人以真实感，为节日增加了无穷的乐趣。

剖析这些传说的内容，可以看出以下几个特点：

第一，传说中的人物大多数是中国历史上的人，以张伦基的《民间节日传说故事》为例，11 个全国性节日的传说中有 6 个是历史人物，像寒食节的介子推、端午节的屈原、闺女节中的狐偃（春秋战国时代）、元宵节和重阳节的汉武帝和桓景（汉代人）、龙头节中的武则天（唐代人）。当然人物真实，传说未必真有其事，借用历史人物只是为了给传说增加真实感。

第二，传说不仅美丽动人，而且内容丰富，故事情节完整。有的赞扬或同情历史上某个人或某件事,有的表达了人们对美好生活的向往,但都不同程度地反映了中华民族的传统习惯、道德风尚、宗教观念或价值观念等等。

第三,节日传说产生在节日和节日习俗之后,这一点从传说的探源目的可以看出。

6. 节日的变迁

节日和社会上一切事物一样,不是一成不变的,但相对来说,中国民间传统节日变化小,大多数节日自产生后一直被人们沿习,只有个别节日像十月一日的祭祖节近四五十年来除一些农村还在这一天上坟祭祖外,一般已没有节日活动。从节日习俗看,大体沿续,小有变化。像重阳节,民国以后逐渐减弱,新中国成立后大部分地区不以为节,但最近几年,在弘扬祖国传统文化声浪中,又被人们重新提起,赏菊、登高等活动得到恢复。像寒食节的禁火寒食习俗已被人们遗忘,而踏青(今称春游)却得到了发展,相信随着社会的发展,人们生活水平的提高,今后会不断给节日注入新的生动活泼的内容和形式,给人们的生活带来更大、更多的乐趣。

7. 中国节日走向世界,世界节日影响中国

众所周知,中外文化已有几千年的交流史,这种交流自然也包括节日,比如春节、端午节、中秋节等很早就随着中国文化的输出而走出中国,成为日本、朝鲜、越南等许多东南亚国家的节日。有些节日习俗像放风筝、赛龙舟等也流传很广,成为许多国家人民喜闻乐见的娱乐活动。相比之下,其它国家的传统节日包括几个世界性的传统节日没有一个成为中国的节日,仅有圣诞节的送圣诞卡传入了中国,且流传范围不大。

中国的传统节日还有一些,前面仅介绍了最有代表性的七个大的节日,从这七个节日可以看出,中国传统节日是中国文化中的一份宝贵的财富,它不仅保存了许多古代文化特别是风俗,也促进了中华民族优秀传统文化的继承和发展，这些传统节日简直成了我们民族的象征。让我们祝愿传统节日这束充满民族情趣的花朵开放得更加绚丽多姿！

第十二章　丧葬篇

丧葬民俗是中国民俗的一块不大不小的基石。博大精深的中国文化所具有的与众不同的特色,也给中国的丧葬民俗打上了深深的烙印。若是举行一个世界墓葬展览会,哪个是中国墓葬很容易辨认出来。中国墓葬除具有世界墓葬的共性外,还呈现出极其强烈的个性,这种强烈的个性主要表现在传统的墓地制度、葬法与葬式、墓室与土丘、葬具与随葬品、陪葬与殉葬等各个方面。

一、墓地之变迁

无论哪个国家、哪个民族,凡实行土葬的都有墓地。从纵向来看,中国历史上主要有两大类墓地——氏族墓地和家族墓地,这两类墓地大致以西汉为界,西汉前以氏族墓地为主,西汉后以家族墓地为主。

氏族墓地起源于四千多年前的氏族社会,有血缘关系的人组成一个氏族,每个氏族的人活着聚族而居,死后同族而葬,其埋葬地就是氏族墓地,但葬入的都是有血缘关系的,婚姻关系者除外,这就是说每个墓都是单人葬。

氏族墓地是国家指定的公共墓地,有专门官员掌管,在公共墓地内形成一个个氏族墓地。氏族墓地有两种,一种叫公墓,是国君王室贵族及其子孙的墓地。由家人按爵位等级确定各墓的位置和大小。排列方法为:中间为历代国君墓,左右两侧为其它贵族墓。国君墓以最先葬入的为基准,后葬入的在其后依左昭右穆排列。贵族墓依身分高低为序,身分高者在前,低者在后。因为贵族与国君同出一系,只是血缘亲疏有别而已。另一种叫邦墓,是"万民所葬地",即普通平民的葬地。葬地内分族而葬,形成一个个"私地域"。各氏族墓之间有一定的距离,每个氏族墓地内也按血缘亲疏依昭穆之序葬入。

这两种墓地在考古发掘中都有不少发现。公墓以河南三门峡上村岭虢国墓地最为典型。墓地内 234 座墓葬排列有序,墓室规模大小、葬具和随葬品中青铜礼器、车马数量的多少均有明显的等级之差。其中墓室最大的为 5.42 米×3.37 米,最小的为 1.9 米×0.85 米,前者是后者的 11 倍多.葬具使用有四类,重椁罩棺为少数,一棺一椁约占半数,有棺无椁数量位居第二,无棺椁仅为个别现象。随葬、陪葬物品分五等:第一等为太子墓,列鼎 7 件、毁 6 件、编钟一组、车 10 辆、马 20 匹。第二等列鼎 5 件、毁 4 件、车 5 辆、马 10 匹。第三等列鼎 3 件、毁 4 件。第四等约 20 座,鼎 1 件或 2 件,无毁和车马等。第五等约 200 座,青铜礼器和车马均无。邦墓最典型的是湖北江陵雨台山楚墓地,500 座墓葬中各方面均无差别,且疏密排列不均匀,大概是一个个"私地域"的关系。

西汉时,墓地和其他土地一样成为私有财产,可以进行买卖,于是氏族解体后出现的新的家族纷纷购买各自的墓地,这个墓地是一个家族的公产,不受官府的管辖。依家族的族规规定,本家族男性成员及其配偶都可以葬入。这样就排除了本家族出生的女子,因为她们出嫁后随其夫葬入夫家族墓地。许多家族还规定,未成年者死亡、未婚死亡的成年人及非正常死亡者都不得葬入家族墓地。甚至有些家族连未生育的配偶和妾、违法乱纪被官府处以刑罚的人及违反族规被驱逐出族者死后都不得葬入家族墓地。因此后世家族墓地大多数是一对夫妻的双人葬,极少有妾在内的多人葬和未婚者的单人葬。像太原的一个家族墓地中,10座砖室墓基本上都是夫妇合葬。

家族墓地是从氏族墓地发展而来的,氏族墓地后期,婚姻关系的配偶已开始葬入,多为夫妻异穴,这种情况在春秋战国时代越来越多,到汉代的家族墓地,除帝后沿用古俗外,一般改为夫妇同穴合葬,当时流行的横穴式墓葬也为夫妻同穴葬提供了方便。汉代帝后陵墓为同茔不同陵,就是虽同葬在一块墓地,却分别为两个陵墓,且后陵在帝陵之侧。汉以后,从皇帝到庶民,都为同穴合葬,稍有不同的是有地位、有钱财人家,在一个墓穴内修建一个或几个墓室,夫妻(包括妾)的灵柩同放一室或一个一室。一般人家多并排挖两个土坑或挖一个大土坑,埋入夫妇两个灵柩。夫妻灵柩同在一室或一穴的叫同穴合葬,否则叫异穴合葬。这两种习俗至今沿用,江南各地大都为异穴合葬,北方大都为同穴合葬。当然也有个别现象,如近年在北京通县牛堡屯乡发现一口大杉木棺内装有清代男女两具干尸。

家族墓地内各墓有严格的排列次序:依男性世系和昭穆之序。这就是许多族谱中规定的"以造茔者为始祖,子孙不别嫡庶,以年龄别昭穆。"详见下图:

○ 始祖

穆　　　　　　　　　　昭

○○○○(三世)孙　　　　子(二世)○○○○

○○○○(五世)玄孙　　　曾孙(四世)○○○○

(注:○:表示墓坟。)始祖的墓坟在最后最中间,左前方为昭,从后向前依次为二世、四世、六世……;右前方为穆,从后向前依次为三世、五世、七世……。同一世系之内兄弟之间不分嫡庶,依出生先后为序,年龄大的离先辈近,小的离得远。这样井然有序的排列,使人站在墓地一眼便可看清各墓之间的亲疏关系。这种排列方法为绝

大多数家族采用。还有一种墓次排列方法叫“携子抱孙”。孔子的家族墓地就是“携子抱孙”的一个典型。孔子的墓在孔家墓地的中间，东边是他儿子的墓，前边是他孙子的墓，就像拉着儿子抱着孙子一样。

家族墓地有的只葬到五世，五世以后子孙分开各自另择墓地，这叫“五世而迁”。但强宗望族往往五世以后也不分开，继续葬在一个墓地内，有的沿续数代甚至数十代。像孔家墓地孔林，沿续了两千多年，埋葬着十多万座墓，直系子孙已葬到第七十六代。作为一个家族墓地占地面积之大（三千多亩）、葬入后代之多为世界罕见。当然在中国这也是极个别现象，但这种现象也只能出现在家族观念强烈的中国。

在封建时代，对于每个人来说，家族墓地是个神圣的地方，死后葬在这里，回到祖先身边，是极其荣幸的事。而把不准葬入家族墓地看成是最严厉的惩罚，最大的耻辱。因此即使背井离乡，“客居在外”的人死了，不管路途是否遥远，都要想尽办法把灵柩运回葬入祖坟，这叫“落叶归根”。历尽艰辛将父母或丈夫尸骨归葬的儿女、妻子被誉为孝子（女）或孝妇，出资出力帮他人归葬被称为义举，历史上这类孝子、孝妇和义举之人被 载入方志、正史的不计其数。客死外地归葬者更是赛牛毛。像河北景县的封氏家族是汉以来关东大族之一，墓地从北魏一直传用到隋，其中三人死在外地，都依俗归葬祖坟。可见大族也十分崇尚族葬，重视归葬。

在古代西方，人死后举行完宗教葬礼，就把灵柩葬入宗教的墓地。中国的东邻日本至今人死火化后骨灰安葬于宗教的寺庙、神社。而中国则完全不同。宗教的寺庙曾是一般人灵柩的停放暂厝之所。其中有的是客居的外地人，因为时局、交通等原因不能立即运回的；有的是本地人，因病死在医院或暴死路途依俗被视为外死鬼不得运回家中举行葬礼的；有的因坟墓尚未修完，不能立即下葬的……但无论什么情况，都只是短时间的寄存，并非长久安葬，这也是寺庙为增加经济收入而想出的一个办法。对于中国人来说，死后葬入祖坟是天经地义的，所以不要说一般人，就连宗教的忠实信徒也毫无例外。葬入宗教墓地的只有宗教职业者，如佛教的和尚、道教的道士等等。

家族的墓地俗称祖坟，在中国人的传统观念中，祖坟是家族的象征，是家族后代子孙的归宿，但同时又是后代子孙祸福、凶吉的主宰。因此，除按时祭祀外，还特别注意保护。过去皇亲国戚及有钱人家不惜耗费巨资，雇佣专人日夜看管守护，帝王陵墓由专门机构保护。无钱人家虽不能日夜守护，也要时时前往观看，发现损坏漏水等问题必及时修整。每到年节还要全家出动祭祀，并为之填土。而破坏人家的祖坟被看成是凶暴残忍的行为。如《史记》记载："(吴王濞等)烧残民家，掘其丘冢，甚为暴虐。"祖坟被破坏，就是蒙受了莫大污辱，所以历史上也有不少为了图个人报复，泄私愤，或因政治立场不同而挖对方祖坟，以逼迫对方放弃立场。大名鼎鼎的蒋介石就干过这种勾当。他为了阻止毛泽东革命，不仅抓走了毛泽东的妻子、儿子，而且还派人挖毛泽东的祖坟。在当地人的保护下，毛泽东的祖坟才幸免于难，但不少人家的祖坟却遭了殃。

墓地既然如此重要，坟地的选择必然格外谨慎。选择的依据是迷信的风水说。风水说认为墓地是万年吉地，应选择风水宝地。这种墓地可以保佑家族人丁兴旺、生活幸福。若是选择了"龙脉"或"龙穴"，家族内还可能出现个皇帝。相反，选择了凶地，就会家破人亡。那么什么地方算风水宝地呢？自古说法繁多、卜选的方法也五花八门。概括起来，用今天的话说就是靠山面水，风景秀丽的地方。

选择风水宝地作墓地这是封建时代每个家族或家庭的共同愿望，就连皇家贵族也是如此。比如清道光皇帝的第七子奕譞二十岁时，就选择北京西山的妙高峰为墓地，此地"层嶂巍峨，丛林秀美，遍山流水潺潺，其源澄澈如镜。山高三里许；凭凌一望，目极百里"。被请来的堪舆家李唐深赞不已，认为古松西北为"来龙正脉"，是最佳风水之地。后来在修墓过程中,其子被慈禧太后选中当上了皇帝,这就是光绪皇帝。没想到,墓地一棵古老银杏树引起了帝后之间一段不愉快。在修建墓地时,宝顶之侧有一棵古银杏树,虽历经几百年的沧桑,树冠仍“葱茏茂密”,大概是出自“风水”的考虑被保留了下来,并“周以石栏,上叠石为屏为台,以供游憩。”不料有人却对慈禧太后说,此树茂密旺盛,把皇家的风水都占去了,请伐之以利本支。太后大喜。上奏皇帝,光绪帝大怒:“尔等谁敢伐此树者,请先砍我头。”太后不听,一日率人到墓地,亲执斧先砍三下,再令人伐之。恐其复生芽叶,令数百人连根挖去。光绪帝得知命驾前往,待到红山口看不见往日的大树时,在舆中号咷大哭,连哭 20 里,到墓地看到倾倒的大树默默无语,绕墓三周,顿足拭泪而归。一棵茂盛的古银杏树竟然也与风水关系如此密切,真是荒唐可笑之极。其实有“龙脉”的墓地能出皇帝也只是为当皇帝找个理由罢了。有关墓地风水的佚闻趣事在古代野史、小说、传说中屡见不鲜。

二、葬法与葬式

葬法是指对尸体处置的方法。在中国古代有许多种,主要有野葬(将尸体弃之荒野、投入草丛)、天葬(将尸体送到葬场或旷野,任鸟啄食(史书又称鸟葬)、水葬(将尸体投入江河湖海)、火葬(将尸体火化)、土葬(将尸体埋入土中)、崖葬(把尸体置于高山崖壁的天然崖洞或绝壁的天然平台上、石墩上)等等。

野葬是最早、最简单的葬法,流行于灵魂观念产生之前。天葬是宋元以后西藏及其附近地区流行的一种葬法,且为富有者使用。水葬古代曾在各地江河湖海沿岸流行,以少数民族为主,并且是对非正常死亡或婴幼儿死亡采取的处理方法。另外如藏族,只有贫者才采用沉尸于水的简单葬法。火葬比天葬、水葬的流传范围广泛,既是十几个少数民族的传统葬法,又盛行广大汉族地区。还可以说是既古老而又现代的一种葬法。说它古老是因为起源早。据《墨子》、《列子》、《荀子》等书记载，先秦时已在一些地区流行。不过主要是西北的游牧民族和后来转为以农业为主的定居民族。东汉佛教传入后，佛教徒死后火化对汉族影响很大。首先是佛教信仰者抛弃汉族传统的土葬习俗，改用佛教的火化方法，其中有富贵者，也有贫穷者。富贵者的火葬既不省钱又不省地：尸体火化后把骨灰装入陶棺、石棺或木棺中，棺内随葬着丰富的器物及金银珠宝。再把棺材放置于考究的砖室墓或石室墓中。其次是一般平民百姓，因无钱无地土葬，被迫效仿佛教的火葬方法，但尸体火化后往往将骨灰弃之荒野或撒入水中。再次是客居他乡的远方客旅商人、从军应役者及无主尸以火化了之。

在封建时代，尽管汉族中一直有人实行火葬，而且地位高和地位低的人都有，但火葬在汉族人的丧葬观念中并不是合理合法的，甚至被斥骂为陋俗、恶俗。其中反对最强烈的是历代儒生和统治者。他们以封建的伦理道德观念为思想武器，说什么对父母长辈“生，事之以礼；死，葬之以礼”，而火葬“实灭人伦，有乖丧礼”，是“大谬”，“有叛礼教”，是“不仁不忠不孝”的行为；责难说：“岂有燎灼其亲之尸，而仁人孝子乃能安于心乎？”主张“杀之者常刑，焚之者非法”，“焚其亲者，以不孝罪之”。这还不算，历代统治者还运用手中的权力阻挠、禁止百姓火葬，最厉害的是宋元明清。宋太祖赵匡胤曾于公元962年下诏书禁止火葬，稍后的南宋赵构皇帝又多次设禁，而且不少官吏如范同、荣薿等人也请求朝廷禁止火葬。范同提出“今火葬之惨，日益炽甚，事关风化，理宜禁止”。以后的元明清还把禁止火葬写入法律。如《元典章》的礼部卷有“禁约焚尸”条款，明朝的《大明律·礼律》中规定：“其从尊长遗言将尸烧化及弃置水中者杖一百，卑幼并减二等（杖八十）。”同书的《刑律·贼盗》中的“发冢”条又规定：“若残毁他人死尸及弃尸水中者各杖一百流三千里（谓死尸在家或在野，未殡葬将尸焚烧、支解之类……），若毁弃缌麻以上尊长死尸者斩。”这里所说的“毁弃”就是指烧化尸体或弃置水中。清朝的法律完全照搬明朝法律，只加上一条“旗民丧葬概不许火化”。为了使法律得到执行，清政府采取邻人、地保（地方上为官府办差之人）互相监督的办法：“倘示禁之后，仍有此等恶俗（指火葬），许该图地保及邻右人等出首报官严拿尽法惩治，地保邻右人等知情匿报另行发觉一体治罪。”

为了禁止火葬，帮助无钱购买土地的贫穷之家安葬亲人，历代朝廷还采取了一些具体措施，比如置官地、设漏泽园、立义冢、无主尸官府代为埋葬等等。在封建伦理道德和国家法律的高压下，宋元时代各地都较盛行的火葬之俗到明中叶渐渐衰竭，但最终也没有完全革除。其原因有二，一是信仰佛教的贵族和官僚不管朝廷的禁令，大小官府畏惧他们的权势，不敢把他们绳之以法。二是失去土地的穷人日益增多，漏泽园、义冢毕竟有限，且多集中在城市，远远不能满足大批贫寒之家的需求，而火葬不需要钱财和土地，这就使得汉族的火葬之俗虽时断时续，却不能杜绝。

近四十几年来，随着科学的进步，思想的解放，火葬以特有的科学、卫生、节省木材等优点日益为人们所认识，再加上政府的大力提倡和推广，国家领导人的以身作则，火葬率逐年上升，特别是近几年，大中小城市已基本普及火葬，距城市较近的农村中大部分也实行火化，只有离城市较远的偏僻地区仍以土葬为主，但总起来看，火葬已成为目前汉族的最主要葬法。这就是火葬所具有的现代性。

和前几种葬法相比，土葬是自灵魂观念产生后，沿续时间最长、礼俗最繁琐复杂、流传范围最广、使用民族最多的传统葬法。

考古发掘证明，中国最早使用土葬的是一万八千多年前的山顶洞人，他们在自己居住的山洞深处，用土覆盖死者的尸体。到距今 7000 年到 5000 年的仰韶文化遗址中，2000 多座墓葬中土坑葬已占绝大多数。到 4000 年前，无论黄河流域、长江流域，还是远离黄河、长江的东北、东南沿海地区都已普遍采用土葬。当然不排除有些地区使用土葬还要晚一些,但若说土葬在中国广泛流行了三四千年是不会错的。

从民族角度说,以土葬为传统葬法的有汉族、壮族、傣族、布依族等十来个民族,以土葬为传统葬法之一的有苗族、瑶族、藏族等四、五个民族。今天,56个民族中使用土葬的共有40多个民族,其中汉、彝、布朗、拉祜、纳西等族为土葬、火葬并用,门巴族为土、火、水葬并用,裕固族为土、火、天葬并用,藏族为土、火、天、水葬并用。可见从古到今,土葬都是使用民族最多的葬法。

就封建社会汉族土葬的具体方法来说,大体有三种。最简单的是把尸体直接埋入土坑内,或埋前用草席等略作包裹,这是历代极贫穷者或刑徒的安葬之法。最普遍的是把尸体装入棺材里,将灵柩埋入土坑中,这种方法为占人口最多的平民采用。再一种是不仅有棺,还有椁,甚至有几层棺、椁,然后将装有尸体的棺、椁放置土坑或砖室、石室墓里。这种既复杂又费钱占地的安葬方法,只有帝王、贵族、官宦和富有之家才有条件采用。

葬式是指埋葬时尸体放置的姿势。中国历史上有仰身葬、屈肢葬、俯身葬、侧身葬、交手葬、解肢葬等几种,其中仰身葬最为普遍、流行。从考古发掘看,西汉到东汉,仰身直肢葬逐渐成为汉民族的统一葬式,一直沿用到今天。这是因为仰身直肢与人睡眠的姿势相同,用这种姿势安葬死者,含有请其放心安睡的意思。故而汉语中用“长眠”作为死亡的婉辞。仰身直肢葬遂成为后世丧葬的正常姿势。

屈肢葬远没有仰身直肢葬流传的范围那么广。据考古发掘,汉代以前曾一度在中原地区、关中地区流行。但在流行地区的墓葬中所占比例不太平衡。占比例最少的是郑州、陕西一带,占比例稍高的是辉县、洛阳等地,如洛阳中州墓葬260座,屈肢葬为219座,占

84%多,直肢葬仅有30座,占11%多。占比例最高的是关中秦墓,绝大多数都是屈肢葬。屈肢葬仅是极少数地区的一种葬式。

另外,在有些地区,屈肢葬比如齐家文化的800座墓葬中,绝大多数为直肢葬,只有个别的是屈肢葬。在一个男女二人的合葬墓中,男子为仰身直肢,而左侧的女子向男子侧身屈肢。还有一个一男三女的合葬墓,居中的男子为仰身直肢,左右两侧的女子为屈肢。同一墓内男女不同的葬式反映了当时社会女子对男子的屈从和依附关系。这似乎与习俗关系不大。再有春秋战国大墓中,发现有的墓主人为仰身直肢,而壁龛内的殉葬人为屈肢。像凤翔八旗屯墓葬就是如此。可见,葬式有时因死者的地位而异,地位卑贱的殉葬人才使用屈肢葬。

侧身葬式在汉代以前的墓葬中偶尔有所发现,是个别现象。而俯身葬式和解肢葬式都 是在盛行人殉时,对殉葬者使用的。

三、葬具与随葬品

在安葬死者时,盛放遗体的用具叫葬具。葬具也是葬俗的一个重要内容。使用什么样的葬具、怎样使用葬具都反映了各国各民族的文化 和民俗的差异。

在中国,占人口最多的汉族,几千年来一直使用的葬具是棺材。历代帝王贵族官僚除使用棺材外,还常在棺材外套上椁。椁就成了一部分人使用的葬具。当然也有因置办不起棺材的,把家里平时盛放衣物的长柜子、或铺炕用的芦席等用来装、裹遗体,但在人们传统丧葬观念中,只有棺材才是合乎情理的,柜子、芦席等为非正式葬具,都是因家贫迫不得已才使用的。一般略微有点经济力量的,都要尽力设法为死者置办棺材,否则,死者的亲属就会受到世人的唾骂。

棺材最早是用瓦制的,即陶棺,以后有木、石、铜、玉、金棺等多种，但铜、金、玉棺是极个别现象，石棺也不多，特别唐宋朝廷规定不得以石为棺椁后，石棺的使用更少。因此普遍使用的是木棺。

做木棺 的木材有许多种，如梓木、茵沉、楠木、杉木、柏木、松木、柳木、椴木、杨木、枣木、栗木、桑木等等。前六种为上等做棺木料，有的稀少珍贵，有的木质轻，易分割，有的木质坚硬不易腐朽，有的不仅木质好而且香气浓郁，总之都不一般。其中梓木最佳，有木王之称，茵沉、楠木也是上等木材。后六种则是极为一般的棺木。

什么人用什么木材做棺历代多有规定。据载周天子用梓木棺，汉代帝王也沿用此俗，故称梓宫。后世帝后多用茵沉，王侯多用次于茵沉的金丝楠木。明朝对有品级官吏和庶人所用棺木规定为“品官棺用油杉朱漆，椁用土杉”，“庶人棺用坚木，油杉为上，柏次之，土杉、松又次之”。其实对这些规定的执行并不那么严格。因为在人们的观念中，棺木的好坏不仅关系到对亡灵的慰籍和遗体的保护，而且能表现晚辈的孝心，还可借此炫耀门庭，可谓一举三得。因此无论贫富，都根据自家的财力尽最大力量选用好一些的棺木。如《红楼梦》中秦可卿死后，贾珍回答众人说：“如何料理，不过尽我所有罢了！”选木料时，看了几副杉木板都不满意，不顾他人“殓以上等杉木也就是了”的劝说，最后选中了一副“没人出价敢买”的樯木，其“纹若槟榔，味若檀麝，以手扣之，玎珰如金玉”，据说“拿一千两银子，只怕也没处买去”，“作了棺材，万年不坏”。像清慈禧太后的宠宦李莲英死后竟越级使用楠木也是一例。一般官宦绅商富户也多用杉木或柏木、松木。普通人家虽尽其所能，但财力毕竟有限，只能因地制宜，就地取材。比如江浙一带杉木易得，故而多用杉木，北京地区则不同，柳、杨、枣、桑等树随处可见，柳木质轻耐潮较结实，使用者最多，其次是杨木，而杉、柏、松量少价高，一般人家是用不起的。

棺材的形状早期为长方形。如汉代的套棺为长方形盒状。长沙马王堆 1 号墓最外一层套棺就是如此，长 2.95 米，宽 1.5 米，高

1.44 米。后世多为近似长方形，前头大，后头小，遗体按头前脚后放置。棺材板的厚度民间也有习俗，一般为底 4 寸，两帮 5 寸，盖 6 寸。稍厚一些，底、两帮、盖分别为 5、6、7。当然也有特别厚实的，最厚实的莫过于帝后的棺椁。

椁是套在棺材外面的，棺与椁之间有空隙，可放置随葬品。早期墓葬的木椁很像四个柱子的屋子，故称椁室，后世则习惯称套在外面的外棺为椁。

棺椁的使用有严格的地位、等级之别。据记载，周代规定天子棺椁七重（棺五椁二）、诸侯五重（棺四椁一或棺三椁二）、大夫三重（棺二椁一）、士再重（一棺一椁）。考古发掘的大中型墓葬与记载基本符合。汉代改为诸侯王五棺二椁、列侯四棺一椁，郡守级为三棺一椁，县令级为二棺一椁。当然个别现象总是难免，考古发掘的王侯墓，有的用二棺一椁，也有的仅用一棺。后世使用多重棺椁的极少，像明清的帝后也多仅用一棺一椁。

中国人既重生，也重死。重死不仅表现在选用上等棺木，而且表现在使用大量的随葬品。从考古发掘看，随葬器物的范围极广，食物、衣物等生活用品；壶、杯、釜等生活用具；犁、锄、镰等生产工具；刀、剑、矛等兵器；鼎、设、鬲、尊等礼器；鼓、钟、琴等乐器；《诗经》、《老子》、《孙子兵法》等书籍；历代钱币；金、银、玉、石等制作的官印和私印；绫、罗、锦等丝织品；木制或陶制的车和船等行具；殉葬马和人以及为随葬特制的俑、冥器，等等，真可谓应有尽有。这些随葬品在中国现存文物中占有相当大的比重，其中有不少是不可多得的艺术珍品，像殷墟妇好墓的偶方彝、战国曾侯乙墓的大型编钟、秦始皇陵的兵马俑、秦代铜车马、长沙马王堆汉墓帛画、河北满城汉墓金缕玉衣、北京明定陵的金冠和凤冠等等，举不胜举。可以说，中国墓葬的随葬品之丰富、之精美在世界上独一无二。

为什么毫不吝惜地把大量如此精美的物品葬入坟墓呢？主要是观念信仰使之然。在古代，人们把死人当作生人看待。为了让死者在阴间继续过着和生前一样的生活，就把其生前衣食住行玩乐等诸方面最喜欢的或最好的物品随葬墓里。生前过着奢侈豪华生活的上层人物，也就把大量高级用品和珍奇好玩之物带进了坟墓，欲继续过生前美好生活的目的是达不到的，只不过得到一种精神上的满足而已。

综观历代随葬习俗，考察其发生、发展、变化以及随葬品的种类、数量，清楚地发现它不是一种孤立的现象，而是社会生产力水平、人与人之间关系以及人的灵魂观念、民间信仰等诸方面的一种综合表现。

随葬品是社会生产力发展的一面镜子。当社会处在打制粗糙石器时代，随葬品必然是极其简陋的石制、骨制品。社会发展到磨制石器、制陶阶段，随葬品中最普遍的是陶制器具，如西安半坡墓葬中，少的一件，一般4－5件，多的17件，都是罐、瓶、盆等日常生活用具。青铜冶炼铸造技术产生后，青铜器很快成了重要的随葬品，像殷墟的妇好墓多达210件，数量之多令人惊讶。掌握了冶铁炼铁技术的春秋战国时代，铁制生活用具、农具、兵器随之葬入坟墓。总之，社会能生产什么，随葬品中就有什么。随葬品所具有的强烈的时代特征，不仅是后人判断墓葬年代的重要依据，而且也为研究当时社会政治、经济、科学技术的发展提供了大量的宝贵资料。

随葬品是墓主人地位、等级的标志。在考古发掘中，人们往往发现同一时代、同一地区、甚至同一墓地，各墓之间的随葬品相差极其悬殊：有的有随葬品，有的没有随葬品；有的随葬品丰富，有的随葬品很少；甚至有用人、马作随葬品的。这说明，无随葬品的多为平民，随葬品丰富甚至有“殉人”、“殉马”的一定是地位高者。

历代统治者为了维护自己的特权，显示其高贵的身份，往往对随葬品作出等级规定，比如周代对随葬青铜礼器鼎和毁的规定是：天子用9鼎8毁，诸侯用7鼎6毁，大夫用5鼎4毁，士用3鼎2

毁。这一点在考古发掘中得到了证实。像河南上村岭虢国墓地，大中型贵族墓的随葬品中分别有7鼎、5鼎、3鼎和1鼎，其中虢太子墓为7鼎6毁。又如河南下寺楚墓地的9座贵族墓，都有成套青铜礼器，其中2号墓为7鼎，从鼎文可知墓主人为楚国的"令尹"。用鼎表示地位等 级的习俗一直沿续到汉唐，只不过多改为陶制鼎。另外从商到秦汉，随葬车马也有地位等级的标志作用。比如周代虢太子墓内不仅有7鼎6毁，还有10辆车20匹马。有5鼎4毁的墓有5辆车10匹马，而有2鼎或1鼎的墓没有车马。汉以后比较贵重的实用品如铜器、漆器的随葬数量逐渐减少，专用于随葬的陶质冥器逐渐增多。于是随葬冥器也有地位等级规定。比如唐代规定官员三品以下可用冥器九十事，四、五品用六十事，七、八、九品用四十事，庶人用十五事。明代规定更严更细：公侯为九十事，官员一、二品为八十事，三、四品为七十事，五品为六十事，六、七品为三十事，八、九品为二十事，庶民只许用一事。

随葬品的多寡优劣也是富有程度的象征。虽无论贫富都须尽心竭力安葬亲人，但家庭经济的局限是无法逾越的，随葬品也就明显地反映出不同家庭对社会财富的占有程度。像青铜器稀少而昂贵的时代，商代妇好墓仅铜器就有460余件，战国曾侯乙墓的青铜器达10吨之多。同时人们还用随葬品之多、之精表示财富之巨。像战国平山中山王墓与近旁一王室墓共有随葬品一万九千多件。长沙马王堆汉墓两墓均有随葬品一千多件。河北满城汉刘胜夫妇墓共有随葬物品四千二百多件，其中用金丝编缀玉片做成的金缕玉衣，仅用金丝就一千一百克左右，玉片二千四百九十八片。这些随葬品中有相当多的是极为罕见的艺术瑰宝。当然随葬品最多的是历代帝王陵墓。据载，春秋齐景公墓"珍宝巨万"。秦始皇陵"奇器珍怪，徙藏满之"。汉代制度以帝王在位每年贡赋的1/3"充山陵"，居位不长的汉武帝安葬时"茂陵不复容物"，后虽被掘过，但到三百年后的晋代"犹有朽帛委积，珠玉未尽"。明清帝王陵也是如此，珍宝无数，价值连城。

随葬品是人们信仰观念的表露。墓葬使用随葬品本身就是信仰所致，这暂且不论，单说随葬品中完全由于信仰原因而放置的物品就有两大类，一是镇墓避邪之物，另一类是供鬼魂在阴间使用的冥器。

镇墓避邪之物有许多种，且各代同中有异。比较普遍的有兵器、神鸟、神兽、怪兽、镜子等等。据说刀、剑、戟等兵器是保护坟墓和墓主人的，狮子、龙、麒麟、马、凤等神兽、神鸟是帮助亡者灵魂升天的。镜子、怪兽是镇墓用的，使妖魔、野鬼、恶兽等不得靠近坟墓。另外商周时代，人们把玉器作为镇墓、驱鬼护主之物，战国到西汉的“巴蜀文化”墓葬中有一种铜印，为避邪之物。东汉后期流行一种镇墓文，多数把文字刻在陶瓶上，故叫镇墓瓶，个别刻在铅券或砖上，文字的内容既有保护家人安宁、死者墓冢稳定、为生者解罪、为死者求福之意，又有告诫死者死生有别，切勿与家人纠缠之意。秦汉时代大中型墓多随葬兵马武士俑以护主避邪。

冥器有两类，一是生活用具的模型，如灶、井、仓、磨、楼等。另一是偶像，俗称俑。有男女侍俑、兵士俑、乐舞俑等人物俑，有家禽与家畜猪、羊、马、鸡、鸭等动物俑。从目前考古发掘看，秦始皇陵随葬俑最多，仅兵马俑坑内就有约 7000 多个。

冥器的使用在历史上有两次大的变革，第一次是秦汉之际，增加冥器的随葬数量，改变过去贵族、官僚大量随葬实用器物甚至“殉人”、“殉马”的状况，这是一大进步。第二次是宋代，大量使用纸制冥器，代替宋以前的陶质冥器，这又是一个进步。不过纸冥器不再用作随葬，而是焚烧，所以宋以后墓葬中冥器数量极少，有几件陶或瓷的冥器就算是多的了。

四、光怪陆离的坟墓

坟墓是坟与墓的合称，据有人解释，墓是指埋棺的土穴，坟是埋棺之后凸起来的土丘。也就是说地下部分叫墓，地上部分叫坟，古时也称冢。

在幅员辽阔的中华大地上，有史以来埋葬着多少坟墓谁也说不清，但有一点是很清楚的，这些年代不同的墓葬，既有时代的烙印，又被共同的民族文化一以贯之；既五花八门，又有一定规律可循。

先说墓。

从考古发掘看，距今8000年到4000年前的墓葬已经具备了一定的形制。比如公元前5100年——前4900年的裴李岗文化氏族墓地，发掘的114座墓都是长方形浅竖穴，南北向，单人葬。公元前3500年——前2500年的大汶口墓地，133座墓均为长方形土坑，大墓十分宽，小墓仅能容尸。公元前2500年——前1900年的山西陶寺墓地1000余座墓也都是长方形竖穴，大墓为3米×2米，小墓为2米×0.5米左右。上述墓穴就是后世流传几千年的墓穴的基础，换句话说后世几千年的墓穴就是在这个基础之上发展、变化的。

中国墓穴总的看主要有土坑墓、土洞墓、砖室墓、石室墓、崖墓等几种。

1. 土坑墓

土坑墓是最简陋的墓穴，仅从地面向下挖个大小合适的土坑，土坑内不进行修筑，直接埋灵柩或尸体。早期为竖穴式，西汉中期以后改为横穴式，流传至今。过去的几千年中占人口绝大多数的平民墓穴基本属于这种。

2. 土洞墓

土洞墓是在土坑墓基础上发展起来的。起初,人们在土坑墓穴的头部挖壁龛,存放随葬品,后来就改用挖壁龛的方法挖墓穴,成为土洞墓。这种墓出现于战国中晚期的关中地区,到秦汉时代仍比较流行,不过使用范围,主要是黄河流域和部分北方地区。墓穴不大,有的在墓的侧面挖个耳室;多有墓道,或狭长斜坡式或长方形竖井式,后者数量多,主要为下层统治者使用。

3. 木椁墓

早在公元前3500年——前2500年大汶口墓地已被少量大墓使用,一直流传到西汉中期,个别地区流行到东汉前期。其方法是在挖好的土坑底部架几根枕木,枕木上铺方木条,构成椁底,四壁用方木和木板垒成,上面再盖上方木为椁盖,就成为木椁室,室内放入棺或棺椁。这种墓室远比土坑墓、土洞墓复杂得多,人力物力耗费也多,毫无疑问,只有地位高者才能使用。比如商王武丁配偶的妇好墓就是木椁室,其长、宽、高为5米×3.4米~3.6米×1.3米。目前发掘出规格最高的木椁墓为河南信阳长台关楚墓,长、宽、高为8.44米×7.58米×2.5米。最考究的是汉代王侯墓,用黄心柏木块(条)垒成椁室,故称黄肠题凑。修筑木椁墓需要大量木材,如战国曾侯乙墓由171根长条方木构成,北京大葆台汉墓用1.5万根柏木。长沙马王堆汉墓的椁室加4层套棺,据推算共用木材约52立方米。人们对木椁往往还要进行防腐处理,像汉代多用木炭和白膏泥等防腐。长沙马王堆1号墓用的木炭总重达5000多公斤,白膏泥厚1米—1.3米。这些吸水强的木炭,粘性强、渗透性低的白膏泥使木椁室密封极好,二千多年前的棺椁、尸体、随葬品都保存完好。

4. 砖室墓

砖室墓最早出现在西汉中晚期的关中、中原地区,不久便迅速流传开来,到东汉已遍及全国各地,与土坑墓并列为民间两种主要墓室，并沿续至今。但砖室墓数量远比土坑墓少得多，因为只有中上等生活水平者才能使用昂贵的砖室墓。

修砖室墓也要先挖出土坑，用砖把土坑的底、四壁和顶砌好，成为砖室。平面形状有长方形和方形，长方形最多。墓顶有券顶、穹窿顶、覆斗式等几种。墓室结构仿房屋住室，有单室、双室、多室等。双室墓有的左右并列，有的前后相接；三室墓有的并列，有的为前、中、后三进室。砖室墓中以单室最多，双室较少，极个别为三室或三室以上。大中型砖室墓中有的除主室外还有侧室或耳室，少数还有或长或短的墓道，个别墓在主、侧室旁还有回廊。规模之宏大、结构之复杂在各类墓室中都是最突出的。而且整个布局完全模仿现实生活中上层贵族、官宦的高宅深院，这在其他国家恐怕也不多见。

砖室墓所用的砖东汉以前无纹饰，东汉以后除常见的无纹饰砖以外，还有有纹饰或刻有各种画像、文字的砖。纹饰有几何纹、钱纹等；文字有年号、吉祥语等。有画像砖的墓称画像砖墓。画面有的复杂，形象生动，制作精细，有的则简单、形象呆板，制作较粗。其内容有表现墓主人享乐生活和生产活动的，有描绘社会习俗及神话故事的等多种。有的墓仅有十几块画像砖，有的墓则有数十块。

从汉代到隋唐，还流行一种绘有壁画的砖室墓。有的土洞墓也有壁画，但这类墓数量少，远没有砖室墓多。这些壁画是砌好砖以后涂或画上的。面积有大有小，大的近200平方米，一般也在50平方米以上。均为彩绘，所绘内容丰富，色彩鲜艳，技法多样。题材广泛，有天象、神话和历史故事、墓主人的车骑出行和乐舞百戏等。有壁画的墓往往规模较大，说明墓主人的地位比较高，像唐代的永泰公主、章怀太子等人的墓内都有壁画。这种墓起初从河南、陕西、山西等当时文化、经济发达地区开始，以后流传到北方不少地区。

隋唐砖室墓的墓室多寡、墓道顶部天井及壁龛的多少还有等级之差。一般官僚多为单室，二品以上可有主室和简单的前室，低级官吏和平民则为土洞、土坑墓。隋代一品官天井多达 7 个，壁龛较少。初唐一二品官天井最多 5 个，壁龛 10 个。中唐的懿德太子墓有 7 个天井 8 个壁龛，永泰公主墓为 6 个天井 8 个壁龛，章怀太子墓为 4 个天井 6 个壁龛，正三品司刑太常伯李爽墓仅有 3 个天井 2 个壁龛。可见地位越高，墓室和天井、壁龛的数量越多。

5. 石室墓

石室墓是用石块或砖石砌成的，几乎是与砖室墓同时出现的。东汉时最盛行，不过墓主多为官僚贵族，到明清主要是帝后。

石室墓的石块上雕刻有各种画像的叫画像石墓。这类墓到目前已清理、发掘了近百座，主要流行河南、山东、陕北、山西、江苏、湖北、四川各省的部分地区。墓室一般比较大，有的长达 15 米左右，小的也有 5 米——7 米长。大都有几个墓室，有的还有耳室、侧室或回廊。雕刻技法各地有差别，风格也有同有异。其题材、内容与砖室墓大体相同。

6. 崖墓

崖墓是指在山崖或岩层中穿凿横穴式墓室的墓葬。这种墓葬汉族使用比较少，使用者从一般地主到大贵族甚至皇帝都有。像汉文帝刘恒的霸陵和唐太宗李世民的昭陵都属这类墓。大的崖墓也多有几个主室及侧室、耳室等。像河北满城刘胜夫妇之墓，为并穴合葬。刘胜墓长、宽、高为 51.7 米×37.5 米×6.8 米。由墓道、甬道、南北耳室、中室、后室 6 部分组成。主室侧还有一个象征浴室的小侧室。

崖墓出现于西汉，仅在四川、河北、山东、江苏等地有少数发现。

再说坟。

坟与墓不是同时产生的。据记载，上古“墓而不坟”、“不封不树”、“与平地齐”。考古发掘与记载相符，从商到春秋中期以前的墓葬墓穴之上没有修筑坟冢的痕迹，即使王室和诸侯的大墓也如此。

那么墓上堆坟起于何时呢?《礼记·檀弓上》记载,孔子去世后,其弟子子夏说,孔子生前曾说他见过四种形状的坟丘:"封之若堂者矣,见若坊者矣,见若覆夏屋者矣,见若斧者矣。"还记载孔子曾感叹说:"古者墓而不坟,今丘也,东西南北之人也,不可以弗识。"他迁来母亲遗骨与父亲合葬后,"于是封之,崇四尺"。孔子生活在春秋晚期,说明那时已经流行墓上堆坟。从考古发掘看,春秋晚期到战国时期,各诸侯国都已盛行堆坟,保留下来的都是王侯和贵族大墓,因为他们的坟丘既高又结实,虽经两千多年,仍留有一些痕迹,有些发掘 时还能看出坟丘的形状,大多数为方锥形,高矮却不同,高的达 15 米,矮的有 7—8 米。像邯郸、永年交界处的赵王陵墓,在长宽各 200 米的陵台之中矗立着一、二座高大的坟冢。洛阳的固始侯古堆大墓的坟冢直径为 55 米,高为 7 米。河北平山的中山王墓的封土高约 8 米,东西宽为 92 米,南北长 110 米,自下而上呈三级台阶状。湖北江陵楚墓中的大墓也都残存封土堆,有的高达 7.1 米。而这些有高大坟丘墓葬,地下的墓室往往也是复杂的或带墓道的。

历史上的坟丘有几种修筑方法,主要是夯筑、堆土、砌垒等。

夯筑坟丘是最耗费人力物力和资财的。对于修建住房都难于承受的一般人来说,恐怕连想也不敢想。很明显,只有资财雄厚的达官贵人才能夯筑坟丘。

堆土为坟最简单、最容易。只要取土方便,灵柩下葬后,十几个人几个小时就能把墓穴填平并把坟堆好。因此在过去的两千多年中,是使用最普遍的一种方法,无论多么贫穷的人,堆个坟丘还是很容易做到的。

砌垒的坟丘与前两种都不同,是一种兼做墓穴的坟。其方法是不挖墓穴,在地面上砌出一个能放下灵柩的高高的洞穴,灵柩放入后全部封死砌好。封好后看不见墓洞,只看见一个高高突起的坟丘。这种墓与坟合并的坟墓历史很长,公元前九世纪之前的长江下游地区已开始使用，考古工作者在安徽屯溪、江苏句容等地都有发现。如屯溪西周墓，先用卵石在平地铺砌出墓室的范围，放好尸体和随葬品后，堆上封土，封土未经夯打，到发掘时，有的封土直径仍存约 33 米，高 1.75 米。现在砌垒的坟墓比古代更好，先用砖、石砌成墓洞，然后再用水泥把墓洞里里外外抹好，既美观又坚固。江浙一带农村就流行这样的坟墓。

另外还有一种不经人工修筑的坟，就是以山为陵丘。山既高大又坚固，无论土堆的坟还是夯筑的坟都无法与之相比。那么谁能把山作为自己的坟丘呢？只有最高统治者皇帝及其亲属。历史上以山为陵的皇帝汉、唐、五代和辽代都有。西汉 11 个皇帝中只有汉文帝刘恒一座，唐代 18 个皇帝中 14 个以山为陵丘。像唐高宗和武则天的合葬墓乾陵，以海拔一千多米的梁山主峰为陵的中心，既坚固又安全，成为唐代唯一没有被盗掘过的陵墓。帝王的陪葬墓中也有以山为陵的，如唐太宗李世民昭陵的陪葬墓中的新城公主墓和大臣魏徵墓就葬在九嵕山的两侧，以山为坟。

历史上的坟丘有多少种形状没有人统计过，从现存坟丘看，主要有方锥形（又称覆斗形）、圆锥形（或半圆形）和长圆形三种。锥形或圆形是最普通、流传范围最广的。一般贵族、官吏以及平民百姓之坟都是这种形状，民间俗称馒头形。至今仍被广泛使用。明朝皇帝的坟顶也是圆形，但与普通的馒头形略有不同，修建方法也复杂得多。一般的馒头形用土一堆就成了，而明朝皇帝的叫宝城宝顶。做法是在墓穴之上修建高大的砖城，砖城中间填土，使土高出砖城后成馒头形，成为宝顶，砖城的墙头上留有垛口和女墙，远看像一座小城的城墙，故称宝城。宝城宝顶为清代皇帝陵沿用，只是形状与明朝的圆形不同，有月牙形、长圆形两种。

方锥形或长方锥形像被从上面水平切去了锥尖。这种形状的坟丘多见于帝陵，从秦代一直延续到宋代。修筑方法是在墓穴之上划出正方形或长方形的轮廓，在这个轮廓之上一层层填土，填一层夯一层，且一层比一层缩小，直到预定高度为止，最后把上面的顶也做成正方形或长方形，就成了下大上小的方（或长方）形锥体。为了吉利，取名“方上”或“方正”。这种高大的“方上”比一般人的小馒头坟丘，不知大多少倍。封建帝王就是用高大若山的“方上”来比喻帝王的至高无上，象征皇权高于一切。同时给人一种崇高、威严之感，造成一种巍然不可动摇和不可侵犯的气势。

在尊卑区别无处不在的时代，坟丘的高低大小也被用作墓主人地位尊卑的标志。“尊者丘高而树多，卑者封下而树少”，有爵位之人，“以爵等为丘封之度，与其树数”，而“庶人不封不树”。这段话引自《周礼·春官·冢人》，说明当时一般人墓穴之上无坟无树，士以上可以堆坟植树，但坟丘的高低、树的多少要依其地位、等级。“庶人不封不树”这个规定后世取消了，大概是有悖于人情事理，不利于后人到祖先坟前祭祀尽孝，与儒家的忠孝思想有违的缘故吧。但坟丘的高低大小后世控制更严格。比如汉代用法律对地位、等级不同之人的坟丘高度作出了规定：“列侯坟高 4 丈（等于今 9.2 米），关内侯以下至庶人各有差。”汉以后各代对坟丘的大小高低规定更详细更具体，见 320 页表。

从 320 可以看出，坟丘的等级之差既明显又严密，地位等级高者，坟的规模就大，相反地位等级低者，坟的规模就小。另外各等之间的差数除庶人与最低一等官吏相差多一些外，各级官吏之间的差数基本相等，再有，唐以后各代除个别有变化外，基本依照唐代的规定。在那时，地位、等级的标志实在不少。

毫无疑问，历代坟丘最高大的还是帝王陵。据《汉书》载，秦始皇陵的封土“高五十余丈，周回五里余”，用今天的米折算，高度为 115 米，底面周长为 2167.8 米，虽经两千多年的风吹雨淋和人为的破坏，到 1982 年实地测量时，高仍有 51.5 米。这在后世用封土的帝陵中也是很大的。像汉代帝陵中最高大的茂陵高 14 丈、方 140 步，今人实测高度为 46.5 米，底的周长为 930 米。唐以后帝陵

坟丘高度(尺)/坟丘底面积(方步) 朝代 / 爵位、品级	唐	宋	元	明	清
公侯				20/100	
一品	18/90	18/90	/90	18/90	16/90
二品	16/80	16/80	/80	16/80	14/80
三品	14/70	14/70	/70	14/70	12/70
四品	12/60	12/60	/60	12/60	10/60
五品	9/50	10/50	/50	10/50	8/50
六品	7/20	8/20	/40	8/40	6/40
七品以下	7/20	8/20	/20	6/30	6/20
庶人	7/20	6/18	/9	6/30	4/9

封土更小,如明朱元璋的孝陵,圆形土丘的周长仅 125.6 米。

伴随着堆坟之俗,兴起了坟旁植树之俗,据说,植树不仅有利于坟墓的辨认,而且与美观、风水等也有关系。但什么人植什么树,周代有规定:天子植松树,诸侯植柏树,大夫植杨树,士植榆树。后世分别不很严格,帝王陵寝和王侯圆寝大都植松柏两种,个别除植松柏外,还种植少量桧树、梧桐或其它树。以下人等种什么树都很随便,不要说贵族、官吏,就是一般平民也有种松柏树的,当然更多的人还是种普通、易活、长得快的杨树、柳树、榆树等。

至于说尊者丘树多，卑者丘树少，我以为客观原因是主要的，因为尊者坟地大，自然可以多植树，卑者坟地小，必然植树少。另外沿续几代甚至几十代的大坟地就会有成百上千、乃至几万棵树，像坐落在北京五峰山下的清代庆亲王圆寝至今有古松古柏253棵。这还是少的，具有二千多年历史的孔家墓地，经多次增植，现已多达十几万棵，成了中国最大的人造园林。而一般平民的小坟地仅有几棵，有十几棵或几十棵就是相当多的了。

坟墓的规模、植树的多少不仅标志着死者生前的地位、等级，而且当某人死后受到朝廷的追谥、加封时，朝廷还要为其坟丘增土增植（树木）。最早这样做的大概是周代，周武王灭殷纣王后，曾“封比干墓”，即为比干之坟增土，因为比干是被殷纣王杀害的。此事《史记》中有记载。后世各代这类作法不少。唐代著名文学家韩愈的《元和圣德诗》也有“赠官封墓，周帀宏溥”的诗句。比较起来，死后被增土增植树木次数最多的首推孔子坟墓，自南北朝至清，朝廷为其增土修坟达16次之多，增植树木五次，其中有一次竟增植6万棵树。用这种方法褒奖亡者，教育世人，真是独出心裁。由此也可看出坟墓在中国人心目中所占据的位置非同一般。

五、奇特的陪葬习俗

陪葬就是陪伴死者埋葬。这是等级森严时代所特有的一种葬俗。毫无疑问，被陪葬者是在社会上或在家庭里享有某些特权的人，而为其陪葬的既有物又有人。陪葬人有妻妾、子女、侍卫、亲信、仆役、奴隶及公卿大臣等。用人陪葬有两种方法，一种是在他们活着时，或逼其自杀，或将其杀死，然后和被陪葬者同时埋葬在一起。这种又叫人殉（详见本篇之六）。另一种是待陪葬人死后，将他们的灵柩埋葬在被陪葬者坟墓的附近，这种墓叫陪葬墓。陪葬物是指随葬品之外的家畜、车、船等等。

从考古发掘看，陪葬人或物的习俗起源很早，在公元前2000年的墓穴内就有发现，公元前17世纪到公元前11世纪的商代已相当盛行。商代墓穴内往往在死者腰部设一个腰坑，坑内埋葬殉人、狗等。如山东益都苏埠屯商墓，腰坑内有殉人和人牲(祭祀时杀死的人)48个，狗6只，小兽1只。自商代晚期至秦汉，王侯和贵族墓葬流行在墓外另设陪葬坑，坑内大多埋车马，个别为船，故又称车马坑。初期的车马坑为真车真马，车为木制。秦汉及以后，多用陶制、木制、铜制的真车真马的模型。但陪葬多少车马有地位、等级之差，当然不同时代也有区别。

商代晚期，一般大中型墓的车马坑多有2个。个别墓有几个马坑，多埋1人2马。西周墓的车马坑所埋车马数量不等。如北京琉璃河燕国墓地，少数每坑埋1车2马或1车4马，多数每坑埋5车14马或更多。河南浚县辛村卫国墓地，有14个车马坑，2座车马兼有，最大的一坑有车12辆，马72匹，另外12坑仅埋马匹。东周贵族墓的车马坑内车马数量也相差悬殊。如上村岭虢国墓地的车马坑有10车20马与5车10马两种。邯郸百家前墓地车数未判明，马数有2、4、8、14、26几种。目前发掘到的东周车马坑，葬车最多的为23辆(淮阳马鞍4号墓)，殉马最多的据推算达600匹以上(山东临淄河崖大墓)。秦汉改为车马俑坑，目前发现最大的是秦始皇的兵马俑坑，推算三个坑有木质战车125辆，陶马600余匹，武士俑7000余件。另一坑埋两乘铜车八匹铜马。其次是西汉晚期的咸阳杨家湾墓葬，共有10座陪葬坑，骑俑坑6座，步兵俑坑4座，战车坑1座(数量已看不清)。其中骑兵俑580多件，步兵俑1800多件，舞乐杂役俑100多件。西汉中期以后墓外另设陪葬坑的逐渐减少，大多把车马埋在墓内。像满城刘胜墓内有安车、猎车等6辆、马16匹、狗11只、鹿1只。北京大葆台汉墓内有彩绘朱轮马车3辆、马13匹。

陪葬墓在战国晚期墓葬已有个别发现，如河北中山王墓的1

号墓有4座陪葬墓，2号墓有3座陪葬墓。后来的秦始皇陵也有陪葬墓，目前发现两处，其中一处发掘出17座，墓室考究，随葬品丰富，却人身、人首、肢体分离，据专家分析，是秦始皇子女之墓，显然是被杀死后作为陪葬的。上述陪葬墓只是前奏曲，正式被确定下来的是汉代，故称其为陪陵。为帝王陪葬的都是“公卿大臣列将有功者”。他们与秦始皇子女的陪葬不同，都是死后陆续葬入的，故而这些陪陵整齐有序地排列在帝陵之东。各帝陵的陪陵多少不等，像汉高祖刘邦的长陵，至今地面上有60余座，汉武帝的茂陵仅20余座，其中有名臣功将卫青、霍光、霍去病等人之墓。唐代也如此，目前调查出帝陵陪陵最多的有167座，有1个帝陵没有陪陵，个别帝陵有1座陪陵，其余的帝陵有陪陵几座，十几座或几十座。坟丘为圆锥形的多为文武名臣，为方锥形的多为皇室人。少量陪陵模仿山形或以山为坟。宋代帝陵仍有陪陵，北宋7帝8陵有皇室和王公大臣陪陵百余座，其中不少是当时的名人。但宋以后此俗渐弱，即使有陪陵多为亲王太子公主墓，文武臣僚的陪陵很少。不少帝陵没有陪陵，像明朝帝陵仅开国皇帝朱元璋有几十名明初功臣陪葬。

陪陵是封建帝王利用人们重视死后葬地的心理，而采用的一种笼络人心、巩固其政权的手段。那些陪葬者虽远离自己的祖坟，只身埋在他乡的土地上，但却引以为荣，因为是为地位最高的皇帝陪葬，是帝王给予自己的最优厚的待遇，是自己和全家族的最高荣誉。因此唐太宗李世民在自己的昭陵初建之时，就诏示“功臣密戚”、“德业佑时者”予以陪葬，以后又允许臣僚申请陪葬，其目的很清楚，就是让更多的人为皇帝效力。结果昭陵的陪陵多达203座（据清《礼泉县志》），现查为167座，不仅在唐代是最多的，而且居古代所有帝陵之冠。其中不仅有唐初诸王、公主，还有文武名臣，甚至有外族官吏墓10座。

六、惨绝人寰的人殉

人殉是一种极其特别、极其残酷野蛮的陪葬，因为被殉葬的人都是活人，有的被杀死或被逼自杀后随同死者一起埋葬，有的被活埋。就是这样一种残酷的习俗却在从商到西汉的一千多年中成为合理合法的普遍现象，而且在商代还非常盛行。从考古发掘看，商代大型墓都有人殉，中型墓半数有人殉，极个别小型墓也有，而且人殉数量多少也与墓穴规模的大小成正比，墓越大殉人越多。河南安阳侯家庄商王陵区有一座大墓的殉人超过 164 人。同一地区的小屯村的中型妇好墓，有 16 个殉人。到目前，在商墓考古工作中已发现殉人 500 余人，且多数为青年女子和儿童。商以后到东周，此俗一直普遍流行，但是一个墓穴内的殉人数量比商减少了。像战国曾侯乙墓有 21 个殉人的极少，一般多的 5—7 人，少的 1—2 人。有时大墓没有殉人，中小型墓却有。像陕西凤翔秦墓近百座中小型墓，约半数有殉人，最多为 5 人。《墨子·节葬下》说："天子杀殉，众者数百，寡者数十；将军、大夫杀殉，众者数十，寡者数人。"基本与发掘的商墓人殉情况相符。

殉人的情况很复杂，葬具、葬式、随葬品和埋葬地点都各有几种。葬具有的棺椁俱备，有的仅有棺，有的无棺。葬式有直肢、屈肢，个别为跪葬。随葬品有的有成套青铜 礼器、玉器和装饰品等，有的仅有几件陶器，有的一无所有。有的被埋在墓室内，或主人棺椁旁，或腰坑里，或壁龛上，或墓道中；有的被埋在墓外的陪葬坑内。甚至极个别殉人还带着殉人。上述情况表明，殉葬人的身份不同，葬具讲究，随葬品丰富者是贵族，不是死者的近亲就是近臣；葬具和随葬品简单或没有的及葬式是屈肢或跪姿的都是死者的奴仆。

野蛮的人殉习俗到东周后期引起非议，史书载，公元前 621 年秦穆公死后有 177 人为其殉葬，其中还有三名才能出众者，遂有人写诗表达了对暴君的憎恨和对殉人的哀悼之情。到公元前384年，秦献公正式下令废止人殉。但秦始皇死时，其子胡亥又让秦始皇后宫未生儿子的妃嫔全部殉葬。直到汉代人殉才被定为非法，但人殉仍时有发生。《汉书》记载，西汉赵缪王刘元时“令能为乐奴婢从死，迫胁自杀者凡十六人”，遭到世人“暴虐不道”的耻骂。三国时，又发生了东吴孙权让陈武(吴将)爱妾为战死的陈武殉葬的事。

明朝建立后，开国皇帝朱元璋使殉葬恶俗死灰复燃。当其次子秦王死时，让两名王妃殉葬。朱元璋本人死时，殉葬了一名男侍卫长和十几名侍寝宫女。明成祖朱棣死时，效仿其父朱元璋的做法，让三十余名宫女殉葬，以后仁宗、宣宗又分别用五妃、十妃殉葬。上行下效，诸王也让人殉葬，如天顺初郕王死时，经由群臣议定，由唐氏等妃殉葬。公元1439年，周王死时，王妃施氏、巩氏等6人同日殉身。此后的英宗深感人殉惨忍，病危之时下诏说：“用人殉葬，吾不忍也，此事宜自我止，后世勿复为。”至此，连续为明朝五个皇帝采用的残酷人殉终止。

到了清朝，顺治皇帝在位时，又多次出现人殉。公元1649年，豫亲王死后两名福晋殉葬。公元1651年，摄政王多尔衮死后，有侍女殉葬。1655年，济尔哈朗死后，五个姬人殉葬。公元1660年，顺治帝的董鄂妃死，为“免得皇妃在其他世界中缺乏服侍者”，顺治帝赐“三十名太监与宫中女官”殉葬。这是史书上对于清代人殉的最后记载，实际上是否真的绝迹不得而知。

早在西汉就属于非法的人殉，却断断续续沿用到十七世纪。不过后世的人殉迫于世人对其残杀生命的深恶痛绝，往往借助封建礼教给其套上美丽的外衣——“委身而蹈义”，并用“请殉”掩盖逼迫的真相，同时又对殉人给予精神上的表彰和物质上的奖励。比如追封殉葬的妃为贵妃，宫女为妃，并谥以美称；为其父兄加官晋爵、从厚优恤等等。尽管如此，其残暴的本质是无法掩盖的，如《朝鲜李朝世宗实录》记载了公元1424年逼迫宫女殉葬的悲惨情景，临死之前,“宫人三十余人”“哭声震殿阁”。这是因为其中绝大多数人并非自愿,而是遵皇帝的遗诏或继位皇帝与大臣共同商议而选定的。即使有极个别自愿者,那也是被封建礼教毒害的结果。

在民间,受封建礼教毒害而自愿殉葬者不是个别人,而是不计其数,并形成了一股猛烈的风,从宋代一直刮到封建社会末期。这股自愿殉葬风是由女子守贞节之俗引起的,并成为守贞节的最高行为规范。贞节观念是由儒家提出的,其中最激烈的提法是“饿死事小,失节事极大”,这就把守节摆到了比生命还重要的位置。在这种极端观念的毒害下,许多女子把守住自己的贞节当作头等大事,无论出嫁未出嫁,只要丈夫或未婚夫死了,就跟着自尽,或绝食、或服毒、或自溺、或触墙……如痴如狂,对于这种愚昧、残酷的殉葬,封建统治阶级不但不禁止,反而推波助澜,誉之为烈女、节妇,立贞节牌坊旌表,甚至写进史册,致使殉葬风愈演愈烈,到明清,许多人达到了病狂的程度,迷迷糊糊地就断送了自己的宝贵生命。

从表面上看,这种殉葬都是自愿的,但其本质与被强迫的殉葬并没有什么两样,都是强者对弱者的欺侮,同是人与人不平等的社会对生命的残酷吞噬。

七、墓碑与墓志

墓前立碑之俗各国都有,但碑石的形状、结构、纹饰及碑刻的内容、碑石的作用等又有所不同。可以说,这一块小小碑石,也反映了各自不同的文化内涵。

中国墓碑出现于西汉,盛行于东汉,沿续到今天。古今墓碑均为石制,大多为竖长条形,但大小不一,现存古代碑石中高的达 7 米多,小的 3 米—5 米左右,当然宽窄也不同。像立于公元 458 年的爨龙颜碑,高 3.38 米,上宽 1.35 米,下宽 1.46 米,厚 0.25 米。

唐代乾陵的无字碑更高更大,7.53 米高,2.1 米宽,4.12 米厚。

墓碑的造型极为别致,由碑座、碑身、碑首三部分组成,碑座又叫碑趺,有方趺、龟趺之分,方趺就是方形,龟趺为龙头龟身,叫赑屃,是传说龙生九子之一,其特点好负重,故把重重的石碑立在它的背上,并用它的龟形,象征吉利和长寿。碑身用于刻文,正面刻碑文,主要是死者的官爵、姓名、籍贯、生平经历、死亡日期、家族世系及对其功绩的赞扬和哀悼,背面叫碑阴,两侧叫碑侧,多刻门生、故吏的姓名,有的刻亡者的家族世系。碑身上端叫碑首、碑额,有上尖下方的圭形、半圆形、圆弧形等几种。汉碑多为圭形,且碑首与碑身之间有圆孔叫穿。碑首有的无纹饰,有的刻龙、虎、雀、螭、云气、神像等。书额的字体多用篆书、隶书。

在等级之差严格的封建社会,小小墓碑也不能随便使用。唐宋时代只许有一定级别的官僚墓前竖立,并对墓碑各方面做了级别规定:五品以上为螭首龟趺,高度不得超过 9 尺。七品以上为圭首方趺,高 4 尺。明清仍觉规定不细,遂又做了进一步划分:碑座、碑首为一品螭首龟趺,二品麒麟首龟趺,三品为天禄、辟邪首龟趺,四至七品为圆首方趺。碑身、碑首的高度、宽度及碑座的高度也都有等级规定。最高等级的墓碑通高为 16 尺,等于 5 米多。庶人不许立碑。就连碑文的书写格式也有定规,《清通礼》载:“品官墓碑书某官某公之墓,妇人则书某封某氏。八九品以下及庶士碑文曰某官某之墓,无官则书庶士某之墓,妇称某封氏,无封则称某氏。”

其实这些规定执行得未必严格,特别对庶人不起什么作用,因为他们用不用墓碑取决于当地的自然环境,像石料资源丰富的山区,无论贫富都立碑作标志,当然他们的墓碑粗糙简陋,既无碑座也无碑首,就是一块长方形石块,上刻简单的几个字“×××之墓”、“子××立”和“某年某月某日立。”而石料奇缺的平原地区,只有富贵之家才有钱置办价格昂贵的墓碑。这种情况至今存在,在北京东南部的平原地区,人们看不到墓碑,只看见一个个小坟丘,而江南大大小小山坡上，高高低低的墓碑比比皆是。

在采石艰难的古代，石料价格很高，再加上运输、加工和凿刻，做个上等墓碑耗资惊人。另外碑文中颂扬之辞往往言过其实，故而晋代在下令不许厚葬的同时禁止立碑。如晋武帝咸宁四年(公元 278 年)下诏："此石兽碑表，既私褒美，兴长虚伪，伤财害人，莫大于此。一禁断之。"之后的南朝禁碑极严，故绝少存世。但众多的碑石却也给后人留下了一笔独特的文化财富。因为不少碑文出自历代书法名家之手，如汉代司徒《袁安碑》是难得的汉代篆书碑，其字结构宽博，笔画瘦劲。晋《爨宝子碑》字迹古朴雄劲峻峭，用笔方折，书体在隶楷之间，是中国书体演变的重要实物例证。隋代大官僚《皇甫诞碑》乃其子在唐武德年间所立，碑文由号称楷书第一的唐初杰出书法家欧阳询所书，字迹既挺拔有力，又秀丽妍润，表现了其独创的新风格。唐《臧怀恪碑》由唐代书法大家颜真卿亲自撰文并书写，他的楷书字体端庄雄伟，刚健浑厚，自成一体。北宋著名史学家《司马光碑》的碑额是宋哲宗皇帝御书，碑文为宋代书法名家苏轼撰写……这些难得的书法艺术珍品对于后人来说，观赏，可以得到美的享受；临摹，又是极好的底本。另外碑文的内容还具有珍贵的史料价值，有的可以补充订正史书记载之遗误。

碑石上雕刻的各种花纹、图案、人物等都独具特色，如唐高宗李治与中国唯一女皇帝武则天合葬墓前的无字碑，碑额有九条螭龙盘绕，碑侧各有升龙图一幅。碑座阳面刻有一幅狮马图，全部雕刻精细、高大雄浑。南朝梁靖惠王萧宏墓碑碑首为圆形，左右双龙交缠，环缀于碑脊，碑侧分为八格，每格内均刻着纹饰，精美独特，堪称艺术精品。精湛的雕刻艺术美与书法艺术线条美相互映衬，构成了独特的碑石艺术，至今是美术工作者借鉴的蓝本。

墓志起源于东汉，但因当时流行墓碑，所以使用墓志者不多。晋代禁止竖立墓碑，促使墓志广泛流行。历代墓志多为石制，早期有圭形，近似方形，长方形等，自南北朝开始，多为正方形，体积不大，便于埋在墓内。隋唐墓志更讲究，有志盖和志石，两石相合。志盖多呈盝顶形，少数为龟形。志盖、志石上往往刻有精细美丽的纹饰。

从考古发掘看，晋到明清的贵族官僚墓葬大都有墓志。不过唐代墓志的大小依墓主人的身份而定，如发掘出的一品官杨思勗和成王李仁、章怀太子李贤的墓志均为88厘米见方，永泰公主的墓志最大，为114厘米见方，而三品官的墓志多约72厘米见方。

石墓志常雕刻几千字，其内容大致同墓碑，不外乎亡者姓名、官爵、籍贯、生平经历、家世、死亡日期及对死者政绩德行的颂辞和葬地等。不同的是文字的最后有四字韵语，四字韵语曰“铭”，故又称墓志为“墓志铭”。志文大都由后人撰写，个别为本人撰写，唐以后志文的标题下多有撰者、书者的姓名和官职，唐以前则无。墓志中有不少也是历代书法大家的手笔，具有很高的书法艺术水平，受到人们的珍爱。其中不少作为艺术珍品被收藏，近代于右任一人就收藏了290余方。在西安碑林，墓志和墓碑与其他石刻陈列在一起，供中外游客观赏。

本来墓志和墓碑的作用不同，墓碑是为了解决墓葬的长久识别问题，的确，石制墓碑往往可以保存几百年乃至上千年，识别作用远远超过坟丘和树木。其次墓碑竖在地面上，还可供人观瞻。墓志的本意是向阴间冥府介绍死者的情况，而实际上也起到了识别墓葬的作用。但无论墓碑还是墓志，都是文字、书法、刻石三者的结合，不仅为墓葬的断代和研究了解古代社会提供了可靠的依据，而且为中国书法和雕刻艺术宝库增加了一颗闪闪的明珠，这就是中国墓碑、墓志的独特之处。

八、厚葬与薄葬

如何安葬死者，是厚葬还是薄葬，从古到今，一直是人们谈论的热门话题，其中不乏主张薄葬者。比如《墨子》说："孝，利亲也"，"利，所得而喜也"。意思是说让父母生前得到实际奉养就是孝，不一定非要厚葬他们。批评"厚葬靡财而贫民"，是"非仁非义，非孝子之事也"。庄子临死时拒绝了弟子为他厚葬的想法，幽默地说，露天让乌鸦老鹰吃，土埋让蚂蚁吃，从乌鸦老鹰嘴里抢来给蚂蚁吃，为什么这么偏心呢。儒学的缔造者孔子也反对厚葬，当其得意门生颜渊死后，颜渊弟子厚葬了他，孔子生气地说，他生前把我看作父亲，但我不把他看作儿子，因为没有按我的主张从简办丧事。此外还有不少政治家、思想家抨击厚葬，提倡薄葬，甚至身先士卒。东汉卢植让"其子俭葬于土穴，不用棺椁，附体单帛而已"。三国时魏武帝曹操曾遗令自己的丧事：不做寿衣，不披麻戴孝，不准影响军务及官府正常事务，要珍惜土地，棺内不放贵重物品。诸葛亮的遗嘱也有"因山为坟，冢足容棺，敛以时服，不须器物"的内容。这是因为厚葬的危害很大，第一浪费了社会大量的财富，对死者无益，对生者有损。第二造成盗墓之灾。凡厚葬的坟墓，无论是帝王的还是贵族官僚的，也不管防守多严，都难逃脱被盗掘的厄运，坟墓被挖、棺材被撬、藏物被抢、尸骨被扔对一些人触动极大。汉代刘向一针见血指出："丘陇弥高，宫庙甚丽，发掘必速"。西汉杨王孙认为"厚葬诚亡益于死者……或乃今日入而明日发，此真与暴骸于中野何异！"古帝王中也有反对厚葬的，西汉文帝在遗诏中明令不许厚葬，东汉光武帝、明帝及魏晋皇帝也都提倡薄葬，唐宋两代还明文规定禁止官宦、庶民随葬金宝玉珠。

尽管如此众多的人反对厚葬，提倡或带头实行薄葬，而且影响很大的佛教、道教也都提倡薄葬，但是中国还是走了一条比世界许多国家都奢侈的厚葬之路：盛大的葬礼、宽敞而考究的墓室、厚实而精美的棺椁、丰富而珍贵的随葬品……究其原因主要有以下两点：

1. 封建伦理道德观念中“孝”的影响

孝是儒家提出来的，是封建伦理道德的核心。它要求人们对父母要做到生养和死葬，就是说即使父母生前奉养很好，死后送终不好也没有做到孝。那么应该怎样安葬父母呢？儒家主张“死，葬之以礼”，就是要按照封建丧葬礼仪安葬亲人，要“事死如生”、“厚资多藏、器用如生人”。为了达到这个要求，人们不惜代价，节衣缩食者有之，卖房子、卖土地者有之，将几代家产倾于一墓者有之，卖儿女者有之，甚至有卖身葬父葬母的。毫无疑问，这些人都尽了孝道，他们不仅会受到世人的称赞，还会得到朝廷的表彰，戴上孝子的桂冠。反之就会受到世人的卑视乃至谩骂。当然同样是厚葬父母，其动机是不尽相同的，有的是为了报答父母的养育之恩，有的是屈从于社会的巨大压力，有的则为了捞取孝子的美名……。

2. 历代统治阶级的带头

从前面的叙述可以知道，历代帝王官宦贵族绝大多数都是厚葬的，就连反对厚葬提倡薄葬的皇帝汉文帝的霸陵，到晋代被盗时也“多获珍宝”。他们自己厚葬，而要求别人薄葬，这怎么能做得到呢？

中国的厚葬陋俗时起时落。从考古发掘看，第一次厚葬高峰是商代，商王及贵族的墓葬不仅墓室、葬具考究，而且随葬大量昂贵的青铜器，甚至殉葬大批奴隶、牲畜等。第二次厚葬高峰是秦汉，像秦始皇陵耗费了巨大的人力物力修建，仅随葬品 30 万人运了 30 天还没运完。汉代帝王陵墓且不说，就目前发掘的王侯墓如马王堆墓、中山靖王墓的墓室、棺椁及随葬品的奢侈程度也叹观止矣。第三次厚葬高峰是唐代，帝王、官宦、贵族墓葬不仅随葬品极其丰富，而且墓室构筑豪华，装饰着精美的壁画。这三个高峰的形成主要是社会政治、经济因素决定的。商代是中国古代青铜器发展的繁荣、昌盛时期。秦汉是经过多年战乱之后的全国统一时期，生产的发展，人民生活的安定为厚葬习俗的延续提供了基础。唐代是中国封建社会的鼎盛时期，政治上的稳定，经济与文化的高度繁荣，导致厚葬之风的复兴。

与厚葬高峰相比，春秋战国、魏晋南北朝和五代十国三个阶段属于厚葬的低谷时期，共同的原因是这三个阶段战争频繁，政治局势不稳，经济衰退，人民生活困难，这也是最主要的原因。另外每个阶段还有一些其他原因。比如春秋战国时期处于诸子百家争鸣时期，孔子、墨子、庄子、荀子等许多人对鬼神或怀疑或否定，且多主张薄葬。魏晋南北朝时期道教、佛教得到很大发展，道教实行薄葬，佛教实行火葬对传统的厚葬冲击很大。五代十国及辽、金时，主要是西北的契丹、女真、蒙古族入主中原，他们都有薄葬的传统，必然对中原地区盛行的厚葬习俗产生深刻的影响，起到一定的扼制作用。

第十三章 游艺竞技篇

游艺竞技风俗是指广大劳动者为了自我消遣解闷而集体创作的文化娱乐活动，在中国，主要有民间说唱、民间乐舞、民间竞技、民间游戏四个方面。

一、民间说唱

民间说唱是指流传于乡镇间、劳动者之中的传统说唱活动，从民俗学角度来分析这些活动，重点不在其艺术水平如何，而在于它所具有的娱乐和观赏功能、在于对人们闲暇时间的支配和影响。从形式来说民间说唱有的说，有的唱，有的又说又唱，有的似说似唱，总之都是用说、唱的方式向人们叙述故事，达到娱乐的目的。在民间，说唱活动主要有民间故事、民间歌谣、民间曲艺、民间小戏。口头性——即口头创作、口头流传是其突出的特点。

民间故事包括神话、传说、寓言、童话、笑话、绕口令、谜语等等。但无论哪一类，故事都不长，情节较完整、内容较生动。讲述者和听讲者大都为自家或左邻右舍。讲述时间多为茶余饭后、劳动休息或过年过节等闲暇之时，人们围坐在饭桌旁、庭院里、树荫下、田间地头，讲述着从长辈那里听来的故事，什么女娲造人、鲁班传说、孟姜女哭长城、牛郎织女、龟兔赛跑等等。有的人爱讲故事也会讲故事，能讲一百到几百个故事的大有人在，被人们誉为“故事大王”。有人在山东临沂地区就曾发现了四位故事老人，并把他们讲的故事整理成书《四老人故事集》。讲故事是中国古代民间最普遍、最常见的娱乐消遣活动。人们听或讲这些故事不仅可以得到休息，而且可以受到教育，这对于民族性格的形成起着不可估量的作用。

民间歌谣是对民歌和民谣的合称。两者形式不同，民歌可以唱，民谣只说不唱。当然这是相对而言，因为有些民谣配上曲调也可以唱，有些民歌也可以只说不唱。从内容来看，民谣具有强烈的讽谕性，民歌则长于抒发感情。题材有劳动歌、诉苦歌、讽刺歌、情歌、仪式歌、儿歌童谣等等，但主要内容都是反映劳动人民的生活。

民间歌谣具有广泛的群众性和极强的地域性，一般在某个地区流行，这个地区的男女老少都会说或都会唱。

民歌的地域性更为突出，从大的方面说，有南方北方差别。在南方各省多称山歌，在北方各地多称小调。有独唱、对唱、合唱几种形式，其中独唱最为普遍，人们边唱边劳作。南方各地多有赛歌的传统风俗。届时歌手即兴歌唱，两人一问一答，答不出者为输。比赛一般在两村或两乡之间进行，参赛者都是由村里或乡中推出的优秀歌手。如果哪人输了，不仅本人觉得丢面子，全村、全乡的人都感到不光彩。要是赢了那就是全村、全乡的骄傲。相传，唐中宗时人刘三姐，与白鹤秀才登上桂林七星岩对歌，七日七夜不分胜负，最后两人变成了石头。歌剧《刘三姐》再现了这个历史传说，只是故事的结局变成了刘三姐战胜了秀才，为乡亲们出了气。对歌之俗一直流传至今。

北方陕北信天游、内蒙一带汉族的爬山调、山西的山曲、西北地区的花儿为主的小调则与南方的山歌不同，除极个别有对唱外，多数为独唱，既有走着唱、坐着唱，又有边劳动边唱，唱出了劳动的艰辛、生活的痛苦及对亲人、恋人的思念之情。这些小调在当地人人会唱，无论上山砍柴的小伙子、行脚运货的脚夫、野外放牧的牧童，还是农田中耕耘的农夫、坐在炕头上做针线活儿的妇女都是唱歌的能手。

还有一类民歌，与劳动节奏紧密结合、用以协调大家的动作、鼓舞调节情绪，故叫劳动号子。由于劳动复杂、种类多，劳动号子也就有许多种。从大的方面分，主要有搬运号子、工程号子、农活号子、渔船号子和作坊号子五大类。每类还可细分，比如行船有船工号子、渔民号子，前者又可分起程号子、行驶号子、停船号子等，后者又分拉网号子、装仓号子等。总之每个劳动过程都有号子配合。号子歌词内容多为劳动呼号用语，少数为见景生情、即兴编歌。由于劳动强度不一、号子的节奏有的规整有力，有的短促轻捷，有的长而舒展。唱法有独唱、对唱和一人领唱众人和等等，后者最为常见。领唱者既是劳动者又是指挥者，其歌词复杂、曲调高扬舒展；和者为劳动者，曲调深沉有力、节奏性强，但没什么歌词，只是“嘿”、“哟”、“嗬”等。如湖北打夯号子：

和：嘿呀嗬，嘿呀嗬，
领：日出呀，东南呀，满天霞呀，
和：嘿呀嗬，嘿呀嗬，
领：穷人那个眼中似针扎呀，
和：嘿呀嗬，嘿呀嗬，
领：太阳晒滚血哦，火烧心头要爆炸嗬。

这首夯歌唱出了劳动者的痛苦生活。需要指出的是即使是同一种劳动号子，各地所唱的歌词、曲调也都不相同，像船工号子、内河船号不同于沿海船号；虽然同为内河航运，不同河流使用的船号也不同，著名的有黄河船号、长江船号、乌苏里江船号等多种。

民间曲艺与民间故事、民间歌谣有些不同，它是流浪于街头巷尾的民间艺人所表演的艺术形式。艺人的表演不是为了自我消遣娱乐，而是用自己的劳动为他人带来欢乐，换回糊口的饭钱。

曲艺艺人大都出身于贫寒之家，因生活所迫才走上卖艺之路，表演方法也很简单，一二个人、一二件乐器，甚至仅有一块醒木或两块竹板，最多有几件弦乐、一面小鼓，便可走到哪儿唱到哪儿。所以这些艺人和他们所表演的艺术都被人看不起，登不得大雅之堂，只能辗转于穷乡僻野，或走街串巷，或赶集上庙会，或卖艺于过河的小船上。直到鸦片战争后，农村经济衰微，一部分艺人才开始进入城市的农民、手工业者、商人的聚集地，卖艺谋生。后来有极少数艺术高超者步入了书场、茶馆、酒楼和富贵之家庆贺寿诞、婚嫁的喜庆堂会。但是曲艺登上文艺舞台、被称为艺术，曲艺艺人被尊称为演员、艺术家是从本世纪五十年代才开始的。

曲艺艺人过去卖艺主要是各村镇的街头巷尾，凡见人多、场地较大就敲打锣鼓唱起来，一村唱完再到另一村。依俗在哪村唱，就由哪村负责艺人的吃和住。在集市庙会演出，也没有舞台，只能打地摊。讲究的对场地稍加布置，围个长条布棚，棚内摆上长桌一条，长凳若干。长桌供艺人表演，长凳为观众座位。由于各庙会时间错开，艺人多跟着庙会走，哪开庙会就到哪儿。

艺人打地摊卖艺时，有个收费习惯。一般每表演一段向观众收一次钱，给多少钱观者随意，没钱不给也可以，俗话说："有钱的帮个钱场，没钱的站脚助威"，不给钱也不会遭到艺人的白眼，足见民风之纯朴。在书场、茶馆、庙会等地方表演，艺人要把自己收入的二三成甚至更多交出，用作场地费，交多少视艺人的技艺高低而定，高者少交，低者多交。

近几十年，民间曲艺得到前所未有的发展，据调查，到 1982 年全国流行的曲种约有四百个，其中汉族就有三百多。按艺术风格分为评书、相声、快板、鼓曲四大类。前三类以说为主，后一类以唱为主。在今天众多表演艺术中，曲艺的收视、收听率仅次于电影、电视剧，其中最受欢迎的是评书和相声。

评书是北方的称呼，在江南叫评话。旧时民间称这些艺人为"说书的"。评书的前身叫"说话"，唐宋时代相当流行。那时艺人所说的话本多被后世作家加工成小说，像中国古典名著《水浒》、《西游记》、《三国演义》就是在话本基础上创作而成的。相反，许多古典小说又常被历代评书艺人改为话本，给听众讲述。

评书表演仅有演员一人，只说不唱，也不需要布景、道具、音乐，只要有一块醒木，拍一下桌子就开始了。完全凭艺人的一张嘴，把人物众多的故事说得活灵活现、栩栩如生，时而催人泪下，时而令人捧腹大笑。

评书形成于清代北京，用北京话讲述，后来流传到周围几省，有人仍用京腔，有人则改用当地话。以后又流传到江南各地，也都用各自的方言。所讲述的多以长篇故事为主，有历史、武侠、神话等等，传统书目有《杨家将》、《精忠岳传》、《隋唐》、《三国》、《西游记》、《济公传》、《聊斋》等，这些书目至今活跃在舞台上。

评书有自己独特的讲述方法，一般每天只说一回，往往说到关键时刻停住，让观众明天再接着听，一部书大都要讲几个月。评书一般故事性强，情节复杂曲折，扣人心弦，再加上表演者能利用丰富的语言，高超的表演艺术，把众多的人物演说得活灵活现，维妙维肖，非常吸引人。所以每个说书场所总有许多风雨无阻天天必到的老书座（听书人），他们是评书迷，一部书听完接着听下一部，听书成了他们每天最快乐的事。

相声与评书表演形式不同，是一种对话形式，亦般为两人对说，叫"对口相声"，也有一人说的叫"单口相声"，几个人合说的叫"群口相声"。相声是"说、学、逗、唱"兼备的艺术，最大的特点是逗笑，听者笑得次数越多、笑得越厉害越好，不逗笑，就不再是相声了。观众的笑声是由相声的幽默、讽刺和强烈的喜剧性引发的，内容既有对社会上反动腐朽事物的揭露，又有对人民内部落后现象的批评，还有对真善美的人和事的表扬，让人们在笑声中受到教育。好的相声不仅能引起观众开怀大笑，甚至笑出眼泪，而且让观众笑过之后感到余味无穷，受益非浅。

旧时相声主要在下层百姓集聚地像北京的天桥、天津的三不管、南京的夫子庙等地表演。五十年代才流传到全国各地，并走上文艺舞台，成为全国男女老少最喜闻乐见的表演形式。可以毫不夸张地说，凡有文艺演出，大多有相声穿插其间，包括专业演出之外的工厂、农村、矿山、学校的大大小小联欢会、晚会；表演者中除专业演员外，还有许多业余演员。正在中国学习汉语的留学生不仅喜欢听，而且有些还参加表演。相声所拥有的专业演员、业余爱好者及观众听众在几百个曲种中独占鳌头，成为当代人们文化娱乐生活中不可缺少的一部分。

快板分为快板和快书等几种。它与相声、评书不同，主要是唱，表演者在一副竹板伴奏下演唱，唱词基本为七字韵文。快板又叫数来宝、顺口溜，多为一人演唱，亦有两人对唱的“对口快板”和多人合唱的“快板群”。旧时快板艺人顺口编词，即兴演唱，穿梭于下层百姓之中。快书起源于山东西部农村，表演者边敲打两块瓦片边歌唱，后来出现了竹板、钢板，现多用铜板。快书的演员旧时都是穷苦农民，在村镇的街头卖艺为生，主要演唱《水浒》中的英雄武松的故事。由于人物形象鲜明突出、语言生动、风格健壮幽默而深受劳动者的喜爱。五十年代流传到北方各地，以后又流传到江南一些地区，现在常和其它曲种同台演出，很受广大群众的喜爱。

鼓曲包括大鼓、弹词、时调小曲、道情、牌子曲、琴书、走唱等等。演员大都在打击乐、弦乐伴奏下歌唱，或半说半唱。但是打击乐以小鼓和木板为主。由于鼓曲在各地民间流传，所以在语言、音乐、韵律等方面表现出浓厚的地方特点，故多用地名称呼，如大鼓有山东大鼓、乐亭大鼓等；弹词有苏州弹词、长沙弹词等；时调小曲有天津时调、湖北小曲、四川清音等；道情有江西道情、湖北渔鼓等；琴书有北京琴书、山东琴书等等。

大鼓产生于农村，是在民歌、民间故事基础上形成的。像著名的山东大鼓，起源于山东农村的田间地头，人们劳动休息时，边敲破碎的犁铧片边唱，以解除劳累感。后来被盲艺人作为谋生的手段，在乡村的街头集市演唱。演唱形式为一人站唱，一手击鼓，一手打板，伴奏乐器以三弦、四胡为主，唱腔高亢浑厚，所唱的多是生动有趣的英雄故事，很受农民欢迎。解放后大鼓和其它曲艺形式一样登上了大雅之堂。今天，人们仍能欣赏到山东大鼓、京韵大鼓等表演艺术。在二十世纪八十年代末期，京韵大鼓高亢悲壮的《重整山河待后生》(电视剧《四世同堂》主题歌)竟在流行歌曲盛极之时，响彻长城内外、大江南北。

弹词是南方的民间曲艺，主要流行苏州及周围的吴语地区。最著名的是苏州弹词、扬州弹词、长沙弹词。表演者一至二人，用琵琶、三弦伴奏。演员自弹自唱，以唱为主。传统弹词多唱民间恋爱故事，长于人物性格的刻画、心理的描写、感情的抒发，曲调柔和，语言优美。旧时主要在民间流行，演员最初都是男性，后来才出现女艺人。演出形式有一人、二人、三人多种。所说书目多为长篇，每天说一回，从 45 分钟到 100 分钟之间，一部书可连续说二、三个月。五十年代出现了一个晚上说两个半到三个小时的，此外还有短篇。

地方小戏是指广泛流传于民间的、由劳动者自编自演的独幕剧。小戏种类很多，著名的有秧歌戏、采茶戏、花鼓戏、二人转、二人台、莲花落等等。这些小戏有的属于歌舞类，起源于民间歌舞，有的属于说唱类，起源于各地民歌小调。

地方小戏有情节单纯、角色不多、故事集中、形式活泼、生活气息浓郁等特点。一般由一二人或二三人表演，有手帕、伞、扇等道具和几件民间乐器，所表演的有生产劳动、男女爱情、家庭矛盾等内容，也有讽刺小官吏、蠢财主的。旧时反映家庭中婆媳矛盾、姑嫂矛盾的小戏很受欢迎。有些作为保留剧目流传到今天，如《走西口》、《小放牛》、《打猪草》等等。

旧时，地方小戏只有农闲时节才排练演出，舞台就是农村的广场或是用木棍木板临时搭成的野(草)台，费用多由村中公款支出，不向观众收费，为的是给村民增加一些娱乐活动，丰富一下生活。

二、民间乐舞

民间乐舞是指活跃在民间的，在民间乐器锣鼓伴奏下边歌边舞（以舞为主）或只舞不歌的集体舞蹈。此类舞蹈演出队伍庞大，少则几十人，多则几百人，而且表演者都是农民，他们农忙时做农活，农闲时为村民义务演出。特别是过春节，村里的歌舞和小戏一样，轮换到各村表演，有时几种歌舞同时表演，十分壮观，给节日增添了欢乐气氛。因此民间乐舞比民间说唱更具有民间风格、乡土气息和广泛的群众性。

民间乐舞有许多种，据 1964 年调查，仅汉族民间舞蹈就有七百余种，大部分为乐舞，在全国各地流行最广泛的有秧歌舞、绸舞、腰鼓舞、花鼓舞、龙舞、狮舞、旱船、小车等十余种。

秧歌舞早在清代已流行全国各地，著名的有东北秧歌、山东秧歌、河北秧歌、陕北秧歌。秧歌起源于农民插秧、耕田等农事活动，初为歌唱形式，后来增加了舞蹈和戏剧形式，使歌舞乐三者合一，但以乐舞为主。

秧歌舞是行进中的舞蹈，舞者边前进，边随锣鼓点起舞。起舞时，手里拿着彩绸、纸扇或手帕，双臂用力左右摆动，脚步踩着锣鼓点，走出梅花、方胜、葫芦、连环等形状。舞者人数可多可少，几十人、几百人都可以。队形随场地大小灵活变化，狭窄的街道成两路行进，宽阔的广场可以舞圆场，变幻出几十种队形和舞姿，如双队穿插、牡丹开花、宝葫芦等等。有时还可穿插短歌小曲和逗笑的动作。旧时每遇年节或喜庆大典，民间大小秧歌队伍就跳了起来，他们走街进村、去庙会上集市，为人们义务表演，届时观者如潮、摩肩接踵，锣鼓声、欢笑声融汇在一起热闹极了。

各地秧歌舞的扮相、舞姿、鼓乐都不同。北京秧歌着戏装，并依角色扮装，有农夫、渔夫、樵夫、傻公子等。脚踩高跷的叫高跷秧歌、无高跷的叫地秧歌。前者难度大，全由男子表演，其中扮演武生的公子，要会单腿跳、大劈叉等多种技巧。后者比较容易，故而男女都可以表演。但无论哪种，都给人节奏明快、动作刚劲稳健之感。山东秧歌依地区又分为几种，鲁北的“鼓子秧歌”很有名。有的扮成武生，左手持扁鼓，右手持鼓槌，边敲边舞；有的扮成男青年，手拿系有五彩条的木棒，边敲边舞；有的扮成女青年，左手拿绸巾，右手拿彩扇；还有的扮成各种丑角，穿插于男女青年之间逗趣取乐。领舞者则扮成男性老者，负责组织指挥队伍。整个表演既热烈欢快、又幽默诙谐，引起观众阵阵掌声。

绸舞因舞者手拿绸带而得名。绸舞的历史悠久，汉代画像石砖上已有表现，至今不衰。舞者手里的绸带长短不一，长的达 4 至 6 米，叫长绸舞，短的为 2 尺至 4 尺，故叫短绸舞。一种每只手各拿一条，还有一种每人只有一条长绸，从颈后通过搭到两肩，然后双手各握一头。绸舞多由男女青年集体表演，人数多少不限。起舞时，脚踩鼓点，彩绸随手上下左右舞动，挥出八字、波浪花、跳圈花、对花等几十种图形，极为美丽。

腰鼓舞是从陕北一带流传到全国各地的。表演者每人腰间挎一个木帮小鼓，鼓为长圆形，中间大、两头小，两头包着鼓面，鼓帮全涂成红色。两手各拿一根小木鼓锤。鼓锤有多种敲法，既可敲鼓面或鼓帮，又可两个鼓锤相敲；可两手交替敲，也可两手同时敲；两手可同时敲一个鼓面，也可分开各敲前后鼓面。好的表演者还会转身敲鼓、踢腿敲鼓、翻身敲鼓、飞脚敲鼓、矮步敲鼓……。春节或喜庆表演时，常常几个队同时起舞，比赛彼此的鼓点、舞姿和技巧，真是热闹非凡，引起观众阵阵喝彩。

花鼓的历史也比较长，南宋吴自牧的《梦梁录》中已有记载。表演形式与秧歌、绸舞、腰鼓不同，不是以舞为主，而是边歌边舞。演员人数也较少，通常为一二人或二三人。其曲调、舞姿、扮相等皆因地而异。

安徽的凤阳花鼓很有名。凤阳地区历史上多灾荒，每遇荒年，农民只得背起花鼓，流落他乡，以打花鼓唱曲谋生，故其曲调多悲伤哀戚。山东花鼓则不同，具有欢快活泼的特点。所表演的多为民间故事或包含着风趣幽默内容的。湖南湖北花鼓多反映百姓的日常生活，为了增加欢快热烈的气氛，乐器除锣鼓外，配上音量洪大、音色高亢明亮的唢呐。陕西、山西花鼓最突出的是鼓，分低鼓、高鼓、多鼓三种。低鼓是把鼓系在腰左侧，击鼓时呈骑马蹲裆势。高鼓则把鼓系在胸前，多鼓是指舞者身背几面鼓，分别系在头、肩、腿、腰、膝等处，击鼓时为直立姿势。表演时还常让数名持小锣的少女作为陪衬，让优美柔和的舞姿与刚健有力的打鼓姿势形成鲜明的对比，使之刚柔相辅相成。

民间乐舞和民间说唱中的部分歌、戏等都离不开民间乐器的伴奏，但民间乐器却可以离开歌舞，靠乐器吹出的优美动听的曲调、悦耳的声音及奇特有趣的演奏方法给观众带来欢笑。

旧时在民间各地大都有一种专为婚丧红白喜事吹奏的吹鼓乐班，以击乐、管乐为主，其艺人被称为吹鼓手，为半职业性质，平时劳动，遇有婚嫁、丧葬活动受雇前往奏乐。婚丧事所用乐器略有不同。像北京，婚事主要有开道锣一面、大鼓八面(最少用二面)及笙、笛、唢呐、九音锣、小钹、梆子等。丧事用大鼓二面(或一面)、锣架一对、号筒一对、锁呐二个及九音锣、水镲、铜锣、笙、笛等。有钱人家常请两个乐班同时演奏，互相展开比赛。这些乐班的吹鼓手大多会使用几件乐器，有的可以口鼻同吹，有的用鼻子吸烟、用嘴吹乐器。吹奏技艺高的乐班生意好，所以往往两个乐班比着吹，你一个绝技、我一个绝技，互相较着劲儿，谁也不愿意输给对方。旧时人们把观看婚礼、丧礼也叫看热闹，观看乐班的吹奏是主要原因之一，那时一般人平时没什么娱乐活动，观看婚丧事中乐班的吹奏就是一大乐事，因此中国有观看婚礼、丧礼的习俗。

这类民间乐班习惯于坐着吹奏，也擅长边走边吹奏。比如结婚，除在新郎、新娘家坐着吹奏外，还要跟随迎娶新娘的队伍从新郎家到新娘家走着吹奏一个来回，丧事除在亡者家中吹奏外，还要随送葬队伍走着一直吹到墓地。

三、民间竞技

中国民间传统竞技活动丰富多彩，有赛力的摔跤、拔河、举重、扳腕子等；有赛技巧的踢鞠（球）、跳绳、荡秋千等；有赛技艺的围棋、象棋等；有以观赏为主的杂耍、禽戏、兽戏等杂艺；有为自我娱乐的各种游戏，等等。这些活动从古到今一直活跃在人们的日常生活之中，为紧张的生活增添了情趣，使人们从中得到休息和娱乐。

赛力活动旧时主要盛行于劳动者之中。比如摔跤，常常在劳动间歇举行。比赛很随便，可以一人对一人，也可以二三人对一人，以先倒地者为输。举重也如此，劳动休息时，人们就地取材，身边有什么就举什么，像装满粮食的麻袋啦、石块啦、大缸啦都可以。不仅比谁举得多，还常比谁扛得多、背得多，这与扛、背的劳动多有关系。还有一种常见的赛力活动扳腕子，看看谁的腕力大。比赛时，两人分别坐在桌子两边，把右（左）手胳臂肘放在桌子上，然后两手相握放正，裁判一喊“开始”，两人同时用力，谁的手腕先歪谁输。有时还可以一方用一只手与对方的两只手比赛，看谁的劲大。比赛方法简单，大人小孩都喜欢，在教室、办公室、家庭里常看见这项活动。

集体赛力活动是拔河。比赛前，找来一根又粗又长的绳子，绳子中间系一条红布，红布正对着地上划出的分界线。比赛双方各为一队，每队人数相同，分别抓住绳子的两边，大家双手握绳，待裁判一声号令，双方同时用力拉绳，谁把红布拉到自己一侧谁赢。比赛为三局两胜，每赛一局交换一次场地。有的地区民间的拔河比赛，选在河边举行，两队分别在河的两岸，绳子横在河面上，比赛常常使参赛一方或双方掉到河里，极为有趣。

技巧比赛在民间种类很多，古今广泛流传的有踢毽子、跳绳、跳高、荡秋千等，不过这些活动后世主要是青年、少年儿童的游戏。今天大都被列为体育比赛项目。

综合性的技巧比赛是赛马和各种马术，但在古代汉族民间只是少数人的事。从史书记载看，唐宋及其以前，曾在宫廷、军队、民间流行打马球，就是骑马打球。参赛者分两队，每人手持一棍骑在马上，两队共争击一球。所用的球为轻质木材做的，中间掏空，外边涂上颜色或雕饰着花纹。球场平坦坚实，设有球门，两队赛手穿着不同服装以示区别。这项比赛需要赛手既要有精湛的骑马技术，又要有高超的击球技术，那时不要说男子，就是女子也十分喜爱打马球，不过女子改为骑驴或步打。唐代诗词中"寒食宫人步打球"、"自教宫娥学打球，玉鞍初登柳腰柔"，就是对女子打球的描写。

以棋赛为主的赛技艺活动在中国民间古今都很盛行，其中尤以象棋、围棋最普遍。男子大部分会玩，女子会玩的比男子少得多。

围棋在春秋时代叫"弈"，围棋比赛叫"对弈"，对弈既高雅又闲适，很受历代知识分子的喜爱，在他们的娱乐生活中占有非常突出的位置，富贵之家的千金小姐也以此为乐。近些年围棋被列入体育比赛项目，受到国家和体育界的重视，围棋热随之在民间兴起，无论大人小孩都很喜欢。比如在四川，无论是公园里，还是马路边，随处可见对弈之人。

象棋在战国时代已有记载，在今天，下象棋的人远比下围棋的人多，工人、农民、学生、干部都把下象棋作为一种消遣，这可能与象棋的下法比围棋简单易学有关。在北京大街小巷的树荫下、路灯旁、常常可以看到一堆堆、一团团下棋和观战的人。

下棋不管认识与否，只要坐在棋盘两边，就可以开战。观战者要遵循"观棋不语"的传统习惯，在一旁多嘴多舌，会被认为是不懂规矩的人。下棋既可以比较棋技，切磋棋艺，又可以达到消遣娱乐的目的。

杂艺是以观赏为主的流动性的民间技艺活动。旧时种类很多，今天大都分别归属杂技、武术、气功、马戏等等。杂艺产生于民间，表演于乡村和城镇的街巷，表演者和观看者都是下层百姓，是地地道道的民间艺术。

旧时杂艺中大部分内容在今天的杂技、武术、气功、马戏中仍能看到。此外还有禽戏、兽戏。禽戏是指让鸟表演节目。中国民间自古有养鸟消遣娱乐的习俗，有些人还训练鸟，让鸟掌握一些技能供人们观赏。比如让燕雀等鸟雀作叼旗、衔硬币、用嘴打开盒子等动作。兽戏中以猴戏居多，并让狗、羊等辅助猴子表演。艺人在其旁鸣锣歌唱。猴子确实很聪明，能按照艺人的要求去做，有时翻筋斗，有时开箱穿衣戴帽或面具，有时骑在羊的身上，以羊代马，边骑边赶边翻筋斗，颇为滑稽可笑。

四、民间游戏

民间游戏分成人游戏和儿童游戏。成人游戏主要目的是娱乐，但为了让游戏更有刺激性，往往把输赢变成一种赌博，故又称博戏。博戏早在春秋时期已经出现，叫六博，两人相博每人六棋。以后用棋子为博具的又有弹棋、双陆、长行等，这些博戏唐宋时代仍很流行，后来渐衰，今已不见。古代还曾有一种纸牌博戏，叫叶子戏，到南宋知者已甚少。另外从春秋六博发展而来，宋代以后广泛运用于多种游戏的一种投掷博具叫骰子，形为小六面正方体，先为木制、竹制，后又有玉、骨、象牙制品。后世最流行的博戏是麻将和扑克牌。麻将是用竹、骨、塑料等制成的小长方体，每个小长方体上刻有花纹或字样，共136个。旧时麻将很流行，五六十年代绝迹，近十来年又在民间悄然兴起，不管城镇农村，也不管大人孩子，都玩起了麻将。应该说，麻将是一种很有乐趣的游戏，新手也可能战胜老将，而且水平相当的人一起玩，输赢的机会也差不多，所以吸引力很强。但也有一些人把麻将作为赌具，并下巨额赌注，致使少数人倾家荡产，甚至走上犯罪的道路，这是为国法所不能容的。扑克牌这种游戏也很受欢迎，茶余饭后、工间休息、逢年过节或外出坐火车，人们就用玩扑克牌来消除寂寞烦恼和疲劳。近几年也有用扑克牌进行赌博的。

另一立博戏是以动物斗赛赌输赢，此俗古已有之，至今不绝。历史上动物斗赛有斗鸡、斗鸭、斗牛、斗羊、斗狗、斗蟋蟀等等。从记载看，斗鸡、斗鸭和斗蟋蟀的历史悠久，流传也广泛。斗鸡在《战国策·齐策》中就有记载，以后不少人写有斗鸡诗，描写斗鸡场景。到唐代，玄宗皇帝好斗鸡，于是民风尤甚，有钱人"倾帑破产市鸡，以偿鸡值。都中男女，以弄鸡为事，贫家弄假鸡……时人为之语曰：'生儿不用识文字，斗鸡走马胜读书'。"斗鸭之风不比斗鸡弱，传世的斗鸭诗词也不少。有词曰："斗鸭栏杆遍倚，碧玉搔头斜坠。"连极少出家门的女子都来观看，足见斗鸭风之盛。斗鸭不仅在地面进行，而且还可在水中进行，别有一番情趣。

斗蟋蟀取乐比斗鸡、斗鸭更盛行。蟋蟀又叫促织、蛐蛐等。据《西湖老人繁盛录》记载："促织盛出，都民好养……每日早晨，多于官巷南北作市，常有三五十火斗者。……每日如此。九月尽，天寒方休。"这是对宋代斗蟋蟀的描述。明代也如此，《帝京景物略》说："七月始斗促织，壮夫士人亦为之，斗有场，场有主者，其养之又有师。"斗蟋蟀要"大小相配，两家审视数回，然后登场决赌"。此风之盛还可以从蟋蟀价之高、使用器具之华贵反映出来。据载，唐"长安富人镂象牙为笼而畜之。以万金之资而付其一喙，其来远矣。"宋代"都民好养，或用银丝为笼，或作楼台为笼，或黑退光笼，或瓦盆竹笼，或金漆笼、板笼甚多"。有"好事者或以三二十万钱致一枚，镂象齿为楼观以贮之"。不用说，廉价蟋蟀笼的买主是平民百姓，而出高价买蟋蟀、用象牙笼、银丝笼等去畜蟋蟀者必是富贵之家。

除去博戏外，民间还有其它娱乐活动，比如养鸟、养金鱼、养花、养猫、养狗、养鸽子等等。尤其近十几年，人们的爱好兴趣更加广泛，钓鱼热、集邮热、跳舞热、武术热、气功热、旅游热层出不穷，其中既有中国传统游艺活动的复苏，又有西方娱乐消费方式的影响，两者的融合形成了当代中国人的新的游艺风俗。

儿童游戏种类也有很多，捉迷藏、老鹰捉小鸡、丢手帕、跳房子、滑冰、打雪仗、游泳，以及棋类活动和球类活动等等。有的游戏个人独自玩，有的几个人一起玩；有的是室内游戏，有的则是庭院游戏。

在封建时代，上述种种民间游艺竞技活动构成了广大汉族人民文化娱乐活动的主体。然而这些丰富多彩的文化娱乐活动对每个地区是不平衡的，更不是每个人都能欣赏到的。因为民间游艺竞技活动受到各个地区自然地理环境和人文地理环境的制约，受到每个人所处的阶级地位、经济状况及各自的文化层次的限制，所以不同地区、不同的人的文化娱乐活动的内容、方式及数量的多少不同。

比如城市和农村就很不一样。在城市，有供专业演员演出的专门场所剧院、书场、茶馆等等，也有供民间艺人临时演出的庙会等。只要有条件，传统大戏、民间杂耍都可以欣赏到。农村则不同，有专供演出的地方极少，即使有也是农村业余剧团的演出，人们主要欣赏走街串巷的民间艺人表演的杂耍，就是这些也都集中在农闲季节特别是几个主要传统节日，其它时间极少。

气候等自然地理的影响也很大，像南方与北方就很不同，在北方，冬季寒冷，既下雪又结冰，滑冰、打雪仗都可以。气候温暖的南方则不行，但是南方人游泳的机会比北方人多。这是土地辽阔才会有的现象。

各地人文地理的影响也不能低估，在古代，交通不便使各地文化交流少，各个地区形成了自己独特的文化习惯、欣赏趣味。像京津地区京剧、评剧、河北梆子、京韵大鼓、评书、相声等是最受欢迎的，而上海、杭州一带最喜欢越剧、评书等。

对于每个人来说，不能排除各自阶级地位、经济条件、文化层次的影响。学习琴棋书画以自娱，进剧院、书场欣赏高水平演出，在家里举办堂会以及热衷于一掷千金博戏的决非平民百姓，而在街头巷尾靠卖艺为生，过着"日吃千家饭，夜宿古庙堂"的流浪生活，被世人称为"戏子"的只能是贫苦之人，欣赏不花钱或少花钱的民间游艺、竞技活动的自然也是农村的农民和城市下层居民。阶级地位、经济条件、文化层次的悬殊，既表现出文化娱乐活动中的"雅"、"俗"之别，又促使了"阳春白雪"和"下里巴人"两种艺术的生存和发展。

与能歌善舞的少数民族相比，汉族中绝大多数人似乎不太擅长歌舞，参与唱、跳等游艺活动的往往局限于少数艺人和爱好者，而绝大部分人除欣赏他人的表演外，自娱活动多为聊天、下棋、打牌、养鸟、养鱼、种花。文化生活过于拘谨严肃，缺少活跃的气氛。这是在儒家三纲五常、存天理灭人欲等思想长期禁锢下所形成的民族性格。

在宋以前，汉族人也和少数民族一样爱唱爱跳。远的不说，隋唐时民间集体歌舞很盛行，据载，每到节假喜庆日，人们就涌向街头歌舞通宵达旦。隋朝时，有一次男扮女装的歌舞者多达一万余人，鼓乐之声传至几十里外。唐先天二年(公元713年)的元宵节，长安福门外，竟有一千多妇女跳了三天三夜。这种盛况在唐代及以前历代诗文中有不少描写。但从宋到清，屡有统治者颁布禁止群众歌舞活动的法令，明朝皇帝朱元璋曾斥责民间表现男女相悦的歌舞为"淫亵之乐"，加以取缔。《元典章》中的刑部杂禁条规定："农民、市户、良家子弟，若有不务正业，学习散乐般说词话人等，并行禁约"。同时家族家庭也用封建道德、礼俗约束人们的思想和言行，不少族规家法规定，族内之人不得从事包括戏子在内的贱业，违者将受到惩罚。像著名的黄梅戏女演员严凤英就是因幼年时喜唱山歌和黄梅调，触犯了族规而被迫离家的。

新中国成立后，封建的伦理道德观念受到了新时代、新思想、新道德、新观念的冲击，民间艺人被尊敬为演员和表演艺术家，民间游艺也堂而皇之地登上了文艺的舞台。特别近十几年随着人们思想的进一步解放，汉族不爱唱不爱跳的民族性格有了很大改变，尤其是城市，不要说年轻人爱唱爱跳，就连被封建传统思想束缚了几十年的中老年人，为了健身和娱乐，跳“迪斯科”，做健美操，舞剑、练气功、打太极拳等。近两年不少家庭购置了卡拉OK机，一家老少又是唱又是跳，可开心了。当然被封建思想熏陶了几千年形成的民族性格不可能在短时间内发生根本性的变化，且不要说农村，就是城市也还刚刚起步，但我们深信，不久的将来，汉族也会成为能歌善舞的民族。

附录

一、中国历史纪年简表

原始社会 约 60 万年前——4 千年前	旧石器时代 （约 60 万年前——1 万年前） 新石器时代 （约 1 万年前——4 千年前）
奴隶社会 约公元前 21 世纪 ——前 476 年	夏（约公元前 21 世纪——前 16 世纪） 商（约公元前 16 世纪——前 11 世纪） 周（约公元前 11 世纪——前 256 年） （西周：约前 11 世纪——前 771 年 东周：前 770——前 256 年） 春秋时期：前 770——前 476 年
封建社会 前 475——公元 1840 年	战国时期：前 475——前 221 年 秦（前 221——前 207 年） 汉（前 206—公元 220 年） （西汉：前 206——公元 25 年 东汉：25——220 年） 三国（220——280 年） 晋（265——420 年） （西晋：265——317 年 东晋：317——420 年） 南北朝（420——589 年） 隋（581——618 年）

	唐(618——907年) 五代(907——960年) 宋(960——1279年) (北宋960——1127年 南宋1127——1279年) 辽(907——1125年) 金(1115——1234年) 元(1206——1368年) 明(1368——1644年) 清(1644——1911年)
半殖民地半封建社会 1840—1949	中华民国(1912—1949年)
社会主义社会	中华人民共和国1949年10月1日成立

二、主要参考书目

中国民俗与民俗学

中国民俗学

中国古代文化史

中国文明大观

帝京岁时纪胜

燕京岁时记

中国年节文化

中国民间信仰

中外禁忌与礼俗

中国民神

诸神由来

中国名胜与历史文化

中国古代衣食住行

中国民俗采英录

中国婚俗的轨迹

中国家庭的演变

中国的婚姻与家庭

中国封建家礼

老北京的风俗

山东民俗

丧葬与中国文化
中国饮酒习俗
汉族四时八节风俗
中国人的消费风俗
中国古代服饰风俗
中国古代饮食
中国古代交通文化
北京的四合院
中国文化史概要
中西文化交流史